Vishal Mangalwadi
Die Seele des Westens

www.fontis-verlag.com

Zu Ehren der Familie Green, Oklahoma,
die sich im Post-Wahrheit-Amerika
der Offenbarung nicht schämt,

und

der Gemeinschaft auf Schloss Reichenberg (OJC)
in Reichelsheim, Deutschland,
die das Wort sichtbar macht.

Die Geschichte ist der wahre Erweis der Religion.
— *Lord Acton*

Gewalt ist nicht nötig, um eine Kultur zu zerstören.
Jede Kultur stirbt an der Gleichgültigkeit gegenüber den
einzigartigen Werten, die sie hervorgebracht haben.
— *Nicolás Gómez Dávila,*
kolumbianischer Philosoph

Vishal Mangalwadi

Die Seele des Westens

*Wie Europa schöpferisch bleibt:
Die Bibel als Brücke zwischen
Wahrheit und Toleranz*

Bibliografische Information der Deutschen Nationalbibliothek
Die Deutsche Nationalbibliothek verzeichnet diese Publikation in der Deutschen Nationalbibliografie; detaillierte bibliografische Daten sind im Internet über www.dnb.de abrufbar.

Die Bibelstellen wurden, soweit nicht anders angegeben, folgender Übersetzung entnommen:

Hoffnung für alle © 1983, 1996, 2002, 2015 Biblica, Inc.®;
hrsg. von Fontis-Verlag, Basel
Hervorhebungen in den Bibelzitaten stammen vom Autor.

© 2019 by Vishal Mangalwadi, Sanger (CA), USA. Translated and printed by permission. All rights reserved.

Erstveröffentlichung in den USA unter dem Titel «This book changed everything – The Bible's amazing impact on our world», herausgegeben von Sought After Media, Pasadena, in Zusammenarbeit mit Nivedit Good Books Distributors Ltd., Mussoorie, Indien

Übersetzung: Christian Rendel, Witzenhausen
Mitarbeit: Gabriele Pässler, Görwihl

© der deutschen Ausgabe: 2019 by Fontis-Verlag, Basel

Umschlag: Spoon Design, Olaf Johannson, Langgöns
Satz: InnoSet AG, Justin Messmer, Basel
Druck: Finidr
Gedruckt in der Tschechischen Republik

ISBN 978-3-03848-171-3

Stimmen zum Buch

«Wenn ein brillanter Philosoph aus Indien seine Version der Geschichte des Westens darlegt, sollten wir zuhören.»
– Eric Metaxas
Bestseller-Autor von «Bonhoeffer: Pastor, Agent, Märtyrer und Prophet»

«Ich bin zu der Überzeugung gekommen, dass Vishal Mangalwadi vermutlich der fähigste globale Denker der Christenheit ist. Auch wenn er nicht so berühmt ist wie manch andere, dringt er doch tief sowohl in die Bibel als auch in das Zeugnis der Geschichte ein, um einen Schatz zu heben. … Er ist einer der Wegbereiter der nächsten großen, weltweiten Phase christlicher Zivilisation.»
– Jerry Bowyer
Finanzökonom, Autor,
Chefredakteur von TownhallFinance.com

«*Die Seele des Westens?* Das ist eine kühne Behauptung. Kann das überhaupt irgendein Buch leisten? Die meisten Leute haben keine Ahnung, wie stark die Bibel unsere Welt geprägt hat. Vishal Mangalwadi erkundet die Geschichte und liefert Belege und starke Argumente dafür, dass die moderne Welt ohne die Bibel nicht vorstellbar ist.»
– Steve Green
Vorsitzender des Museum of the Bible, Washington D.C.

«Der Westen befindet sich in einer Krise. Woher kommt unsere Identität, was macht unsere Kultur aus? Die Lösung kann weder Rückkehr in Nationalismen sein noch der Ausverkauf der eigenen Werte. Dieses Buch eröffnet eine faszinierende Perspektive auf die

Geschichte der westlichen Welt. Ein neuer Blick auf uralte Wurzeln: Freuen Sie sich auf unerwartete Einsichten.»

– Dr. Johannes Hartl
Gründer und Leiter des Gebetshauses Augsburg

«Aus seiner orientalischen Perspektive hilft Vishal Mangalwadi uns Westlern, unser Gedächtnis und unsere wahre Identität wiederzufinden. Aufbauend auf seinem früheren Buch *Das Buch der Mitte* macht Mangalwadi uns hier erneut bekannt mit unserer eigenen Geschichte und öffnet uns die Augen für die wahren Quellen unserer Zivilisation. Ein kurzes Gedächtnis bewirkt Kurzsichtigkeit. Mangalwadi führt uns zurück zu unseren Wurzeln in der Vergangenheit, damit wir den Blick für die Zukunft wiedergewinnen, um uns in der Gegenwart wirksam zu engagieren.»

– Jeff Fountain
Gründer des Schuman Centre for European Studies, Amsterdam

«Der ehemals christliche Westen hat die Grundwerte und Überzeugungen verloren, auf denen die Demokratie ruht; jene Ethik, die dem menschlichen Leben höchsten Wert zuschrieb und das Recht jedes Einzelnen auf Freiheit und Würde bekräftigte. Vishal Mangalwadi hat sowohl unter den Notleidenden Indiens gearbeitet als auch an Hochschulen gelehrt. Er hat vor Parlamentariern in Europa und anderen Erdteilen gesprochen, denn er spricht mit der klaren Perspektive eines Weltpilgers und mit einer Lebenserfahrung, die Osten und Westen umspannt.»

– Prof. Dr. Roland Werner
Vorsitzender des Zinzendorf-Instituts, Marburg

«Das meistgelesene und einflussreichste Buch der Welt, die Bibel, ist heute das am wenigsten verstandene geworden. Mein Freund Vishal Mangalwadi geht mit konkreten Beispielen gegen die heutige Unwissenheit im Blick auf die Bibel an. Pädagogen sollten aufhorchen. Fakten zu übergehen ist einer gesunden Bildung und Erziehung der nächsten Generation abträglich. Ich weiß aus meiner Arbeit, dass Lehrerinnen und Lehrer auf den sechs Kontinenten nach zuverlässigem Unterrichtsmaterial zur Entstehung der modernen Welt hungern. Sie sind empört über die Schulbuchverlage, deren Geschichtsbücher ihrer Aufgabe so wenig gerecht werden.»

– CHUCK STETSON
CEO von Essentials in Education, New York

«Ich mache allen Mut, dieses Buch zu lesen, denn es ist ein Zeugnis des Lebenswerkes von Vishal Mangalwadi. Mangalwadi hat die Geistesgabe, Intellektuelle anzusprechen und ebenso das Evangelium denen näherzubringen, die gesellschaftlich unterdrückt sind. Er lebt nicht in einem Elfenbeinturm, sondern verbringt seine Zeit mit den Armen und Ausgegrenzten und hilft ihnen, durch den Glauben an unseren Herrn Jesus Christus zu Jüngern Christi zu werden. Dieser Band ist ein Beleg seines Glaubens an den Gott jenes einen erstaunlichen Buches, der Bibel.»

– PROF. DR. RAJENDRA B. LAL
Gründungsbischof der Yeshu Darbar Church und ehemaliger Präsident der Association of Indian Universities (AIU)

«Ich habe einmal als Kind ein Schachbuch gelesen (und Schach wurde ja bekanntlich in Indien erfunden), das davon handelte, wie Partien durch völlig unerwartete Züge entschieden wurden. Ein solcher verblüffender Schachzug ist Vishal Mangalwadis *Die Seele des Westens*. Es ist ein Augenöffner für alle, die die Fundamente unserer Kultur suchen, erforschen und wertschätzen.»

– DR. GOTTFRIED SOMMER
Theologe, Trossingen

«Dieses bemerkenswerte Buch, ein Meisterstück des indischen Autors Vishal Mangalwadi, ist mit einer enormen Fülle an Recherche und außerordentlicher Inspiration geschrieben. Anhand von Fallstudien sowohl aus der westlichen Welt als auch aus Indien macht Mangalwadi deutlich, dass Nationen durch die biblischen Werte von Recht und Gerechtigkeit in große Nationen verwandelt werden können. Dieses

Buch stellt den weitreichenden Einfluss der Bibel und des Christentums dar, der überall sichtbar ist, in der Sprache und in den Gesetzen ebenso wie in Bildung, Gesundheitswesen, Politik, Wirtschaft, Philosophie, Literatur und an vielen anderen Stellen.»

– JOHN SAMUEL, ehemaliger Postminister,
Mitglied des Postal Services Board, Indien

«Vishal Mangalwadi ist einzigartig qualifiziert, um den Einfluss der Bibel auf unsere Welt zu beleuchten. Dieses Buch ist umso wichtiger, als Geschichtsrevisionisten die Bibel gering schätzen und den Gott, der hinter ihr steht, missachten. Dieses Buch könnte Ihre Sicht der Welt verändern.»

– DR. MARK HARRIS
Wirtschaftsprüfer, Pasadena, Kalifornien

«*Die Seele des Westens* tritt an die Seite von *Das Buch der Mitte* als ein bahnbrechendes Werk, das an jeder Schule und in jeder Gemeinde in allen Ländern Unterrichtsstoff sein sollte. Die Tiefe und Breite dieser Werke wird Ihre Sicht der Welt in Einklang bringen mit der Wahrheit über den Einfluss der Bibel auf unsere Welt.»

– KARLA PERRY
Autorin von «Back to the Future: Rebuilding America's Stability»

«Ich habe mich als Korrekturleser für dieses Buch angeboten, weil Vishal Mangalwadi keiner ist, der nur an einem Baum schnuppert; er geht ein paar Schritte zurück und nimmt den ganzen Wald in den Blick. In diesem Buch umfasst sein Panorama Themen wie Philosophie, Rationalität, Politik, Recht, Toleranz, Wirtschaft, Literatur, Sprache, Arbeit, Ehe und vieles mehr. Nationen zahlen einen schmerzlichen Preis dafür, das Wahre, Edle, Gute und Weise zu ignorieren. Mangalwadi versteht es ungemein gut, seine Leser mit einem reichen Aufgebot an Beispielen für die wesentlichen Dinge zu packen.»

– DAVID LINDEN
Pastor i. R., New Mexico

Stimmen zum Buch

«Mangalwadis neues Meisterwerk *Die Seele des Westens* deckt auf, wie unzulänglich die staatliche Bildung im Westen die Rolle der Bibel bei der Entstehung unserer Zivilisation würdigt. Damit hindert sie die nächste Generation von Studierenden daran, die Bedeutung der Bibel für Kultur und Bildung zu erkennen.

Durch die historischen Fakten, klaren Argumente und brillanten Schlussfolgerungen in diesem Buch fordert Mangalwadi die Bildungsakteure auf allen Ebenen dazu heraus, ihre Prämissen zu überprüfen und, wo nötig, zu korrigieren. Christliche Leiter und Pastoren ruft er dazu auf, wieder Verantwortung im Bereich der öffentlichen Bildung zu übernehmen und die nächste Generation mit biblischer Weltanschauung vertraut zu machen. Zeitgenössischen säkularen Intellektuellen legt er nahe, die Verlässlichkeit und die sozialen Konsequenzen ihrer Weltanschauung zu überprüfen – ein intellektueller Prophet, der die Konfrontation nicht scheut.

Die Begegnungen auf meinen Reisen mit dem Autor während der letzten vier Jahre als Dolmetscher im deutschsprachigen Raum haben in mir die Hoffnung geweckt, dass es in dem alten Kontinent Europa zu einer neuen Reformation kommen kann.»

– HANS-JOACHIM HAHN
Vortragsredner, Experte für Wirtschaftsethik,
Gründer des Professorenforums, Deutschland

«Vishal Mangalwadi hat ein einzigartiges Verständnis für Geschichte und Philosophie. Immer wieder durchschaut er aus seiner nichtwestlichen Perspektive unsere unbewussten Denkvoraussetzungen. Wenn er darüber spricht, wie wir dahin gekommen sind, wo wir stehen, dann sollten wir gut hinhören. Seine Einsichten sind voller Inspiration und können uns helfen, die vielen Stimmen zu gewichten, die unsere Zeit zu beschreiben und zu analysieren versuchen.»

– DR. BOB MOFFITT
Präsident der Harvest Foundation

«Es gibt sehr gute Bücher; bisweilen sogar brillante. Vishal Mangalwadis neues Buch jedoch sprengt diese Kategorien. Seine Lektüre löste in meinem Gehirn ein Feuerwerk der Synapsen aus. Auf einmal wurden mir vorher unbekannte Zusammenhänge und Bedeutungen unserer chaotischen Geschichte klar. Mangalwadi setzt historische Fakten, weltanschauliche Perspektiven, theologische Einsichten und philosophische Entwicklungen auf verblüffende Weise in Beziehung zueinander. Seine tief greifenden Schlussfolgerungen verdienen bei Politikern, Kirchen und denkenden Zeitgenossen dringend Beachtung. Wenn Sie die Zukunft gestalten wollen, dann lesen Sie dieses Buch.»

– ANDREAS WIELAND
Theologe, Gemeindegründer Stuttgartprojekt, Arbeitspsychologe, Stuttgart

«Dieses Buch zur rechten Zeit verschafft uns einen neuen Blick auf den Westen und auf unsere Kultur. Mangalwadi wuchs auf orientalischem Boden auf. Aus seinem östlichen Blickwinkel können wir sehen, wie sehr wir der Bibel unsere Grundideen der Gewissensfreiheit, der Gleichheit der Menschen, des Rechtsstaates und der nationalen Souveränität verdanken. *Die Seele des Westens* wird sowohl die blinden Flecken von Akademikern ausleuchten als auch das Verständnis gewöhnlicher Leser weiten.»

– REV. DR. DAVE GLESNE
Präsident von The Virtues Campus, Minneapolis, Minnesota

«Die Bibel hat die moderne Welt geformt, sowohl im Westen als auch im Osten. Diese historische Wahrheit wird von vielen Intellektuellen ignoriert, die doch ihre liebsten Denkvoraussetzungen aus der Bibel beziehen. Vishal Mangalwadi, ein brillanter Denker und ein Geschenk Gottes an die Völker, fordert die postmoderne Gesellschaft heraus, zu ihren intellektuellen Grundlagen zurückzukehren. Man kann die Wahrheit ans Kreuz nageln, man kann die Wahrheit zu Grabe legen, aber sie wird wieder auferstehen!

Für diese kühne Entdeckung steht die Welt in Mangalwadis Schuld.»

– Dr. Babu K. Verghese
Journalist, Historiker und Autor von *Let There Be India! Impact of the Bible on Nation Building*

«Wir leben in einer seltsamen geschichtlichen Epoche. Die führenden Köpfe moderner Nationen genießen die Segnungen, die aus der Bibel kamen, aber sie untergraben die Quelle der modernen Welt. Möge Gott Vishal Mangalwadis Buch gebrauchen, um uns aus unserem kulturellen Gedächtnisverlust zu wecken. Möge er uns eine neue Generation von Führungskräften schenken, die das Wissen und den Mut haben, für die Wahrheit einzustehen, die auch heute noch unsere kaputte Welt verändern kann!»

– Dr. Mark Bellies
Präsident des Global Transformation Network

«Sie werden vielleicht nicht mit jeder Einzelheit oder Interpretation übereinstimmen, aber *Die Seele des Westens* ist ein faszinierendes Zeugnis der ganzheitlichen Veränderungskraft des Evangeliums. Vishal Mangalwadi nutzt seine umfangreichen Erfahrungen, seinen scharfen Verstand und Einsichten aus einer großen Bandbreite von Disziplinen, um Verbindungen herzustellen zwischen der Welt, in der wir leben, der Geschichte, der Wissenschaft und dem Sauerteig, der den ganzen Teig durchsäuert (Matthäus 13,33). Durch seine Biografie ist Mangalwadi in einer einzigartigen Position, uns zu helfen, die christlichen Wurzeln (wieder) zu entdecken, die wir so oft für selbstverständlich nehmen. Hier finden wir keine simplen Antworten, keine einseitigen Lösungen, sondern ein zum Nachdenken anregendes leidenschaftliches Plädoyer für ein liebevolles, opferbereites und wahrheitsliebendes Christentum.»

– Matthias Havemann
Arzt, Marburg

«Der frühe amerikanische Präsident Andrew Jackson bezeichnete die Bibel als den ‹Felsen, auf dem unsere Republik ruht›. In seinem neuen Buch zeigt Vishal Mangalwadi auf brillante Weise, dass die Bibel nicht nur das Fundament des freien Amerika ist, sondern der Felsen, auf dem die ganze westliche Kultur ruht. Wo die Bibel und ihre Wahrheiten eingepflanzt wurden, ist Freiheit gediehen – und zwar alle Arten von Freiheit, die persönliche, die religiöse, die bürgerliche und die wirtschaftliche. Es ist unverzichtbar für Menschen wie für Nationen, die Gedanken dieses Buches zu kennen und zu beherzigen, wenn sie in Freiheit, Wohlstand und Glück leben wollen.»

– Stephen McDowell
Präsident der Providence Foundation

«Vishal Mangalwadi versteht es hervorragend, Christen zu ermutigen, sich der Bibel nicht zu schämen. Sie ist der Eckstein, auf dem die westliche Welt erbaut wurde, und ohne sie hätten wir unsere Freiheiten nicht. Die Lektüre dieses Buches hat mir neu bestätigt, dass Gottes Wort Kraft hat. Ich sollte niemals darin nachlassen, den ganzen Ratschluss Gottes zu predigen und zu lehren.»

– Chuck Shillito
Hauptpastor der Trinity Community Church, Clovis, Kalifornien

«Die Gelehrten reden vielleicht nicht darüber, aber sie wissen, dass die Bibel die Kraft war, die den Westen verändert hat. Vishal Mangalwadi hat nun sein zweites eindrückliches Buch zu dem Thema geschrieben, weil er mehr ist als ein Gelehrter. Er lässt sich vom Heiligen Geist die Wahrheiten zeigen, die Historiker nicht zu würdigen wissen. Er schreibt, um Nationen außerhalb des Westens vor Augen zu führen, wie sie zu großen Nationen werden können. Und tatsächlich hat es auch der Westen dringend nötig, ein Verständnis für unsere Erfolge und Misserfolge durch die Jahrhunderte zu gewinnen.»

– Landa Cope
Gründerin des Template Institute, Kapstadt

«Ein bahnbrechendes Meisterstück! Ich vergleiche Vishal Mangalwadi mit einem geistlichen Augenoptiker. Jeder fällt sein Urteil über die Welt, die uns umgibt, aber nur selten bewerten wir auch die Brille, durch die wir die Welt betrachten. Eine Brille kann unsere Sicht verfärben und verzerren. Mit einer klaren biblischen Weltsicht interpretiert Mangalwadi die Geschichte einleuchtend und umfassend. *Die Seele des Westens* wird Menschen die Vision, das Rüstzeug und die Kraft geben, ihre Welt zu verändern.»

– Bruce Friesen
Gründer von Lifetree Ministry, Children Arise und Transform Your World

«*Die Seele des Westens* ist ein Meisterstück. Das Buch weckt Neugier und liefert Perlen der Weisheit und ein Füllhorn an Informationen, wenn es den erstaunlichen verändernden Einfluss der Bibel auf unser persönliches wie auch nationales Leben durchleuchtet. Als großer Philosoph, Pädagoge und Denker hat sich Vishal Mangalwadi auseinandergesetzt mit den ethischen Aspekten und der Kraft der Bibel, in der Geschichte der Nationen Veränderungen zu bewirken. In einer Zeit, in der die Werte des gesellschaftlichen Lebens in Gefahr sind, ist dieses Buch eine Quelle der Inspiration und Information. Ich bin gewiss, dass es im Leben aller seiner Leserinnen und Leser Spuren hinterlassen wird.»

– Prof. Dr. Schwester Marion Mathew CJ
Leiterin und Dekanin der Allahabad School of Education, Indien

Inhaltsverzeichnis

Stimmen zum Buch 5

Vorwort 17

Vorwort zur deutschen Ausgabe 19

Teil 1
Offenbarung: Die Pfahlwurzel des Westens 23

1. Ein Heiliger, ein Bär und ein Buch 25

2. Ein Traum, der den Westen veränderte 46

3. Kann Freuds Schöpfer kommunizieren? 61

Teil 2
Der Westen verliert seine Seele 83

4. Der Verlust der Seele, der Logik und der Sprache 85

5. Die marginalisierte Mitte: Die Kirche 117

6. Recht und Freiheit: Stellte Rom das Recht über die Cäsaren? 139

7. Blutvergießen für die Toleranz 175

Teil 3
Neues Reich – neue Herrscher 205

8. Warum sind die USA kein Imperium geworden?.......... 207

9. Wie wurden «Wir, das Volk» zum Souverän? 255

10. Kanzler, Präsidenten und Premierminister:
    Wer hat Führung neu definiert?..................... 273

Teil 4
Worte, die Nationen gründeten 287

11. Ökonomie: Vom Volk, durch das Volk, für das Volk...... 289

12. Das Reden Gottes und die Literatur der Menschen 324

13. Von der prophetischen Presse zu den Fake News 363

14. Das Geheimnis der Industrialisierung der Schweiz 392

Schlussgedanken 405

15. Kann der Westen erneuert werden? 407

Mit Dankbarkeit 413

Vorwort

Dies ist ein Buch über Europa, geschrieben aus außereuropäischer Sicht. Es behandelt die gesamte Zeitspanne, in deren Verlauf sich Europa als kulturelles Gebilde entwickelt hat von den hellenischen und hellenistischen und römischen imperialen Einflüssen, die einst seine südlichen und südöstlichen Randgebiete prägten, zu der durchmischten Masse von Völkern (einschließlich meiner eigenen Vorfahren), die die Römer als «Barbaren» bezeichneten. Vishal Mangalwadi zeigt, wie sie alle in Berührung kamen mit den alten Schriften Israels und mit der Schriftensammlung, die Christen «Das Neue Testament» nennen – manchmal in den Originalsprachen, manchmal durch eine Vermittlungssprache, manchmal in lokalen Umgangssprachen –, welche verändernde Wirkung dies auf ihre Denk- und Handlungsweisen hatte, und wie sich in der Folge eine neue Tradition formierte. Diese Darstellung wird umso wertvoller durch die Querverweise auf die alten philosophischen und religiösen Traditionen Indiens und auf gegenläufige intellektuelle Einflüsse – teils von verheerender Wirkung –, erdacht von Europäern oder von ihren Nachfahren, die nun außerhalb Europas siedeln.

In einer Zeit, in der viele Europäer das Buch, das alles verändert hat, nicht mehr im Blick haben, während ebendieses Buch mit enormer Wirkung auf den Straßen Afrikas, Asiens, des Pazifikraums und Lateinamerikas unterwegs ist, legt Mangalwadi nicht nur eine packende Lektüre vor, sondern liefert auch Stoff, über den wir im Westen dringend nachdenken müssen.

Prof. Andrew F. Walls, OBE, DD,
Universitäten Edinburgh,
Liverpool Hope University sowie
Akrofi-Christaller Institute, Ghana

Vorwort zur deutschen Ausgabe

Ein Buch von Glaube, Hoffnung und Liebe

Vishal Mangalwadi zuzuhören ist wirklich eine ganz besondere Erfahrung. Der bekannte indische Philosoph und Gesellschaftsaktivist spricht in diesem Buch über die geistlichen Wurzeln Europas. Er erinnert an den historischen Einfluss der Bibel auf die westliche Zivilisation. Er beschreibt die weitreichenden Auswirkungen, die dieses Buch auf Wissenschaft und Bildung gehabt hat. Er zeigt, wie die Bibel die Entwicklung von Technologie und Philosophie gleicherweise geprägt hat, und genauso das politische und gesellschaftliche Leben auf unserem Kontinent und dadurch letztlich in der ganzen Welt. Und in all dem zeigt er uns auf, wie die Bibel die «Seele des Westens» geformt hat.

Hier liegt das Kernanliegen von Vishal Mangalwadi. Er will zeigen, wie der Westen zu dem geworden ist, was er einmal war, und warum er gegenwärtig in Gefahr ist, genau diese seine Seele zu verlieren. Denn das ist für ihn eindeutig und klar: Die Seele des Westens ist aufs Engste mit der Botschaft der Bibel verknüpft.

So will er die Botschaft der Bibel wieder zu Gehör bringen in einem Europa, dessen Zivilisation zunehmend geschwächt wird durch den Ansturm eines aggressiven Säkularismus und, damit verbunden, der verbreiteten Vernachlässigung genau der Werte und Überzeugungen, auf der überhaupt erst die Demokratie und die Ethik aufgebaut sind. Eine Ethik, die das menschliche Leben wertschätzt – und die das Recht jedes Einzelnen auf Freiheit und Würde hochhält.

Vishal Mangalwadi hat unter den Ärmsten in Indien gearbeitet und sich für ihre Rechte eingesetzt. Genauso hat er in vielen Universitäten und Hochschulen unterrichtet und selbst vor europäischen Parlamenten gesprochen. So spricht er zu uns mit der weitsichtigen Perspektive eines Weltpilgers und einer Lebenserfahrung, die den Osten und Westen gleicherweise umspannt.

Dabei will er uns in diesem Buch wie auch in seinen anderen Büchern neu an den großen Schatz erinnern, den unsere Vorfahren für uns durch ihre Hingabe, ihren unablässigen Einsatz und ihr unerschütterliches Vertrauen auf die Wahrheit und Relevanz der Bibel aufgebaut haben.

So ist die «Seele des Westens» eine Pflichtlektüre für Leitungsverantwortliche und Lehrende, egal, ob sie sich als Christen verstehen oder nicht, da es 2.000 Jahre Weltgeschichte in einem Band zusammenfasst und den einzigartigen Einfluss aufzeigt, den die Bibel in der Veränderung der Welt gehabt hat. Zugleich ist das Buch gut zu lesen, da es flüssig geschrieben ist und das Herz und den Verstand des Lesers erfasst.

Vishal Mangalwadi konfrontiert uns mit einer herausfordernden und ernüchternden Botschaft:

Wenn eine Gesellschaft die Botschaft der Bibel wertschätzt, liest und anwendet, dann entsteht gute Frucht in der Gesellschaft und im Leben des Einzelnen. Doch wenn wir die Bibel verachten, vernachlässigen oder vergessen, gerät unsere Zivilisation auf einen abschüssigen Weg, an dessen Ende der Verlust persönlicher Freiheit und des Gefühls für die Würde des menschlichen Lebens steht, genauso wie der Verlust der Rationalität und eines guten und fairen Urteils.

Vishal Mangalwadi zeigt hier, dass die Bibel nicht nur die Quelle der so genannten «theologischen Tugenden» ist, nämlich von Glaube, Hoffnung und Liebe, sondern – darauf aufbauend – auch viele weitere Tugenden wie Gerechtigkeit, Mäßigung, Tapferkeit, Weisheit, Klugheit, Selbstbeherrschung, Fairness und Gerechtigkeit ihre Quelle in der Bibel finden. Diese und viele davon abgeleitete Tugenden sind grundlegend für unser Wachstum und unser Wohl als Einzelne und Gemeinschaften.

Ich bin dankbar, dass Vishal Mangalwadi uns hilft, eine biblische Perspektive für das Leben und die Wissenschaft wiederzugewinnen, für die Gesellschaft und die Politik, die Kirche und den Staat. Ich bin dankbar, dass er uns wieder eine Hochachtung für die Bibel als Quelle von Glaube, Hoffnung und Liebe vor Augen stellt. Das brauchen wir alle so sehr.

Die Bibel ist nichts weniger als die «Seele des Westens». Das stimmt. Doch sie ist noch mehr als das: Sie ist die Botschaft, die die ganze Welt umgreift. In ihr vernehmen wir die Stimme Gottes. Er ist es, der alles verändern kann und der uns den Weg von Glaube, Hoffnung und Liebe zeigen kann – und damit letztlich den Weg zu uns selbst.

Prof. Dr. Roland Werner
Zinzendorf-Institut, Marburg

Teil 1

Offenbarung:
Die Pfahlwurzel des Westens

1. Kapitel
EIN HEILIGER, EIN BÄR UND EIN BUCH

Im Januar 2018 kam ich während einer Buchvorstellungsreise ins schweizerische St. Gallen. Es war ein sonniger Nachmittag. Nach mehreren regnerischen Tagen drängten die Leute ins Freie. Als ich über den makellos sauberen Marktplatz schlenderte, fiel mein Blick auf ein Denkmal. Es zeigte den Stadtvater Joachim von Watt (1484–1551), bekannt als «Vadian». Es war ein imposantes Standbild, wenn auch Vadian eher unscheinbar wirkte. Er saß nicht auf einem Thron oder auf einem Pferd. Er trug weder Krone noch Schwert.

Ich erkundigte mich bei den Umstehenden: «Entschuldigen Sie! Was für ein Buch hat er da in seiner linken Hand?»

«Keine Ahnung», lautete meist die Antwort.

Zwei Männern von Anfang dreißig war das richtig peinlich. «Wir sind hier aufgewachsen, aber das hat uns noch nie jemand gesagt.»

Ein älterer Herr mutmaßte: «Höchstwahrscheinlich die Bibel.»

«Wieso? War er denn ein Prediger?»

«Das weiß ich nicht.»

Er wandte sich an seine Begleiterin:

«War Vadian ein Prediger?»

Sie betrachtete das Standbild und antwortete:

«Keine Ahnung.»

Daraufhin machte ich mich zwischen meinen Vortragsterminen ein wenig schlau und staunte über das, was ich herausfand. Vadian ist die einzige Persönlichkeit, die von der illustren Stadt je mit einer überlebensgroßen Statue geehrt wurde. Ja, das Buch in seiner Hand war die Bibel. Aber nein, ein Prediger war er nicht. Vadian war ein Humanist der Renaissance. Er diente der Stadt als Arzt und wurde darüber hinaus zu ihrem Geschichtsschreiber und Bürgermeister. Warum also hält er eine Bibel in der Hand?

Die Geschichte St. Gallens und Vadians Reformen verschaffen uns einen Einblick in die europäische Identität. In ihnen stoßen wir auf die Ideen und Tugenden, die es ermöglicht haben, dass der Westen zu einem Ort der Freiheit und des Wohlstandes wurde, und zwar nicht nur für einige wenige, sondern für einen Großteil der Menschen. Diese Ideen haben ihren Ursprung nicht in Europa, aber sie haben die moderne Welt hervorgebracht.

Zu viel Wissen?

Im 15. Jahrhundert, bevor Vadian geboren wurde, war St. Gallen zu einem Zentrum der Produktion und Vermarktung von Textilien geworden. Nach seinem Tod entwickelte es sich weiter zum weltweit größten Produzenten von Stickereien. Die technischen Neuentwicklungen von St. Gallen machten es schließlich möglich, Stickereien im industriellen Maßstab zu fertigen.[1] Vadians Vater war selbst ein Tuchhändler.

Als Spross einer wohlhabenden Familie beendete Vadian 1501 seine Schulausbildung und ging zum Studium nach Wien. Dort erlangte er 1509 den Grad eines Magister Artium und kehrte nach St. Gallen zurück, um in der um das Jahr 750 gegründeten Stiftsbibliothek die Bibel zu studieren.

Offensichtlich war Vadian ein vielseitig begabter Mann. Nachdem er nach Wien zurückgekehrt war, offerierte ihm 1512 die Universität den Lehrstuhl für Poetik, und Vadian nutzte die Gelegenheit, um Medizin zu studieren. Kaiser Maximilian I. verlieh ihm bald darauf die Ehre des *poeta laureatus*.

1516 wurde Vadian Dekan der Universität, bevor er im folgenden Jahr den Doktortitel in Medizin erlangte. Später kehrte er als Stadtarzt nach St. Gallen zurück und wurde schließlich Bürgermeister der Stadt. Aber das ist nicht der Grund, warum die Stadt ihn ehrte.

---

[1] Kapitel 14 dieses Bandes behandelt die Industrialisierung der Schweiz.

1 EIN HEILIGER, EIN BÄR UND EIN BUCH

Es war 1519, als Vadian sich als Arzt wieder in St. Gallen niederließ. Dies war in mehr als einer Hinsicht ein wichtiges Jahr. In Zürich lösten die Bibelauslegungen Huldrych Zwinglis die ersten Kontroversen aus, mit denen die schweizerische Reformation begann. Im ganzen Land stritten Theologen und Politiker darüber, ob man beim Status quo bleiben oder sich «reformieren» sollte. Die Stimmung war angespannt.

Wie es sich traf, hatte Zwingli zusammen mit Vadian studiert. Die Debatten, die der Zürcher Reformator entfesselte, verstärkten Vadians Interesse an der Bibel. Zwei der siebenundzwanzig Bücher des Neuen Testaments stammten aus der Feder eines Arztes, Lukas. Er wurde zu einer Inspiration für Vadian, zumal auch er sich neben seiner ärztlichen Tätigkeit als Biograf und Historiker betätigte.

Als Vadian Martha Grebel heiratete, ahnte er nicht, dass der Bruder seiner Frau, Conrad Grebel, zu einer führenden Gestalt in der «radikalen Reformation» der Wiedertäufer werden würde. Während manche der radikalen Reformatoren eingeschworene Pazifisten waren, riefen andere wie Thomas Müntzer das Landvolk und die Bauern dazu auf, sich für Veränderung zu erheben – nötigenfalls mit Waffen. Am Horizont drohte ein Bürgerkrieg.

Die Bauern zogen in den Krieg, weil Europas tyrannische Gesellschaft dringend der Reform bedurfte. 1520 hatte ein katholischer Augustinermönch namens Martin Luther in drei Büchern die biblische Forderung nach Gerechtigkeit, Gleichheit und Freiheit entfaltet. Die aufständischen Bauern bezogen diese Prinzipien auf ihre tägliche Erfahrung der Demütigung, Unterdrückung und Ausbeutung. Luther und Zwingli hatten sie wachgerüttelt.

Die Reformatoren glaubten, Europas ausbeuterische und versklavende Kultur müsse sich verändern. Doch der plötzliche, gewaltsame, radikale Umsturz des Status quo erwies sich als größeres Problem. Der römisch-katholische und lutherische Adel zerschlug die Revolte mit seiner militärischen Überlegenheit. Luther unterstützte die Niederschlagung der Bauern. Rund siebzigtausend von ihnen kamen ums Leben, und in den meisten Fällen waren ihre Lebensverhältnisse nach dem Krieg schlimmer als zuvor. Dennoch machte die Revolte deutlich, dass es nicht so weitergehen konnte wie bisher. Es war höchste Zeit, dass ein neuer Tag heraufzog.

Im Jahr 1524 war es an St. Gallen, sich zu entscheiden. Während sich in den deutschsprachigen Ländern der große Bauernkrieg zusammenbraute, bereitete sich die Stadt auf eine Abstimmung vor. Würde die Stadt die Bibel zu ihrer höchsten Autorität machen – zu ihrem Licht und ihrem Weisheitsschatz für das private und öffentliche Leben?

Die Entscheidung, Gottes Wort über die Religion zu stellen, würde einen hohen Preis verlangen. Sie erforderte allgemeine Bildung: Jeder Bürger musste in die Lage versetzt werden, Gottes Wort zu studieren und in seinem Licht zu leben. Indem sich die Männer gegen das Gewicht des Mittelalters auflehnten, riskierten sie das Leben ihrer Frauen und Kinder. So eine Entscheidung durfte man nicht leichtsinnig treffen. Vadian, der die Debatte an vorderster Front führte, wollte die Reform. Aber zu welchem Preis?

Für heutige Leser ist es unter Umständen nicht einfach, sich bewusst zu machen, was für eine enorme Entscheidung das war. Während der gesamten Geschichte haben sich die meisten Eliten in den meisten Ländern auf die Unterjochung der Massen gestützt, um sich die Taschen zu füllen. Die Theologen, Politiker und Bauern stritten sich nicht darüber, ein religiöses System durch ein anderes zu ersetzen. Sie kämpften darum, «Gottes Wort» zu verstehen und ihm zu gehorchen.

Wenn die Bibel Gottes Wort war, musste sie höher stehen als alle menschliche Autorität. Die Macht stand auf dem Spiel ... aber es ging um noch mehr als das. Die Menschen kämpften um die Identität Europas: darum, wer sie waren und wer sie sein wollten. Sie kämpften um das richtige Verständnis der Welt, der Wirklichkeit und ihres Platzes darin.

Um uns bewusst zu machen, was da auf dem Spiel stand, lassen Sie uns betrachten, was die Bibel in Europa bereits bewerkstelligt hatte. Wir beginnen unsere Spurensuche mit dem Mann, dem St. Gallen seinen Namen verdankt.

Mönche retten die Zivilisation

Auf der Universität habe ich gelernt, die antike griechisch-römische Gelehrsamkeit hoch zu schätzen. Europas «Barbaren» dagegen konnten mit den Spekulationen der Philosophen nicht viel anfangen. In den Jahren von 410 bis 476 n. Chr. begannen sie, ebenso wie die westliche Hälfte des Römischen Reiches, sich der antiken Gelehrsamkeit zu entledigen. Kurz vor der Plünderung Roms am 24. August 410 hatte ein Mönch den Vorschlag gemacht, dort eine Hochschule zu erbauen. Als er dreißig Jahre später zurückkehrte, traf er kaum noch jemanden an, der lesen und schreiben konnte.

Meine gelehrten Professoren ignorierten einfach die Wirklichkeit, dass selbst die Griechen und Römer ihren antiken Philosophen und Dichtern keinen Glauben schenkten. Nicht die Logik des Aristoteles, sondern das Schwert Alexanders eroberte die Welt. Die Epen, die Philosophien und die Kunst der Griechen folgten dem Schwert, aber kaum jemand widmete sein Leben der Aufgabe, der Welt die griechische «Demokratie» beizubringen. Als das Schwert unterlag, verschwand die Gelehrsamkeit.

Die Griechen bewahrten ihre intellektuellen Schätze nicht oder konnten sie nicht bewahren. Einen Großteil ihres Wissens über die Weisheit der Griechen verdankt die Welt den griechisch- und syrisch-orthodoxen Mönchen, die griechische Manuskripte aus der vorchristlichen Zeit abschrieben, bis diese in die Hände der Muslime fielen. Dann begann man, sie ins Arabische und Lateinische zu übersetzen.

Nach dem Zusammenbruch des Römischen Reiches musste Westeuropa wieder zurück zur Bildung geführt werden. Dies begann mit einer Reihe von wagemutigen Missionsreisen irischer Mönche. Manche verloren ihr Leben als Märtyrer durch die Hand der ungebildeten Heiden, denen zu dienen sie gekommen waren.

Irische Mönche gründeten über hundert Klöster, um ihre Spiritualität zu praktizieren und den Nationen, die wir heute als Frankreich, Schweiz, Deutschland, Österreich und Italien kennen, zur

Bildung zu verhelfen.[2] Es hat seinen Grund, dass in diesen Nationen keine griechischen und römischen Götter mehr verehrt werden. Das Pantheon hatte seine Anhänger in Unwissenheit und Furcht gehalten. Die Mönche machten sie mit einer völlig anderen Gottheit bekannt: dem Messias, Jesus, der gekommen war, nicht um sich dienen zu lassen, sondern um zu dienen.

Die Stadt St. Gallen ist benannt nach einem Mönch namens Gallus (um 550–um 646). Gemeinsam mit elf anderen begleitete Gallus den hl. Columban von Luxeuil (543–615) auf der legendären irischen Mission, die den europäischen Kontinent zivilisierte.

Warum war Irland der Nabel der Bildung?

In seinem Buch *The Story of the Irish Race*[3] berichtet der Historiker Seumas MacManus, wie im 5. Jahrhundert St. Patrick Irland veränderte. Als junger Mann wurde Patrick von irischen Piraten gefangen genommen und musste als Sklave Götzendienern zu Willen sein, die nach dem «unerbittlichen Gesetz des Schwertes» lebten. Ein Traum wies ihm eine Möglichkeit zur Flucht.

Jahrzehnte später inspirierte ein anderer Traum Patrick dazu, zurückzukehren und den Iren das Evangelium zu verkündigen. Dank seiner umwälzenden Mission ließen die Iren «das Schwert der Eroberung dem Rost anheimfallen, während sie wiederum weit und breit über Meer und Land zogen, um nun den Nationen – in der Nachbarschaft ebenso wie in weiter Ferne – die heilende Salbe der freundlichen Worte Christi zu bringen».

Irische Mönche halfen mit, Europa zu zivilisieren. Der hl. Columban von Iona (um 521–597) gründete zunächst Klöster in sei-

---

[2] Weitere Einzelheiten siehe Dowley, Tim, und Rowland, Nick: *Atlas of Christian History*, Fortress Press: Minneapolis 2016, S. 50.

[3] MacManus, Seumas: *The Story of the Irish Race: A Popular History of Ireland*, The Devin-Adair Co.: New York 1967.

ner irischen Heimat. Um 563 dann begann er, Schottland zu evangelisieren. Einer seiner Schüler, Aidan (gest. 651), gründete das Kloster Lindisfarne in England.

Ein anderer Schüler, Columban von Luxeuil (543–615), ging nach Frankreich. Er gründete Klöster in Annegray, Luxeuil und im norditalienischen Bobbio.

Amandus (gest. 675) evangelisierte in Flandern und gründete dort eine Reihe von Klöstern.

Willibrord (658–739) gründete das Kloster Echternach im heutigen Luxemburg. Es entwickelte sich zu einem wichtigen Missionszentrum.

Bonifatius (um 675–754), der «Apostel der Deutschen», wurde dadurch berühmt, dass er bei Geismar eine dem Gott Thor geweihte Eiche fällte. Er gründete mehrere Klöster, unter anderem in Fulda (ca. 743). Dort wurde er nach seinem Märtyrertod begraben.

Wie wir in den folgenden Kapiteln sehen werden, wurden Klöster wie diese zu der Saat, die zu dem Europa aufblühte, das wir heute sehen.

Der Einsiedler und der Bär

Gallus wurde durch Krankheit daran gehindert, Columban über die Alpen zu begleiten. Deshalb errichtete er um das Jahr 612 eine kleine Eremitage (eine Mönchsklause mit Kapelle) in der Nähe eines Wasserfalls an der Steinach, etwa elf Kilometer vom Bodensee entfernt. Ägyptische «Wüstenväter» hatten die Idee der Eremitage aus der Wüstenerfahrung des Volkes Israel abgeleitet. Der Bekannteste unter ihnen war Antonius der Große, der um das Jahr 270 n. Chr. in die Wüste zog. Viele folgten seinem Beispiel. Ihr Vorbild beeinflusste die orthodoxe klösterliche Tradition des Berges Athos und die westliche Klosterregel des hl. Benedikt, der Gallus folgte.

Israels Wüstenerfahrung wird im Buch Exodus beschrieben, dem zweiten Buch der Bibel. Es berichtet von der wundersamen

Befreiung der hebräischen Sklaven nach 430 Jahren der Sklaverei. Gott rettete die Sklaven, um sie zu einer großen Nation zu machen.

Sklaverei ist traumatisch. Sie hält sich am Leben, indem sie die Würde und Selbstachtung der Menschen brutal niederschlägt. Ein Sklave kann seine Ehre, seine Unversehrtheit und seine Familie nicht schützen. Er lebt in Furcht, erfüllt von (verständlichem) Zorn.

Um zu einer großen Nation zu werden, brauchten die Sklaven mehr als Unabhängigkeit und ein neues Land. Sie brauchten einen neuen Geist. Der Geist der Sklaverei musste aus ihren Herzen ausgetrieben werden, damit sie einen Geist der Tapferkeit empfangen konnten. Einen Geist der Sohnschaft, der das eigene Erbe in Besitz nimmt. Die Hebräer wurden von der Tyrannei der Welt befreit, um von nun an nach dem Wort ihres Vaters zu leben. Sklaven bekamen die Möglichkeit, Gottes Autorität über seine Schöpfung zu empfangen.

Vierzig Jahre Wüstenwanderung wurden zum ersten Schritt in dem langen Prozess, Sklaven in eine Nation zu verwandeln. Während dieser Zeit in der Wüste mussten die Israeliten in völliger Abhängigkeit von Gott leben. Er gab ihnen vom Himmel herab Manna zu essen. Sie lernten, sein Wort zu ihrem Gesetz für das gemeinschaftliche Leben zu machen. Zu Beginn seiner Wirkungszeit verbrachte Jesus Christus ebenfalls vierzig Tage in der Wüste. Diese Wüstenerfahrungen wurden zur Lebensvorlage für die christlichen Eremiten. Sie entsagten der Welt, um Gott zu suchen.

Dass er als gelehrter Mann der Welt entsagte, verschaffte Gallus den Status eines verehrten «heiligen Mannes». Das zog Anhänger an. Manche bauten sich ebenfalls Klausen. Geistliche und liturgische Literatur wurde benötigt, um ihr Denken zu erneuern. Sie mussten lernen, zu lesen und Gallus' Manuskripte abzuschreiben. Diese Anstrengung wurde zum ersten Schritt in ihrer intellektuellen Entwicklung.

Auf dem Stadtwappen St. Gallens ist ein furchterregender Bär zu sehen. Eines Tages wärmte sich Gallus am Feuer, als plötzlich ein wütender Bär aus dem Wald auf ihn zugestürmt kam. Der Heilige fuhr ihn streng an. Verblüfft hielt der Bär inne und zog sich zurück. Wenig später kehrte er mit einem Stück Feuerholz zurück und ließ sich nieder, um sich zu wärmen. Gallus teilte sein Brot mit dem Bären. Sie wurden Freunde. St. Tuotilo (850–um 915), der überaus begabte Lyriker, Hymnendichter, Musiker, Komponist, Architekt, Bildhauer und Maler des Klosters, hielt die Bärenlegende auf einem Elfenbeinrelief in der Bibliothek fest.[4]

Ist es ein Mythos?

Für mich als Inder lautet die naheliegende Frage: Warum erfand Gallus nicht einen spektakulären Mythos wie etwa die Inkarnation des Gottes Vishnu als *Varaha* (Keiler)? Unsere Weisen genießen Respekt, weil sie hervorragende Mythenschöpfer sind. Im Vergleich dazu ist die Bärenlegende des Gallus allzu schlicht. Sie hört sich nicht einmal nach einer Geschichte an.

Ein Mystiker könnte sich fragen, warum Gallus nicht meditierte, um mit dem Bären einszuwerden? Dann hätte es keine Feindschaft zwischen Mensch und Natur gegeben. Denn beide sind ja Teil desselben göttlichen, unendlichen Bewusstseins. Was brachte Gallus auf den Gedanken, der Mensch müsse seine Autorität über die Natur behaupten?

---

[4] Eine bekannte Legende über den heiligen Gallus berichtet über die folgende Nacht: Während Hiltibod schlief, war Gallus noch wach, als plötzlich ein Bär auftauchte. Gallus ließ sich nicht einschüchtern, auch dann nicht, als der Bär sich aufrichtete. Gallus befahl dem Bären im Namen des Herrn, für sein Essen zu arbeiten und ein Stück Holz für das Feuer zu holen. Der Bär gehorchte und trug das Holz zum Feuer. Anschließend gab Gallus dem Bären ein Brot, unter der Bedingung, dass er sich nie mehr blicken lasse. Hiltibod, der mitgehört hatte, sagte zu Gallus: «Jetzt weiß ich, dass der Herr mit dir ist, wenn selbst die Tiere des Waldes deinem Wort gehorchen.» Der Bär tauchte nie wieder auf und wurde später zum Wappentier der Stadt St. Gallen. (Quelle: https://de.wikipedia.org/wiki/Gallus_(Heiliger); Zugriff am 26.06.19).

Die Hindus verehrten Berge; die Schweizer begannen sie zu untertunneln, wie es auch im säkularen Indien geschieht. Im Jahr 1518 verschaffte sich der Reformator Vadian bei den örtlichen Behörden die Genehmigung, mit drei Freunden den Pilatus zu besteigen, der über Luzern aufragt. Bis dahin hatten die Schweizer diesen Gipfel nicht erklommen (ganz davon zu schweigen, auf Skiern seine Hänge hinabzugleiten!). Sie glaubten nämlich, in dem See hoch auf diesem Berg lebe die rastlose Seele des Pontius Pilatus, des römischen Gouverneurs, der die Kreuzigung Christi angeordnet hatte. Sein Geist quälte alle, die sein Territorium betraten.

Nach Vadians sicherer Rückkehr folgte ihm der Zürcher Stadtarzt Conrad Gessner (1516–1565). Er studierte alte Sprachen, Theologie und Medizin, bevor er zu einem der Väter der modernen Zoologie und Botanik wurde. Gessner bestieg den Pilatus ausdrücklich, um dem mittelalterlichen Aberglauben entgegenzutreten. Provozierend schleuderte er Steine in den See, um den Dämon auszutreiben. Die Reformatoren verscheuchten den schweizerischen Aberglauben hinsichtlich der Berge. Sie glaubten der Bibel, dass der Schöpfer uns die Vollmacht gegeben hat, uns diese Welt untertan zu machen (1. Mose 1,26–28). Diese Überzeugung wurde zu einer Grundlage für Europas führende Stellung in der modernen Wissenschaft und Technik.

Der Erlöser hat uns Vollmacht auch über die Dämonen gegeben (Matthäus 10,1). Wir sollen uns vor bösen Geistern nicht fürchten. Wir sollen sie austreiben.

Indem sie die menschliche Vollmacht über die natürliche und die übernatürliche Welt in Anspruch nahmen, nahmen Reformatoren wie Vadian die Bibel beim Wort. Sie betrachteten sie nicht als philosophische Spekulation oder lediglich als gute ethische Weisheit für das tägliche Leben. Sie lasen sie als das Wort ihres Vaters, eine göttliche Kommunikation, die die Beziehung eines Menschen zu seinem Vater stärkt. Als Gottes Wort war sie verlässlich. Gottes Kinder können auf die Verheißungen ihres Vaters zählen. Durch ein glaubensvolles Gebet können sie nötigenfalls die Verheißungen Gottes einlösen wie Schecks, die von ihrem Vater unterzeichnet sind. Dieses Wissen und der dadurch inspirierte Glaube verwandelten das furchterfüllte Zeitalter des Aberglaubens in die moderne Zeit der zuversichtlichen Vollmacht.

Gallus' Bär symbolisierte den modernen Gedanken der menschlichen Autorität über die Natur. Er vertraute der biblischen Aussage, Gott wolle, dass seine Kinder auch in der übernatürlichen Welt Vollmacht ausübten.

Dies zeigt sich besonders gut an einem Wunder, das Gallus seine Heiligsprechung verschaffte, nachdem er gestorben war. Eine hoch angesehene Frau namens Fridiburga war mit dem fränkischen König Sigibert III. verlobt. Doch dann ergab sich ein kleines Problem. Sie wurde wahnsinnig. Zwei Bischöfe schafften es nicht, sie von ihren Dämonen zu befreien. Gallus gelang es. Dieses Wunder verschaffte seiner Eremitage die Ländereien von Arbon.

Von der Eremitage zum Kloster

Aufgrund solcher Wunder sahen die Menschen in Gallus einen Heiligen, schon bevor die Kirche es tat. Sein Grab hinter seiner Kapelle wurde zu einer heiligen Gebetsstätte. Diese spontane Bewegung ließ die Eremitage wachsen. Etwa 100 Jahre nach Gallus wurde St. Otmar als Oberhaupt der Eremiten eingesetzt. Er machte aus der Eremitage ein Kloster.

Eremiten lebten abgeschieden von der Welt, jeder in seiner Klause. Das Kloster führte sie in einem Gebäude zusammen. Gemeinschaftliches Leben erfordert einen gemeinsamen Code, eine gemeinsame Sprache und Literatur, die eine gemeinsame Sicht der Welt und des Lebens vermittelt. Gemeinschaftliche Gottesdienste tragen zur Entwicklung von Musik und Musikinstrumenten bei. Dazu wiederum sind Fähigkeiten, Techniken und Bildung erforderlich.

Ein Jahrhundert später wurde dem Nachfolger Otmars, Gozbert, die berühmteste und älteste erhaltene mittelalterliche Architekturzeichnung gewidmet. Es ist der «St. Galler Klosterplan», ein herrliches Pergament von der Insel Reichenau. Dieser Plan entwirft den Idealtypus eines Klostergeländes. Er zeichnet ein Bild des geistlichen, sozialen, landwirtschaftlichen, handwerklichen und wissenschaftlichen Zentrums eines ganzheitlichen Transformationsprozesses. Der Plan visualisiert eine Gemeinschaft, die die geografische und die geistige Wildnis in eine kultivierte Umgebung verwandelt, in der Sicherheit und gemeinschaftlicher Wohlstand gedeihen können. Eine solche Planung verband ein Netz von Klöstern zur DNA der intellektuellen und moralischen Kultur des Westens. Bis heute bleibt der Entwurf dieser zivilisierenden Kraft, der Klosterplan, auf den wir im Kapitel über Architektur in einem Fortsetzungsband zurückkommen werden, einer der kostbarsten Schätze der Stiftsbibliothek von St. Gallen.[5]

Gemeinsame Literatur wird zur Seele einer Gesellschaft, einer Nation, einer Kultur. Sie vermittelt dem Einzelnen Sinn und gibt der Gesellschaft Motivation. Sie wird zu einem Licht der Gesellschaft; zu der Autorität, die Auseinandersetzungen beilegt.

Skeptiker versuchen, das Nichts, den Nihilismus, den Zufall im Herzen der Literatur einer Gesellschaft zu verankern. Doch bald entdecken sie, dass das Fehlen der Wahrheit die jeweils Herrschenden dazu einlädt, eine ungezügelte und exklusive Autorität auszuüben und nach ihrem eigenen Gutdünken zu regieren. Die Abschaffung der Wahrheit erzeugt ein Vakuum, das mit Zwang gefüllt wird.

Die Bibel wurde zur Seele St. Gallens, weil sie im Skriptorium des Klosters für die Mönche abgeschrieben wurde. Sie war das eine Buch, das alle jedes Jahr durchlasen.

Um die Mönche in die Lage zu versetzen, zu verstehen, was sie lasen, musste die Klosterschule die sieben freien Künste lehren, die zu einem Teil der klösterlichen Ausbildung im Westen wurden. Sie bestehen aus dem Trivium – Grammatik, Logik und Rhetorik – und dem Quadrivium – Arithmetik, Geometrie, Musik und Astronomie.

---

[5] Eine Abbildung dieser Zeichnung siehe https://www.campus-galli.de/klosterplan/.

Diese Art der Bildung gab es nicht nur in St. Gallen. Mönche und Nonnen verbreiteten sie in vielen Zentren. Ziel der klösterlichen Bildung war es, Menschen zuzurüsten, um Gott und ihre Nächsten zu lieben. Darum gründete Otmar, der Gründungsabt des Klosters, auch ein Armenhaus und das älteste Leprosorium der Schweiz (720–759 n. Chr.).[6] Der Geist Jesu, der Leprapatienten anrührte und heilte, hatte schon in Italien und Frankreich seine Anhänger inspiriert, Heime für diese Patienten zu errichten, zum Beispiel in Verdun, Metz und Maastricht. Die klösterliche Bildung brachte Europas unverwechselbare Identität hervor und schulte Europas auffällig rationale religiöse Führer, die das Fundament der Moderne legten.

Dass Menschen befähigt wurden, Gott und ihre Nächsten zu lieben, trug Früchte in technischen, landwirtschaftlichen, medizinischen, juristischen und wirtschaftlichen Fortschritten.

Meine Reise nach St. Gallen

Einige Wochen vor meinem Besuch in St. Gallen buchte ich online mein Ticket. Laut Fahrplan sollte mein Bus um 11:01 Uhr in Reichelsheim im Odenwald (dem Dorf, in dem ich mich in Deutschland aufhielt) abfahren. Ich würde vier verschiedene Züge nehmen und St. Gallen um 17:59 Uhr erreichen.

Erstaunlich! Ich kam tatsächlich eine Minute vor achtzehn Uhr an. Diese Effizienz erinnerte mich an die Hochzeitsparty eines Freundes in Indien. Fünfzehn Angehörige des Bräutigams trafen fünfundzwanzig Minuten vor der planmäßigen Abfahrt des Zuges auf dem Bahnhof ein. Der Zug stand am Bahnsteig. Als sie sich anschickten, ihn zu besteigen, setzte sich der Zug in Bewegung. Die Gruppe überprüfte noch einmal den Namen, die Nummer und den Zielort des Zuges. Es war ihr Zug. Wie konnte es sein, dass er

---

[6] http://ila.ilsl.br/pdfs/v41n2a12.pdf (siehe S. 223 unter diesem Link).

vorzeitig abfuhr? Wütend marschierte die Gruppe zum Bahnhofsvorsteher, um zu protestieren und Schadensersatz zu fordern. Daraufhin entgegnete ihnen der Bahnbeamte: «Oh! Das war der Zug von gestern.»

Was steckt dahinter, dass sich die schweizerische und die deutsche Kultur so krass von der meinen unterscheiden?

Einsiedler können in ihrer eigenen Zeit leben. Sie können aufstehen, wenn es in der Sonne warm wird, und zu Bett gehen, wann immer sie wollen. Gemeinschaftliches Leben dagegen erfordert gemeinsame Zeitabläufe. Jeder Mönch muss seine Arbeit so organisieren, dass er zur gleichen Zeit wie die anderen zu den gemeinschaftlichen Gebeten und Mahlzeiten erscheint.

Es waren Mönche, nicht Hirten oder Fischer, die Uhren brauchten. Also erfanden sie sie. Vor den ersten mechanischen Uhren war die Pfeifenorgel die komplizierteste Maschine der Welt. Jede Pfeifenorgel wurde von Mönchen gebaut, gespielt und gewartet, denn es war ihr Lebenszweck, Gott anzubeten. Die mechanischen Fertigkeiten, die sie sich angeeignet hatten, um Musik zu machen, wurden nützlich für die Erfindung der mechanischen Uhr. Die Uhr wiederum wurde zum Nährboden für die einzigartige Rolle des Westens bei der Entwicklung des Maschinenbaus.[7]

Heutzutage stellen wir Inder auch Wecker und Armbanduhren her. Doch unsere Uhren allein helfen uns nicht dabei, Zeiten einzuhalten. Woher nahm also Westeuropa seine einzigartige Fähigkeit, effizient mit der Zeit umzugehen?

Heute ist St. Gallen berühmt für seine Hochschule für Wirtschafts-, Rechts- und Sozialwissenschaften. Gemeinsam mit anderen herausragenden Institutionen schult sie die Fachkräfte, die im europäischen Finanz- und Wirtschaftswesen größtenteils tonangebend sind. Zeit ist Geld, aber nur, wenn sie effizient gemanagt wird.

---

[7] Die Geschichte der mittelalterlichen Technik ist geschildert in meinem früheren Buch *Das Buch der Mitte. Wie wir wurden, was wir sind: Die Bibel als Herzstück der westlichen Kultur*, Fontis: Basel 2014.

Kann der Mensch die Zeit beherrschen?

Wer hat den Schweizern gesagt, sie könnten über die Zeit herrschen?

In Indien haben wir die Zeit angebetet. Die Zeit, so wurden wir gelehrt, sei ein Gott – Kaal, der schreckliche Gott des Todes. In meiner Muttersprache Hindi wird für «gestern» und «morgen» dasselbe Wort verwendet – *kal*. Die Zeit existierte schon, bevor wir geboren wurden. Sie wird uns, unsere Kinder und unsere Enkelkinder verschlingen, genau wie sie unsere Väter und Vorväter verschlungen hat ... und so wird es immer weitergehen. Deshalb muss man die Zeit fürchten und besänftigen, nicht managen.

Diese Sichtweise machte Indien zu einer Kultur der Astrologie, in der unsere Zeiten über uns herrschen. Unsere Sterne entscheiden darüber, wann wir heiraten und wen wir heiraten; wann wir auf eine Geschäftsreise gehen und mit wem wir eine Partnerschaft schließen. Selbst im 21. Jahrhundert erstellen wir Computerhoroskope für unsere Autos und Motorroller. Warum sollte man das Risiko eingehen, den Gott des Todes auf unseren gefährlichen Straßen zu erzürnen?

Die europäische Kultur entwickelte sich anders. Allmählich wandelte sich das Mittelalter zu einer Kultur der Astronomie. Die Astrologie hatte auch in Europa große Bedeutung gehabt, bevor die Bibel sie verdrängte, indem sie lehrte, dass die Zeit nicht Gott ist. Gott existierte vor der Zeit. Er erschuf uns nach seinem Bild, damit wir die Zeichen studieren, die er am Himmel angebracht hat: Sonne, Mond, Sterne und Sternbilder. Die Himmelskörper waren da, um uns zu helfen, die Zeit zu planen und zu managen: damit wir an sechs Tagen arbeiten, um uns die Erde untertan zu machen, und am siebten ruhen (1. Mose 1,14–28).

«Aber wie kann ein Geschöpf der Zeit über die Zeit herrschen?», fragten die Heiden.

Das ist der weltanschauliche Unterschied, den die Bibel bewirkte. Sie lehrte Europa, dass der Mensch mehr ist als ein Geschöpf der Zeit. Er hatte seinen Anfang in der Zeit ... aber Gott hauchte seiner

Seele die Ewigkeit ein. Der Mensch wurde erschaffen, um für immer zu leben.

Der Tod kam als ein Fluch über die menschliche Sünde. Er trennte uns von der ewigen Quelle unseres Lebens. Dann kam der Erlöser. Er nahm unsere Sünde, ihre Schande, ihre Schuld und ihre Konsequenzen, einschließlich des Todes, auf sich. Er nagelte sie an sein Kreuz. Am dritten Tag nach seinem Tod triumphierte er über das Grab. Der auferstandene Erlöser gibt uns eine zweite Chance, durch Umkehr und Glauben Gottes ewiges Leben zu empfangen. Auferstehung und ewiges Leben erheben uns über die Zeit. Menschen können und sollen die Zeit managen, also mit ihr haushalten, genau wie sie auch Haushalter der übrigen geschaffenen Ordnung sind.

Diesen Gedanken äußerte ich einmal gegenüber einem Freund, einem Intellektuellen, der sich selbst als Atheisten bezeichnete. Nach einem Moment stirnrunzelnden Schweigens wendet er sich mir zu und sagt:

«Ich verstehe dich nicht, Vishal. Du gehst rational an Diskussionen über Religion heran, was ich sehr schätze. Warum musstest du jetzt alles verderben, indem du die Auferstehung ins Spiel gebracht hast? Das ist doch unmöglich!»

«Warum?»

«Weil ... weil der Tod nun einmal das letzte Wort hat.»

«Woher weißt du das?»

«Das ist meine Überzeugung.»

«Kannst du deine Überzeugung beweisen?»

«Natürlich nicht. Aber ich glaube, dass am Anfang der Tod war. Kein Gott, kein Geist, kein Bewusstsein, keine Amöbe, kein Virus, kein Bakterium existierte damals. Das Leben entstand durch einen kosmischen Zufall. Dann begann es zu mutieren und sich zu entwickeln. Und zig Millionen von blinden Zufällen später sind wir hier und streiten uns um die Wahrheit. Eines Tages werden unser Sonnensystem und die Galaxis von einem Schwarzen Loch verschlungen werden. Damit wird alles Leben enden. Der Tod, mit dem alles anfing, wird auch das Ende sein. Denn der Tod ist die letzte Wirklichkeit.»

«Ist das so? Hast du nicht gerade eingeräumt, dass alles Leben aus dem Tod gekommen ist? Warum sollte dann die Auferstehung ‹unmöglich› sein?»

Was ist, wenn das Leben – ein lebendiger Schöpfer – die ewige und letzte Wirklichkeit ist? Was ist, wenn er uns geschaffen hat, damit wir für immer bei ihm leben? Damit wir Vollmacht über seine Schöpfung haben – über furchterregende Bären und Berge, über Geister und über die Zeit? Das ist die übernatürliche Weltsicht der Bibel. Sie hat bewirkt, dass die westliche Kultur ganz anders ist als meine Welt, weil sie einen Unterschied macht zwischen den Menschen und anderen Geschöpfen.

Nach diesem Blick auf einige der Veränderungen, die die Bibel bewirkt hat, lassen Sie uns nach St. Gallen zurückkehren.

Das Buch, das St. Gallen reformierte

1524, als sich in den deutschsprachigen Ländern der große Bauernkrieg zusammenbraute, beschloss die Stadt St. Gallen, dass die Bibel ihre Leuchte sein sollte, von der sie sich in allen Überlegungen und Entscheidungen leiten lassen wollte; die Basis für ihr intellektuelles, soziales, wirtschaftliches, politisches und diplomatisches Leben; ihre Schatztruhe der Weisheit für das private und gesellschaftliche Leben. Zwei Jahre später, 1526, wählte St. Gallen Vadian zu seinem Bürgermeister.

St. Gallens Entscheidung, Gottes Wort zu seiner Leuchte zu machen, war einfach, aber nicht trivial. Sie war womöglich noch ehrlicher als die amerikanische Unabhängigkeitserklärung von 1776. Die Bürger von St. Gallen gaben nicht vor, ihre Ideen über die Gleichheit der Menschen und ihre unveräußerlichen Rechte seien «selbstverständlich». Sie wussten, dass diese Wahrheiten in der Bibel offenbart waren (siehe Kapitel 3, «Kann Freuds Schöpfer kommunizieren?»). Sie erkannten, dass, weil alle Macht Gott gehört, alle menschliche Autorität letzten Endes von Gott gegeben und deshalb ihm Rechenschaft schuldig war. Das bedeutet, dass menschliche Herrschaft sich an der Gerechtigkeit Gottes orientieren musste.

Die Entscheidung, Gottes Offenbarung zur Autorität im menschlichen Bereich zu machen, war sowohl politisch als auch philosophisch. Sie verschaffte den Bürgern die Freiheit, selbst nach der Wahrheit zu suchen. Sie nahm sie in die Pflicht, Gottes Wort auf ihr persönliches und kollektives Leben anzuwenden, auf ihr Sexualleben ebenso wie auf ihr Geschäftsgebaren. Es war eine Abstimmung gegen die Tradition und für Freiheit mit Verantwortung.

Die Stadt wusste sehr gut, dass ihr Votum, Gottes Wahrheit zu suchen und nach ihr zu leben, manchen in der religiösen Obrigkeit ein Dorn im Auge sein würde. Tatsächlich löste es die Kappelerkriege zwischen den traditionellen und den reformierten Kantonen aus.

Warum trafen die Bürger eine Entscheidung, mit der sie sich der Gefahr eines Krieges aussetzten? Die Lektüre der Bibel überzeugte sie davon, dass Europas brutale religiöse und politische Machtstrukturen verändert werden mussten. Menschliche Autoritäten, seien es politische, intellektuelle oder kirchliche, brauchten ein Licht, das reiner war als ihr eigenes; eine Autorität, die höher stand als die der Menschen und dennoch offen war für kritisches Nachfragen.

Die Bibel hatte ihre Liebe zu Freiheit und Gerechtigkeit entfacht, zu einem vernünftigen Glauben. Freilich ahnte die Stadt nicht, dass ihre Entscheidung eine Kettenreaktion in Gang setzen würde, die schließlich unser modernes Zeitalter einläutete. Sie wollte einfach nur aus einem Glauben leben, der einer ehrlichen, intensiven und umfassenden Gelehrsamkeit entsprang.

Die Bibliothek: Eine Zuflucht für die Seele

Wie wir gesehen haben, ist die Weltanschauung der Bibel insofern einzigartig, als ihre Spiritualität eine Auseinandersetzung mit der materiellen Welt erfordert. Durch das Kloster wurde St. Gallen zu einer Heimat für Gelehrte. Es beherbergt die älteste und besterhal-

1 EIN HEILIGER, EIN BÄR UND EIN BUCH

tene mittelalterliche Bibliothek der Schweiz, gegründet um das Jahr 750. Im Lauf der Jahrhunderte widmeten viele Mönche ihr Leben der Aufgabe, jedes verfügbare Manuskript abzuschreiben und zu erhalten. Das intellektuelle Zentrum der Bibliothek war ein asiatisches, ein jüdisches Buch. Dieses Buch war für die Gelehrten der Schlüssel zum Verständnis des Kosmos und ihres Platzes darin.

Angesichts der großen Bedeutung der Bibel verfassten viele Mönche Kommentare dazu. Manche mögen zunächst ihre Zweifel an Teilen der Bibel gehabt haben, aber je mehr sie sie studierten, desto mehr akzeptierten sie ihren Anspruch, Gottes Wort zu sein. Infolgedessen waren sie als Gemeinschaft bestrebt, ihr Leben und ihre Welt vom Licht der Bibel prägen zu lassen. Aufgrund ihrer Ehrerbietung für das Wort Gottes bedienten sich die Gelehrten, wenn sie die Bibel abschrieben, zunehmend einer farbenfrohen, kunstvollen Kalligrafie.

Die mittelalterliche Gelehrsamkeit ging in die Renaissance über, die mit dem Schriftsteller und Dichter Francesco Petrarca (1304–1374) begann. Die ihm nachfolgenden Humanisten studierten sämtliche verfügbare Literatur der Antike in griechischer und lateinischer Sprache. Auch mit umgangssprachlicher Literatur machten sie sich vertraut. Alles wurde in der St. Galler Stiftsbibliothek studiert, abgeschrieben und erhalten. Deshalb nahm die UNESCO sie 1983 ins Weltkulturerbe auf.

Wir dürfen die Bedeutung des Alters dieser Bibliothek nicht übersehen. Es gibt uns einen Einblick in die Weltanschauung, die Europas einzigartigen Charakter prägte.

Die älteste erhaltene Bibliothek Asiens, das Tian-Yi-Ge-Museum, befindet sich in Ostchina in der Stadt Ningbo. Sie wurde irgendwann zwischen 1561 und 1586 erbaut, achthundert Jahre nach der St. Galler Stiftsbibliothek.

Die älteste erhaltene Bibliothek Indiens befindet sich im südindischen Thanjavur. Maharadscha Serfojis Sarasvati-Mahal-Bibliothek hatte ihren Anfang im 18. Jahrhundert, fast tausend Jahre nach der von St. Gallen. Sie erblühte unter dem Maratha-König Serfoji II Bhonsle (1777–1832), dessen Mentor ein deutscher christlicher Missionar namens Friedrich Schwarz (1726–1798) war, der unter seinem Dach lebte. Auf die weltanschaulichen Implikationen dieser Tatsachen kommen wir später zu sprechen.[8]

Kehren wir zunächst noch einmal zurück zu meinem Erstaunen darüber, dass die Bürger ihren «Stadtvater» nicht kannten und nicht wussten, warum er mit einem bestimmten Buch in seiner Hand dargestellt ist. Das machte mich neugierig: Spielt es eine Rolle, dass die Bürger von St. Gallen heute das Buch nicht mehr kennen, das ihre Stadt, ihre Nation und die ganze westliche Kultur reformiert hat?

Hat der Westen sich, indem er Vadians Buch vergaß, seine eigene Seele amputiert? Ist das der Grund, warum er so verwirrt ist hinsichtlich seiner Identität, der Quelle seines Sinns und seiner Moral und des Geheimnisses seines unglaublichen Erfolges?

Die Bibel ruft ihre Leser dazu auf, nach Weisheit zu streben. Weisheit «von oben»[9] baut Menschen, Familien und Nationen auf. Doch Kultur ist so vergänglich wie ein Garten. Die Wüste eines «finsteren Zeitalters» braucht nur ein paar Jahreszeiten, um einen gut gepflegten Garten zunichtezumachen. Das macht diese Überlegungen so wichtig.

Die St. Galler Stiftsbibliothek nennt sich selbst eine Zuflucht für die Seele. Ihre Mauern umringen uns mit Seelennahrung: mit Büchern, die Wissen offerieren. Wissen versetzt uns in das geistliche Reich der Wahrheit.

In einem Fortsetzungsband werden wir auf die Kunst und die Barockarchitektur des Klosters zurückkommen. Wir werden sein Deckengemälde näher betrachten. In den folgenden Kapiteln wollen wir einen Blick auf die zentralen Elemente der Weltsicht werfen, die in dieser Bibliothek dargestellt wird. Dies sind Gedanken, die den Westen zu einer Zivilisation gemacht haben, die nach der Wahrheit suchte und ihr gehorchte.

---

[8] Siehe Kapitel 4.
[9] Jakobus 3,14–17.

Die St. Galler, die ich traf, kannten ihren Stadtvater nicht. Das Buch in seiner Hand war ihnen egal. Intellektueller Hochmut raubt dem Westen sein Erbe. Ein wenig Demut könnte uns neu mit dem wahren Reichtum des Westens in Verbindung bringen.

2. Kapitel
EIN TRAUM, DER DEN WESTEN VERÄNDERTE

Die alten Griechen feierten ihre Götter in Epen und Künsten. Sie verehrten sie in Tempeln, auf Festen und in demokratischen Versammlungen. Die Geschichten von den olympischen Göttern prägten die griechische Kultur.[1]

Diese Mythen waren so eindrücklich, dass die Römer manche Götter von den Griechen übernahmen. Sie änderten nur die Namen: Aus Zeus wurde zum Beispiel Jupiter.

Manche Leute meinen, die Griechen und Römer hätten die moderne westliche Kultur hervorgebracht. Eine Schwierigkeit liegt dabei auf der Hand: Es dürfte mühsam sein, einen Tempel zu finden, wo jene Götter angebetet oder ihre Epen gelehrt werden. Hollywood versucht zwar, die alten Mythen wiederzubeleben. Doch mit der «Macht der Mythen»[2] sind nicht viele Anhänger zu gewinnen. Da waren die hinduistischen Mythen von Krishna und Durga im Westen schon erfolgreicher.

Warum aber schreibt man dann den Griechen und Römern zu, sie hätten die moderne Welt geschaffen? Hauptsächlich liegt es daran, dass die europäischen Intellektuellen zwischen dem

---

[1] Die prominentesten waren Zeus, Hera, Poseidon, Demeter, Athene, Ares, Aphrodite, Apollo, Artemis, Hephaistos, Hermes und Hestia (oder Dionysos).

[2] Bill Moyers produzierte die äußerst einflussreiche Fernsehserie «Joseph Campbell and The Power of Myth» (1988) für den amerikanischen Sender PBS. Die Serie wurde auf der Skywalker Ranch gedreht, die George Lucas gehört. Es gibt mehrere Buchversionen der Serie. – Campbell wird praktisch an jeder amerikanischen Universität gelehrt. So verwandelt sich die Moderne, die nach der Wahrheit suchte, in das postmoderne Post-Truth-Zeitalter der Geschichten, der «Fake News». Campbell ist der intellektuelle Guru vieler Hollywood-Mythenschöpfer.

14. und 16. Jahrhundert ihre klassischen Texte sorgfältig studierten. Diese elitäre intellektuelle Bewegung ist als «Renaissance» in Erinnerung. Man genoss die Epen. Man respektierte die griechische Philosophie und reflektierte darüber. Die Reformation Europas jedoch begann erst, als ein Mönch begann, die Episteln des Apostels Paulus zu lehren. Reformatoren und Gegenreformatoren lasen und zitierten griechische und römische Autoren, aber sie unterstellten jeden Gedanken der Autorität des «Wortes Gottes».

Die griechischen Götter waren Jahrhunderte zuvor in den Untergrund getrieben worden. Nun war die Kirche der Mittelpunkt des europäischen Dorfes. Was genau also war es, das den Westen veränderte? Warum ist das nordwestliche Europa bis heute der am wenigsten korrupte, der freieste und der am besten entwickelte Teil der Welt?

Der Träumer und sein Traum

Die Transformation des Westens begann mit einer «Vision». Der Apostel Paulus wollte nach Asien gehen, um dort die Gute Nachricht von der von Gott geschenkten Erlösung zu verkünden. Lukas, der Reisegefährte des Paulus, berichtet, dass der Heilige Geist nicht zuließ, dass Paulus seine Pläne weiterverfolgte. Eine «Vision» lenkte seine Aufmerksamkeit in Richtung Westen:

> Dort sprach Gott nachts in einer Vision zu Paulus. Der Apostel sah einen Mann aus Mazedonien, der ihn bat: «Komm nach Mazedonien herüber und hilf uns!» Da war uns klar, dass Gott uns gerufen hatte, den Menschen dort die rettende Botschaft zu verkünden.[3]

---

[3] Apostelgeschichte 16,9–10.

Diese «Vision» wird manchmal auch als «Traum» bezeichnet, weil Paulus sie in der Nacht sah, als er vermutlich schlief. In englischen Bibelausgaben ist von einer «Vision» die Rede, weil die Bibel impliziert, dass es sich um eine *Offenbarung* handelte – eine Mitteilung, die von jenseits der Hirnchemie kam, von außerhalb des persönlichen oder kollektiven Unbewussten. Sie war kein Produkt aus Paulus' eigenem Kopf.

Wir werden der erstaunlichen Wirkung der Bibel nicht gerecht, wenn wir uns nicht mit diesem Gedanken der übernatürlichen Inspiration auseinandersetzen.

Schon zuvor hatte eine dramatische «Vision» am helllichten Tag, die in Apostelgeschichte 9,1–18 geschildert wird, eine Kehrtwende im Leben des Paulus bewirkt. Viele Philosophen, Eroberer und Erfinder haben mit dazu beigetragen, Europa zu prägen, doch Paulus (ursprünglich hieß er Saulus) spielte eine Schlüsselrolle. In der Öffentlichkeit trat er zuerst als fanatischer Verfolger seiner Mitjuden in Erscheinung, die glaubten, Jesus sei ihr seit langem verheißener Messias. Diese Gläubigen waren dem jungen Gelehrten ein Dorn im Auge, weil sie Jesus eine Ehre zuschrieben, die nach Saulus' Meinung nur Gott – Jahwe – gebührte.

Jeder wusste, dass Jesus gekreuzigt worden war. Doch seine Anhänger behaupteten, der tote und begrabene Jesus sei auferstanden. Er sei als das «Lamm Gottes» gestorben, um uns von unserer Sünde zu erretten. Das wollte Saulus nicht akzeptieren, und deshalb verfolgte er die Gläubigen.

Später jedoch begann seine eigene Kreuzesverkündigung die moralischen Sichtweisen und Maßstäbe Europas zu transformieren. Diese moralische Umwälzung dauerte lange. Sie verlief niemals geradlinig. Doch wie wir sehen werden, hätte Europa, ohne Sünde und Erlösung aus der Perspektive der Bibel zu sehen, niemals die juristischen, pädagogischen, wirtschaftlichen, bürokratischen, politischen und kulturellen Institutionen und Traditionen entwickeln können, die es zu einem Vorbild für die gesamte übrige Welt machten.

Die Juden opferten Lämmer als Ausgleich für ihre Sünde. Anhand von jüdischen Schriften wie dem Buch Jesaja lehrten die Anhänger Jesu, das Lamm Gottes habe am Kreuz die Sünde der Welt auf sich genommen. Zugleich glaubten sie aber auch, Jesus sei vollkommen unschuldig gewesen. Warum also wurde er gekreuzigt?

Selbst ein Dieb konnte sehen, dass am Kreuz Christi die Ungerechtigkeit dieser Welt angenagelt war.[4] Das Kreuz war eine Waffe Roms, um seine tatsächlichen oder potenziellen Gegner zu terrorisieren. Jesus wurde nicht deshalb gedemütigt, gefoltert und getötet, weil das menschliche Herz so edelmütig wäre, sondern weil es so grausam und böse ist. An jenem ersten Karfreitag konnten Beobachter mit bloßem Auge erkennen, dass am Kreuz Christi der Neid und die Eifersucht des religiösen Establishments hingen; die Lügen falscher Zeugen und die moralische Feigheit der «religiösen» Massen, einschließlich der Anhänger Christi selbst.

Die Bibel berichtet, dass der gekreuzigte Jesus begraben wurde. Das Grab wurde versiegelt und bewacht. Doch am dritten Tag passierte etwas Unfassbares. Gott erweckte Jesus von den Toten. Das bestätigte, so sagten seine Jünger, dass Jesus zur Vergebung unserer Sünde gekreuzigt worden war. Jesus war das Lamm Gottes, das gekommen war, um die Sünde der Welt wegzunehmen.[5]

Während seines letzten Abendessens mit seinen Jüngern hatte Jesus ihnen erklärt, er werde sein Blut für die Vergebung unserer Sünde vergießen.[6] Nach seiner Auferstehung verstanden die Jünger, dass Jesus der Erlöser ist, weil er unsere Sündhaftigkeit auf sich nahm, um uns mit seiner eigenen Gerechtigkeit zu segnen. Wir müssen nichts dazutun, als von unserer Sünde umzukehren und ihn als unseren Erlöser aufzunehmen: unseren Hirten.

---

[4] Lukas 23,39–43.
[5] Johannes 1,29.
[6] Matthäus 26,27–28.

Saulus war aufgebracht, weil die Jünger Christi behaupteten, Jesus sei ihnen nach seiner Auferstehung begegnet und habe vierzig Tage mit ihnen verbracht, um ihnen das neue Reich zu erklären, das er in die Welt gebracht habe. Mindestens fünfhundert Zeugen sahen Jesus lebendig.[7] Seine Jünger waren Zeugen seiner Himmelfahrt. Er versprach ihnen, er werde wiederkommen.

Natürlich betrachteten Skeptiker die Behauptung der Zeugen, Jesus sei auferstanden, als frei erfundene Legende. Nach dem jüdischen Pfingstfest jedoch war es nicht mehr so einfach, diese skeptische Haltung aufrechtzuerhalten. Während Pilger aus fernen Ländern nach Jerusalem strömten, versammelten sich die Anhänger Christi dort, um zu beten. Dies war die Stadt, deren Obrigkeit vor nicht einmal zwei Monaten Jesus gekreuzigt hatte.

Plötzlich geschah etwas. Die Jünger gerieten in Ekstase. Sie begannen, in Sprachen, die sie nie gelernt hatten, Gott zu preisen und die Auferstehung Jesu zu bezeugen.[8] Sie erhielten die Kraft, unglaubliche Wunder zu vollbringen.

Zum Beispiel heilten vor dem Tempel in Jerusalem Petrus und Johannes einen Mann, der von Geburt an gehbehindert gewesen war. Die Einheimischen wussten, dass er lahm auf die Welt gekommen war, denn er saß jeden Tag am selben Tempeltor und bettelte. Dieser Mann, der noch nie einen Schritt gegangen war, hüpfte und sprang nun herum und lobte Jesus.[9] Tausende von Skeptikern begannen nachzuforschen und zu glauben. Viele wurden zu Nachfolgern Christi. Das brachte Fanatiker wie Saulus zur Weißglut. Hass und Zorn machten ihn geistlich blind.

Saulus' Augen öffneten sich erst, als er physisch geblendet wurde. Er war unterwegs nach Damaskus, gerüstet mit offiziellen Vollmachten, um die Christus-Enthusiasten zu verfolgen. Auf der Straße erschien ihm der auferstandene Jesus. Saulus fiel zu Bo-

---

[7] 1. Korinther 15,6.
[8] Apostelgeschichte 2,11.
[9] Apostelgeschichte 3,1–10.

2 EIN TRAUM, DER DEN WESTEN VERÄNDERTE

den, geblendet von der Herrlichkeit. Dann hörte er jemanden fragen:

«Saul, Saul, warum verfolgst du mich?»
«Wer bist du, Herr?», fragte Saulus.
«Ich bin Jesus, den du verfolgst!»[10]

Wie hätte Saulus die erste Frage beantworten können? Er hätte ja nicht gut sagen können: «Ich verfolge dich, weil ich nicht glaube, dass du von den Toten auferstanden bist.»

Seine Komplizen brachten Saulus nach Damaskus. Dort erhielt ein furchtsamer Jünger namens Hananias in einer Vision den Befehl, hinzugehen und Saulus die Hände aufzulegen, damit seine physischen Augen wieder geöffnet würden. Saulus bekam sein Augenlicht zurück und wurde mit dem Heiligen Geist erfüllt.

Nach seiner Taufe verbrachte Saulus einige Jahre damit, Gottes Wahrheit neu kennenzulernen. Ein älterer Gläubiger namens Barnabas wurde zu einem Mentor für Paulus und leitete ihn an, ihm in die Mission zu folgen. Seine Vision von dem mazedonischen Mann, der ihn nach Europa rief, empfing Paulus, nachdem er längst selbst zum Missionar geworden war.

Seine Vision wirft gewichtige Fragen auf, zum Beispiel: Existiert die geistliche Welt tatsächlich? Können nichtmenschliche Geister mit dem menschlichen Geist kommunizieren? Kann unser Schöpfer kommunizieren?

Die Griechen und Römer waren zwar genauso skeptisch wie die Juden gegenüber der Behauptung, jemand sei von den Toten auferstanden, aber ihre Kultur war keineswegs auf Rationalismus aufgebaut, sondern auf Mythen, Magie und Mystik – oder auch auf geheimes, nicht rationales Wissen, das später Gnosis genannt wurde. Wie die Ironie es wollte, waren es die Visionen des Paulus – die ja selbst eine geistliche Offenbarung waren –, die all das infrage stellten. Die griechisch-römische Welt würde nie wieder dieselbe sein.

---

[10] Apostelgeschichte 9,4–5.

Die Macht der Wahrheit

Paulus verfasste dreizehn der siebenundzwanzig Bücher des Neuen Testaments. In den Klöstern (siehe voriges Kapitel) und mittelalterlichen Universitäten gehörten die eindrucksvollen Schriften des Paulus zum Lehrstoff. Seine Episteln beschleunigten die europäische Reformation im 16. Jahrhundert, als Reformatoren wie Martin Luther sich statt Platon den Briefen des Paulus zuwandten. Sein kurzer Brief an einen seiner Mitarbeiter, Titus, verschafft uns einen Einblick in die fundamentale Veränderung, die Paulus dem Westen brachte.

Paulus erinnert Titus daran, wie Epimenides – ein bekannter griechischer Dichter, der sechs Jahrhunderte vor Christus auf Kreta lebte – den Charakter der Griechen zusammengefasst hatte. Die Europäer waren sich einig, dass seine Beschreibung zwar wenig schmeichelhaft, aber treffend war: «Die Leute auf Kreta lügen wie gedruckt. Sie sind faul und gefräßig und benehmen sich wie wilde Tiere.»[11]

Mit «faul und gefräßig» wird eine Gesellschaft beschrieben, die mehr konsumierte, als sie erzeugte. Sie mag wohlhabend sein, aber sie gerät immer tiefer in Schulden. Sie sagt: «Sollen die anderen produzieren, damit wir mehr konsumieren können, als wir erzeugen.» Wie wir in späteren Kapiteln sehen werden,[12] hatte die Bibel bereits im (sogenannten) finsteren Mittelalter begonnen, der wirtschaftlichen Transformation Europas den Boden zu bereiten. Die Klöster begannen, das mittelalterliche Denken zu entwickeln, die Arbeitsethik, die Technik, die Landwirtschaft, die doppelte Buchführung und viele andere Dinge, die in späteren Jahrhunderten zu einem nie da gewesenen Wirtschaftswunder führten.

Wirtschaftliche Entwicklung setzt auch Frieden, Gesetz und

---

[11] Titus 1,12: Paulus nennt Epimenides nicht. Die Information über die Quelle des Zitats bei Paulus stammt von Hieronymus (347–420): *Letters and Select Works*, 1893, 6, S. 149.

[12] Siehe Kapitel 11.

Ordnung voraus. Der Zusammenbruch des Römischen Reiches hinterließ eine Anarchie. Einen Teil dieses Vakuums füllte die Kirche. Die Kirche wurde zu der Institution, die private Kriegshandlungen durch Beschlüsse wie den «Gottesfrieden» zügelte. Sie förderte das Studium des *Codizes Iustinianus* und brachte das mittelalterliche Rechtssystem hervor. Ihre Bischöfe dienten als Richter, und Mönche und Theologen wurden zu Anwälten.

Derartige moralische, intellektuelle, soziale und technische Entwicklungen schufen die Voraussetzungen dafür, dass Europa zum Motor für Produktivität und Wachstum in der Welt werden konnte, besonders als seine Lehrer im 16. Jahrhundert zu den Lehren des Paulus zurückkehrten.

Was meinte der Dichter Epimenides damit, als er sagte, seine kretischen Landsleute benähmen sich wie «wilde Tiere»?

Im Januar 2018 erwischte mich eine Grippe. Meine Frau war verreist und versorgte einige unserer Enkelkinder während deren Winterferien. Ich hatte auswärtige Vortragstermine. Also konsultierte ich meinen Hausarzt. Als die Schwester meine Temperatur und meinen Blutdruck notierte, musste ich husten.

«Wie fühlen Sie sich?», erkundigte sie sich.

«Nun ja …», erwiderte ich langsam, «ich fange an, Gott zuzustimmen: ‹Es ist nicht gut, dass der Mensch allein ist.›»[13]

Eigentlich hatte ich ein Lächeln erwartet … aber es schnürte ihr die Kehle zu, und sie gab sich alle Mühe, nicht in Tränen auszubrechen. Ich wusste nicht einmal, wie ich sie fragen sollte, was ihr fehlte. Sie schüttete mir ihr Herz aus:

«Mein Mann … hat mich gerade wegen einer anderen Frau verlassen … nach dreißig Jahren … er hat mich sitzen lassen … hat alle Versprechen gebrochen, die er mir gegeben hat … ich habe ihn geliebt … er hat mich im Stich gelassen … mein Glaube an die Menschheit ist dahin …»

Die Dame drückte sich zwar anders aus, aber was sie sagte, lief

---

[13] 1. Mose 2,18.

auf dasselbe hinaus wie das, was Paulus ausdrücken wollte. Mein Mann, sagte sie im Grunde, ist ein wildes Tier: ungezähmt, nicht vertrauenswürdig. In seinem Brief kommt Paulus wiederholt auf das Thema der Treue in der Familie und der sexuellen Reinheit in der Kirche zurück. In einem Kapitel über die Familie in einem Fortsetzungsband werde ich darüber sprechen, wie Paulus und Titus die Playboykultur Europas veränderten. Zunächst wollen wir unser Augenmerk aber auf das erste Merkmal der Kreter richten.

«Die Leute auf Kreta lügen wie gedruckt», das bedeutete, dass man ein Risiko einging, wenn man in jener Kultur jemandem vertraute. Wer sich nicht in Acht nahm, wurde garantiert früher oder später von seinen Freunden hintergangen. Man konnte davon ausgehen, dass man von seinen Partnern, Kollegen, Lieferanten, Vorgesetzten, Mitarbeitern und Kunden betrogen werden würde.

War das ein spezielles Problem auf der kleinen Insel Kreta? In Passagen wie dem ersten Kapitel des Römerbriefs beschreibt Paulus den intellektuellen und moralischen Zustand der römischen Welt:

> Gott war ihnen gleichgültig; sie gaben sich keine Mühe, ihn zu erkennen. Deshalb überlässt Gott sie einer inneren Haltung, die ihr ganzes Leben verdirbt. Und folglich tun sie Dinge, mit denen sie nichts zu tun haben sollten: Sie sind voller Unrecht und Gemeinheit, Habgier, Bosheit und Neid, ja sogar Mord; voller Streit, Hinterlist und Verlogenheit, Klatsch und Verleumdung. Sie hassen Gott, sind gewalttätig, anmaßend und überheblich. Beim Bösen sind sie sehr erfinderisch. Sie weigern sich, auf ihre Eltern zu hören, haben weder Herz noch Verstand, lassen Menschen im Stich und sind erbarmungslos.[14]

Bei moralisch verkommenen Kulturen ist es oft so, dass sie von wenigen wohlhabenden Leuten kontrolliert werden. Die beziehen ih-

---

[14] Römer 1,28–31.

ren Reichtum aus Macht, Zwang und Krieg, nicht aus ehrlicher und sorgfältiger Arbeit. Im Geschäftsklima herrscht in einer korrupten Kultur immer ein Tief.

In seiner Epistel fordert Paulus Titus mehrmals auf, sich Leuten entgegenzustellen, die Mythen erfinden und verbreiten. Denn Religionen, die auf Mythen basieren, schaffen und festigen eine Kultur des Misstrauens. Zeus, der größte Gott der Griechen, wurde in den Bergen von Kreta geboren.[15] Priester erbauten überall Altäre für ihn. Sie erfanden Mythen, um die Menschen zu diesen Schreinen zu locken.

Wenn Sie verstehen wollen, wie Mythen sich auswirken, dann besuchen Sie bitte einmal mit mir einen unserer großen Tempel in Indien.

An einem beliebigen Tag können sich dort Zehntausende von Menschen einfinden. Wenn Sie den Tempel verlassen, lädt Sie vielleicht ein passend gekleideter junger Priester in den Tempel-Shop ein. Er ermuntert Sie zum Beispiel dazu, eine Statue aus Stein zu kaufen: «Dies ist die wichtigste Gottheit des Tempels. Sie sollten sie an einem ehrenvollen Platz in Ihrem Haus aufstellen. Dann werden die Gebete aller Anhänger dieser Gottheit sich als positive Energien bei Ihnen verbreiten.»

«Wie kann denn ein Stein Gott sein?», mögen Sie fragen.

Zur Antwort zitiert er Ihnen vielleicht ein indisches Sprichwort: «Wenn du glaubst, ist es Gott. Wenn du nicht glaubst, ist es bloß ein Stein.» Sehen Sie, Ihr Glaube erschafft Ihren Gott. Sie glauben, weil Sie den wahren Gott nicht kennen und auch nicht kennen können. Mit anderen Worten, der Glaube beruht auf Unwissenheit.

Eine solche auf Mythen gegründete Religion brachte die Misstrauenskultur auf Kreta hervor.

Wenn ein Priester einen Stein in Gott verwandeln kann, warum

---

[15] Smith, William (Hg.): *Dictionary of Greek and Roman Biography and Mythology*, Bd. 3. Taylor & Co.: London 1849, S. 1322.

sollte ein Milchmann nicht Wasser in Milch verwandeln können? Er braucht dazu bloß eine winzige Menge Milch in eine Flasche Wasser zu gießen.

Warum sollte ein Juwelier Ihnen nicht Kupferdraht als goldene Halskette verkaufen können?

Warum sollte eine Schule nicht ein Stück Papier als «Bildung» verkaufen können – als Schulabschluss-Diplom?

Oder warum sollte eine Universität nicht ein etwas stärkeres Stück Papier zu einem angemessenen Preis als Doktortitel verkaufen können?

Wie verändert man eine solche Kultur, in der die Kreter «lügen wie gedruckt»?

Paulus und Titus machten die Kreter mit einem Gott bekannt, der niemals lügt.[16]

Als Apostel war Paulus ein «Botschafter», der «die Nichtjuden im Glauben unterweisen und *ihnen Gottes Wahrheit verkünden*» sollte.[17] Denn Gott «will, dass alle Menschen gerettet werden und seine Wahrheit erkennen».[18]

Als Prediger und Botschafter kultivierte er den Glauben – aber sein Glaube beruhte auf Wissen, nicht auf Unwissenheit. Paulus trennte niemals seine Rolle als Prediger von seiner Berufung, ein Lehrer der Wahrheit zu sein. Das war seine Identität als Apostel. Sein Brief an Titus beginnt mit diesen Worten: «Diesen Brief schreibt Paulus, ein Diener Gottes und Apostel von Jesus Christus. Ich habe den Auftrag, alle, die Gott auserwählt hat, im *Glauben* zu stärken. Viele Menschen sollen noch *die Wahrheit erkennen* und so leben, wie es Gott gefällt, getragen von der Hoffnung auf das ewige Leben, das Gott uns vor allen Zeiten zugesagt hat. Und *Gott lügt nicht.*»[19]

Der Kern des Lebens ist die DNA – die Information, das

---

[16] Titus 1,2.
[17] 1. Timotheus 2,7.
[18] 1. Timotheus 2,4.
[19] Titus 1,1–2.

2 EIN TRAUM, DER DEN WESTEN VERÄNDERTE

«Wort».[20] Ewiges Leben heißt, Gott und den Erlöser, der die Wahrheit ist, zu *kennen*.[21] Darum hat Jesus gesagt: «Wenn ihr an meinen Worten festhaltet und das tut, was ich euch gesagt habe, dann seid ihr wirklich meine Jünger. Ihr werdet *die Wahrheit erkennen*, und die Wahrheit wird euch befreien!»[22]

Die Lehre des Paulus, Gott wolle, dass alle die Wahrheit *erkennen*, wurde zur Begründung für die Kirche, im Westen und in einem großen Teil der übrigen Welt die Bildung voranzutreiben. Diese einzigartige, wissensfreundliche Weltsicht trieb Paulus und seine Mitarbeiter dazu, in jeder Stadt Gemeinden zu gründen, geleitet von Ältesten, die «sich an die zuverlässige Botschaft Gottes halten, so wie sie [ihnen] gelehrt worden ist» und «die Gemeinde im Glauben festigen und die Gegner von ihrem Irrweg abbringen».[23] Die Gemeinde sollte eine Wissensquelle für die Bevölkerung sein.

Auf Mythen basierende Religionen werden erfunden, um andere auszubeuten. Schlaue Leute machen die Religion zu einem Mittel, um sich zu «bereichern». Paulus beklagt, dass die «Leute auf Kreta lügen wie gedruckt», weil es «viele [religiöse Prediger innerhalb der Gemeinde gibt], die sich gegen Gott auflehnen, Schwätzer und Verführer, besonders unter getauften Juden. Man muss ihnen unbedingt den Mund verbieten; denn es ist ihnen schon gelungen, ganze Familien vom rechten Glauben abzubringen. Sie verbreiten ihre falschen Lehren und wollen sich dadurch auch noch bereichern!»[24]

Paulus gebrauchte so harte Worte, um deutlich zu machen, dass selbst manche christliche Prediger mit jüdischem Hintergrund zu Mythen-Erfindern geworden waren – zu Erzählern erfundener Geschichten. Darum forderte er Titus auf: «Weise diese

---

[20] Johannes 1,1–4.
[21] Johannes 17,3; 14,6.
[22] Johannes 8,31–32.
[23] Titus 1,9.
[24] Titus 1,10–11.

Verführer scharf zurecht, damit sie wieder zu einem gesunden Glauben zurückfinden. Sie sollen endlich mit dem Nachforschen in jüdischen Legenden aufhören und sich nicht mit den Vorschriften von Leuten abgeben, die der Wahrheit den Rücken gekehrt haben.»[25]

Kreta ist nur ein winziges Beispiel für die vorchristliche heidnische Welt. Paulus und seine Gefährten waren ausgesandt zu einer Mission, um die nicht vertrauenswürdige Kultur Europas zu transformieren. Satans Reich der Täuschung[26] musste in Gottes Reich der Wahrheit[27] verwandelt werden.

Die Herrschaft der Täuschung beruht auf Zwang, um das Forschen zu unterbinden und die Unterdrückung aufrechtzuerhalten. Wahrheit befreit, weil sie infrage gestellt, diskutiert, überprüft und verfeinert werden kann. Die Autorität der Wahrheit kommt aus dem Verstehen. Die Erkenntnis der Wahrheit kann von außen kommen, aber ihre zwingende Wirkung kommt von innen, wenn ein Wahrheitssucher sie in sein Herz aufnimmt. Deshalb ist auch die «Gewissensfreiheit» als ein «fundamentales» Menschenrecht anerkannt.

Ein Wahrheitssucher braucht eine Gemeinschaft, die ihm hilft, in seinem Verständnis zu wachsen und sein Denken, sein Leben, seine Familie und seine Kultur neu zu kalibrieren und in Übereinstimmung mit der Wahrheit zu bringen. Auch die heidnischen Weisen hatten nach Wahrheit und Tugend gesucht. Paulus wurde zum größten Revolutionär Europas, weil er gemeinsam mit seinen Mitstreitern Gemeinschaften gründete, die den Gott, «der niemals lügt», den Gott, dessen Wort vertrauenswürdig ist, suchten und anbeteten. Sie bestimmten und begleiteten Älteste, die in Gottes Wort so stark verwurzelt waren, dass auch auf ihre, der Ältesten, Worte Verlass war.

---

[25] Titus 1,13–14.
[26] Siehe Offenbarung 20,3.8.
[27] Siehe Jesaja 11,9; Matthäus 28,18–20.

Der neue Westen und der Abschied von der Wahrheit

Ich bekomme jeden Tag ein, zwei E-Mails von Präsident Donald Trump (oder von seinem Stab); nicht, weil ich eine wichtige Persönlichkeit wäre, sondern weil ich sie abonniert habe. Häufig bezeichnet der Präsident die amerikanischen Medien als «Fake News». Manchmal erwidern die Medien das Kompliment. Sie sagen, der Präsident sei «post-truth» – er habe sich von der Wahrheit verabschiedet.

Umfragen bestätigen, dass immer weniger Amerikaner heutzutage Vertrauen zu ihren Politikern und zur Presse haben. Wenn das so ist, wird es nicht mehr lange dauern, bis ein amerikanischer Soziologe zu dem Schluss kommt: Amerikaner «lügen wie gedruckt». Sie haben die Wahrheit zugunsten des Glaubens an Geschichten aufgegeben. Sie sind davon überzeugt, dass ihre führenden Leute ihre ganze Zeit damit verbringen, sich Geschichten auszudenken, weil sie nicht mehr daran glauben, dass Wahrheit überhaupt existieren, erkannt werden oder mit Worten mitgeteilt werden kann.

Am 1. November 2016 witzelte die Wochenzeitung «The Economist» über Fake News: «Obama gründete ISIS, George Bush steckte hinter 9/11. Willkommen in der Post-Truth-Politik.»[28] Etwas später im selben Monat kam das *Oxford English Dictionary* nach vielen Diskussionen, Debatten und Nachforschungen zu der Entscheidung, *post-truth* zum Wort des Jahres zu erklären. Eine Woche nach dem «Economist»-Artikel verkündete «The Independent»: «Wir sind in eine Post-Truth-Welt geraten, und es gibt keinen Weg zurück.»[29]

---

[28] «Art of the lie», in: «The Economist», 10. September 2016, http://econ.st/2eCASwE (Zugriff im Juni 2018).

[29] Norman, Matthew: «Whoever wins the US presidential election, we've entered a post-truth world—there's no going back now». *The Independent*, 8. November 2016, https://www.independent.co.uk/voices/us-election-2016-donald-trump-hillary-clinton-who-wins-post-truth-world-no-going-back-a7404826.html (Zugriff am 2. Oktober 2018).

Bereits 2004 erklärte der bekannte Redner und Autor Ralph Keyes in seinem Buch *The Post-Truth Era: Dishonesty and Deception in Contemporary Life*[30], der Verlust der Wahrheit sei die fundamentale Veränderung, die im post-christlichen Westen vorgegangen sei. Der Komiker Stephen Colbert brachte diese historische Tragödie allgemein verständlich auf den Punkt: Im Jahr 2005 fand er dafür den Begriff *truthiness*. Im *Oxford English Dictionary* ist dieses Wort definiert als «die Eigenschaft, wahr zu erscheinen oder als wahr empfunden zu werden, ohne unbedingt wahr zu sein». Colbert stellte sich *truthiness* als eine isolierte Qualität bestimmter Behauptungen vor.

Es dauerte noch ein weiteres Jahrzehnt, bis die Intellektuellen zugaben, dass *post-truth* zu einem allgemeinen Merkmal des postmodernen Westens geworden war.

Der moderne Westen wurde zu einer Kultur, die Wahrheit achtete und erstrebte, weil die Bibel lehrte, dass Gott sie offenbart hatte. Darum werden wir uns im nächsten Kapitel mit dem *Wort Gottes* als Offenbarung befassen: Kann man die Wahrheit erkennen und mit Worten mitteilen? Warum ging Paulus davon aus, dass sein Traum eine Vision war, eine Mitteilung von jenseits seiner Gehirnchemie? Ist eine Offenbarung aus der geistlichen Welt möglich?

Viele haben Sigmund Freud zugestimmt, der die Möglichkeit einer Offenbarung von außerhalb des menschlichen Gehirns ausschloss. Carl Gustav Jung, der eine Zeit lang Freuds designierter Erbe war und zum Vater unseres postmodernen «New Age» wurde, war sich da nicht so sicher. Er öffnete die Tür zu einer neuen Betrachtung der nichtmateriellen Welt des Geistes. Wer war wissenschaftlicher, Freud oder Jung?

---

[30] Keyes, Ralph: *The Post-Truth Era: Dishonesty and Deception in Contemporary Life*. St. Martin's: New York 2004.

3. Kapitel
KANN FREUDS SCHÖPFER KOMMUNIZIEREN?

Stellen Sie sich vor, Sie verbringen Ihren Jahresurlaub in einem Dorf in Indien. Sie möchten eine Kultur kennenlernen, die ganz anders ist als Ihre eigene. Ihr Besuch führt Sie schließlich in das Dorf, in welchem meine Frau und ich in den 1970er und 1980er Jahren für die Armen gearbeitet haben. Dort begegnen Sie einer Familie, die dabei ist, ihre jüngste Tochter verhungern zu lassen.

Warum?

«Weil wir es nicht übers Herz bringen, sie zu erstechen.»

Aber warum wollen sie sie überhaupt töten?

«Wir haben schon eine ältere Tochter. Sie kann kochen, putzen und sich um ihre beiden Brüder kümmern. Wir brauchen keine zweite Tochter. Wir hätten sie abtreiben lassen, aber die Ärzte dürfen den Eltern das Geschlecht eines ungeborenen Babys nicht verraten. Andere Familien bringen unerwünschte Mädchen um, sobald sie geboren sind. Wir waren hin- und hergerissen. Wir dachten, wir könnten sie am Leben lassen. Aber mit der Zeit haben wir die Kraft gefunden, unsere Gefühle der Vernunft unterzuordnen. Als Mädchen ist sie eine dauerhafte Belastung für uns. Wenn wir sie am Leben lassen, verdammen wir sie damit zu lebenslangem Elend. Es ist barmherzig, ihrem Leben ein Ende zu machen. Wenn sie ein Junge wäre, wäre das etwas anderes.»

Würden Sie als Besucher den Eltern ihre kulturelle Überzeugung aufdrängen, dass Jungen und Mädchen gleich seien? Ist die Gleichheit der Menschen eine selbstverständliche Wahrheit?

Dies ist kein hypothetisches Szenario. Wir haben diesen Konflikt erlebt. Die Familie glaubte an die erste Edle Wahrheit des Buddhas: Leben ist Leiden; besonders für eine Frau. Ihr Umfeld stimmte ihnen zu, dass ihre zweite Tochter eine unnötige Belastung sei.

Wir taten unser Bestes, um ihr Leben zu retten. Das nahezu tote

Baby erholte sich zusehends. Die Eltern nahmen sie wieder zu sich; wir unterstützen sie in ihrem offenkundigen Verlangen, sich um sie zu kümmern. Dass sie sie nur wieder zu sich nahmen, um sie umzubringen, ahnten wir nicht. Niemand in ihrer Kaste wollte die unerwünschte Tochter zu sich nehmen. Doch dass Christen sich um ihr Mädchen kümmerten, empfanden sie als eine Schande.

Sie glaubten nicht, dass «Du sollst nicht töten» ein Gebot Gottes war, das dem Mädchen ein «natürliches» Recht auf Leben verlieh. Menschenrechte gingen ihrem Verständnis gemäß von der Gesellschaft aus. Ein Mädchen hatte nun einmal nicht dieselben Rechte wie ein Junge. Die Ungleichheit von Jungen und Mädchen war für jedermann in ihrem Dorf offensichtlich.

War der Traum des Paulus eine Vision?

Die Gelehrten würden sich darüber streiten, ob der «Traum» des Paulus[1] das folgenreichste Ereignis in der Geschichte Europas war. Doch diese Diskussion würde am Wesentlichen vorbeigehen. Es geht nicht um den «Traum» des Paulus an sich. Es geht um die Identität und Zukunft des Westens, um Wahrheit und Geist, Sprache und Kommunikation, um den Schöpfer und den Platz des Menschen im Kosmos, um Sinn und Zweck des Lebens. Die Zukunft der Zivilisation hängt von unserem Verständnis der Vergangenheit ab:

War der Traum des Paulus eine göttliche «Vision»? War er eine Offenbarung, die Gehorsam verlangte? Mit anderen Worten: Kann Gott sprechen? Hat er zu Paulus gesprochen? Können Worte, die von einem Menschen gehört, gesprochen oder geschrieben werden, von Gott inspiriert sein?

Die Bibel veränderte die Welt, weil sie für eine Mitteilung Gottes gehalten wurde. Dem muss man nicht zustimmen; aber genügend Leute, die die Bibel tatsächlich lasen, wurden so überzeugt davon,

---

[1] Siehe Kapitel 2.

dass das Zeugnis der Bibel über sich selbst zutraf, dass sie bereit waren, ihr Leben zu opfern, um unsere Welt hervorzubringen. Wenn wir die Geschichte verstehen wollen, müssen wir die Gestalten verstehen, die die Geschichte verändert haben.

In den folgenden Kapiteln werden wir über die Auffassung reden, dass die Heilige Schrift das «Reden Gottes» enthält.[2] Bei diesem Thema gerät man rasch in eine abstrakte Diskussion. Eine Möglichkeit, das zu verhindern, besteht darin, die Diskussion in einer der Grundüberzeugungen der Moderne zu verankern: Sind alle Menschen, Männer und Frauen, «gleich geschaffen»?

Woher kommt der Gedanke der Gleichheit der Menschen? Haben die Philosophen ihn logisch reduziert? Wurde er durch wissenschaftliche Beobachtung entdeckt? Ist dieser *Glaube* wahr? Oder ist er eine religiöse «Geschichte»? Oder – wieder anders – ist die Gleichheit der Menschen eine heilige Wahrheit, offenbart von unserem Vater im Himmel?

Die Gleichheit der Menschen: Ein offenbartes Geheimnis

Geschichtlich betrachtet, ist die *Ungleichheit* in der Gesellschaft stets nur zu offensichtlich gewesen. Freilich erklärte Europa diese selbstverständliche Ungleichheit nicht mit der Theorie des Karmas. Es schuf kein formelles Kastensystem, das auf dem Glauben an die Ungleichheit beruhte. Dennoch war auch die europäische Gesellschaft durch *Klassen* tief gespalten. Amerika führte die Sklaverei ein und institutionalisierte den Rassismus.

Was den Westen veränderte, war die *Lehre* von der Gleichheit der Menschen. Sie war ein «Geheimnis», das *offenbart* wurde,[3] zuerst dem Petrus, dann dem Paulus. Seine Vision verpflichtete Paulus

---

[2] Siehe Kapitel 12, «Das Reden Gottes und die Literatur der Menschen».

[3] Epheser 3,1–6. Europas «Mysterienkulte» *hüteten* Geheimnisse. In der Bibel *offenbarte* Gott verborgene Geheimnisse, damit seine Propheten und die Kirche Gottes Weisheit allen *bekannt machen* können. Siehe Epheser 3,10.

dazu, mit den Vorurteilen seiner Freunde zu brechen und die verachteten, verhassten Heiden zu lieben und ihnen zu dienen.

Es ist ein populärer Glaube, die menschliche Spezies sei nicht erschaffen worden; sie habe sich «entwickelt». Wenn es so ist, haben wir uns dann alle höherentwickelt, bis wir gleich waren? Ähnlich wie das Karma kann die Evolutionstheorie nur eine «selbstverständliche» *Ungleichheit* erklären. Insofern kann sie auch nicht als philosophische Grundlage für einen *Glauben an die Gleichheit* der Menschen dienen.

Thomas Jefferson kannte die historische und philosophische Grundlage der Gleichheit. Im ursprünglichen Entwurf der Unabhängigkeitserklärung (1776) schrieb er: «Wir halten diese Wahrheiten für *heilig* und unleugbar, dass alle Menschen gleich erschaffen sind …»[4] Mag sein, dass Jefferson nicht alles glaubte, was die Bibel lehrt. Aber er wusste, dass der Westen die Wahrheit von der *Gleichheit* der Menschen aus der Heiligen Schrift gelernt hat.

Gleichheit ist nicht mit unseren Sinnen wahrzunehmen. Diese Wahrheit dämmerte den Europäern zum ersten Mal durch die neutestamentliche Lehre, der Erlöser sei gekommen, um uns alle zu Priestern und Königen zu machen. Die Amerikaner lernten es durch George Whitefields Auslegung der Bibel. Die Unabhängigkeitserklärung bekräftigte, dass die neue Nation auf dieser offenbarten Wahrheit aufgebaut werden musste.[5]

Die Lehre des Paulus, die gesellschaftliche Diskriminierung zwi-

---

[4] https://www.loc.gov/exhibits/declara/ruffdrft.html (Hervorhebung hinzugefügt).

[5] In seinem Buch *On Two Wings: Humble Faith and Common Sense at America's Founding* (Encounter Books: San Francisco 2003) liefert der katholische Historiker Michael Novak detaillierte Informationen darüber, dass der amerikanische Adler mit zwei Flügeln flog: dem protestantischen Glauben an die Bibel und dem gesunden Menschenverstand. Die Unabhängigkeitserklärung war ein Kompromiss zwischen den Theisten und den Deisten, die sich auf den gesunden Menschenverstand als Basis für die Formulierung der Erklärung einigten.

schen Juden und Heiden, Freien und Sklaven, Männern und Frauen verstoße gegen Gottes Willen,[6] erschien vielen jüdischen Nachfolgern Christi als anstößig.

Das «zweischneidige Schwert» der Schrift sorgte für gesellschaftliche Spannungen. Manche der jüdischen Nachfolger Christi waren von ihrer ethnischen Überlegenheit überzeugt. Sie dachten, ihre biologische Verwandtschaft mit Abraham ließe sie in Gottes Gunst höher stehen als die unbeschnittenen Heiden. Darum betrachteten sie, ihrer Kultur entsprechend, Heiden als minderwertig, unberührbar, ja als «Hunde». Jesus musste ihnen den Spiegel ihrer rassistischen Vorurteile vorhalten, damit sie einsahen, dass eine heidnische Frau eine echte Tochter des Glaubenshelden Abraham sein konnte.[7]

Jahrelang versuchte der Herr Jesus, Petrus beizubringen, dass der Messias das Licht *der Welt* sei, nicht nur das Licht Israels.[8] Er kam als Erlöser *der Welt* und nicht nur, um Israel zu retten.[9] Auch seine Jünger waren berufen, als Licht *der Welt* zu dienen.[10] Deshalb beauftragte Jesus die Jünger, hinaus in alle Welt zu gehen, um alle Völker zu Jüngern zu machen.[11] Doch soziale Vorurteile sind nicht leicht totzukriegen. Noch als Apostel widerstrebte es dem Petrus, die Häuser von Nichtjuden zu betreten oder mit ihnen zu essen.[12]

In einer Vision, die der Geschichte eine neue Richtung gab, wies Gott Petrus dreimal zurecht, um ihn darauf vorzubereiten, das Haus eines heidnischen Zenturios namens Cornelius aufzusuchen.[13] Petrus musste seine Vorurteile überwinden, um das Licht

---

[6] Galater 3,28 u. a.
[7] Jesus entlarvte und verurteilte den Rassismus seiner Jünger, als er ihre Vorurteile nachspielte (Matthäus 15,21–28; Markus 7,27–30). Mehr dazu in meinem Buch *Wahrheit und Wandlung* (Fontis: Basel 2016).
[8] Johannes 8,12.
[9] Johannes 4,42.
[10] Matthäus 5,14.
[11] Matthäus 28,18–19.
[12] Apostelgeschichte 10,28; Galater 2,11–12.
[13] Apostelgeschichte 10,9–16.

an die Familie und die Freunde des römischen Offiziers weiterzugeben. Er gestand ihnen und später auch seinen Mitaposteln und den Leitern der «Muttergemeinde» in Jerusalem seine rassistischen Vorurteile ein. Seine kulturelle Prägung hatte es ihm schwer gemacht, zu verstehen, «dass Gott niemanden wegen seiner Herkunft bevorzugt oder benachteiligt. Alle Menschen sind ihm willkommen, ganz gleich, aus welchem Volk sie stammen, wenn sie nur Ehrfurcht vor ihm haben und so leben, wie es ihm gefällt.»[14]

Paulus führte einen entschlossenen und oft einsamen Kampf gegen Diskriminierung in der Gemeinde. Warum? Weil seine Offenbarungen ihn davon überzeugten, dass er der Hüter des großen Geheimnisses der Einheit von Juden und Heiden war:

Weil ich, Paulus, euch Nichtjuden diese rettende Botschaft verkündete, bin ich nun im Gefängnis. Als Gefangener von Jesus Christus bete ich für euch. Sicher wisst ihr, dass Gott mir den Auftrag gegeben hat, gerade euch, den Menschen aus anderen Völkern, von seiner Gnade zu erzählen. Gott selbst hat mir dieses Geheimnis offenbart. Ich habe es eben schon kurz erwähnt, und wenn ihr meinen Brief lest, werdet ihr merken: Gott hat mir tiefen Einblick in den geheimnisvollen Plan gegeben, den er durch Christus verwirklicht hat. Frühere Generationen wussten nichts von diesem Geheimnis; jetzt aber ist es seinen berufenen Aposteln und Propheten durch seinen Geist offenbart worden: Dieses Geheimnis besteht nämlich darin, dass die nichtjüdischen Völker durch Christus zusammen mit den Juden Anteil bekommen an dem Erbe, das Gott uns versprochen hat; sie gehören zum Leib von Jesus Christus, zu seiner Gemeinde, und auch für sie gelten die Zusagen, die Gott seinem auserwählten Volk gab.[15]

---

[14] Apostelgeschichte 10,34–35.
[15] Epheser 3,1–6.

Der Gedanke der Gleichheit der Menschen stammte nicht von Petrus und Paulus; auch für die ersten Jünger war er noch ein «Geheimnis», obwohl der Herr Jesus wiederholt davon gesprochen hatte. Jesus setzte seinen Ruf als Rabbiner aufs Spiel, indem er soziale Außenseiter wie Leprakranke berührte, mit Zolleinnehmern aß, Prostituierte und Leute, die von Dämonen besessen gewesen waren, in seiner Gemeinschaft willkommen hieß. Jesus lebte Gleichheit vor und lehrte sie, aber seine Jünger waren noch von kulturellen Vorurteilen geblendet. Darum war eine besondere Offenbarung notwendig, um ihr Denken zu verändern.

Durch die Schriften der Apostel in der Bibel wurde in Europa die Wahrheit von der Gleichheit der Menschen offenbart. Anfangs wurde sie als eine Lehre formuliert: das «königliche Priestertum aller Gläubigen».[16] Dann begann diese Offenbarung, unsere Welt zu verändern. Ihre unmittelbare Folge war der deutsche Bauernkrieg (1524–1525) für Freiheit und gleiche Rechte. Das «zweischneidige Schwert» resultierte in einem Massaker an etwa siebzigtausend Bauern und einer anschließenden Hungersnot.

Später zwang die offenbarte Wahrheit von der Gleichheit ein widerspenstiges britisches Parlament dazu, den Sklavenhandel (1807) und schließlich die Sklaverei selbst (1833) abzuschaffen, nachdem sich «evangelikale» Christen (die die Bibel als maßgeblich betrachteten) wie William Wilberforce jahrzehntelang dafür eingesetzt hatten.

Im Anschluss daran führte diese offenbarte Wahrheit die Abschaffung der Sklaverei in den USA herbei, zum Preis eines Bürgerkrieges, der 620.000 Soldaten und 50.000 Zivilisten das Leben kostete.[17]

---

[16] Nach 1. Petrus 2,9; 1. Korinther 12 und 14; Offenbarung 1,6; 5,9–10 u. a. Um das «Königtum aller Gläubigen» geht es in Kapitel 9, «Wie wurden ‹Wir, das Volk› zum Souverän?».

[17] Der Bürgerkrieg begann nicht wegen der Sklaverei. Abraham Lincoln machte die Sklaverei zu einem zentralen Thema des Krieges, weil die Erweckungsprediger der «Zweiten Großen Erweckung» Sklaverei und Alkoholismus als die beiden großen Sünden der USA gebrandmarkt hatten.

Später trat die Wahrheit von der Gleichheit der Menschen durch die Bürgerrechtsbewegung dem Rassismus entgegen und brachte das allgemeine Wahlrecht und gleiche Rechte für Männer und Frauen hervor. Die Wahrheit inspirierte politisch inkorrekte Geschichten wie *Onkel Toms Hütte*, eine Erzählung, die mit dazu beitrug, den Bürgerkrieg anzuheizen. Doch Helden vergossen ihr Blut nicht für bewegende Geschichten, sondern für die Wahrheit.

Die Bibel sagt, das Menschenherz sei trügerisch. Allzu oft sind unsere Gedankengänge und Geschichten nur Rationalisierungen unserer Eigeninteressen. Unsere Interpretationen fallen oft so aus, wie sie uns am besten in den Kram passen.

Im 19. Jahrhundert benutzten viele Christen die Bibel dazu, die Sklaverei zu verteidigen. Unsere Welt aber wird verändert durch ein prophetisches Wort, das *uns* interpretiert und beurteilt. Ein solches Wort bringt uns zur Umkehr. Die Bibel nimmt für sich in Anspruch, «lebendig» und schärfer zu sein als jedes zweischneidige Schwert.[18] Sie veränderte die Welt, weil die Wahrheitssucher, die sie studierten, demütig genug waren, sie als Gottes Wort zu erkennen, nicht als Wort der Menschen.

Offenbarung erfordert mehr als Interpretation. Sie ruft zum Gehorsam. Und solcher Gehorsam verändert die Geschichte.

Was ist ein Traum?

Träume sind etwas Alltägliches. Zu allen Zeiten haben Denker über sie geschrieben. In der Antike hielt man Traumdeuter für «weise Männer». Einflussreiche Philosophen wie Platon[19] nahmen an, dass zumindest manche Träume Visionen seien. Platons Schüler Aristoteles befasste sich in drei Büchern mit Träumen.[20] Atheisten

---

[18] Hebräer 4,12 (Luther).
[19] *Timaeus* XVI 45d3–46a4.
[20] (i) *De Somno et Vigilia*, (ii) *De Insomniis* und (iii) *De Divinatione per Somnum*.

wie Sigmund Freud, die das 20. Jahrhundert prägten, zogen die eher naturalistische Perspektive des Aristoteles vor.

Freuds Buch *Die Traumdeutung* (1899) veränderte die Geschichte. Er hielt Träume für Türen, die in die unbewusste, nichtrationale Schicht des menschlichen Geistes führen. Er war ein Wegbereiter der Psychoanalyse. Seine Techniken halfen Patienten, ihre Träume zu nutzen, um heilend auf psychische Konflikte einzuwirken. Das hatte Auswirkungen auf ihr Denken, ihren Körper, ihre Beziehungen und ihre Arbeit.

Aber Freud ging davon aus, dass die Materie die einzige Wirklichkeit sei. Der «Geist» war für ihn eine Funktion des Gehirns. Er existierte ausschließlich in Abhängigkeit vom physischen Körper. Insofern war das Bewusstsein ein reines Produkt der Gehirnchemie. Chemische und elektrische Vorgänge im Körper und Gehirn des Menschen brachten irrationale, unbewusste Gedanken hervor, aus denen der bewusste, rationale Verstand erwuchs. Das irrationale Verhalten, das wir als «Besessenheit» deuten, so Freuds Theorie, besteht in Wirklichkeit aus unseren «unterdrückten feindseligen und grausamen Regungen».[21] Wir halten uns für zu kultiviert, um unseren Zorn und Hass auszudrücken. Deshalb unterdrücken wir diese Gefühle, zumindest in der Öffentlichkeit. Sodann, so Freud, bilden sie innere Komplexe, die sich in «dämonischem» Verhalten ausdrücken.

Es ist zweifellos einfacher, Dämonen für das Böse in unseren Herzen verantwortlich zu machen, als selbst Verantwortung dafür zu übernehmen und uns damit auseinanderzusetzen. – Wie dem auch sei, Freuds Atheismus schloss die Möglichkeit aus, dass die Vision des Paulus eine übernatürliche Offenbarung hätte sein können. Es musste sich um eine psychische Störung handeln. Ob man sie eine Neurose, Schizophrenie oder irgendetwas anderes nennt, spielt keine Rolle.

---

[21] Freud, Sigmund: *Zur Psychopathologie des Alltagslebens.* Internationaler psychoanalytischer Verlag: Leipzig, Wien, Zürich 1924^{10}, S. 289.

Freuds Schüler Carl Gustav Jung ging tiefer, bis hinter das persönliche Unbewusste. Er drang ins kollektive Unbewusste vor, das allen gemeinsam ist. Aus seiner Sicht ging das «kollektive Unbewusste» der Menschheit bis zurück in die Zeiten, als wir noch als Tiere in Höhlen lebten. Durch Mythen und Folklore war dieses kollektive Unbewusste dem individuellen Bewusstsein zugänglich.

Jung verwendete den Begriff *Numinosum* für lebensverändernde Erfahrungen wie die des Paulus. Solche Erfahrungen schienen ihre Ursache nicht im eigenen Gehirn oder Verstand zu haben. Jung definierte das Numinosum als «eine dynamische Existenz oder Wirkung, die nicht von einem Willkürakt verursacht wird. ... Das Numinosum – was immer auch seine Ursache sein mag – ist eine Bedingung des Subjekts [zum Beispiel des Paulus], die unabhängig ist von dessen Willen. ... Das Numinosum ist entweder die Eigenschaft eines sichtbaren Objektes oder der Einfluss einer unsichtbaren Gegenwart, welche eine besondere Veränderung des Bewusstseins verursacht.»[22]

Freud und Jung behandelten Patienten mit multiplen Persönlichkeiten. Waren manche von ihnen von fremden Geistern «besessen»? Freuds Philosophie, die physische Materie sei die einzige Wirklichkeit, ließ ihn Geister als «okkult» abtun – als unwissenschaftlich. Jung dagegen fand, wahre Wissenschaft müsse auch jenen Aspekten der Wirklichkeit nachgehen, die nicht direkt durch unsere Sinne erfahrbar sind.

Jung war sich nicht sicher, ob es ein übernatürliches Geisterreich wirklich gibt. Dennoch war er so ehrlich, sich nicht dafür zu schämen, seine eigenen inneren Konflikte mit Formulierungen wie «als mir der Teufel einflüsterte ... Aber da hörte ich die Stimme meiner zweiten Persönlichkeit ...»[23] zu beschreiben.

---

[22] Jung, C. G.: *Psychologie und Religion*. Walter Verlag: Olten 1971, S. 13.
[23] Jung, C. G.: *Erinnerungen, Träume, Gedanken*. Walter Verlag: Olten und Freiburg im Breisgau 1971, S. 152.

3 KANN FREUDS SCHÖPFER KOMMUNIZIEREN?

Da es nach Freuds Auffassung keine Geister geben konnte, war für ihn die Geisteskrankheit, die als «Besessenheit» bezeichnet wird, oft ein Fall von unterdrückten sexuellen Wünschen. Die unterdrückte Sexualität machte sich in Form von Träumen bemerkbar. Freud wollte, dass Jung seine Sexualitätstheorie als wissenschaftliches Dogma vertrat. Jung berichtete:

> Vor allem schien mir Freuds Einstellung zum Geist in hohem Maße fragwürdig. ... Ich erinnere mich noch lebhaft, wie Freud zu mir sagte: «Mein lieber Jung, versprechen Sie mir, nie die Sexualtheorie aufzugeben. Das ist das Allerwesentlichste. Sehen Sie, wir müssen daraus ein Dogma machen, ein unerschütterliches Bollwerk.» ... Etwas erstaunt fragte ich ihn: «Ein Bollwerk – wogegen?» Worauf er antwortete: «Gegen die schwarze Schlammflut ... des Okkultismus.» ... [Eine solche Haltung] hat aber mit wissenschaftlichem Urteil nichts mehr zu tun, sondern nur noch mit persönlichem Machttrieb.[24]

Carl Gustav Jung kam zu der Auffassung, dass es dem, was wir über uns selbst wissen, nicht gerecht wurde, wenn man den Menschen auf eine seelenlose, biochemische Maschine reduziert. Deshalb begann er, das «Okkulte» zu erforschen: Spiritismus, Astrologie, Wahrsagerei, Parapsychologie und dergleichen. Dadurch wurde er zum wichtigsten Einfluss auf die «New-Age-Bewegung» der 1980er Jahre.

Psychiater wie der verstorbene Ian Stevenson von der medizinischen Fakultät der Universität von Virginia untersuchten in der Folge Tausende von Fällen angeblicher «Reinkarnation».[25]

Freuds Opposition gegen die Unterdrückung des Sexualtriebs ist ein wichtiger Faktor hinter der sexuellen Revolution im Westen. Sie

---

[24] Ebenda, S. 154–155.
[25] Siehe Stevenson, Ian: *Twenty Cases Suggestive of Reincarnation*. Univ. of Virginia: Charlottesville 1974.

erklärt, warum Inzest – Sex innerhalb der Familie – inzwischen weithin eine gewisse Akzeptanz erlangt hat. Verwandelt sich der Westen dadurch, dass er die Existenz des übernatürlichen Bösen leugnet, in ein Reich Satans? Wie dem auch sei, bis heute hinterfragen Experten vieler Fachrichtungen Freuds Annahme, das Reich des Geistes sei nicht real.

Wenn eine Transgender-Person sagt: «Ich bin eine Frau, die in einem männlichen Körper gefangen ist», wer ist dann dieses «Ich»? Existiert denn sein – oder ihr – «Selbst» unabhängig vom Körper?

Im nächsten Kapitel werden wir erörtern, ob Freuds Atheismus nicht weniger eine Ablehnung von Dämonen bedeutete als vielmehr eine Ablehnung seiner eigenen Seele, seiner Persönlichkeit, seines Ichs, seines Geistes. Seinem großen Einfluss und seinen Theorien zum Trotz hält sich bis heute weithin die Überzeugung, dass es Geister gibt und dass sie mit Menschen kommunizieren.

Kann ein Mensch von Geistern «besessen» sein? Am 4. August 2017 veröffentlichte CNN einen Bericht über Dr. Richard Gallagher:

> … Ein an einer Elite-Universität ausgebildeter, zertifizierter Psychiater, der an der Columbia-Universität und am New York Medical College lehrt. … Heute ist aus Gallagher etwas anderes geworden: der Fachmann für ein weitverzweigtes Netz von Exorzisten in den Vereinigten Staaten. Er sagt, dämonische Besessenheit sei real. Er hat die Beweise gesehen: Opfer, die plötzlich perfekt Latein sprechen; heilige Gegenstände, die von Regalen fliegen; Menschen, die «verborgenes Wissen» oder Geheimnisse über Leute an den Tag legen, von denen sie unmöglich haben wissen können.[26]

---

[26] Blake, John: «When exorcists need help, they call him», «CNN Health», in https://edition.cnn.com/2017/08/04/health/exorcism-doctor/index.html (Zugriff im Juni 2018).

3 KANN FREUDS SCHÖPFER KOMMUNIZIEREN?

Es gibt sogar Theologen, die meinen, sie müssten aus intellektueller Redlichkeit wie Freud daran zweifeln, dass der Schöpfer kommunizieren kann. Aber es könnte sein, dass sich der Trend gegen solche Skeptiker wendet. Es gibt ein wachsendes Bewusstsein, dass man neu nachdenken sollte über berühmte offenbarende, die Zukunft vorhersagende Träume, die von biblischen Gestalten wie Josef und Daniel interpretiert wurden.

Im Jahr 2015 schrieb und inszenierte Matthew Brown den Film «Die Poesie des Unendlichen», basierend auf dem gleichnamigen Buch von Robert Kanigel.[27]

Der Film lässt die theistischen und atheistischen Ansichten von Mathematikern aufeinanderprallen. In den Jahren vor und während des Ersten Weltkriegs versuchte man am Trinity College in Cambridge, die Mathematik in eine atheistische Sichtweise namens Positivismus einzupfropfen. Bis zu dieser Zeit waren westliche Mathematiker im Rahmen einer theistischen Weltsicht herangebildet worden, wie sie Augustinus von Hippo vertrat.

Im Film wird die theistische Sicht von einem eine Göttin verehrenden Hindu artikuliert, dem Mathematik-Genie Srinivasa Ramanujan (1887–1920), großartig gespielt von Dev Patel.

Die atheistische Mathematik der Freud-Ära wird vertreten durch Ramanujans einzelgängerischen Mentor G. H. Hardy (1877–1947), dargestellt von Jeremy Irons.

Eine weitere Hauptrolle im Film spielt Hardys Freund und Kollege, der berühmte britische Atheist Bertrand Russell.

Der Film beginnt mit einem Zitat von Russell: «Die Mathematik, recht betrachtet, besitzt nicht nur Wahrheit, sondern auch allerhöchste Schönheit.» Ironischerweise ist eine der versteckten Aussagen des Films, dass echte Wahrheit und Schönheit philosophische Ideen seien, die in einem gottlosen Universum keinen Sinn ergeben.

---

[27] Kanigel, Robert: *The Man Who Knew Infinity: A Life of the Genius Ramanujan.* Washington Square Press: New York 1991.

Ramanujan hatte keinen College-Abschluss und auch kaum eine formelle mathematische Ausbildung. Dass er am College Isaac Newtons landete, verdankte er der Mathematik, die er zu Hause in Indien in seinen Notizbüchern betrieben hatte. Er löste Probleme, über die sich die Professoren in Cambridge vergeblich die Köpfe zerbrochen hatten. Außerdem erfand er Formeln neu, von denen ihm niemand gesagt hatte, dass es sie bereits gab.

Der Konflikt zwischen der theistischen und der atheistischen Weltsicht entzündete sich daran, dass Ramanujan komplexe mathematische Formeln auf «intuitive» Weise «sah» oder «empfing», so wie Mozart ganze Sinfonien in den Kopf kamen.

Hardys Cambridge, eingeschworen auf die Logik, konnte die Realität der «Intuition» nicht verleugnen. Doch für die atheistische Grundhaltung seines Fachbereichs musste alle «Wahrheit» ein soziales Konstrukt sein, erdacht von Menschen. Nichts durfte «wahr» genannt werden, wenn es nicht der Logik entsprang und logisch bewiesen war.

Ramanujan ging nicht nach Cambridge, um einen akademischen Grad zu erlangen. Er ging dorthin, um seine Theoreme in von Fachkollegen begutachteten mathematischen Zeitschriften zu veröffentlichen. Hardy hatte große Mühe, ihm zu erklären, dass man ihn «ins Irrenhaus stecken» werde, wenn er Ramanujans Theoreme über Primzahlen in ihrem gegenwärtigen (intuitiven) Zustand veröffentlichte.

Um Ramanujan zu erklären, was er tun musste, um in wissenschaftlichen Zeitschriften veröffentlichen zu können, erarbeitete Hardy logisch akzeptable «Beweise» für einige seiner intuitiven Theoreme. Das veranlasste die London Mathematical Society dazu, den Aufsatz «Hochzusammengesetzte Zahlen: Mr. S. Ramanujan» herauszubringen.

Neben der mathematischen Methodik hatte Hardy noch andere Probleme mit Ramanujan. Einer seiner engsten Mitarbeiter in Cambridge war Mr. Littlewood, der an den christlichen Gott glaubte und Ramanujan sehr bewunderte. Er nahm Ramanujans Formeln gründlich unter die Lupe und fasste zusammen, dass (1) «Ramanujans Arbeit über Primzahlen zwar in sich brillant, aber tatsächlich falsch» sei. (2) Dennoch habe Hardy in seinem Schützling Ramanujan «nichts Geringeres als ein Wunder. Der Mann übertrifft jeden Begriff von Brillanz, den ich mir je gemacht habe. Vergessen wir Jacobi, wir können ihn mit Newton vergleichen.»

Die atheistische Philosophie der Mathematik in Cambridge kam nicht hinter das Geheimnis von Ramanujans mathematischem Genie. So sah Hardy sich gezwungen, ihn zu fragen: «Wie kommt Ihnen das alles in den Sinn?»

Eine Zeit lang weicht Ramanujan der Frage aus:

«Ich weiß es nicht.»

Als er jedoch nach einer Weile zu dem Schluss kommt, Hardy sei ihm ein «wahrer» Freund geworden, vertraut Ramanujan ihm an, wie er auf seine mathematischen Ideen kommt.

«Meine Göttin. Namagiri. Sie spricht zu mir. Legt mir Formeln auf die Lippen, wenn ich schlafe. Manchmal auch, wenn ich bete», sagt er.

Der Film sagt nichts darüber, dass Hardy sich in seinem Nachruf auf Ramanujan im Juni 1920 daran erinnerte, wie Ramanujan ihm gesagt hatte:

> Im Schlaf hatte ich ein ungewöhnliches Erlebnis. Da war eine rote Wand aus fließendem Blut. Ich beobachtete sie. Plötzlich begann eine Hand auf dieser Wand zu schreiben. Ich wurde sehr aufmerksam. Die Hand schrieb eine Reihe elliptischer Integrale. Sie prägten sich in mein Gedächtnis ein. Sobald ich aufwachte, hielt ich sie schriftlich fest.

Die Möglichkeit einer Offenbarung war für die Cambridger Atheisten absolut inakzeptabel. Deshalb stellt im Film Ramanujan Hardy die Frage:

«Glauben Sie mir? Sie würden mir glauben, wenn Sie wirklich mein Freund wären.» (Denn solche intimen, privaten Wahrheiten vertraut man nur einem Freund an.)

Hardy antwortet ihm:

«Ich glaube nicht an Gott. Ich habe noch nie an etwas glauben können, was ich nicht beweisen kann. Ich glaube nicht an die uralte Weisheit des Orients. Aber ich glaube an Sie.»

Das veranlasste Ramanujan dazu, eine klassische augustinische Aussage zu machen:

«Wissen Sie, eine Gleichung hat für mich keine Bedeutung, wenn sie nicht einen Gedanken Gottes ausdrückt.»

Warum ging Ramanujan nach Cambridge? Warum konnte er nicht in einen Aschram gehen und seine Mathematik von einem Hindu-Gelehrten begutachten lassen, um sie zu veröffentlichen? Nun, der Grund ist der: Zwar wurde der mathematische Begriff der «Null» von einem Inder erfunden, aber die hinduistische und buddhistische Philosophie hat keine Mathematik betrieben. Es gab brillante Hindu-Philosophen. Sie hätten die Mathematik zur Sprache der Wissenschaft machen können; aber sie taten es nicht, weil sie ihre Kräfte dafür einsetzten, nach Wegen zu suchen, von der Illusion (*Maya*) der physischen Welt befreit zu werden.[28]

Im Gegensatz zu hinduistischen und buddhistischen Aschrams gingen Oxford und Cambridge aus augustinischen Klöstern hervor. Augustinus schrieb viel über Mathematik. Es war die biblische Weltsicht des Augustinus, die den Astronomen Johannes Kepler inspirierte. Kepler fasste die Theologie des Augustinus (wie sie auch Ramanujan zitierte) zusammen, als er seine bahnbrechenden Theorien so beschrieb:

Ich dachte nur die Gedanken Gottes nach. Da wir Astronomen Priester des höchsten Gottes sind im Hinblick auf das Buch der Natur, geziemt es uns, dass wir nicht auf den Ruhm unseres

---

[28] Der Sanskrit-Gelehrte Raja Rammohun Roy, der erste indische Sozialreformer des 19. Jahrhunderts, schrieb 1832 einen berühmten Brief an den britischen Gouverneur General Lord Amherst, in dem er ihm erklärte, warum die Britische Ostindien-Kompanie ihr Geld nicht in ein Sanskrit-College investieren, sondern lieber nützliche Fächer wie Mathematik lehren sollte.

Geistes, sondern vor allem anderen auf den Ruhm Gottes bedacht sind.

Um den Zusammenprall zweier Weltanschauungen, der in *Die Poesie des Unendlichen* dargestellt wird, zu verstehen, sollte man die Werke von James Bradley vom Fachbereich Mathematik und Statistik am Calvin College in den Vereinigten Staaten lesen. Bradley erklärt, wie die europäische Mathematik 1500 Jahre lang von der Theologie des Augustinus gezehrt hat, wie Europa sie von 1850 bis etwa 1950 säkularisierte, welche intellektuellen Probleme sich aus der Säkularisierung ergaben, warum diese Probleme dem Modernismus der Aufklärung ein Ende machten und wie die Weltanschauung der Bibel auch jetzt noch der postmodernen akademischen Welt helfen könnte, wieder zu Verstand zu kommen.[29]

Ramanujans mathematische Formeln sind immer noch nützlich; unter anderem helfen sie Wissenschaftlern, sich einen Reim darauf zu machen, wie Schwarze Löcher funktionieren könnten.

Ramanujan warf ernsthaften Zweifel daran auf, ob der Atheismus eine Erklärung für die Zahlen im Kosmos und ihre Wechselbeziehung mit dem menschlichen mathematischen Denken liefern könnte. Der Film zeigt, dass er aufrichtige Säkularisten dazu zwang, über die Logik hinauszugehen und Inspiration, Intuition und direkte Offenbarung aus dem übernatürlichen Bereich in Betracht zu ziehen.[30]

Ramanujans Träume waren unglaublich. Freilich beweisen sie nicht, dass ihm die Lösungen zu komplexen mathematischen Problemen durch einen Geist «offenbart» wurden. Allerdings deuten sie sehr wohl darauf hin, dass wir Demut brauchen, wenn wir versuchen, das Bewusstsein zu verstehen, einschließlich unserer Träu-

---

[29] http://www.calvin.edu/~braj/Articles.html.
[30] Meine Rezension zu dem Film ist zu finden bei MOVIEGUIDE® unter https://www.movieguide.org/news-articles/atheistic-worldview-is-actually-exposed-in-this-recent-hollywood-movie.html.

me. Ist es wirklich einzig und allein ein Produkt nicht rational erklärbarer chemischer Vorgänge?

Ramanujan war Mathematiker.

Seine Träume lösten komplexe mathematische Probleme.

Die Träume von Petrus und Paulus werden «Visionen» genannt, weil sie Gedanken offenbarten, die ihren persönlichen und kollektiven Vorurteilen zuwiderliefen. Diese Offenbarung veränderte ihr Leben und ihre Welt. Stück für Stück begannen sie zu verstehen, dass das Gebet des Herrn, das «Vaterunser», unsere Einheit als Brüder und Schwestern bekräftigt.

Offenbarung: Die Kraft, die unsere Welt veränderte

Ist Offenbarung nur ein frommer religiöser Gedanke für die persönliche Spiritualität? Oder ist sie die Wahrheit, die unsere Welt transformiert hat? Amerikas grundlegende Annahme, alle Menschen seien «gleich geschaffen», entsprang weder dem gewöhnlichen Unterbewusstsein noch dem kollektiven Unbewussten, noch kam sie aus alten Geschichten. Wie schon erwähnt, brachte Jesus dem Petrus diese Wahrheit durch Worte und Taten nahe. Es zeigte sich aber, dass das nicht reichte.

Damit die Wahrheit den Rassismus des Petrus verändern konnte, musste Gott ihm in einer Art «Trance» eine übernatürliche Vision senden und sie dreimal wiederholen, sie dann durch den Nichtjuden Kornelius bestätigen lassen und schließlich den Beweis antreten, indem er seinen Heiligen Geist über die Nichtjuden ausgoss ... um dann noch dafür zu sorgen, dass der jüngere Paulus den Petrus wegen seiner mangelnden Bereitschaft, die Wahrheit zu praktizieren, zur Rede stellte.

Auch für die amerikanischen Christen war die Gleichheit der Menschen nicht selbstverständlich. George Whitefield (1714–1770) war der erste Weiße, der vor Schwarzen in Nordamerika predigte. Manche weiße Christen empörten sich darüber. «Was soll das?», fragten manche. «Sollen wir etwa den geheiligten Wein aus demselben Kelch trinken wie unsere Sklaven?»

Whitefield hätte einen Rückzieher machen können. Er gehörte derselben Kultur an und besaß selbst Sklaven. Er war ein reisender Prediger, der dreizehn Mal den Atlantik überquerte, um John Wesley zu helfen, die Erweckung im Vereinigten Königreich auszubreiten.[31]

Whitefield brauchte Geld für seine Verkündigungsarbeit, und die Sklaven hatten nichts, was sie ihm hätten spenden können. Dennoch ließ Whitefield sich nicht beirren. Im Jahr 1740 begann er eine Artikelserie mit Bibelauslegungen zu schreiben. Darin lehrte er, dass wir gleich sind, weil wir erstens alle nach dem Bild Gottes erschaffen sind.

Außerdem sind alle gleich, weil alle gesündigt haben. Alle bleiben hinter der Herrlichkeit zurück, zu der sie erschaffen wurden.

Doch drittens macht Gottes Liebe uns alle gleich: «Denn also hat Gott die Welt geliebt – schwarz, braun, gelb und weiß –, dass er seinen eingeborenen Sohn gab» zum Heil für alle.

Überdies sind wir insofern gleich, als jeder Mensch durch Umkehr und Glauben die Vollmacht empfangen kann, Gottes Kind zu sein. (Eine Frau muss nicht als Mann wiedergeboren werden, um gerettet zu werden, ebenso wenig, wie eine Person dafür aus einer «niederen Kaste» als Angehörige einer «hohen Kaste» wiedergeboren werden müsste.)

Und zuletzt sind wir eins, weil der Heilige Geist, wenn wir umkehren, uns zu Gliedern an *einem* Leib macht – dem Leib Christi. Er macht uns zu «lebendigen Steinen», die zu einem heiligen Tempel aufgebaut werden: der Wohnstätte Gottes. Dass Jesus uns rettet, bedeutet, dass jeder Gläubige – ob schwarz oder weiß – Christus ähnlich sein und ewig bei ihm leben wird.

---

[31] Erst gegen Ende seines Lebens begann John Wesley, Sklaverei und Sklavenhandel als Gräuel zu sehen. Wesleys letzter Brief war an den jungen William Wilberforce gerichtet, den er darin drängte, gegen diese Übel zu kämpfen.

Der junge Benjamin Franklin war einer von Whitefields engagiertesten Unterstützern und Förderern. Es war Whitefields Bibelauslegung, die den intellektuellen Konsens herbeiführte, dass «alle Menschen gleich geschaffen» seien.

Diese Wahrheit war «heilig», weil sie offenbart war, und zwar nicht in irgendeiner der Mythologien der Welt, sondern in der Heiligen Schrift. Benjamin Franklin drängte Jefferson dazu, den Wortlaut in der Endfassung der Unabhängigkeitserklärung in «Wir halten diese Wahrheiten für *selbstverständlich*» – statt: für *heilig* – umzuändern. Diese Formulierung war ein epistemologischer Kompromiss zwischen den Theisten, die an göttliche Offenbarung glaubten, und den Deisten, die an den gesunden Menschenverstand glaubten.[32]

Zwei Jahrhunderte lang debattierte Amerika weiter über die biblischen Gedanken der Würde, der Rechte und der Gleichheit der Menschen und ihre praktischen, persönlichen und gesellschaftlichen Konsequenzen.

Ein Höhepunkt kam am 28. August 1963. An jenem Tag marschierte Dr. Martin Luther King jr. mit einer gewaltigen Menschenmenge gegen den Rassismus. Er verkündete: «Wir sind in die Hauptstadt unseres Landes gekommen, um einen Scheck einzulösen. Als die Architekten unserer Republik die großartigen Worte der Verfassung und der Unabhängigkeitserklärung schrieben, un-

---

[32] Viele Amerikaner, darunter auch Paine, folgten dem schottischen Philosophen Thomas Reid (1710–1796) in dem Gedanken, wenn auch die Logik Gott oder die Wissenschaft nicht beweisen könne, so könne der Mensch doch durch den «gesunden Menschenverstand» die Wahrheit erkennen. Freilich schrieben diese Amerikaner dem gesunden Menschenverstand Dinge zu, die sie in Wirklichkeit aus der Bibel gelernt hatten. Worte Gottes wie «Ihr Männer, liebt eure Frauen», «Liebe deinen Nächsten wie dich selbst» und «Liebt eure Feinde» galten nun plötzlich als gute ethische Prinzipien, die dem «gesunden Menschenverstand» entsprangen. Die Meinungsmacher fanden, diese Worte aus der Bibel müssten *nicht* als göttliche Gebote betrachtet werden, die auch dann Gehorsam verlangen, wenn sie unseren Wünschen und Leidenschaften widersprechen.

terzeichneten sie ein Versprechen, das jeder Amerikaner ererben würde.»[33]

Offenbarte Wahrheit geht nicht aus menschlicher Logik und Intuition hervor und wird nicht aus Geschichten abgeleitet. Es gibt einen Gott da draußen. Bei ihm ist sein Wort – der *Logos*. Gott spricht. Sein Wort ist Wahrheit. Unser Geist ist nach seinem Bild geschaffen, so dass wir auf ihn hören, von ihm lernen und mit ihm reden können. Diese Wahrheit ist nicht unser Mythos. Deshalb tut sie oft weh. Sie verändert uns. Letzten Endes aber erfreut sie uns und erfüllt uns und unsere Welt mit Kraft. Gottes Wort verändert und befreit.

Ein Gelehrter hat die Verantwortung, die Worte der Schrift genau zu verstehen und hinter ihren wahren Sinn, ihre Absicht und ihre praktische Umsetzung zu kommen.

Wenn Bewusstsein, Sprache und Worte nicht mehr sind als Produkte eines irrationalen persönlichen Bewusstseins, verborgener Begierden und unterdrückter Wünsche, wie es die Philosophen in der Nachfolge Freuds behaupten, welchen Grund hätten wir dann, einander zu vertrauen?

Nur wenn unsere Herzen erneuert werden, wenn wir die Gnade finden, uns dem Bild Gottes anzugleichen, können wir anfangen, auch den Worten unserer Mitmenschen zu vertrauen. Ein solches Vertrauen auf Gott führt zu einem Leben des Glaubens, des Gebets und der Kraft. Seine gesellschaftliche Wirkung besteht darin, eine Kultur des Vertrauens zu erschaffen. Es bringt eine Gesellschaft hervor, in der man sich darauf verlassen kann, dass Politiker, Journalisten und Bürger zu ihrem Wort stehen.

Das eigentlich «Selbstverständliche» ist gesellschaftliche *Ungleichheit*. Die Gleichheit der Menschen dagegen ist eine offenbarte Wahrheit. Sie gründet auf der Voraussetzung, dass alle Menschen

---

[33] Linkugel, Wil A., Allen, R. R., und Johannesen, Richard L.: *Contemporary American Speeches: A Sourcebook of Speech Forms and Principles*, Wadsworth Publishing Company: Belmont (Kalifornien) 1972, S. 290.

nach dem Bild Gottes geschaffen sind. Alle haben gesündigt und bleiben hinter der Herrlichkeit Gottes zurück; doch selbst der schlimmste Sünder ist von Gott geliebt.

Die Gleichheit der Menschen war nur einer der Gedanken, die die Reformatoren im Lauf der Jahrhunderte aus der Bibel entnommen haben. Noch viel umwälzender war der Gedanke, dass Menschen als vernunftbegabte und unsterbliche Seelen existieren.

Teil 2

Der Westen verliert seine Seele

4. Kapitel
DER VERLUST DER SEELE, DER LOGIK UND DER SPRACHE

Die berühmten Weisen des Hinduismus lehren, die Welt einschließlich der Individualität sei *Maya* – Illusion. Der Buddhismus lehrt *Anatman* – das «Nicht-Selbst». Mein Glaube, ich existierte als individuelle Person, sei meine Fessel. René Descartes, der Vater der europäischen Aufklärung, versuchte zu beweisen, dass er existierte, aber es gelang ihm nicht. Infolgedessen ist der westlichen Philosophie weithin die Zuversicht abhandengekommen, dass der Mensch als reale Person existiert, als unvergängliche Seele, als dauerhaftes Selbst oder als permanent existierender Geist. Sie folgt dem Buddha, indem sie das Zutrauen aufgibt, dass unsere Logik die Wahrheit erkennen und unsere Sprache sie mitteilen kann.

Diese tektonische Verschiebung der Philosophie treibt den modernen Westen in einen postmodernen, neo-buddhistischen Nihilismus.

Das hört sich nach abstrakter Philosophie an. Richtig, aber wir können es nicht ignorieren, denn es ist von grundlegender Bedeutung. Alles im Leben und in der Gesellschaft baut auf der Existenz oder Nichtexistenz des Selbst auf.

Unsichtbare Fundamente sind von Bedeutung

Eine glückliche Familie in unserer Nachbarschaft half mir zu verstehen, wie wichtig Fundamente sind. Sie hatten fünf wohlgeratene Kinder. Jedes von ihnen war zielstrebig auf dem Weg in eine große Zukunft.

Plötzlich ließen die Eltern sich scheiden. Das Haus musste verkauft, der ganze Besitz aufgeteilt werden. Die Kinder begannen zwischen zwei kleineren Häusern hin- und herzupendeln. Das führte dazu, dass sie gar keine Lust mehr hatten, in neuen Umgebungen Freunde zu gewinnen. Es fiel ihnen schwer, mit Stiefeltern zusammenzuleben, die ihre Welt zerstört hatten.

Die Kinder wurden therapiebedürftig. Albträume, schlechte Noten und Depressionen folgten.

Die Kinder hatten die Orientierung verloren. Sie ahnten, dass die Liebe zwischen Vater und Mutter das Fundament ihrer Welt, ihres Glücks, ihrer Zukunft war. Doch dieser Boden war ihnen weggerissen worden. Sie waren komplett verunsichert. Die Erwachsenen akzeptierten Scheidung als etwas Normales. Liebe ist ja nur Chemie. Chemie kann anziehen, aber auch abstoßen. Sie bringt einen dazu, den Menschen zu hassen, den man einst geliebt hat.

Niemand hatte den Kindern vorgelebt und zugesagt, dass die Liebe der Eltern der unsichtbare Klebstoff ist, der Individuen und eine ganze Gesellschaft zusammenhält. Niemand hatte den Eltern gesagt, dass wahre Liebe nicht nur Chemie ist. Sie ist eine «Frucht des Geistes».[1] Auch Wahrheit, einschließlich Logik und Sprache, ist eine Sache des Geistes, nicht aus «Fleisch und Blut» oder Gehirnchemie. Die Verneinung des Geistes zwingt uns dazu, die traditionellen Begriffe von Liebe und Wahrheit zu verwerfen – die Fundamente der Gesellschaft.

Das Selbst: Eine Illusion?

Ein weiser Lehrer zog durch Indien und lehrte, die Welt sei *Maya*. Unser Glaube, dass wir als Individuen existieren, sagte er, sei unsere Fessel. Eines Tages wurde er mit seinem Gefolge von einem wilden Elefanten angegriffen. Der Guru rannte um sein Leben. Als sie sich alle wieder zusammenfanden, fragten ihn seine Schüler: «Guruji, wenn der Elefant eine Illusion war, warum bist du dann weggerannt?»

---

[1] Galater 5,22.

4 DER VERLUST DER SEELE, DER LOGIK UND DER SPRACHE

«Dass ich rannte, war eure Illusion», versicherte der Guru seinen verwirrten Anhängern. – Wie gesagt, Ihr Glaube, dass Sie als reale Person existieren, ist in diesem Denken Ihr Gefängnis. Ihre Augen trügen Sie. Sie müssen sie zur Meditation schließen. Beobachtung mit den Sinnen und logisches Nachdenken führen in die Täuschung. Logik hindert uns daran, die Wahrheit zu erkennen. Die Sprache muss transzendiert werden, um zu erfahren, was wirklich real ist.

Hört sich das verrückt an?

Die Vorstellung, dass wir nicht existieren und dass die Sprache uns fälschlicherweise weismacht, wir existierten doch, gewinnt im Westen seit über einem Jahrhundert an Boden. Diese Ideen haben praktische Konsequenzen.

Die hinduistischen und buddhistischen Lehrer waren brillante Köpfe. Sie wären durchaus in der Lage gewesen, Wissenschaft hervorzubringen. Sie taten es aber nicht, denn ein wissenschaftliches Interesse an der Natur muss von der Grundannahme ausgehen, dass die Welt real ist. Dass sie rational und wertvoll ist. Für die Weisen Indiens waren Menschenwürde und Menschenrechte nie ein Thema. «Gewissensfreiheit» hat nur dann einen Sinn, wenn man ein Gewissen hat. Die Wahrheit ist, dass es in unserem Körper kein Organ namens Gewissen gibt. Darum hat kein atheistisches Land jemals Gewissensfreiheit garantiert. Denn sie ist ein Aspekt unserer Seele. Sie basiert auf der biblischen Sicht des Menschen als einer lebendigen Seele, geschaffen nach dem moralischen und rationalen Bild Gottes.

Der Erfolg des Buddhas im Westen

Ich entstamme derselben Volksgruppe wie der Buddha. Er wurde fast fünfhundert Jahre vor Christus geboren, so dass die große Verehrung, die dem Buddha heute in Deutschland zuteilwird, mir sehr schmeichelt. Fast in jedem zweiten Schaufenster sieht man Skulpturen von ihm. Nur wenigen Menschen ist klar, dass die Verwestlichung des Buddhismus von dem schottischen Philosophen David Hume bis zu dem Franzosen Jacques Derrida das westliche «Zeitalter der Vernunft» niedergerissen hat.[2] Dieser Abriss gelang, weil ein entscheidendes Fundament ausgetauscht wurde. Der Glaube an den «Zufall» ersetzte den Glauben an den *Logos* (ein absichtsvolles, rationales Wort) als Schöpfer.

Der Westen war auf einzigartige Weise eine denkende, innovative Kultur. Er gebrauchte den Verstand, um Dinge zu tun, die man in Indien mit Muskelkraft zu tun versuchte. Der Westen fuhr fort, Bücher zu schreiben, zu veröffentlichen und zu studieren, während frühere Kulturen, einschließlich Griechenlands, sie aufgaben.

Die letzte buddhistische Bibliothek im indischen Nalanda zum Beispiel wurde vor mindestens acht Jahrhunderten niedergebrannt. Niemand machte sich die Mühe, sie wiederaufzubauen oder Alternativen zu errichten.

Ein Baptistenmissionar namens William Carey (1761–1834) kam aus England und gründete Leihbüchereien in Indien, um uns zum Lesen zu bringen. Das westliche Zutrauen zur menschlichen Vernunft, Sprache und Literatur entsprang der Überzeugung, dass Gott unseren Verstand nach seinem Bild geschaffen hat. Der Schöpfer gab uns das Geschenk der Sprache, damit wir Wahrheit suchen, finden und lehren. Die intellektuelle Bewegung, die wir Aufklärung nennen, baute auf diesem biblischen Fundament auf. Doch mit der Zeit sägte sie den Ast ab, auf dem sie saß.

---

[2] Im Allgemeinen benutze ich den Ausdruck «Zeitalter der Vernunft» für die europäische Zeit der Aufklärung. *The Age of Reason* war außerdem der Titel eines einflussreichen Buches (1807) des politischen Aktivisten Thomas Paine. Sein Buch unterminiert die Offenbarung und trat für einen Deismus ein – den Gedanken, Gott sei wie ein Uhrmacher, der in die Funktion der Uhr nicht mehr eingreift. Vielleicht kann er nicht einmal mit den Menschen kommunizieren.

4 DER VERLUST DER SEELE, DER LOGIK UND DER SPRACHE

Damit brach das an, was Francis Schaeffer das gegenwärtige «Zeitalter der Unvernunft» nannte.[3)]
Die Aufklärung begann Ende des 17. Jahrhunderts. Zu dieser weitreichenden Bewegung gehörten gläubige Christen ebenso wie Skeptiker und anfangs nur ein paar Atheisten. Sie waren sich über einige biblische Grundannahmen einig. Eine davon war, dass Menschen als individuelle Seelen existieren. Und: Der menschliche Verstand kann Wahrheit erkennen und sie durch Sprache mitteilen. Diese Grundannahmen waren Konsens, weil jeder sie am eigenen Leib erfuhr.

Die Menschen gingen davon aus, dass außerhalb ihres Bewusstseins eine wirkliche Welt existierte und dass sie selbst als lebendige Seelen existierten, weil die Bibel ihnen versicherte, dass am Anfang Gott die Welt erschuf. Dann erschuf er uns, damit wir sie beobachten, verstehen und sie uns untertan machen.

Die Aufklärung nahm ihren Anfang nicht auf hinduistischem, muslimischem, buddhistischem, atheistischem oder animistischem Boden. Sie wurde in einem biblischen Milieu geboren und genährt. Manche Philosophen tauschten ihr philosophisches Fundament aus. Sie nahmen an, die Gehirnchemie (Logik und physische Sinne) könnte uns ohne das Licht der Offenbarung Gottes zur Wahrheit führen.

Dieses Zutrauen zu «Fleisch und Blut» (zum menschlichen Verstand) hat sich als naiv erwiesen und aufgelöst. Zum Beispiel nehmen viele Leute in sich multiple Persönlichkeiten wahr. Woher sollen «sie» wissen, wer sie sind oder ob sie überhaupt da sind? Bringt ihr eigenes Bewusstsein ihre multiplen Persönlichkeiten hervor? Oder sind sie von irgendwelchen Geistern besessen?

Der Buddha lebte vor etwa 2500 Jahren. Er fand heraus, was die größten westlichen Philosophen erst am Ende des 19. Jahrhunderts zuzugeben begannen: Durch den Intellekt allein kann niemand wissen, ob er tatsächlich existiert oder ob Worte irgendetwas mit Wahrheit zu tun haben können.

[3)] Siehe Francis Schaeffer: *Preisgabe der Vernunft*. R. Brockhaus: Haan 1975^4.

Warum unterlag die Logik?

Die Logik der Philosophen unterlag, weil René Descartes (1596–1650) nicht beweisen konnte, dass er existierte. Er versuchte es, aber es gelang ihm nicht. Seine Formel «Ich denke, also bin ich» stellte sich als unzulänglich heraus.

Heute ist es leicht, Descartes' Fehler zu verstehen. Wenn ein Roboter denken kann, existiert er dann als Person? Was wäre, wenn er sich an die Vergangenheit erinnern und Zukünftiges vorhersagen könnte? Zweifeln, Denken, Erinnern, Vorhersagen, mit einem Wort: das Bewusstsein, existiert ganz sicher. Inwiefern beweist das aber, dass der Denker, das Subjekt, das Selbst, das «Ich», ebenfalls existiert?

Descartes schied das menschliche Wort vom göttlichen Wort, unsere Logik vom transzendenten *Logos*. Diese Scheidung erzeugte Probleme, die viel tiefer gehen als die Scheidung unserer Nachbarn, von der ich zu Beginn dieses Kapitels berichtet habe. Descartes' intellektuelle Kinder sind in noch größeren Schwierigkeiten.

Um den Denker (das denkende Wesen, das «Selbst» oder «Ich») zu beweisen, musste Descartes beweisen, dass jede Wirkung eine Ursache haben *muss*. Dass Zweifel und Gedanken durch einen Zweifler, ein «Selbst», ein Subjekt *verursacht* sein müssen.

Mit Logik lässt sich nicht beweisen, dass jede Wirkung eine Ursache haben muss. Ein Atheist zum Beispiel *muss* davon ausgehen, dass der Kosmos unverursacht ist. Vielleicht hat er schon immer existiert. Oder vielleicht war er ohne Ursache plötzlich einfach da. Wenn der Kosmos ohne Ursache existieren kann, warum kann dann nicht auch das Bewusstsein (das Denken) ohne einen Denker, ohne ein «Ich» existieren?

Menschen kommen in einen Garten, um sich an den Blumen und Früchten zu erfreuen. Über die Wurzeln wollen sie sich keine großen Gedanken machen. Das Problem ist aber, dass wir ohne Wurzeln keine Früchte haben können. Die Wurzeln mögen uninteressant sein, aber sie müssen versorgt werden. Wenn wir und unsere Nachbarn als reale Personen mit Individualität, Würde und

4 DER VERLUST DER SEELE, DER LOGIK UND DER SPRACHE

Rechten gar nicht existieren, dann können wir auch keine humane Gesellschaft aufbauen.

Angenommen, ein Roboter könnte denken und sogar «fühlen». Angenommen, er wäre mit weiblichen Organen ausgestattet. Nun stellen wir uns vor, ein Mann kauft diesen Roboter und lässt ihn von seinen Freunden missbrauchen oder gar «vergewaltigen». Hat dieser Roboter ein Recht, sich verletzt oder missbraucht zu fühlen? Hat der Roboter irgendwelche «natürlichen» Rechte? Steht es seinem Besitzer nicht frei, mit ihm zu machen, was immer er will, solange er nicht andere Leute schädigt? – Macht das Denken und Fühlen einen Roboter zur Person?

Descartes' missglückter Versuch, zu beweisen, dass das «Ich» existiert, hatte zutiefst pessimistische Konsequenzen. Der Buddha in Indien und Sokrates in Griechenland stellten von Menschen gemachte Götter infrage. Beide verstanden, dass in einem Universum ohne Gott die menschliche Seele, Logik und Sprache keinen Sinn ergeben.

Für den Buddha lautete die Schlussfolgerung, dass die Annahme, dass ich existiere, die Fessel des Menschen schlechthin ist. Wir müssen meditieren, um mit dem Denken aufzuhören. Meditation führt uns ins *Nirwana*. Sie befreit das «Denken» von der Illusion der persönlichen Existenz.

Das Denken existiert, ich nicht.
Denken ist trügerisch.
Innere Stille ist Erlösung.

Die Anhänger des Sokrates bewegten sich in die entgegengesetzte Richtung.

Die griechische Idee des «Logos»

Gorgias (485–380 v. Chr.) war ein Rhetoriker aus einer griechischen Siedlung auf Sizilien. Er dürfte ein wenig vor dem Buddha in Indien und ein wenig nach Sokrates in Griechenland gelebt haben. Seine

Stadt schickte ihn nach Griechenland, um Unterstützung gegen Eindringlinge zu erbitten. Nach der Vollendung seiner Mission beschloss er, in Griechenland zu bleiben, weil die Leute dort philosophische Spekulationen liebten. Er verdiente gutes Geld damit, zu beweisen, dass man nicht wissen könne, dass man existiert. Worte, so sagte er, teilen keine Wahrheit mit und können es auch nicht. Dadurch erwarb sich Gorgias das Etikett «Nihilist» und «Sophist». Er war ein Wanderphilosoph, der für Geld Vorträge hielt.

Die Herausforderung durch den Sophismus half anderen griechischen Philosophen zu begreifen, dass Logik und Sprache nur dann einen Sinn ergeben, wenn sie aus dem *Logos* kommen – der über dem Kosmos stehenden Grundlage der Vernunft. Etwas von diesem *Logos* muss auch im Menschen leben. Dies wurde das Fundament des kritischen Rationalismus, der das moderne Europa faszinierte.

Dabei waren sich die Griechen gar nicht sicher, ob der *Logos* tatsächlich existiert. Sie hielten ihn aber für eine notwendige Voraussetzung dafür, damit Logik einen Sinn ergeben konnte. Ohne *Logos* konnte man nicht an Logik glauben. Ohne *Logos* muss man an Mythen glauben, die Sokrates aber infrage stellte.

Mit *Logos* meinten die griechischen Philosophen «Sinn» mit oder ohne Klang, der in einer ewigen Ideenwelt jenseits der unseren existieren musste. Unsere Welt mochte ein «Schatten» jener *wirklichen* Welt sein.

Die Griechen kamen nicht dahinter, was dieses «Wort», dieser *Logos* war, wo er herkam, wo er lebte … oder ob er überhaupt real war. Deshalb taten sie ihn nach und nach als Einbildung der Philosophen ab: ungreifbar, unglaublich. Die Bibel dagegen machte ihre logozentrische Weltsicht zum Fundament des Westens. Sie lehrte:

> Am Anfang war das Wort [der *Logos*]. Das Wort war bei Gott, und das Wort war Gott selbst. Von Anfang an war es bei Gott. Alles wurde durch das Wort geschaffen; nichts ist ohne das Wort entstanden. In ihm war das Leben, und dieses Leben war

4 DER VERLUST DER SEELE, DER LOGIK UND DER SPRACHE

das Licht für alle Menschen. Es leuchtet in der Finsternis, und die Finsternis hat es nicht auslöschen können. ... Das Wort wurde Mensch und lebte unter uns. Wir selbst haben seine göttliche Herrlichkeit gesehen, eine Herrlichkeit, wie sie Gott nur seinem einzigen Sohn gibt. In ihm sind Gottes Gnade und Wahrheit zu uns gekommen. ... Durch Mose gab uns Gott das Gesetz mit seinen Forderungen, aber nun ist uns durch Jesus Christus seine Gnade und Wahrheit begegnet. Kein Mensch hat jemals Gott gesehen. Doch sein einziger Sohn, der selbst Gott ist und in enger Gemeinschaft mit dem Vater lebt, hat ihn uns gezeigt.[4]

Das ewige Wort war nun kein abstrakter Begriff mehr. Es war Mensch geworden. Die Jünger lebten mit ihm zusammen. Sie waren Zeugen, keine Philosophen oder Geschichtenerzähler. Ihr Zeugnis, das in der Bibel aufgezeichnet wurde, inspirierte den Westen zum Glauben an das «Selbst», an Sprache und Logik.

Warum glauben sie, dass sie nicht existieren?

Jerrold Seigel ist einer von vielen Autoren, die erklärt haben, warum Descartes der Beweis seiner Existenz misslang. In seiner Studie *The Idea of the Self: Thought and Experience in Western Europe Since the Seventeenth Century* erklärt Seigel, Descartes habe lediglich das Denken (den Zweifel) unmittelbar erfahren, nicht den Denker (den Zweifler) selbst. Er habe lediglich angenommen, dass der Denker (die Seele) auch irgendwo in seinem Gehirn vorhanden und für das Denken verantwortlich war:

> Die Aussage «Ich denke» an sich sagt uns noch nichts über das Subjekt [die Seele], das sie ausspricht und das unanalysiert und unbestimmt bleibt, solange wir darüber lediglich wissen, dass es

---

[4] Johannes 1,1–5.14–18.

denkt. Somit können wir «Ich denke» nicht dazu benutzen, die Existenz von irgendetwas in der Welt zu ermitteln, was nicht erfahren wird.[5] [Mit einfachen Worten, wir erfahren das Denken, nicht aber den Denker, das «Ich».]

Indem der Westen die Möglichkeit der Offenbarung verneinte, verlor er seine Grundlage, um an das Selbst, an Sprache und Logik glauben zu können. Denn die Vernunft kann sich nicht selbst beweisen. Warum sollte die Wahrheit logisch sein? Woher kommt Logik überhaupt?

Die Philosophen, die Descartes nachfolgten, versuchten, an Logik zu glauben, ohne an den *Logos* zu glauben. Von David Hume (1711–1776) bis Jacques Derrida (1930–2004) hat die Vernunft viele Philosophen in die Arme des Buddhas getrieben – zur Unvernunft, zu Techniken, unseren Verstand mittels Meditation zum Schweigen zu bringen; weg vom Argumentieren, hin zum Okkulten und zu mystischen Erfahrungen. Dieser Übergang von der Vernunft zur Unvernunft ist nicht schwer nachzuvollziehen.

Warum wissen sie, dass sie nichts wissen können?

Das Wissen über eine *einzelne* Sache, sagen wir: eine «Mango», setzt voraus, dass wir sie in Beziehung zu einem *Allgemeinbegriff* setzen können, in diesem Fall eine «Frucht». Wir können Einzeldinge nicht kennen, ohne sie auf Allgemeinbegriffe zu beziehen.

Was «Fritz» (ein Einzelbegriff) ist, können wir nur wissen, wenn wir es auf «Junge» (einen Allgemeinbegriff) beziehen können.

Ebenso wissen wir, was ein Junge ist, nur dadurch, dass wir es in Beziehung zu einem noch allgemeineren Begriff setzen – ein Junge ist ein junger männlicher *Mensch*.

---

[5] Seigel, Jerrold: *The Idea of the Self: Thought and Experience in Western Europe Since the Seventeenth Century.* Cambridge Univ. Press: Cambridge 2005, S. 60.

4 DER VERLUST DER SEELE, DER LOGIK UND DER SPRACHE

Was ist ein Mensch?
Was ein Mensch ist, können wir nur wissen, wenn wir es auf einen noch umfassenderen Allgemeinbegriff beziehen, zum Beispiel ein «Tier».
Was ist ein Tier?
Ein Tier ist ein biochemischer *Organismus*.
Und was ist ein Organismus?
Ein Organismus ist ein *organisiertes System*.
Und was ist ein organisiertes System?
Es ist eine *Maschine!*
Ein Atom ist ein organisiertes System – eine Maschine. Dasselbe gilt für eine Zelle und für das Sonnensystem, die Milchstraße und den Kosmos. Alles ist eine Maschine. «Maschine» ist der oberste Universalbegriff, der alles andere erklärt. Dies nennen wir die *mechanistische Weltsicht*. Sie macht die Maschine zum ultimativen Bezugspunkt, von dem alles andere seine Bedeutung bezieht. Jeder von uns ist – bei dieser Denkweise – eine biochemische Maschine.

Westliche Studenten kannten sich einmal besser. Deshalb fingen sie in den 1960ern an, gegen diese entmenschlichende Sicht des Menschen aufzubegehren. Sie wollten als Personen behandelt werden, nicht als Zahnräder in einer komplizierten Maschine zum Geldverdienen oder Kriegführen. Die mechanistische Weltsicht machte aus ihrer Gesellschaft eine seelenlose kapitalistische Maschine. Zornig waren die jungen Leute auch deshalb, weil in Vietnam die amerikanische «Maschine» in einem sinnlosen Krieg Menschen ums Leben brachte.

Behavioristische Psychologen wie etwa B. F. Skinner (1904–1990) hatten die mechanistische Weltsicht und ihre logischen, wenn auch schrecklichen Implikationen unerschrocken akzeptiert. Sein Buch *Beyond Freedom and Dignity* stand achtzehn Wochen lang auf der Bestsellerliste der «New York Times».[6] Das Magazin «Time»

---

[6] Skinner, Burrhus Frederic: *Beyond Freedom and Dignity*. Pelican Books: London 1971.

nannte ihn «den einflussreichsten lebenden amerikanischen Psychologen – und die umstrittenste Gestalt in der Wissenschaft des menschlichen Verhaltens».

Skinner erkannte, dass die mechanistische Weltsicht bedeutet, dass jeder Mensch eine biochemische Maschine ist: Ihre Wahrnehmung des freien Willens ist eine Illusion; die biblischen Ideen der Menschenwürde, der Gewissensfreiheit und der moralischen Verantwortung und Rechenschaft sind überholt. Dass Sie eine Maschine sind, bedeutet, dass Sie überwacht werden müssen. Die illusorische Freiheit eines Individuums zu respektieren, würde eine Gesellschaft daran hindern, das menschliche Verhalten zu regulieren und ein Utopia zu schaffen.

Wenn aber der Mensch eine Maschine ist, was verleitet uns dann dazu, etwas anderes zu glauben? Könnte es die Sprache sein? Am Ende des Zeitalters der «Moderne» gaben sich philosophische Bewegungen wie die Sprachanalyse große Mühe, das Phänomen der Sprache zu erklären. Sie scheiterten – oder besser gesagt, sie kamen zu derselben Schlussfolgerung wie der Buddha: Worte haben nichts zu tun mit Wissen über Wirklichkeit oder Wahrheit. Eine unendliche Reihe bedeutungsloser Zufälle ließ Tierlaute zu menschlicher Sprache evolvieren. Wörter sind Werkzeuge, die wir in unserem Überlebenskampf entwickelt haben. Sie helfen uns, einander und unsere Umwelt zu manipulieren. Sprache ist nichts als ein Werkzeug, das wir für Überzeugung, Rhetorik und Manipulation einsetzen. Normalerweise gebrauchen wir Wörter, um andere zu manipulieren. Doch sie machen uns auch weis, dass wir existieren; dass wir reale und bedeutungsvolle Wesen sind.

Diese pessimistische philosophische Schlussfolgerung stürzt den Westen in ein Post-Truth-Zeitalter.

Der Philosoph Roger Scruton fasste in seinem Kommentar zu Jacques Derrida, der Ikone der Postmoderne, das massive Scheitern der Philosophie zusammen». Scruton schrieb, es sei schwierig, Derridas Philosophie auf den Punkt zu bringen, «weil sie Unsinn ist. Er argumentiert, die Bedeutung eines Zeichens [Wortes] werde niemals in dem Zeichen offenbart, sondern endlos zurückverwiesen,

und ein Zeichen könne nur etwas bedeuten aufgrund seines Unterschiedes zu etwas anderem. Für Derrida gibt es so etwas wie Bedeutung nicht – sie entgleitet uns stets, und deshalb ist alles beliebig.»[7]
Wie kann jemand zu dem Schluss kommen, er existiere nicht? Nun, viele hinduistische und buddhistische Weise haben gelehrt, das «Selbst» sei eine Illusion. Der Buddha meditierte und versuchte, in seinem Bewusstsein seine Seele zu finden. Seine Schlussfolgerung war, das Selbst sei wie eine Zwiebel: Wenn man immer weitere Schichten abschäle, stelle man am Ende fest, dass sie keinen Kern hat. Sie ist nichts. Und daraus ergibt sich die Frage: Wenn Gott nicht existiert, wie kann dann ein Individuum aus sich selbst heraus existieren?

Die hinduistischen Weisen gingen in die entgegengesetzte Richtung. Sie kamen zu dem Schluss, unsere Individualität sei eine Illusion, ähnlich einer Welle im Ozean. Die Welle ist Teil des Ozeans. Sie hat keine unabhängige Existenz. Die Illusion besteht darin, zu denken, sie existiere als eine unabhängige Realität. Nein! Sie ist eins mit dem Ozean und muss im Ozean aufgehen. Die Erlösung besteht darin, die eigene Existenz zu verlieren.

Der nachchristliche Westen ist gerade dabei, die alte indische Weisheit einzuholen. Zurzeit ist nur den besten Denkern im Westen klar, dass der Verstand nicht wissen kann, dass man existiert. Bald werden alle verstehen, was der Westen verloren hat, indem er sein Fundament verwarf.

Viele Bücher und Filme erklären die postmoderne pessimistische Philosophie. Eines dieser Bücher ist *Explaining Postmodernism: Skepticism and Socialism from Rousseau to Foucault* von Stephen R. C. Hicks.[8] Hicks untersucht die folgenden Väter unserer postmodernen Welt: Rousseau, Kant, Herder, Fichte, Schleiermacher, Hegel, Schopenhauer, Kierkegaard, Marx, Nietzsche, Freud, Spengler, Heidegger, Russell,

---

[7] Roger Scruton in: Stephen Moss, «Deconstructing Jacques», in «The Guardian», 12. Oktober 2004, https://www.theguardian.com/books/2004/oct/12/philosophy (Zugriff im Juni 2018).
[8] Hicks, Stephen R. C.: *Explaining Postmodernism: Skepticism and Socialism from Rousseau to Foucault*. Scholarly Publishing: Tempe (Arizona) 2004.

Wittgenstein, Ayer, Popper, Kuhn, Lenin, Sombart, Horkheimer, Marcuse, Rorty, Lyotard, Foucault, Derrida. Und er weist darauf hin, eine praktische Konsequenz der «modernen» Unfähigkeit, die Wahrheit zu kennen, bestehe darin, sich für den Sozialismus einzusetzen – für eine Idee, die auf ökonomischem Gebiet bereits versagt hat.

Im Westen wird es dunkel

Ernsthafte Forscher hatten Hinduismus und Buddhismus schon über zwei Jahrhunderte lang studiert. Diese Faszination wurde in der Zeit von 1964 bis 1974 zu einer Gegenkulturbewegung. Die Hippies wollten zu Recht von der mechanistischen Weltsicht nichts mehr wissen. Sie suchten eine Philosophie, die «den Menschen» besser erklären konnte. Drei ernsthafte Anwärter waren im Angebot: Hinduismus, Buddhismus und die Bibel.

Um es noch einmal zu wiederholen: Der Hinduismus sagte: «Ja. Deine Individualität ist eine Illusion: Du bist Gott, und du kannst Gott werden.»

Der Buddhismus stimmte zu, dass die Seele nicht existiert, und lehrte Techniken, die einem helfen sollten, nicht-existent zu werden.

Die Bibel unterschied sich von beiden. Sie sagte: Du bist real und wichtig. So wichtig, dass der Erlöser starb, um dir ewiges Leben zu geben.

Viele Anhänger der hinduistischen Gurus meditierten, um ihr Bewusstsein zu erweitern. Sie versuchten, dahinterzukommen, ob der Geist, das Bewusstsein im Menschen der unendliche Bezugspunkt war, *Brahma,* der dem menschlichen Leben Sinn geben konnte. Sie versuchten, ihr Selbst mit *allem* zu verschmelzen: Sie dachten, das kollektive Unbewusste, von dem Carl Gustav Jung gesprochen hatte, könne vielleicht der ultimative Allgemeinbegriff sein, der den endlichen Einzeldingen, also Ihnen und mir, Sinn und Bedeutung geben konnte.

Andere gingen einer ähnlichen, wenn auch entgegengesetzten buddhistischen Schlussfolgerung nach. Darunter war eine einfluss-

4 DER VERLUST DER SEELE, DER LOGIK UND DER SPRACHE

reiche Gruppe französischer Philosophen, die sogenannten Poststrukturalisten. Michel Foucault (1926–1984) zum Beispiel hielt die biblische Schilderung von Adam und Eva für eine reine Legende. Wenn aber nicht Gott, wer hatte dann das «Selbst» erschaffen?

In den 1970er Jahren war der Zen-Buddhismus, wie er von Thich Nhat Hanh und Taisen Deshimaru gelehrt wurde, in Frankreich populär geworden. Foucault reiste 1978 nach Japan, um bei dem Zen-Meister Omori Sogen zu studieren. 1983 stellte er in fünf Vorlesungen an der kalifornischen Berkeley-Universität seine Reflexionen vor. Zusammen mit weiteren Essays wurden diese einflussreichen Vorlesungen 1988 postum unter dem Titel *Technologies of Self* veröffentlicht.

Foucaults These wird so zusammengefasst: «Das Selbst ist nicht so sehr etwas Verborgenes, das darum ausgegraben werden müsste, sondern ein Korrelat der Technologien des Selbst, mit denen es sich über Jahrtausende hinweg gemeinsam entwickelt.»[9] Vereinfacht gesagt hat die Sprache über Jahrtausende hinweg die Illusion erzeugt, dass jeder von uns als einzelnes Wesen, als «Selbst», existiert.

Man könnte meinen, die Poststrukturalisten wären einfach nur verwirrt und verwirrend gewesen. Vielleicht. Aber Sie müssen sich die Tatsache vergegenwärtigen, dass sie ihre Verwirrung auf den Schlussfolgerungen der größten Philosophen Europas aufbauten.

Der buddhistische Einfluss auf David Hume ist von Alison Gopnik, einer Professorin an der Berkeley-Universität, nachgezeichnet worden.[10] Gemäß Hume erlangen wir Wissen durch unsere Sinne

---

[9] Siehe Jones, Josh: «Hear Michel Foucault's Lecture ‹The Culture of the Self›, Presented in English at UC Berkeley (1983)», in: «Philosophy», UC Berkeley, 6. 8. 2014, http://www.openculture.com/2014/08/michel-foucaults-lecture-the-culture-of-the-self.html (Zugriff im Juni 2018).

[10] In einem viel beachteten Essay in «The Atlantic» berichtet die Berkeley-Professorin Alison Gopnik, wie Hume in einem französischen Jesuitenkloster den Buddhismus kennenlernte. Gopnik, Alison: «How an 18th-Century Philosopher Helped Solve My Midlife Crisis», https://www.theatlantic.com/magazine/archive/2015/10/how-david-hume-helped-me-solve-my-midlife-crisis/403195/ (Zugriff im Juni 2018).

und durch empirische Erfahrung. Wahrnehmungen erscheinen als Eindrücke und bilden dann Ideen. Deshalb suchte Hume eingehend nach Sinneseindrücken, die zu der Idee führten, die Seele sei eine eigene Substanz. Sein Empirismus lieferte ihm keine Grundlage für einen Glauben an die Seele.

Friedrich Nietzsche (1844–1900) sah sich einig mit dem Buddha, dass, wenn Gott nicht existiert, die menschliche Seele keine wirkliche Existenz haben könne.

Der Historiker Guy Richard Welbon erforschte den Einfluss des Buddhismus auf Nietzsche,[11] der offenbar von 1865 bis 1868 bei Hermann Brockhaus in Leipzig Sanskrit studiert hat. Welbon glaubt, dass Nietzsche möglicherweise für seine Zeit einer der belesensten und solidesten Kenner dieses Aspekts des Buddhismus war.

Nietzsches berühmte Figur des Zarathustra kam zu dem Schluss: «Seele ist nur ein Wort für ein Etwas am Leibe.»[12] In *Jenseits von Gut und Böse* spricht Nietzsche von dem «Seelen-Aberglaube[n], der als Subjekt- und Ich-Aberglaube auch heute noch nicht aufgehört hat, Unfug zu stiften».[13] Nietzsche kam den Poststrukturalisten zuvor, indem er diesen Seelenbegriff auf eine «Verführung von Seiten der Grammatik» und eine «verwegene Verallgemeinerung» zurückführte. Für ihn bezog sich das Wort «Ich» nicht auf eine wirkliche Sache. Es bezeichnete lediglich einen gegenstandslosen Begriff, die Synthese der Natur des Menschen.

Die Lehre des Buddhas von der Nichtexistenz der Seele, der persönlichen Identität, des Selbst, wird als *Anatman* (als Nicht-Seele) bezeichnet. Der Buddha meinte damit, wenn man sich selbst zum Objekt seiner eigenen Analyse mache, dann finde man nicht sein «Selbst»; man entdecke lediglich seine «Vergänglichkeit und

---

[11] Welbon, Guy Richard: *The Buddhist Nirvana and Its Western Interpreters*. Chicago Univ. Press: Chicago 1975.

[12] Nietzsche, Friedrich Wilhelm: *Also sprach Zarathustra*. Kindle-Ausgabe, S. 12.

[13] Nietzsche, Friedrich Wilhelm: *Jenseits von Gut und Böse*. Kindle-Ausgabe, S. 13.

Leere». Man könne die Komponenten der persönlichen Identität Stück für Stück studieren, bis nichts mehr zu analysieren übrig bleibe. Nur mentale und physische Zustände können lokalisiert werden, nicht aber eine spirituelle Wesenheit.

Auf der Basis einer solchen Analyse war der Buddha zu dem Schluss gekommen, ein bleibendes Selbst sei nirgends zu finden.[14]

Der französische Existenzialist Jean-Paul Sartre (1905–1980) stellte das «Selbst» nicht rundheraus in Abrede. Er betonte, da niemand uns erschaffen habe, habe unser Leben keinen festen Sinn. Ein Uhrmacher stellt eine Uhr her, um die Zeit zu bestimmen. Er kann auch noch weitere Extras einbauen, so dass sie einen auch in den Schlaf singt und zur rechten Zeit aufweckt. Die Uhr hat Sinn und Zweck, weil sie einen intelligenten Erbauer hat. Hingegen hat Ihr eigenes Leben, so Sartre, keinen Sinn außer dem, den Sie selber ihm geben; Sie können beschließen, Ihren Nächsten zu lieben – oder aber genauso gut dessen Frau.

Laut dem buddhistischen Mönch Prayoon Mererk alias Phra Medidhammaporn, der über Sartres Existenzialismus und frühen Buddhismus promoviert hat, bezeichnet der Buddhismus das Bewusstsein als ein Nichts. Es ist totale Leere. Die Welt, die es erfährt, liegt außerhalb von ihm. Sartre entdeckte nicht durch Meditation, dass das Selbst und das Bewusstsein ein Nichts sei; er kam zu einer ähnlichen Schlussfolgerung durch Befragung und Ausschlussverfahren. Dies, sagt Phra Medidhammaporn, brachte «Sartre der Lehre des Buddhismus nahe».[15]

Martin Heidegger (1889–1976) stimmte Nietzsche und dem Buddhismus darin zu, dass in der Abwesenheit Gottes das menschliche Selbst nicht als Realität existieren konnte. In seiner bahnbre-

---

[14] Elman, Benjamin A.: «Nietzsche and Buddhism», in: *Journal of the History of Ideas*, Vol. 44, Nr. 4. Oktober–Dezember 1983, S. 671–686.

[15] Medidhammaporn, Phra (Prayoon Mererk): *Sartre's Existentialism and Early Buddhism*. BuddhaDhamma Foundation: Bangkok 1995, http://psy.au.dk/fileadmin/Psykologi/Forskning/Kvalitativ_metodeudvikling/NB27/Sartre.pdf (Zugriff am 1. Oktober 2018).

chenden Studie *Ex Oriente Lux: Heideggers Werk unter ostasiatischem Einfluß* dokumentiert Prof. Reinhard May schlüssig, dass Martin Heidegger einige der wichtigsten Gedanken seiner Philosophie – bisweilen fast Wort für Wort – deutschen Übersetzungen chinesischer taoistischer und zen-buddhistischer Klassiker entlehnte. Heidegger las den ersten Band von Suzukis *Essays in Zen Buddhism*. Das trieb ihn dazu, das einzige Buch über Zen zu lesen, das er in seiner Universitätsbibliothek finden konnte: *Zen. Der lebendige Buddhismus in Japan* von Ohasama Shej und August Faust. Er habe es «sehr interessant» gefunden, sagte Heidegger.[16]

Gibt es Sie wirklich?

Unter dem Einfluss von Träumen, Drogen, Halluzinationen, mystischen Erfahrungen und psychischen «Störungen» sehen, hören, fühlen, riechen und schmecken Menschen alle möglichen Dinge. Es kann passieren, dass sie mit lange verstorbenen «Wesen» reden oder mit Gestalten, die es nur in Mythen gegeben hat. Leute, die solche Erfahrungen haben, *empfinden* sie als real.

Solche mentale Erlebnisse können völlig authentisch wirken, genau wie unser waches, rationales Erleben.[17] Inwiefern ist jene Welt in ihrem Kopf nicht «real»? Schließlich existiert doch das, was wir als die «reale», gewöhnliche, äußere Welt unserer Alltagserfahrung betrachten, ebenfalls in unserem Bewusstsein. Der Ge-

---

[16] May, Reinhard: *Heidegger's Hidden Sources: East-Asian Influences on his Work*, Routledge: London 1996, S. 10. Das Buch erschien zuerst auf Deutsch als *Ex Oriente Lux. Heideggers Werk unter ostasiatischem Einfluss*. Steiner Verlag: Stuttgart und Wiesbaden 1989.

[17] Nach einer eigenen Drogenerfahrung schrieb der amerikanische Philosoph William James, er habe Einblick in diese geistige Welt gewonnen, der er einige «metaphysische Bedeutung» zuschreiben müsse. Vgl. James, William: *The Varieties of Religious Experience: A Study in Human Nature* (1902); Fontana Library: London 1971, S. 373–374.

danke unserer «persönlichen» Existenz als reale, permanente Person ist nur eine winzige Idee in dem riesigen Ozean des Bewusstseins – von Jungs kollektivem Unbewussten ganz zu schweigen.

Der Buddhismus brandmarkte *Avidya* (die Ur-Unwissenheit) als Quelle der menschlichen Gefangenschaft. Unser Heil, das Nirwana, bestehe in der Befreiung von dieser Wahnvorstellung der persönlichen Existenz. Das «Heil» im Buddhismus ist das Gegenteil des ewigen Lebens. Nirwana, das buddhistische Heil, bedeutet, von der Täuschung, man existiere, befreit zu werden. Das Heil ist das Aufhören der Existenz – der ewige Tod.

Wenn die Illusion des Selbst – der persönlichen Existenz – durch Sprache und Denken erzeugt wird, so besteht der Weg ins Nirwana in Techniken der «Meditation». Wir brauchen Hilfe, um mit dem Denken aufzuhören, in unser Bewusstsein hineinzugehen und zu erfahren, dass es in uns *kein* «Ich bin» gibt – kein Selbst, keine Seele, keinen Geist, kein permanentes Ich. Hinter unseren flüchtigen Gedanken ist nur Leere. Nur Nichts, Schwärze, Stille.

Träume, Drogen und «Besessenheit» zeigen, dass das menschliche Bewusstsein zu einem großen Teil irrational, also nicht-logisch ist. Warum sollten wir folglich annehmen, die Wahrheit sei logisch?

Was ist Logik?

Die buddhistische Theorie des *Pratityasamutpada*, des «bedingten Entstehens» lehrte, unser Verstand sei, wie alles andere auch, ein Produkt der kosmischen Unwissenheit – *Avidya*. Er wurde nicht entworfen durch göttliche Weisheit (Sophia, das Gotteswort oder der *Logos*).[18]

Fachleute, die ihr Leben lang den Buddhismus studiert haben, werden reichlich Anlass finden, meine Zusammenfassung als zu

---

[18] Bowker, John (Hg.): *The Oxford Dictionary of World Religions*. Oxford University Press: Oxford 1997, S. 740.

stark vereinfachend zu verwerfen. In der Tat gibt es etliche Variationen und Nuancen innerhalb der verschiedenen buddhistischen Denkschulen. Doch dass weder die buddhistische noch die griechische Kultur eine allzu hohe Auffassung von der menschlichen Persönlichkeit entwickelt haben, wird kaum jemand bestreiten.

Die Ungewissheit über die Existenz des Selbst sorgte dafür, dass für sie die Würde der Frau, die Rechte eines Kindes oder die Frage, ob Sklaverei gerechtfertigt sei, nicht einmal ein Thema waren.

Jahrhundertelang wurde der Buddhismus in Indien politisch gefördert. Er errichtete eindrucksvolle Zentren der Gelehrsamkeit an so weit verstreuten Orten des indischen Subkontinents wie Taxila im Nordwesten (im heutigen Pakistan) und Nalanda im Südosten (Bihar, Indien). Diese verschwanden jedoch, genau wie die riesigen hinduistischen Aschrams unserer Generation gekommen und gegangen sind.

Das liegt daran, dass die Wahrheit, die der Buddhismus suchte und lehrte, eine nicht-intellektuelle war. Sie war mystisch. Deshalb entwickelte der Buddhismus nie ein tieferes Interesse an den Natur- und Geisteswissenschaften oder irgendwelchen anderen Formen des Wissens, die sich durch Sprache mitteilen lassen. Er schuf kein Bildungswesen und entwickelte keine Wissenschaften, weil er nicht die Zuversicht hatte, dass der Kosmos real und rational sei. Er glaubte nicht, dass der menschliche Verstand die Wahrheit erkennen oder dass menschliche Sprache sie mitteilen könnte.

Gesellschaftliche Implikationen

Das Scheitern der Logik zwang Freuds Nachfolger Carl Gustav Jung und Joseph Campbell, die moderne Welt in die Postmoderne zu treiben. Sie öffneten die Türen für das «Neue Zeitalter» der Geschichten.

Jung gelangte, wie in dem vorigen Kapitel bereits erwähnt, zu Ansehen, indem er das Paranormale, das Übernatürliche, das Spiri-

4 DER VERLUST DER SEELE, DER LOGIK UND DER SPRACHE

tuelle erforschte. Ehrlicherweise erkannte er an, dass wir multiple Persönlichkeiten haben können und in unserem Innern widersprüchliche Stimmen hören, dämonische und göttliche. Doch er fand keine überzeugende Antwort auf die Kernfrage: Wenn Gott nicht existiert, kann dann das menschliche Selbst als reale Person existieren?

Wenn wir nicht als reale Person existieren, dann können wir auch keine Würde und keine Rechte haben, die uns *innewohnen*, also «natürlich» wären. Menschenrechte müssten dann künstliche soziale Konstrukte sein.

Viele Gesellschaften erlauben es Eltern, ihre Babys abzutreiben. Warum könnte eine Gesellschaft es den Leuten nicht gestatten, Babys heranzuziehen, um sie zu verkaufen oder zu essen? Ist das Tabu gegen Kannibalismus nicht mehr als bloß ein gesellschaftliches Vorurteil? Richard Dawkins, der bekannte Oxforder Evolutionsbiologe und öffentliche Streiter für den Atheismus, glaubt, alle ethischen Vorstellungen seien von Menschen erdacht. Es gibt für ihn keinen Gott, der geboten hat: «Du sollst nicht töten.» Deshalb sagt er, er freue sich darauf, eines Tages Menschenfleisch zu essen. Er möchte mithelfen, ein weiteres unserer ethischen Vorurteile niederzureißen. Er hofft, Menschenfleisch essen zu können, ohne dafür ins Gefängnis zu kommen, sobald die Wissenschaftler in der Lage sind, es im Labor zu züchten.[19]

Ugandas früherer Diktator Idi Amin soll sich damit gebrüstet haben, er habe Menschenfleisch gegessen. Während meines ersten Besuchs in Uganda hörte ich Gerüchte, er habe möglicherweise

---

[19] Ernst, Douglas: «‹Soylent› Dawkins? Atheist mulls ‹taboo against cannibalism› ending as lab-grown meat improves», in: «Washington Times», 6.3.2018, https://www.washingtontimes.com/news/2018/mar/6/richard-dawkins-mulls-taboo-against-cannibalism-en/ (Zugriff am 2. Oktober 2018). Siehe auch https://www.youtube.com/watch?annotation_id=annotation_3623497701&feature=iv&src_vid=Gu9X1smCOU4&v=GYYNY2oKVWU, wo Richard Dawkins mit Peter Singer über die Ethik des Verzehrs von menschlichen Unfallopfern spricht.

Körperteile einer seiner Frauen, deren Todesumstände rätselhaft geblieben sind, gegessen.[20]

Warum der Buddhismus unterlag

In einem Fortsetzungsband werden wir sehen, dass der Buddhismus den griechischen Rationalismus schon dreihundert Jahre vor Christus besiegt hatte. Mit seinem gegenwärtigen Sieg über die westliche Aufklärung geschieht das nun also schon zum zweiten Mal.

Wenn der Buddhismus so mächtig ist, warum ist er dann in Asien gescheitert?

Der Pessimismus des Buddhismus hat Indien in einen Lähmungszustand geführt. Dank staatlicher Förderung konnte er riesige «Bildungs»-Zentren bauen; aber was nützt eine Bildung, die einem sagt, man könne weder die Wahrheit erkennen noch die Welt verbessern, um Leiden zu mindern?

Der Buddhismus und seine Zentren sind um das 13. Jahrhundert aus Indien verschwunden. Er hat brillante Denker hervorgebracht, aber deren Pessimismus hinderte sie daran, kraftvolle politische, juristische oder wirtschaftliche Theorien und Praktiken zu entwickeln. Für Technik und Wissenschaft brachten sie kein Interesse auf. Eine einzige Illustration dazu wird genügen:

Ashoka, ein Förderer der buddhistischen Mission, gilt als einer

---

[20] Kyemba, Henry: *State of Blood: The Inside Story of Idi Amin,* NY Ace Books: New York 1977. Kyemba war unter Amin Gesundheitsminister in Uganda. Das Buch berichtet von den Blutritualen, die Amin privat an seinen Opfern vollzog. Amins Stamm praktizierte Blutrituale an getöteten Feinden. Man schnitt ein Stück Fleisch aus dem Leichnam, um den Geist des Mannes zu unterwerfen. Oder man trank von seinem Blut, um den Geist harmlos zu machen. Dieses Ritual wurde sogar in den oberen Riegen der Regierung praktiziert. Kyemba schreibt: «Ich habe Grund zu glauben, dass Amins Praktiken nicht beim Trinken von Blut haltmachten: Bei mehreren Gelegenheiten hat er mir und anderen gegenüber damit geprahlt, er habe Menschenfleisch gegessen.»

der größten Kaiser der indischen Geschichte. Zwei Jahrhunderte vor Christus ließ er überall in Indien «Ashoka-Säulen» errichten. Sie enthielten dreiunddreißig Inschriften in Brahmi- und Kharosthi-Schrift. Doch vor etwas über zwei Jahrhunderten wusste kein Inder mehr irgendetwas über Ashoka. Wir hatten keinen einzigen Gelehrten, der eine dieser beiden Schriften lesen konnte. Es musste erst jemand aus einem von der Bibel beeinflussten Hintergrund kommen, ein britischer Offizier namens James Prinsep (1799–1840), um die Ashoka-Säulen zu entziffern. Daraufhin machten sich europäische Indologen daran, Ashokas Vermächtnis zutage zu fördern.

Sollten wir uns von dem «illusorischen Selbst» verabschieden?

Arthur Schopenhauer (1788–1860), der Nietzsche beeinflusste, bezeichnete sich als Buddhisten. Er gab offen zu: «Wollte ich die Resultate meiner Philosophie zum Maßstabe der Wahrheit nehmen, so müsste ich dem Buddhaimus den Vorzug vor den anderen [Religionen] zugestehen.»[21] Allerdings bediente er sich nicht der Meditation, um zu erkennen, dass er nicht existierte. Er ging weiter als der Buddha und propagierte die «Selbstvernichtung» als Lösung für unsere Selbst-Illusion.

Manche Menschen wollen tatsächlich ihrem «unnützen» Leben ein Ende machen. Der Tod eines Mannes kann seine Witwe hoffnungslos und deprimiert zurücklassen. Vielleicht will sie sich dann als *Sati* auf dem Begräbnis-Scheiterhaufen ihres Mannes verbrennen lassen. Sollen ihre Verwandten sie bei ihrem Suizid unterstützen?

Der *Jainismus*, eine Religion, die vor dem Buddhismus in Indien aufkam und bis heute den *Digambara*-Asketen den Verzicht auf Kleidung (also Nacktheit) vorschreibt,[22] lehrt den absichtlichen

---

[21] Siehe Abelsen, Peter: «Schopenhauer and Buddhism», in: *Philosophy East and West*, Vol. 43, Nr. 2 (April 1993), S. 255–278.

[22] Im *Jainismus* gibt es zwei Hauptrichtungen. Nur eine davon, die *Digambara*-Sekte, verlangt von den Heiligen den Verzicht auf Kleidung.

Tod durch Verhungern als höchste spirituelle Praxis. Diese freiwillige Selbstvernichtung durch Verhungern wird *Sallekhana* genannt. Westliche Kulturen betrachteten den Suizid und insbesondere die Hilfe zum Suizid als Verbrechen. Der Grund war, dass die Bibel für das Leben einsteht. Wenn ein Mensch depressiv ist, dann ist es unsere Pflicht, seinen Geist wieder aufzurichten, unter anderem, indem wir seinen ihm innewohnenden Wert bekräftigen. Denn Gott selbst verwandelt unsere Trauer in Tanz.[23] Er gibt uns Schönheit statt Asche.[24]

Am Eingang der Stiftsbibliothek in St. Gallen sind die griechischen Worte *Psyches iatreion* eingraviert: «Sanatorium für die Seele». Daraus leitet sich der moderne Begriff *Psychiatrie* ab. Bücher und Erkenntnis der Wahrheit sind Mittel zur Heilung unserer Seelen. Nicht umsonst sagte der Psalmist: «Der Herr ist mein Hirte ... Er erquicket meine Seele.»[25]

«Was ist der Mensch?»

Auch der Psalmist stellte die Frage: «Was ist der Mensch?» – und kam zu einer dem postmodernen Buddhismus entgegengesetzten Schlussfolgerung: Er erkannte, dass Wert und Würde des Menschen weder aus seinem eigenen Bewusstsein noch aus der Gesellschaft kommen. Sie kommen vom Schöpfer:

> Ich blicke zum Himmel und sehe,
> was deine Hände geschaffen haben:
> den Mond und die Sterne –
> allen hast du ihren Platz zugewiesen.
> Was ist da schon der Mensch,
> dass du an ihn denkst?

---

[23] Psalm 30,12.
[24] Jesaja 61,3.
[25] Psalm 23,1–3 (Luther).

Wie klein und unbedeutend ist er,
und doch kümmerst du dich um ihn.
Du hast ihn nur wenig geringer gemacht als die Engel ...
Du hast ihm den Auftrag gegeben,
über deine Geschöpfe zu herrschen.
Alles hast du ihm zu Füßen gelegt ...
Herr, unser Herrscher!
Die ganze Welt spiegelt deine Herrlichkeit wider.[26]

Das Fundament, das für selbstverständlich erachtet wird

Von 1508 bis 1512 malte Michelangelo die grundlegende Lehre der Bibel an die Decke der Sixtinischen Kapelle. Auf seinem Gemälde erschafft Gott Adam nach seinem Bild. Adam ist auf der Erde. Eva wartet noch im Arm Gottes darauf, erschaffen zu werden. Die Wahrheit hinter dem Gemälde ist, dass Sie, weil der göttliche Geist Sie nach seinem Bild erschaffen hat, als reales, spirituelles, rationales, wertvolles, unsterbliches Selbst existieren – so wie Gott selbst.

Für viele Theologen ist die biblische Schilderung der Erschaffung Adams nur eine Geschichte. Atheistische Existenzialisten dagegen verstehen die tief greifenden Implikationen dieser biblischen Darstellung. Sartre soll einmal sinniert haben: «Das Leben hat keinen Sinn, sobald man die Illusion verliert, ewig zu sein.» Das ist reinster Buddhismus.

Sie existieren als ein reales, wertvolles und permanentes geistliches Wesen: «Da nahm Gott, der Herr, etwas Staub von der Erde, formte daraus den Menschen und blies ihm den Lebensatem in die Nase. So wurde der Mensch ein lebendiges Wesen.»[27]

Adams und Evas Identität als Individuen kam aus Gottes Beziehung zu ihnen. Gott schuf sie als seine Kinder, Freunde, Mitschöp-

---

[26] Psalm 8,4–10.
[27] 1. Mose 2,7.

fer, seine Verwalter auf dieser Erde. Gott wollte mit ihnen «gehen»[28], mit ihnen «sprechen»[29] und ihr Gott sein.[30]

Ewiges Leben heißt Gott kennen.[31] Der Genfer Reformator Johannes Calvin erklärte in seinem Klassiker von 1536, *Institutio Christianae Religionis*: Dadurch, dass wir Gott kennen, werden wir fähig, uns selbst zu kennen. Die Ablehnung Gottes führt zu einer Ablehnung des Selbst. Mit Gott unterwegs zu sein macht uns zu Mitschöpfern unseres Vaters – zu Leuten, die Geschichte machen.

«Der Geist ist die Wahrheit»

Genauso, wie Liebe mehr ist als Chemie, geht auch die Wahrheit über das Körperliche hinaus. Sie ist eine Sache des Geistes. Der Apostel Johannes schreibt: «Gottes Geist ist die Wahrheit.»[32]

Die postmoderne Welt ist zu einer Post-Truth-Welt geworden, weil sie den Geist verworfen hat. Sie hat aus der Sprache, die früher dazu da war, Wahrheit mitzuteilen, ein Werkzeug gemacht, das wir benutzen, um uns selbst zu täuschen und andere zu manipulieren.

Die Mönche im Kloster St. Gallen verbrachten ihr Leben nicht deshalb damit, Manuskripte abzuschreiben, zu erhalten und zu studieren, weil sie Rationalisten waren; sie verstanden ihre Arbeit als einen geistlichen Dienst. Ein Gemälde an der Decke der Stiftsbibliothek stellt vier historische Kirchenkonzile dar, nämlich die von Nicäa (325 n. Chr.), Konstantinopel (381 n. Chr.), Ephesus (431 n. Chr.) und Chalkedon (451 n. Chr.). In späteren Kapiteln werden wir untersuchen, wie diese Konzile den Westen geprägt haben. Jedes der Gemälde ist mit einem Vers aus der Bibel zusammengefasst.

---

[28] 1. Mose 3,8; 5,22.24; 6,9; 17,1; 24,40.
[29] 1. Mose 17,3.22; 35,14.
[30] 2. Mose 19,5–6; Hesekiel 37,27; 2. Korinther 6,16.
[31] Johannes 17,3.
[32] 1. Johannes 5,6.

Zum Beispiel wird das Konzil im Jahr 381 mit Apostelgeschichte 15,28 zusammengefasst. Dort steht, dass das allererste Kirchenkonzil die Kontroverse über die Einheit von jüdischen und nichtjüdischen Gläubigen mit den Worten beendete: «Geleitet durch den Heiligen Geist kamen wir nämlich zu dem Entschluss ...» Das heißt, die Gleichheit der Juden und Nichtjuden, die hier bekräftigt wird, war keine selbstverständliche Wahrheit, sondern ein Geheimnis, das durch den Heiligen Geist offenbart wurde. Die Kirche hat den Gedanken der Gleichheit der Menschen nicht erfunden. Sie akzeptierte die offenbarte Wahrheit, nachdem sie auf die Zeugnisse von Brüdern wie Petrus, Paulus und Barnabas gehört hatte.

Ebenso stützte sich das Kirchenkonzil im Jahr 431, das in Ephesus zusammentraf, auf die Verheißung Jesu in Johannes 16,13: «Wenn aber der Geist der Wahrheit kommt, hilft er euch dabei, die Wahrheit vollständig zu erfassen.»

Rationale Worte, die Wahrheit mitteilen, sind eine Form der Kommunikation zwischen dem göttlichen und dem menschlichen Geist. Sie sind keine Produkte irrationaler, vernunftloser Gehirnchemie. Freundschaften, positive Beziehungen beruhen auf Vertrauen. Vertrauen ist eine nichtmaterielle, geistliche Qualität. Es wird kultiviert durch beständige, wahrheitsgetreue Kommunikation.

Jesus und der Buddha hatten entgegengesetzte Einstellungen zu Worten. Jesus nahm die Worte des Alten Testaments so ernst, dass er sein Leben gab «nach der Schrift».[33] Er vertraute der Schrift als dem Wort seines Vaters: «Dein Wort ist die Wahrheit.»[34]

Wer die Heiligkeit von Wörtern, Schwüren, Versprechen, Verträgen, Bündnissen, Übereinkünften und Verabredungen aufgibt, der zerstört Beziehungen. Dadurch wird es zu einer Alltäglichkeit, seinen Partner zu betrügen. Die Bibel sagt, dass Jesus eine ewige Beziehung mit uns eingeht, indem er sein Blut vergießt, das heißt: indem er seine Worte und seine Liebe mit seinem Blut besiegelt.

---

[33] 1. Korinther 15,3–4 (Luther).
[34] Johannes 17,17.

Solch starke Beziehungen erfordern, dass man *weiß*, was der oder die andere erwartet, und *tut*, was ihm oder ihr gefällt. Es erfordert, dass man aufmerksam auf die Worte hört und sie versteht. Worte festigen Beziehungen. Sie können auch Beziehungen zerbrechen. Die Freundschaft oder Kindschaft, zu der Gott uns einlädt, beruht auf vertrauenswürdigen Worten:

«Gottes Wort ist dir ganz nahe; es ist in deinem Mund und in deinem Herzen.» Das ist nämlich das Wort vom Glauben, das wir verkünden. Denn wenn du mit deinem Mund bekennst: «Jesus ist der Herr!», und wenn du von ganzem Herzen glaubst, dass Gott ihn von den Toten auferweckt hat, dann wirst du gerettet werden. Wer also von Herzen glaubt, wird von Gott angenommen; und wer seinen Glauben auch bekennt, der findet Rettung.[35]

Wahrheit ist mehr als Worte. Worte können benutzt werden, um zu täuschen und zu manipulieren. Manchmal können Wahrheit oder Täuschung auch ohne Worte kommuniziert werden. Doch meistens braucht es Worte, um Wahrheit und Täuschung, Weisheit und Torheit, Richtiges und Falsches zu verstehen, zu bejahen und weiterzugeben. Das macht Wahrheit und Sprache zu Dingen des Geistes. Gute Geister gebrauchen Sprache ebenso wie böse. Dieses Buch wird auf dieses wichtige Thema noch einige Male zurückkommen müssen.

Indem der Buddhismus in Indien das Zutrauen zerstörte, dass Worte Wahrheit mitteilen können, zerstörte er nicht nur das Streben der Inder nach Wissen. Er zerstörte auch unsere Sprachen selbst.[36] Deshalb musste der Geist Gottes erst westliche Missionare inspirieren, nach Indien zu kommen und unsere Dialekte zu Schriftsprachen zu machen. Viele dieser Bibelübersetzer waren im Fort-William-College in Kalkutta tätig, wo britische Beamte aus-

---

[35] Römer 10,8–10.
[36] Siehe Verghese, Babu K.: *Let There Be India: Impact of the Bible on Nation Building*. WOC Publisher: Chennai 2014.

gebildet wurden, um die Inder in ihren eigenen Muttersprachen zu regieren.

In einem Fortsetzungsband werden wir die Rolle der Bibel bei der Entstehung des modernen öffentlichen Dienstes betrachten. Ein späteres Kapitel in diesem Band, «Das Reden Gottes und die Literatur der Menschen», untersucht den enormen Einfluss der Bibel auf die indische Literatur.

Die Bibel brachte die moderne Welt hervor, die die Sprache schätzte, weil sie die Fähigkeit zur Kommunikation mit sich brachte. Denn die Bibel lehrte, dass Gott ein Geist ist, der die Wahrheit kennt und sie mitteilt. Eltern bringen ihren Kindern das Sprechen bei, damit sie ihnen sagen können, was wahr oder falsch, recht oder unrecht, weise oder töricht ist. Weise Eltern und Lehrer kauen einem Kind nicht alles vor. Sie lassen Kinder und Schüler selbst nachforschen und lernen. Genauso macht es Gott als unser Vater. Er gab uns das Geschenk der Sprache und die Verantwortung, sie zu entwickeln, damit wir die Wahrheit finden und weitergeben können.

Europa war verwirrt durch Mysterienreligionen, aus denen sich die *Gnosis* entwickelte. Paulus schloss das Denken der Menschen im Westen auf, indem er erklärte, dass Wahrheit und Sprache Dinge des Geistes sind:

> Dennoch erkennt jeder im Glauben gereifte Christ, wie wahr und voller Weisheit unsere Botschaft ist. Es ist zwar nicht die Weisheit dieser Welt und auch nicht die ihrer Machthaber. Aber die Welt mit all ihrer Macht vergeht ohnehin. Die Weisheit jedoch, die wir verkünden, ist Gottes Weisheit. Sie bleibt ein Geheimnis und vor den Augen der Welt verborgen. Und doch hat Gott, noch ehe er die Welt schuf, beschlossen, uns an seiner Weisheit und Herrlichkeit teilhaben zu lassen. Von den Herrschern dieser Welt hat das keiner erkannt. Sonst hätten sie Christus, den Herrn der Herrlichkeit, nicht ans Kreuz geschlagen. Es ist vielmehr das eingetreten, was schon in der Heiligen Schrift vorausgesagt ist: «Was kein Auge jemals sah, was kein

Ohr jemals hörte und was sich kein Mensch vorstellen konnte, das hält Gott für die bereit, die ihn lieben.»

Uns hat Gott durch seinen Geist sein Geheimnis enthüllt. Denn der Geist Gottes weiß alles, er kennt auch Gottes tiefste Gedanken. So wie jeder Mensch nur ganz allein weiß, was in ihm vorgeht, so weiß auch nur der Geist Gottes, was Gottes Gedanken sind.

Wir haben nicht den Geist dieser Welt bekommen, sondern den Geist Gottes. Und deshalb können wir auch erkennen, was Gott uns geschenkt hat. Wenn wir davon sprechen, kommt das nicht aus menschlicher Klugheit, sondern wird uns vom Geist Gottes gelehrt. Was er uns gezeigt hat, das geben wir mit seinen Worten weiter. Der Mensch kann mit seinen natürlichen Fähigkeiten nicht erfassen, was Gottes Geist sagt. Für ihn ist das alles Unsinn, denn Gottes Geheimnisse erschließen sich nur durch Gottes Geist.

Der von Gottes Geist erfüllte Mensch kann alles beurteilen, er selbst aber ist keinem menschlichen Urteil unterworfen. Denn es steht ja schon in der Heiligen Schrift: «Wer kann die Gedanken des Herrn erkennen, oder wer könnte gar Gottes Ratgeber sein?» Nun, wir haben den Geist von Christus, dem Herrn, empfangen und können seine Gedanken verstehen.[37]

In dem obigen Abschnitt präsentiert Paulus eine entscheidende Wahrheit, die Jesus wiederholt verkündete:

Dann werde ich den Vater bitten, dass er euch an meiner Stelle einen anderen Helfer gibt, der für immer bei euch bleibt. Dies ist der Geist der Wahrheit. Die Welt kann ihn nicht aufnehmen, denn sie ist blind für ihn und erkennt ihn nicht. Aber ihr kennt ihn, denn er bleibt bei euch und wird in euch leben.[38]

---

[37] 1. Korinther 2,6–16.
[38] Johannes 14,16–17.

4 DER VERLUST DER SEELE, DER LOGIK UND DER SPRACHE

> Wenn ich beim Vater bin, will ich euch den Helfer senden, von dem ich gesprochen habe, den Geist der Wahrheit. Er wird vom Vater kommen und bezeugen, wer ich bin. Und auch ihr werdet meine Zeugen sein, denn ihr seid von Anfang an bei mir gewesen.[39]
>
> Ich hätte euch noch viel mehr zu sagen, doch jetzt würde es euch überfordern. Wenn aber der Geist der Wahrheit kommt, hilft er euch dabei, die Wahrheit vollständig zu erfassen.[40]

Heute hat sich die westliche Philosophie wieder verirrt. Mit ihrer Annahme, das menschliche Gehirn mit seinen Atomen aus «Fleisch und Blut», mit seinen Molekülen und ihren chemischen Kombinationen könnte die Wahrheit erkennen, ist sie in eine Sackgasse geraten.

Die Postmoderne geht den nächsten Schritt und dekonstruiert unser *Selbst*. Nach der Ermordung Gottes sieht sich der postmoderne Mensch gezwungen, dem Buddhismus zu folgen und auch den «Menschen» zu töten: das denkende, sprechende Subjekt – das Selbst.

Bei ihrem Herumtappen im selbst gemachten Dunkel begannen westliche Intellektuelle wie Joseph Campbell und Bill Moyers, die Macht der Mythen[41] und der Mystik zu erkunden. In seinen Reden sagt Ex-Präsident Obama, das Gründungsdokument der Vereinigten Staaten, die Unabhängigkeitserklärung, beruhe nicht auf «selbstverständlichen» Wahrheiten, sondern auf «inspirierenden Geschichten».[42] Doch erfundene Geschichten tragen uns *nicht* durch die anhaltenden Kämpfe gegen die Ungleichheiten zwischen Rassen, Stämmen, Kasten und Geschlechtern. Die Welt braucht Gottes Wort, offenbart durch den Geist der Wahrheit. Denn Wahrheit ist die Quelle

---

[39] Johannes 15,26–27.
[40] Johannes 16,12–13.
[41] Campbell, Joseph, mit Moyers, Bill: *The Power of Myth*. Doubleday: New York 1988. Das Buch basiert auf einer PBS-Fernsehserie namens «Joseph Campbell and the Power of Myth».
[42] Diese Rede ist zu sehen in Greg Barkers Dokumentarfilm «The Final Year» (2017).

menschlicher Freiheit und Gerechtigkeit. Die Erkenntnis der Wahrheit ist eine Sache des Geistes. Der Prophet Jesaja prophezeite:

> Der Geist des Herrn wird auf ihm ruhen, der Geist der Weisheit und der Einsicht, der Geist des Rates und der Kraft, der Geist der Erkenntnis und der Ehrfurcht vor dem Herrn.
> Dieser Mann wird den Herrn von ganzem Herzen achten und ehren. Er richtet nicht nach dem Augenschein und fällt seine Urteile nicht nach dem Hörensagen.
> Unbestechlich verhilft er den Armen zu ihrem Recht und setzt sich für die Rechtlosen im Land ein. Sein Urteilsspruch wird die Erde wie ein Stockhieb treffen; ein Wort von ihm genügt, um die Gottlosen zu töten.
> Gerechtigkeit und Treue werden sein ganzes Handeln bestimmen, sie umschließen ihn wie ein Gürtel seine Hüften.
> Dann werden Wolf und Lamm friedlich beieinanderwohnen, der Leopard wird beim Ziegenböckchen liegen. Kälber, Rinder und junge Löwen weiden zusammen, ein kleiner Junge kann sie hüten.
> Kuh und Bärin teilen die gleiche Weide, und ihre Jungen liegen beieinander. Der Löwe frisst Heu wie ein Rind.
> Ein Säugling spielt beim Schlupfloch der Viper, ein Kind greift in die Höhle der Otter.
> Auf dem ganzen heiligen Berg wird niemand etwas Böses tun und Schaden anrichten. Alle Menschen kennen den Herrn, das Wissen um ihn erfüllt das Land wie Wasser das Meer.[43]

War Jesaja ein romantischer Dichter? Oder war er ein weiser Prophet, dessen Worte die Geschichte veränderten? Schauen wir uns im nächsten Kapitel an, wie Gottes Geist seine Dienerin, die Gemeinde, dazu ermächtigte, gewöhnliche Menschen zu Werkzeugen für die Transformation ganzer Nationen zu machen.

---

[43] Jesaja 11,2–9.

5. Kapitel
DIE MARGINALISIERTE MITTE: DIE KIRCHE

Ein Besucher, der kreuz und quer durch Europa reist, wird bald bemerken, dass im Zentrum eines Dorfes und der Städte oft eine Kirche steht. Ihre architektonisch hervorgehobene Stellung lässt vielleicht erkennen, dass es einmal eine Zeit gab, in der die Kirche auch das Zentrum des gemeinschaftlichen Lebens war. Sie diente den Menschen von der Taufe bis zum Begräbnis. Sie versetzte sie in die Lage, die Welt mehr oder weniger aus der Perspektive der Bibel zu betrachten.

Die Kirche traute Ehepaare, definierte die Familie und stützte sie selbst dann, wenn Paare auf eine leichte Scheidung aus waren. Sie war das Zentrum der Kunst und Architektur einer Gemeinschaft, Patronin ihrer Dichtung und Musik, Quelle ihrer Bildung und Ethik. Die meisten Menschen erfuhren vom Sinn und Zweck des Lebens durch die Kirche. Und es war die Bibel, die die Kirche hervorbrachte und durch sie die Welt beeinflusste.

Sollte unser hypothetischer Besucher dann im Internet surfen, um den postchristlichen Westen zu verstehen, so könnte ihn das in einige Verwirrung stürzen. Wo die Kirche Sittsamkeit lehrte, würde er Exhibitionismus wahrnehmen. Wo die Kirche sexuelle Reinheit und Treue lehrte, hat der postmoderne Westen den Menschen zu einem sexgesteuerten Tier gemacht und selbst dem Inzest das Wort geredet.

Die Kirche brachte starke Individuen hervor, die ihre Identität kannten. Im Westen herrscht derzeit die Weisheit, man müsse vergessen, wofür die Familie, der Arzt, die Gemeinschaft oder die Schule einen halten. Nicht einmal Ihr Körper kann definieren, ob Sie Mann oder Frau sind. Ihr in ständigem Wandel begriffenes Bewusstsein muss Ihr Gender selbst wählen. Sie müssen sich das Recht vorbehalten, Ihre Meinung über Ihre Identität zu ändern. Jedes Individuum muss jederzeit selber definieren, was ihm oder ihr in diesem Moment Leben, Familie oder Elternschaft bedeuten.

Der Besucher wird bemerken, dass die Marginalisierung der Kirche und der Niedergang der weißen Bevölkerung im selben Tempo vorangeschritten sind. In Kalifornien haben 32 Prozent aller Kinder nur ein Elternteil. Durch den Zusammenbruch der Familie ist die Familientherapie zu einer Erfolgsbranche geworden. Es wird damit gerechnet, dass die weiße Bevölkerung der USA bis zum Jahr 2045 zu einer Minderheit werden wird. Dem Zweiten Weltkrieg fielen etwa sechzig Millionen Menschen zum Opfer. In den USA wurden seit der Legalisierung der Abtreibung im Jahr 1973 ebenso viele Babys getötet.

In der bibelgläubigen Kirche herrscht weithin eine klare ablehnende Haltung gegenüber Abtreibung. Dass dies nur wenig bewirkt hat, zeigt, dass die Kirche in eine Randposition gedrängt worden ist. Was nützt es dann aber, sich mit dem Einfluss der Bibel auf die Welt durch die Kirche zu beschäftigen?

Nach Erlangen seiner Unabhängigkeit im Jahr 1947 wurde Pakistan zu einer Demokratie. Die Regierungen wurden für eine Periode von fünf Jahren gewählt. Doch in siebzig Jahren hat nur eine einzige Regierung ihre volle fünfjährige Amtszeit erreicht; alle anderen wurden gestürzt oder traten vorzeitig zurück. Kann es sein, dass Demokratie mehr braucht als Verfassungen und Wahlen? Ist die Kirche die Erklärung dafür, dass der Westen erfolgreicher war?

Der Präsident der ehemaligen Tschechoslowakei, Václav Havel, war ein Dramatiker, der widerstrebend zum Politiker wurde. Gemeinsam mit vielen anderen herausragenden Intellektuellen in Russland und Osteuropa rebellierte er gegen den Kommunismus. Ihre Bewegung führte 1989–1991 zum Fall des kommunistischen «Eisernen Vorhangs».

Havels Nation ging zu einer «kapitalistischen», liberalen Wirtschaftsordnung über. Ihr Experiment war für ihn eine Enttäuschung.[1] Havel klagte, der Atheismus habe die moralischen Grund-

---

[1] «Václav Havel, a disappointed Czech», in: *The Economist*, 28. September 2000, https://www.economist.com/europe/2000/09/28/vaclav-havel-a-disappointed-czech.

lagen seines Landes so sehr untergraben, dass die wirtschaftliche «Freiheit» vor allem den Interessen von Schmugglern, Schwarzmarkthändlern und Mafiosi zugutekam.

Ehemalige Kolonien wie Indien haben eine ähnliche Erfahrung gemacht. An die Stelle der Fremdherrschaft traten Kleptokraten aus den eigenen Reihen. Das brachte mich dazu, mich zu fragen: Wie ist es manchen Nationen gelungen, verdienstvolle öffentliche Dienste hervorzubringen, eine unerschrockene Presse und integre Richter und Politiker, die sich als Diener der Öffentlichkeit verstehen?

Für gut informierte Menschen gibt es gute Gründe, die Kirche zu verachten. Selbst Jesus war enttäuscht von seiner «Braut». Er warnte die Gemeinde in Ephesus, er sei im Begriff, ihrem Status als «Leuchter» ein Ende zu machen.[2] Der Gemeinde in Laodizea ließ Jesus ausrichten: «Du bist lau, und deshalb werde ich dich ausspucken.»[3]

Ja, es gibt reichlich Gründe für die Kirche, sich zu schämen. Doch wir können den erstaunlichen Einfluss der Bibel auf die Welt nicht verstehen, ohne die Kirche zu würdigen. Sie ist die erste Institution, die durch die Bibel hervorgebracht wurde und bis heute auf ihr beruht.

Die Kirche und das Wort

Die Apostelgeschichte, das fünfte Buch im Neuen Testament, beschreibt das Wachstum der Gemeinde als die Ausbreitung des Wortes: «Die Botschaft Gottes aber wurde immer mehr Menschen verkündet. Vor allem in Jerusalem nahm die Zahl der Gläubigen stark zu. Unter ihnen waren viele jüdische Priester, die auf Gott gehört und zum Glauben an Jesus gefunden hatten.»[4]

---

[2] Offenbarung 2,5.
[3] Offenbarung 3,16.
[4] Apostelgeschichte 6,7.

Diese Gleichsetzung des Wachstums der Gemeinde mit der Ausbreitung des «Wortes» bedeutet, dass die Gemeinde gewisse Ideen verkörperte. Diese Ideen veränderten die Welt.

Plinius der Jüngere war 111–113 n. Chr. römischer Gouverneur von Bithynien-Pontus. Er ließ Christen hinrichten, die einen gekreuzigten Menschen namens Jesus «als Gott» verehrten, sich aber weigerten, Caesar zu verehren, der ebenfalls ein Mensch, aber offensichtlich und offiziell Gott auf Erden war: ein König mit Herrlichkeit, Ehre und tatsächlicher Macht über das Leben der Menschen.

Warum wollten die Christen nicht den Staat verehren? War die Verehrung Jesu ein politisches Statement? Wurde dadurch der Gottesdienst der Gemeinde zu einer *politischen Versammlung?*

Plinius hatte Gewissensbisse wegen der Tötung der Christen. Er dezimierte damit eine Institution, die den Charakter der Menschen verbesserte. Die meisten Christen waren gewöhnliche Leute. Sie begingen keine Verbrechen. Im Gegenteil, sie gehörten zu den besten Untertanen des Reiches. Deshalb schrieb Plinius den folgenden Brief an den römischen Kaiser Trajan, in dem er um Rat bat, was er mit den Christen machen sollte. Sein Brief beschreibt die kirchliche Frömmigkeit und ihre moralischen und politischen Auswirkungen auf die Menschen:

> Es ist mir wichtig, Herr, mich in allen Dingen, in denen ich im Zweifel bin, an dich zu wenden. Denn wer könnte besser mein Zaudern lenken oder meine Unkenntnis belehren? ... Im Falle derer, die mir als Christen angezeigt wurden, habe ich mich nach dem folgenden Verfahren gerichtet: Ich befragte sie, ob sie Christen seien; diejenigen, die gestanden, verhörte ich ein zweites und ein drittes Mal, wobei ich ihnen mit Strafe drohte; diejenigen, die darauf beharrten, ließ ich hinrichten. Denn ich hatte keinen Zweifel, dass, welche Bewandtnis es auch mit ihrem Glauben haben mag, Sturheit und unbeugsame Halsstarrigkeit auf jeden Fall eine Bestrafung verdienen. Es gab noch andere, die von derselben Torheit besessen waren; aber weil sie

römische Bürger waren, erließ ich einen Befehl, sie nach Rom zu überstellen.

Bald breiteten sich, wie es meist geschieht, wegen der Vorgänge Anschuldigungen aus, und es kam zu mehreren Vorfällen. Ein anonymes Dokument tauchte auf mit den Namen etlicher Personen. Die, die leugneten, dass sie Christen waren oder gewesen waren: wenn sie mit von mir diktierten Worten die Götter anriefen, vor deinem Bild, das ich zu diesem Zweck zusammen mit Statuen der Götter hatte herbeibringen lassen, mit Weihrauch und Wein Gebete darbrachten und überdies Christus verfluchten – sämtlich Dinge, so heißt es, zu denen man solche, die wirklich Christen sind, niemals zwingen könnte –, bei diesen war ich der Meinung, sie sollten entlassen werden.

Andere, die von dem Informanten genannt wurden, erklärten, sie seien Christen, leugneten es aber dann und behaupteten, sie seien welche gewesen, hätten sich aber nun davon abgekehrt, manche drei Jahre, andere viele Jahre, einige bis zu fünfundzwanzig Jahre zuvor. Sie alle warfen sich vor deinem Bild und den Götterstatuen nieder und verfluchten Christus.

Sie behaupteten freilich, ihr ganzer Fehler oder Irrtum sei gewesen, dass *sie an einem festen Tag vor der Morgendämmerung zusammenzukommen pflegten, um Christus als einem Gott einen Wechselgesang darzubringen und sich durch einen Eid zu binden, nicht etwa zu irgendeinem Verbrechen, sondern dazu, keinen Betrug, Diebstahl oder Ehebruch zu begehen, ein gegebenes Versprechen nicht zu brechen und eine angemahnte Schuld nicht zu verweigern.* Danach war es ihr Brauch, aufzubrechen und sich erneut zu versammeln, um gemeinsam zu essen – aber gewöhnliche und harmlose Speise. Selbst davon, bekräftigten sie, hätten sie Abstand genommen nach meinem Edikt, durch das ich deinen Anweisungen gemäß *politische Versammlungen verboten* hatte. Demgemäß hielt ich es für umso notwendiger, der Wahrheit auf den Grund zu gehen, indem ich zwei Sklavinnen, sogenannte Diakoninnen, foltern ließ. Aber ich brachte nichts zutage außer verderblichem, ausuferndem Aberglauben.

> Ich setzte deshalb die Untersuchung aus und beeilte mich, dich zu konsultieren. Denn die Angelegenheit schien es mir wert, dich zurate zu ziehen, besonders angesichts der Anzahl der beteiligten Personen. Denn viele Personen jeden Alters, Ranges und beider Geschlechter sind gefährdet und werden in Gefahr geraten. Denn die Ansteckung dieses Aberglaubens hat sich nicht nur in den Städten ausgebreitet, sondern auch bis hinaus zu den Dörfern und Bauernhöfen ...[5]

Der blutige Konflikt zwischen Caesar und Christus dauerte noch Jahrhunderte an, selbst nachdem das Christentum eine legale und dann sogar die ausschließliche Religion des Römischen Reiches geworden war. Es war ein theologischer Konflikt. Es waren die Kaiser, die die großen Kirchenkonzile einberiefen, um auf eine Lösung des Konflikts hinzuwirken.

Diese Kirchenkonzile werden an der Decke der Stiftsbibliothek in St. Gallen gewürdigt, weil sie die theologische Klarheit brachten, die die politische Philosophie und das Rechtswesen des Westens prägte. Die Kirchenkonzile waren, wie wir noch sehen werden, die Stufen, auf denen das Denken, das Recht und die Kultur des Westens aufstiegen. Die Konzile kodifizierten die Quintessenz der Bibel in Bekenntnissen und kanonischen Gesetzen (also Maßstäben), die den Westen von religiösen Mythen befreiten. Sie gaben dem Westen das, was das Alte Testament den Juden gegeben hatte: Sie gründeten die Wahrheit auf die Geschichte statt auf Geschichten.

Die Glaubensbekenntnisse machten Rechtsstaatlichkeit möglich, indem sie die westlichen Regierungen Christus und dem Recht Gottes unterwarfen: niemals vollkommen, aber doch ausreichend, um den Westen von Tyrannen und ihrem Schwert zu befreien. Die gemeinsam von Bischöfen und Gelehrten formulierten Glaubensbekenntnisse wurden zum Fundament für die einzigartige intellek-

---

[5] http://faculty.georgetown.edu/jod/texts/pliny.html (Hervorhebungen hinzugefügt).

tuelle Entwicklung des Westens. Denn sie bekräftigten, dass Gott gesprochen hatte; dass menschliche Worte verifizierbare oder falsifizierbare Kenntnis der Wahrheit übermitteln können.

Konflikte, Bekenntnisse und die Kultur

Im Prinzip hatten die Cäsaren kein Problem damit, wenn ihre Untertanen Jesus als «einen Gott» anbeteten. Das Heidentum sah letztlich keinen Unterschied zwischen Schöpfung und Schöpfer. Ein Geschöpf, zum Beispiel ein Kaiser, konnte zu einem Gott werden. Rom war stets bereit, neue Götter zu weihen, mit der Zustimmung des Senats. Ein Gott musste nicht wahr sein. Er musste nur Rom günstig stimmen, bevor er verehrt werden konnte.

Tertullian, ein afrikanischer Intellektueller, dem wir in Kapitel 7 («Blutvergießen für die Toleranz») begegnen werden, verspottete Rom dafür, solche Götter anzubeten:

> ... am Ursprung von Gesetzen von der Art, von der wir jetzt sprechen, stand ein alter Erlass, wonach kein Gott durch den Kaiser geweiht werden konnte, ehe der Senat dem zugestimmt hatte. Marcus Aemilius hatte das in Bezug auf seinen Gott Alburnus erfahren. Und auch dies spricht für unsere Sache, dass unter euch Gottheit nach dem Urteil von Menschen zugesprochen wird. Wenn [ein] Gott die Menschen nicht zufriedenstellt, wird es keine Vergöttlichung für ihn geben: Der Gott wird den Menschen günstig stimmen müssen.[6]

Die Kirchenkonzile stellten die römische Welt auf den Kopf. Sie unterwarfen menschliche Herrscher der Königsherrschaft dessen, den sie verachtet und gekreuzigt hatten.

---

[6] Tertullian: «*Apology*» 5, in: *Ante-Nicene Fathers, XI, Writings of Tertullian*, 1, T. & T. Clark: Edinburgh 1872.

Wie die meisten Kaiser wollte Konstantin Einigkeit in seinem Reich. Deshalb lud er im Jahr 325 n. Chr. Bischöfe und ihre Vertreter nach Nicäa ein (İznik in der heutigen Türkei), damit sie sich gegensätzliche Standpunkte anhörten, die Schrift studierten und strittige Fragen klärten wie: Wer war Jesus wirklich? Aus diesem Konzil kam das Bekenntnis von Nicäa. Auf späteren Konzilen wurde dieses Glaubensbekenntnis noch verfeinert. Es dient bis heute als gemeinsame Basis für orthodoxe, römisch-katholische, protestantische und andere Traditionen. Wichtige Konzile, die folgten, waren:

- das erste Konzil von Konstantinopel (381 n. Chr.)
- das erste Konzil von Ephesus (431 n. Chr.)
- das Konzil von Chalkedon (451 n. Chr.)
- das zweite Konzil von Konstantinopel (553 n. Chr.)
- das dritte Konzil von Konstantinopel (680–681 n. Chr.)
- das zweite Konzil von Nicäa (787 n. Chr.)

Die Konzile kamen zusammen, weil es innerhalb der Kirche unterschiedliche Verständnisse gab. Die Kaiser wollten Einheit; die Konzile hingegen suchten nach der Wahrheit. Ihr intensives und aufrichtiges Bemühen, Wahrheit zu finden, brachte die einzigartige Kultur des Westens hervor, Wahrheit über Einheit und Macht zu stellen.

Die Marginalisierung der Kirche hat den Westen in seine gegenwärtige Post-Truth-Ära getrieben. Er hat kein Forum mehr, aus dem Märtyrer für die Wahrheit hervorgehen: charakterstarke Männer und Frauen, denen Wahrheit wichtiger ist als Wirtschaft, politische Macht, Eigeninteresse und das persönliche Überleben.

Bevor wir einige tief greifende Konsequenzen des Bekenntnisses von Nicäa betrachten, müssen wir uns in Erinnerung rufen, dass dieses Bekenntnis den Kern der Offenbarung Gottes in der Bibel zusammenfasst. In den meisten Kirchen und Gemeinden wird während des Gottesdienstes ein Glaubensbekenntnis gesprochen. Da-

5 DIE MARGINALISIERTE MITTE: DIE KIRCHE

durch ist das Bekenntnis mehr als der Glaube, der eine Gemeinde und Konfession eint. Es prägt ihre Weltsicht, indem es unter anderem die Unterscheidung zwischen Schöpfer und Kosmos und die Wirklichkeit beider bekräftigt. Hinduismus, Buddhismus und der nachaufklärerische Westen tun die Individualität als illusorisch ab. Es war das Glaubensbekenntnis, das den Westen lehrte, dass der Mensch real und für Gott wertvoll ist.

Das Bekenntnis, auf das man sich im Jahr 325 in Nicäa einigte, rief auch Verwirrung und Meinungsverschiedenheiten hervor. Dadurch wurden weitere Konzile notwendig, um ungelöste Fragen zu klären. Daraus ging das Glaubensbekenntnis von Nicäa-Konstantinopel hervor, das an hohen Feiertagen in der Liturgie Verwendung findet und auch als «Großes Glaubensbekenntnis» bezeichnet wird. Bis heute gebrauchen die orthodoxen Kirchen die griechische Version, die im Plural beginnt: «Wir glauben»; die lateinische Version hingegen verlangt *dem Einzelnen* ab, sich auf die Wahrheit festzulegen. Sie beginnt mit «Ich glaube».

Dieses Bewusstsein der persönlichen Verantwortung wurde zu einem Faktor, der die westliche (römisch-katholische und protestantische) Kirche in die Lage versetzte, Individuen hervorzubringen, die in ungewohnten Bahnen dachten und zu Forschern, Erfindern und Wissenschaftlern wurden.

Ich glaube (oder: Wir glauben) an den einen Gott,
den Vater, den Allmächtigen,
der alles geschaffen hat, Himmel und Erde,
die sichtbare und die unsichtbare Welt.

Und an den einen Herrn Jesus Christus,
Gottes eingeborenen Sohn,
aus dem Vater geboren vor aller Zeit:
Gott von Gott,
Licht vom Licht,
wahrer Gott vom wahren Gott,
gezeugt, nicht geschaffen,

eines Wesens mit dem Vater;
durch ihn ist alles geschaffen.
Für uns Menschen und zu unserm Heil
ist er vom Himmel gekommen,
hat Fleisch angenommen durch den Heiligen Geist
von der Jungfrau Maria und ist Mensch geworden.
Er wurde für uns gekreuzigt unter Pontius Pilatus,
hat gelitten und ist begraben worden,
ist am dritten Tage auferstanden nach der Schrift
und aufgefahren in den Himmel.
Er sitzt zur Rechten des Vaters
und wird wiederkommen in Herrlichkeit,
zu richten die Lebenden und die Toten;
seiner Herrschaft wird kein Ende sein.

Wir glauben an den Heiligen Geist,
der Herr ist und lebendig macht,
der aus dem Vater und dem Sohn hervorgeht,
der mit dem Vater und dem Sohn
angebetet und verherrlicht wird,
der gesprochen hat durch die Propheten,
und die eine, heilige, christliche und apostolische Kirche.
Wir bekennen die eine Taufe zur Vergebung der Sünden.
Wir erwarten die Auferstehung der Toten
und das Leben der kommenden Welt.
Amen.

Das Glaubensbekenntnis und seine kulturellen Auswirkungen

In gewissem Sinne wird jedes Kapitel dieses Buches eine oder zwei Implikationen der Offenbarung Gottes, wie sie in dem Glaubensbekenntnis der Kirche zusammengefasst ist, untersuchen. Hier sollen nur einige davon genannt sein.

Monotheismus

Das Glaubensbekenntnis beginnt mit der Aussage, dass es *einen* und *nur einen* Gott gibt. Die Cäsarenverehrung ist damit ausgeschlossen. Das befreite den Westen von der Tyrannei. Er unterstellte den Kaiser und den Staat der Autorität Gottes und seines Gesetzes. In seiner maßgeblichen Studie über den Monotheismus, *For the Glory of God: How Monotheism Led to Reformations, Science, Witch-Hunts, and the End of Slavery*, entfaltet der Soziologe Rodney Stark[7] einige der wichtigen Auswirkungen des Monotheismus. Stark widerspricht dem Unsinn, der an unseren Universitäten gelehrt wird, und erklärt auch, warum der unitarische Monotheismus des Islams derartige Früchte nicht hervorgebracht hat.

Vaterschaft

Das Bekenntnis fasst die Bibel so zusammen, dass Gott unser «Vater» ist. Er bringt uns nicht nur zur Welt, sondern trägt auch die Last, uns zu erhalten und zu retten. Vaterschaft unterscheidet die menschliche Spezies von den Tieren. Sie erlegt dem Mann Verantwortung auf für die Kinder, die er in den Schoß und in die Welt bringt. Sie gibt ihm die Autorität, die er braucht, um seine Kinder zu lehren, zu trainieren und zu erziehen.

Schöpfer

Dass Gott der «Schöpfer» ist, bedeutet, dass das Universum real und gut ist. Die Schöpfung ist keine Illusion. Sie ist nicht böse. Dadurch wird Wissenschaft möglich. Menschliche Kreativität wird dadurch zu einem gottähnlichen Tun. Das Bekenntnis betont, dass

---

[7] Stark, Rodney: *For the Glory of God: How Monotheism Led to Reformations, Science, Witch-Hunts, and the End of Slavery*, Princeton Univ. Press: Princeton 2003.

die Schöpfung eine sichtbare Dimension hat, die unseren Sinnen offensteht, und genauso eine unsichtbare, geistliche, transzendente Dimension, die ebenso wirklich ist. David Hume konnte seine Seele nicht finden, weil die geistliche Dimension für die empirisch-sinnliche Wahrnehmung nicht erreichbar ist.

Einheit und Verschiedenheit

Das Glaubensbekenntnis bekräftigt, dass der ewige Gott als drei Personen existiert: Vater, Sohn und Heiliger Geist. Das versetzte den Westen in die Lage, Männer und Frauen als verschieden und dennoch als eins zu betrachten. Die Trinität setzte an die Stelle des römischen Verlangens nach Uniformität eine Akzeptanz von Verschiedenheit und Pluralismus. Die Trinität machte die Inkarnation möglich. Dies wiederum eröffnete die Möglichkeit für das westliche Konzept der Rechtsstaatlichkeit:

Seit Gott in diese Welt gekommen war, um sein Reich aufzurichten, konnte Jesus Gott sein, der «herrscht über alle Könige dieser Erde»;[8] der «König über alle Könige» und «Herr über alle Herren».[9] Wenn er «alle Macht im Himmel und auf der Erde erhalten»[10] hat, können wir frei sein von der Willkür der Herrschenden. Menschliche Herrscher konnten zu Ministern, Statthaltern, Dienern werden.

Geschichte

Die Bibel veränderte die Geschichte, weil sie an die Stelle der Mythen die Geschichte als Grundlage der Wahrheit setzte. Gott kam in unsere Welt durch den Schoß einer ganz bestimmten jungen Frau, in einem konkreten Moment der Geschichte. Er wurde durch einen

---

[8] Offenbarung 1,5.
[9] Offenbarung 19,16.
[10] Matthäus 28,18.

namentlich genannten Gouverneur gekreuzigt, wurde begraben und stand am dritten Tag von den Toten auf. Viele Zeugen waren zugegen an dem Tag, als er in den Himmel emporstieg. Tausende erlebten mit, wie sein Geist am Pfingsttag hundertzwanzig seiner Jünger mit Kraft erfüllte. Sie zogen aus, um die Nation unter seine Herrschaft zu bringen. An einem geschichtlichen Tag wird er zurückkehren, um über uns alle zu richten.

Man kann diese Behauptungen als Falschaussagen verwerfen. Sicherlich gibt es falsche Zeugen. Aber selbst ein falsches Zeugnis ist kein «Mythos». Ein Zeuge besiegelt sein Zeugnis mit seinem Blut, weil er von seiner Wahrheit überzeugt ist.

Das Glaubensbekenntnis, das sich auf tatsächlich stattgefundene Ereignisse gründete, befreite den Westen von Geschichten, die einfach nur erfunden waren. Die Mythen machten die Religion zum Fatalismus – zur Resignation vor Göttern des Schicksals und des Glücks, auf die der Mensch keinen Einfluss hatte. Die Wahrheit des Evangeliums stellte uns einen Gott vor, der in die Geschichte eintritt, um unsere Sünde und ihre Konsequenzen von uns zu nehmen. Dann sendet er seine Kinder aus, um die Geschichte zu verändern.

Gemeinschaft

Das Bekenntnis unterhöhlte die trennenden Faktoren, die Menschen nach Rasse, Sprache, Nationalität, Geschlecht und dergleichen voneinander scheiden. Es bekräftigte die Gemeinschaft einer heiligen, allgemeinen und apostolischen Kirche.

Das Glaubensbekenntnis sah die Kirche nicht als eine Gemeinschaft aus lauter Heiligen. Es brachte Sünder zusammen, die Gottes Vergebung erfahren. Die Bildung örtlicher Gemeinschaften unterschied die Kirche von heidnischen Schreinen und Tempeln. Wie Plinius sagte, aßen die Gläubigen zusammen. In einem Schrein konnte ein Suchender allein vor seinem Gott sein Herz ausschütten. In einer Gemeinschaft konnte er mit anderen gemeinsam weinen. Was das bedeutete, macht die Apostelgeschichte mit ihrer Schilderung der Urgemeinde in Jerusalem deutlich:

Die Gläubigen lebten wie in einer großen Familie. Was sie besaßen, gehörte ihnen gemeinsam. Wenn es an irgendetwas fehlte, war jeder gerne bereit, ein Grundstück oder anderen Besitz zu verkaufen und mit dem Geld den Notleidenden in der Gemeinde zu helfen. Tag für Tag kamen die Gläubigen einmütig im Tempel zusammen und feierten in den Häusern das Abendmahl. In großer Freude und mit aufrichtigem Herzen trafen sie sich zu den gemeinsamen Mahlzeiten.[11]

Und die Folge war:

Keiner der Gläubigen musste Not leiden. Denn wenn es an irgendetwas fehlte, war jeder gerne bereit, Häuser oder Äcker zu verkaufen und das Geld den Aposteln zu übergeben. Die verteilten es an die Bedürftigen.[12]

So war es zwar nicht in allen Kirchen und Gemeinden aller Zeiten. Richtig ist aber, dass in den vergangenen zwei Jahrtausenden kein anderes Forum solche Energien und Ressourcen für Bildung und Unterstützung der Armen, Kranken, Witwen, Waisen, Alten, Behinderten, Gefangenen oder Flüchtlingen freigesetzt hat wie die Kirche.

Hoffnung

Durch die allwöchentliche Wiederholung des Glaubensbekenntnisses inmitten von Naturkatastrophen und von durch Menschen verursachte Tragödien wurde der Westen zu einer einzigartig optimistischen Kultur.

Das Eingreifen des Erlösers in der Menschheitsgeschichte war die Grundlage für die Zukunftshoffnung. Es lohnt sich, der Lüge und dem Bösen zu widerstehen und für diesen Widerstand sein Blut zu vergießen, denn der Erlöser lebt. Er versprach durch die alten Propheten, er werde kommen, um unsere Sünde wegzuneh-

---

[11] Apostelgeschichte 2,44–46.
[12] Apostelgeschichte 4,34–35.

men und sein Reich aufzurichten. Er erfüllte diese Verheißungen, indem er sein Blut vergoss und den Tod besiegte. Auf sein Wort, dass er wiederkommen und aller Bosheit ein Ende machen wird, ist Verlass. Die Gegenwart seines Geistes, der sein Reich der Gerechtigkeit immer weiter ausbreitet, bestätigt, dass er das Erlösungswerk, das er begonnen hat, vollenden wird.

Anbetung und Dank

Auf einer kirchlichen Versammlung wurde freilich nicht nur ein Glaubensbekenntnis rezitiert. Sie brachte Menschen zusammen, um Gott anzubeten und ihm zu danken, in Schreckenszeiten ebenso wie in Zeiten der Freude; in guten Zeiten ebenso wie in solchen, in denen menschliche Sündhaftigkeit uns bedrückt. Ein klassischer Lobgesang an den Gott, der uns von unserer Sünde errettet, ist «Gloria in Excelsis»:

> Ehre sei Gott in der Höhe
> und Friede auf Erden den Menschen seiner Gnade.
> Wir loben dich,
> wir preisen dich,
> wir beten dich an,
> wir rühmen dich und danken dir,
> denn groß ist deine Herrlichkeit.
> Herr und Gott, König des Himmels,
> Gott und Vater, Herrscher über das All,
> Herr, eingeborener Sohn, Jesus Christus.
> Herr und Gott, Lamm Gottes, Sohn des Vaters,
> du nimmst hinweg die Sünde der Welt:
> erbarme dich unser;
> du nimmst hinweg die Sünde der Welt:
> nimm an unser Gebet;
> du sitzest zur Rechten des Vaters:
> erbarme dich unser.

Denn du allein bist der Heilige,
du allein der Herr,
du allein der Höchste:
Jesus Christus,
mit dem Heiligen Geist,
zur Ehre Gottes des Vaters. Amen.

Hymnen wie diese erneuerten den Glauben des Beters an Gott und das Leben, indem sie offenbarte Wahrheit bekräftigten. Der Buddha hingegen betrachtete das Leben als ein Leiden. Deshalb könnten seine Anhänger niemals singen: «Freue dich, Welt, dein König kommt!»[13]

Nobelpreisträger wie der Wirtschaftswissenschaftler Angus Deaton und seine Frau und Professorenkollegin Anne Case in Princeton erkennen allmählich, dass die Marginalisierung der anbetenden Gemeinschaft einer der Faktoren hinter der steigenden Suizidrate unter Weißen sein könnte.[14] Ein Volk, das sich selbst überlassen ist, kann nicht wie Martin Luther (1483–1546) singen:

Ein feste Burg ist unser Gott,
ein gute Wehr und Waffen.
Er hilft uns frei aus aller Not,
die uns jetzt hat betroffen.
Der alt' böse Feind,
mit Ernst er's jetzt meint,
groß' Macht und viel List
sein grausam Rüstung ist;
auf Erd ist nicht sein'sgleichen.

---

[13] Zu einer ausführlichen Erörterung zu Musik und Hoffnung siehe das Kapitel «Der Westen ohne seine Seele: Von Bach bis Cobain» in meinem früheren Buch *Das Buch der Mitte*.

[14] https://www.wsj.com/video/series/moving-upstream/why-deaths-of-despair-may-be-a-warning-sign-for-america-moving-upstream/87B7E45C-5D20-4528-8E2C-6B72EC8AB882 (Zugriff am 16. Juni 2018).

Mit unsrer Macht ist nichts getan,
wir sind gar bald verloren;
es streit' für uns der rechte Mann,
den Gott selbst hat erkoren.
Fragst du, wer der ist?
Er heißt Jesus Christ,
der Herr Zebaoth,
und ist kein andrer Gott;
das Feld muss er behalten.
Und wenn die Welt voll Teufel wär
und wollt uns gar verschlingen,
so fürchten wir uns nicht so sehr,
es soll uns doch gelingen.
Der Fürst dieser Welt,
wie sau'r er sich stellt,
tut er uns doch nichts;
das macht, er ist gericht't:
ein Wörtlein kann ihn fällen.

Katechismen als Charakterbildung

Woran liegt es, dass von der Bibel geprägte Kulturen weniger korrupt sind als andere? Den entscheidenden Unterschied machten die Katechismen. Die Katechismen erklären, warum wirtschaftliche, politische, rechtliche und gesellschaftliche Freiheiten in manchen Kulturen besser funktioniert haben als in anderen. Wo Kulturen keine Mechanismen entwickelten, um den Charakter zu bilden, richteten dieselben Freiheiten ein Chaos an.

Gemeinschaftliche Gottesdienste erfordern eine gemeinsame Liturgie: Gebete und Lobgesänge, die auswendig gelernt wurden und gemeinsam rezitiert oder gesungen werden konnten.

Alle Kirchen haben Liturgien benutzt, um den Menschen die Grundlagen der biblischen Glaubensbekenntnisse einzuprägen. Einige mittelalterliche Kirchen hatten sich auch einer Frage-Antwort-

Methode bedient, um mündlich Lehre weiterzugeben. Diese mündliche Lehrmethode nannte man Katechismus.

Der Reformator Martin Luther nutzte den Katechismus als seine hauptsächliche Methode, seine Landsleute zu Jüngern zu machen.

Martin Luther schrieb den *Kleinen Katechismus* im Jahr 1529. Damit konnte jedes Kind in den lutherischen Gemeinden die Zehn Gebote, das Apostolische Glaubensbekenntnis, das Vaterunser sowie die Lehre über das Sakrament der Heiligen Taufe, das Amt der Schlüssel (Beichte) und das Sakrament des Heiligen Abendmahls auswendig lernen.

Im selben Jahr veröffentlichte Luther auch den *Großen Katechismus*. Er behandelte dieselben fünf Bereiche wie der *Kleine Katechismus*, war aber nicht zum Auswendiglernen bestimmt. Luther forderte Geistliche, Eltern und Lehrer auf, ihn zu studieren und häufig zu wiederholen, um Kindern den *Kleinen Katechismus* auf intelligente Weise nahebringen und die Fragen beantworten zu können, die Kinder unweigerlich dazu stellen, wenn sie mehr wissen wollen.

Eine Grundannahme hinter diesen Katechismen war, Gott wolle den Glauben auf Erkenntnis gründen, nicht auf Unwissenheit. In späteren Kapiteln werden wir Teile dieser Katechismen zitieren, um uns vor Augen zu führen, wie die Bibel und die Kirche den nationalen Charakter durch diese Katechismen formten und welche Konsequenzen das für die Rechtsstaatlichkeit und den wirtschaftlichen Erfolg des Westens hatte.

Johannes Calvin in Genf und die Calvinisten an der Universität Heidelberg nahmen Verbesserungen an Luthers Katechismen vor. Im Jahr 1566 verfasste die römisch-katholische Kirche auf dem Konzil von Trient ihren eigenen Katechismus.

Der *Westminster Shorter Catechism* wurde 1646 geschrieben, der *Westminster Larger Catechism* ein Jahr später. Diese Katechismen taten mehr, als nur für die reformierten und presbyterianischen Kirchen die Lehre der Bibel zusammenzufassen. Sie halfen Generationen und ganzen Nationen dabei, den Sinn und Zweck ihres Lebens

5 DIE MARGINALISIERTE MITTE: DIE KIRCHE

zu definieren. Über Jahrhunderte wurde jedes Kind in den englischsprachigen Kirchen dazu angehalten, sich den Sinn des Lebens einzuprägen:

Frage: Was ist das Hauptziel des Menschen?
Antwort: Das Hauptziel des Menschen ist es, Gott zu verherrlichen und sich für immer an ihm zu erfreuen.

Man kann die Praxis, Glaubensbekenntnisse auswendig zu lernen und zu rezitieren, leicht als langweilig abtun. Aber es sind Kinder, die sich beschweren, das Zähneputzen jeden Morgen und jeden Abend sei öde und langweilig. Doch sobald man diese grundlegenden Aktivitäten vernachlässigt, beginnt man zu merken, welche Auswirkungen sie haben.

Indem der Westen die Kirche marginalisierte, legte er sich selbst ein Hindernis in den Weg, Sinn und Zweck des Lebens zu finden. Er beraubte sich selbst der Institution, die seinen moralischen Charakter herausbildete.

Im vorigen Kapitel sind wir den Existenzialisten begegnet, die ehrlich zugaben, dass die Philosophen gescheitert waren. Sie können nicht sicher sein, ob sie überhaupt existieren, geschweige denn herausfinden, warum sie hier auf der Erde sind und wie sie leben sollten. Sie fordern jeden einzelnen Menschen auf, seine Identität selbst zu definieren und sich auszusuchen, welchen Sinn er oder sie dem eigenen Leben geben möchte. Oberflächlich betrachtet hört sich das befreiend an. Nur dass die Philosophen wissen, dass ihre Studierenden unmöglich singen können, was die blinde Fanny Crosby im Jahr 1873 dichtete und ihre Gemeinde singen ließ:

Seliges Wissen: Jesus ist mein!
Frieden mit Gott bringt er mir allein.
Leben von oben, ewiges Heil,
völlige Sühnung ward mir zuteil.
Lasst mich's erzählen, Jesus zur Ehr;
wo ist ein Heiland wie unser Herr?

Wer kann so segnen, wer so erfreun?
Keiner als Jesus. Preis ihm allein!
Ihm will ich leben, o welche Freud!
Herrliche Gaben Jesus verleiht;
göttliche Leitung, Schutz in Gefahr,
Sieg über Sünde reicht er mir dar.
Völligen Frieden in aller Hast:
Jesus bewahrt mich und trägt meine Last.
Treu will ich dienen ihm immerdar,
bis er mich ruft zur oberen Schar.

Wenn niemand den Menschen auf einen Zweck hin geschaffen hat, dann gibt es keine vorgegebenen moralischen Normen, denen zu folgen der Mensch verpflichtet wäre. Die eine Person mag nach Freiheit streben; eine andere mag Freude daran haben, sie zu versklaven oder zu kolonisieren.

Ein Universum ohne Offenbarung gibt uns keinen Maßstab an die Hand, um zu entscheiden, ob eine Wahl moralisch besser ist als irgendeine andere.

Der eine hält sich vielleicht an Marx und betrachtet die Ökonomie als Grundlage aller ethischen Werte.

Ein anderer könnte Nietzsche folgen und zu dem Schluss kommen, dass das Recht des Stärkeren gilt. Er leitet seine Ethik aus einem «Willen zur Macht» ab.

Ein Dritter hält sich vielleicht lieber an Freuds Ratschlag, seine Sexualität auszudrücken, statt sie zu unterdrücken.

Ohne Offenbarung muss jeder seine moralischen Werte selber aussuchen und sich die Möglichkeit offenhalten, diese Werte wieder zu verändern, wenn sie unbequem werden.

Die Kirche – eine Gemeinschaft mit einem Auftrag

Die Kirche verbreitet bis heute Gottes Wort in aller Welt, weil sie eine Gemeinschaft ist, die mit einem Auftrag entstanden ist. In seinen letzten Tagen auf der Erde fragte Jesus seine Jünger: «Für wen haltet ihr mich?»

Petrus formulierte die offenbarte Wahrheit: «Du bist der Christus, der von Gott gesandte Retter! Du bist der Sohn des lebendigen Gottes.»

Jesus antwortete ihm: «Du bist Petrus. Auf diesen Felsen werde ich meine Gemeinde bauen, und selbst die Macht des Todes wird sie nicht besiegen können.»[15]

Petrus, dieser strauchelnde Fischer, empfing und bekannte die Wahrheit. Und Jesus sagte, sein Bekenntnis werde das Fundament der Gemeinschaft sein, die er errichten würde. Diese Gemeinschaft wird ein Reich sein, erbaut auf offenbarte Wahrheit. Sie wird das Höllenreich der Lüge überwältigen. Die Mächte des Todes werden ihr Widerstand leisten, aber gegen die Macht der Wahrheit können sie nichts ausrichten.

Die Kirche nahm ihren Bildungsauftrag in Angriff, weil Jesus seiner Gemeinde befahl, in alle Welt zu gehen und alle Völker zu Jüngern zu machen, das heißt: sie die Wahrheit zu «lehren», die sie empfangen hatte. Die Wahrheit, sagte Jesus, werde die Menschen frei machen.[16]

Jesus gab seinen Jüngern die Verantwortung und die Vollmacht, Kranke zu heilen und Leute zu befreien, die von Dämonen besessen und unterdrückt waren, ihre Nächsten zu lieben und sich um die Armen, die Witwen, die Waisen und die Gefangenen zu kümmern – also gerade um die, die häufig Opfer politischer Ungerechtigkeiten sind.

Philosophien, die keinen Sinn in unserem individuellen Leben finden können, können erst recht unmöglich ganzen Nationen und unserem nationalen Leben einen Sinn verleihen. Die nächsten Kapitel werden deshalb die erstaunlichen Auswirkungen der Bibel auf das Leben unserer Völker illustrieren. Es fing damit an, dass das

---

[15] Nach Matthäus 16,13–18.
[16] Johannes 8,32.

Bekenntnis der Kirche zu Christus zur Grundlage der modernen Zivilisation wurde – des Rechtsstaats. Heute hat der Westen diese Grundlage verworfen, aber keiner seiner brillanten juristischen Köpfe konnte bisher eine Alternative zum Bekenntnis des Fischers finden. Die Welt des Rechts muss Jesus als den Eckstein anerkennen – oder aber mitansehen, wie das zivilisierteste Rechtssystem der Welt in sich zusammenbricht.

6. Kapitel
RECHT UND FREIHEIT: STELLTE ROM DAS RECHT ÜBER DIE CÄSAREN?

Heutzutage wird von einer Professorin oder einem Professor an einer Universität nicht mehr erwartet, dass sie irgendetwas über die Bibel wissen. Aber kann man eine Person «gebildet» nennen, wenn sie nicht weiß, dass ein römischer Präfekt Jesus kreuzigte, *nachdem* er ihn für unschuldig erklärt hatte?[1]

Gleich mehrere römische Richter hörten die Anklage gegen den Apostel Paulus, und jeder von ihnen kam zu dem Schluss, er sei unschuldig.[2] Dennoch behielten sie ihn im Gefängnis. Warum? War Freiheit für die Römer denn keine «selbstverständliche» Wahrheit?

Der römische Prokurator Felix hielt Paulus zwei Jahre lang hinter Gittern, weil er auf ein Bestechungsgeld aus war.[3] Außerdem wollte er sich den mächtigen Anklägern des Paulus gefällig erweisen. Wenn Rom nach Kaiser Augustus die Herrschaft des Rechts heilighielt, hätte dann eine prominente Gestalt des öffentlichen Lebens unschuldig im Gefängnis festgehalten werden können?

Wenn im Rom vor Kaiser Augustus das Recht herrschte, als es noch eine Republik war, hätten sich dann vierzig Senatoren zusammengetan, um Julius Caesar ohne Prozess zu ermorden?

Hätten Kaiser Augustus und sein Komplize, Marcus Antonius, dann dreihundert Senatoren und zweitausend Aristokraten umgebracht, um der römischen Republik ein Ende zu machen? Hätte Augustus auch in einem Reich, in dem das Recht herrschte, zu einem Militärdiktator, einem gottgleichen Herrscher, einem *De-facto*-Kaiser werden können?

---

[1] Lukas 23,4.
[2] Apostelgeschichte 25,26–27; 26,30–31.
[3] Apostelgeschichte 24,26–27.

Ein späterer Caesar, Kaiser Nero (37–68 n. Chr.), ist ein klassisches Beispiel dafür, dass Rom keinen Begriff von Rechtsstaatlichkeit hatte. Es wird angenommen, dass Nero seine Leute beauftragte, einen Teil von Rom, wo er seinen Palast erbauen wollte, niederzubrennen. Dann schob er unschuldigen Christen die Schuld an diesem Brand in die Schuhe. Er ließ sie festnehmen und bei lebendigem Leib verbrennen.

Historiker meinen, die Grausamkeit habe Nero Vergnügen bereitet. Sie lag in seiner Natur. Sein Recht war für ihn «natürlich». Die Grausamkeit der Gladiatorenspiele war Roms beliebteste Art der Unterhaltung.

Das soll nicht heißen, dass die griechischen Denker nicht über die Frage von Recht und Gerechtigkeit nachgedacht hätten oder dass römische Redner ihre rhetorischen Künste nicht auch in der juristischen Arena ausübten. Das taten sie. Doch die Juden, die unter römischer Herrschaft lebten, erlebten diese Herrschaft als das «Reich Satans». Das Fehlen der Rechtsstaatlichkeit ließ die Menschen sich nach dem Messias sehnen. Das ist der Grund, warum Christi Botschaft vom Reich Gottes in der römischen Welt so gut ankam.

Wie also kommen unsere «gebildeten» Leute auf den Gedanken, der moderne Gedanke der Rechtsstaatlichkeit käme aus Rom? Könnte es nicht eher so sein, dass Rechtsstaatlichkeit und menschliche Freiheit aus der *Opposition* der Bibel gegen Rom kamen?

Der Mythos von Rom als Quelle des Rechts

Der moderne Mythos basiert auf der missverstandenen Tatsache, dass die römisch-katholische Kirche im 11. und 12. Jahrhundert den justinianischen Gesetzeskodex, *Corpus Iuris Civilis* (Körper des bürgerlichen Rechts) genannt, als eine wichtige Quelle in ihr Rechtssystem übernahm. Der Kodex war eine Synthese aus dem römischen bürgerlichen Recht, dem kanonischen Kirchenrecht und der christlichen Ethik. Zu jener Zeit nahm man ihn quasi als Geschenk des Oströmischen Reiches entgegen. Der Kodex war nämlich in den Jahren von 529 bis 534 nicht in Rom, sondern in Konstantinopel (dem heutigen Istanbul) zusammengestellt worden.

Jahrhunderte später, nach dem Zusammenbruch des karolingischen Reiches um das Jahr 888, gab die römisch-katholische Kirche Europa sein größtes und ergiebigstes Rechtssystem. Bis dahin hatte der niedere Adel das Rechtsvakuum ausgefüllt. Die meisten Adligen waren Analphabeten. Sie regelten die Streitigkeiten der Leute nach Lust und Laune, bedienten sich verbreiteten Aberglaubens und roher Gewalt. Alexander Robbins schreibt in seinem Buch *A Treatise on American Advocacy*:

> In der frühesten Geschichte Englands wurde die Gerichtsbarkeit grob und willkürlich ausgeübt. Auf Dorfversammlungen, vor Grafschaftsgerichten und, in Zeiten der Feudalherrschaft, vor den Baronengerichten wurde ohne viele Formalitäten Recht gesprochen. Ein Anwalt war nicht nötig.[4]

Aus diesem Grund war einem König, einem Feudalherren oder einem Gutshaus nicht gestattet, Recht zu sprechen in Angelegenheiten, die die Kirche betrafen – Europas größten Grundbesitzer und Arbeitgeber. Streitigkeiten, die die Kirche betrafen, wurden von der Kirche selbst geregelt.

Wer immer die Möglichkeit dazu hatte, wollte sich der Rechtshoheit der Kirche unterstellen. Ein Student zum Beispiel berief sich darauf, der Kirche zu unterstehen, um nicht von einem brutalen Adelsherrn gerichtet zu werden. Der Staat hatte keine Schulen. Also würde der Student argumentieren, weil sein Lehrer ein Geistlicher sei, unterstehe er automatisch der Kirche.

---

[4] Zitiert von E. W. Timberlake jr. in: «Origin and Development of Advocacy as a Profession», «Virginia Law Review», Vol. 9, Nr. 1 (November 1922), S. 28, nach Alexander H. Robbins: *A Treatise on American Advocacy*, Central Law Journal Co.: St. Louis 1913, S. 4. https://catalog.hathitrust.org/Record/007669880 (Zugriff im Juli 2019).

Die Leute zogen die Rechtsprechung der Kirche vor, weil diese der Justiz eine gewisse Vernünftigkeit, Uniformität, Objektivität und Berechenbarkeit verlieh. Das war ein willkommener Gegensatz zur Rechtsprechung eines lokalen Adelsherrn, der als Ortsrichter fungierte. Er konnte zwar Auseinandersetzungen schnell beilegen, aber sein Urteil beruhte nicht auf bekannten, transzendenten moralischen Prinzipien. Seine persönlichen Vorlieben und Abneigungen wie auch die privaten Vorurteile seiner Familie und Freunde beeinflussten sein Urteil. Im Kreis seiner Freunde und Verwandten gab es immer jemanden, der die einzelnen Parteien des Rechtsstreits kannte. Deshalb verschloss seine Rechtsprechung nicht die Augen vor den persönlichen Vorurteilen, die mit dem konkreten Fall doch gar nichts zu tun hatten.

Im Gegensatz zu einer solchen Willkürjustiz des Landadels begann die Kirche ein gesamteuropäisches Justiz-«System» zu entwickeln, das neben anderen Quellen auf dem justinianischen Kodex beruhte. Ihre Gerichte konnten ein Problem im Licht eines objektiven bürgerlichen Gesetzes betrachten, das sich aus der Tradition wie auch aus Gottes moralischen Prinzipien ableitete, die für jedermann überprüfbar waren. Somit war es zumindest theoretisch möglich, in der Rechtsprechung die Vorurteile des Richters zu überwinden und nach anerkannten und festgelegten Prinzipien ein gerechtes Urteil zu sprechen.

Obwohl dieses christianisierte römische bürgerliche und kanonische Recht seiner Form und hierarchischen legislativen Struktur nach immer noch heidnisch, «säkular» war, basierte sein Inhalt doch zunehmend auf christlichen Bekenntnissen, Lehren und Moralprinzipien. Alle kanonischen Gesetze waren auf Kirchenkonzilen diskutiert worden. Sie wurden für kanonisch, «regelkonform», erklärt, denn sie entsprachen den Wahrheitsmaßstäben, wie sie von den Kirchenkonzilen wahrgenommen wurden.

Das allererste Gesetz im justinianischen Kodex, das einem früheren Kodex aus dem Jahr 381 entnommen war, verpflichtete alle Personen unter der Jurisdiktion des Reiches dazu, sich an den christlichen Glauben zu halten:

Buch I, I. Titel: Von der höchsten Dreieinigkeit und dem katholischen Glauben und dass darüber öffentlich zu streiten sich niemand unterfangen soll.

Wir begehren, dass alle Völker, welche unter Unserer milden Herrschaft stehen, demjenigen Glauben anhängen, welchen der heilige Apostel Petrus, wie die von demselben bisher geoffenbarte Religion beweist, den Römern mitgeteilt hat, und welchem auch der Pontifex Damasus folgt, und Petrus, Bischof von Alexandrien, ein Mann von apostolischer Heiligkeit, nämlich dass Wir nach der Vorschrift der Apostel und der Evangelischen Lehre an die einzige Gottheit des Vaters, Sohnes und Heiligen Geistes in gleicher Erhabenheit und heiliger Dreieinigkeit glauben.

Diejenigen, welche diesem Gesetz folgen, sollen den Namen katholischer Christen führen, die übrigen aber, welche Wir für töricht und schwachsinnig erklären, als Abtrünnige vom Glauben, [sollen] mit Ehrlosigkeit bestraft und nach dem Zorn Gottes, dann aber auch nach Unserem Dafürhalten, welches Wir aus himmlischem Ratschluss schöpfen, mit Strafe verfolgt werden.[5]

Im *Codex Iustinianus* heißt es: «Alle Ketzerhaufen sollen von unerlaubten Zusammenkünften abgehalten und stattdessen der eine und höchste Name Gottes überall gepriesen und im Zeugnis des zu Nicäa festgesetzten und von den Vorfahren auf uns gekommenen Glaubensbekenntnisses und göttlichen Religion stets genannt werden.»[6]

Diese Ablehnung jeder Pluralität wurde vom Reich gefordert. Sie lag in der DNA des Römischen Reiches. Und sie korrumpierte die Kirche. Im elften Titel des Kodex[7] ging es weiter mit dem Verbot

---

[5] Dieses Gesetz datiert aus dem Jahr 381 n. Chr. aus der Zeit des Konsulats der Kaiser Gratian und Theodosius.

[6] *Codex Iustinianus*, Buch I, I. Titel, 1,1,2., übers. von Rudolf Haller, www.opera-platonis.de/CI/Codex_Iustiniani.pdf, PDF-S. 50 (Zugriff am 01.07.2019).

[7] Ebenda.

heidnischer Praktiken. Darin wurde es ermöglicht, eine Person wegen Mordes zu verklagen, wenn sie bei einem heidnischen Opferritual zugegen war.

War der Kodex intolerant?

Intolerant, das war er in der Tat. Dem Römischen Reich war Uniformität wichtiger als Wahrheit. Diese antipluralistischen Gesetze waren bereits Bestandteil des *Codizes Theodosianus* gewesen, der seit dem Jahr 439 in Kraft war. Das Reich war christlich geworden, aber die Bibel war immer noch ein fremdes Buch.

Die meisten Mönche und Kirchen konnten sich kein Exemplar leisten. Mönche studierten sie in Klöstern, und Priester bekamen vielleicht im Bischofspalast einmal eine zu sehen, aber von einer Transformation Europas durch die Bibel konnte noch keine Rede sein.

Der justinianische Kodex und seine Vorläufer spiegelten die Verwirrung des heidnischen Europas wider, das sich durch ein neues Element – das Christentum – verwandelte. Bibelwissenschaftler sagen deshalb mit guten Gründen, der Kodex sei ein zwar «christliches», aber nicht «biblisches» Gesetzbuch gewesen. Dennoch hatte das Blut der Märtyrer für die Wahrheit bereits begonnen, die Freiheit der Rechtsstaatlichkeit zu erkämpfen. Im Lauf der Jahrhunderte gab es noch viele weitere, die die Wahrheit verstanden und so lieb gewannen, dass sie ihr eigenes Blut dafür vergossen.

Diese Menschen, die an die Wahrheit glaubten, gewannen den Kampf um Toleranz und Freiheit – aber das ist ein Thema für ein anderes Kapitel.

Die größte Menschheitsleistung im letzten Jahrtausend

Die frühere britische Premierministerin Margaret Thatcher wie auch der Historiker Paul Johnson sagten oft, nicht die Demokratie sei die größte menschliche Leistung zwischen den Jahren 1000 und 2000. Nein, die wertvollste Errungenschaft der Zivilisation sei die Rechtsstaatlichkeit. Sie ist das Fundament des menschlichen Gedeihens: der Gleichheit und der Gerechtigkeit, der Freiheit und des Fortschritts. Frei ist man nur in dem Maße, in dem die Macht der Herrschenden durch Gesetze begrenzt ist. Johnson schreibt:

> Die wichtigste politische Entwicklung des zweiten Jahrtausends war die feste Etablierung der Rechtsstaatlichkeit, zunächst in einem oder zwei Ländern, dann in vielen. Ihre Akzeptanz und Durchsetzung in einer Gesellschaft ist viel wesentlicher für das Wohlergehen der Mehrheit als sogar die Demokratie selbst. Denn Demokratie ohne Rechtsstaatlichkeit, die den Wünschen des Wahlvolkes Geltung verschafft, ist wertlos, wie die Geschichte des letzten halben Jahrhunderts in Afrika, Lateinamerika und Asien immer wieder gezeigt hat. Die Sowjetunion hatte theoretisch eine wunderbar demokratische Verfassung, aber die Rechtsstaatlichkeit fehlte ihr völlig, und infolgedessen konnte Stalin dreißig Millionen seiner Bürger ermorden und danach friedlich in seinem Bett sterben, ohne zur Rechenschaft gezogen oder bestraft worden zu sein.
> Was meinen wir mit Rechtsstaatlichkeit? Wir meinen damit, dass das Justizsystem daran gebunden ist, vor dem Gesetz jeden gleich zu behandeln, und dass jeder – und jede Institution – ihm unterworfen ist.[8]

Der Rechtsstaat ermöglichte den erstaunlichen Fortschritt im Westen, weil er den Wert, die Würde und die gottgegebenen Rechte des Individuums als eines nach dem Bilde Gottes geschaffenen Menschen anerkannte.

Er garantierte ihm seine unveräußerlichen Rechte auf Leben, Freiheit, Eigentum und das Streben nach Glück. Er betonte die in-

---

[8] «The Wall St. Journal», 10. März 1999, www-hsc.usc.edu/~hrkaslow/Governance/MFA/Laying%20Down%20the%20Law.pdf.

nere Autonomie (den persönlichen Charakter, die Verantwortlichkeit und die Rechenschaft vor sich selbst) anstelle äußerer institutioneller Formen der Herrschaft.

Er versetzte Menschen in die Lage, ihren Nachbarn, ihren Geldverleihern und Schuldnern, Beamten, Soldaten, Richtern und Herrschern zu vertrauen.

Die sozioökonomische und intellektuelle Entwicklung wird behindert in Gesellschaften, die mit roher Gewalt regiert werden, ausgeübt nach Maßgabe verbreiteter Vorurteile, Traditionen oder der Launen von Herrschern, die ihrer Bevölkerung ihren Willen aufzwingen, mit oder ohne Gesetze. Schon lange vor Christus hatten sich die griechischen Anarchisten darüber beklagt, das Gesetz sei wie ein Spinnennetz: Die Großen durchbrechen es, während die Kleinen darin gefangen werden. Ein englisches Sprichwort sagt: Gesetze fangen die Fliegen, aber die Hornissen lassen sie frei.

Die Bibel veränderte dieses Übel.

In Nordindien zum Beispiel versteckten meine Landsleute ihren Wohlstand «hinter Lehmwänden».[9] Bis vor ein paar Jahrzehnten bewahrten die meisten Leute, besonders im ländlichen Nordindien, ihr Geld nicht bei Banken oder Finanzinstituten auf. Wenn ein normaler Mensch irgendwelche Ersparnisse hatte, vergrub er sie an einem Ort, wo man sie nicht sehen konnte. Er hätte nicht im Traum daran gedacht, in öffentliche oder private Unternehmen, Waren und Dienstleistungen zu investieren, sondern lebte lieber in Armut.

Warum? Wenn man sein Geld benutzte, um sich ein gutes Haus zu bauen und sich allerlei Gerätschaften, Möbel oder gute Kleidung

---

[9] Wiser, William and Charlotte: *Behind Mud Walls: Seventy-Five Years in a North Indian Village*, 1930, Univ. of California Press: Berkeley 2001, gibt Erklärungen für die Armut in Nordindien. Islam, Hinduismus und Buddhismus haben in Indien nie einen Rechtsstaat eingeführt. Eine aktualisierte und erweiterte Ausgabe dieses Buches erschien 2001. S. T. Hollins, ein Polizeibeamter in Indien unter britischer Herrschaft, ging dieser Ursache für die Armut Indiens nach in seinem 1954 erschienenen Buch *No Ten Commandments*, Hutchinson: London 1954.

anzuschaffen, zog man sich nur unerwünschte Aufmerksamkeit von mächtigen Neidern zu.

In meinen früheren Büchern *Wahrheit und Wandlung*[10] und *Why Are We Backward?*[11] habe ich die Soziologie der Armut in Nordindien erörtert und über die Rolle der Zehn Gebote für den Wohlstand des alten Israel und des modernen Westens gesprochen.

Wenn ein Volk seinem Justizsystem vertrauen kann, wird es ermutigt, sein kreatives Potenzial zu entfalten. Diese Rechtsstaatlichkeit spielte eine entscheidende Rolle dabei, dass der Westen zu einer Erfinderkultur wurde. Es hat gewaltige Konsequenzen, wenn die Menschen das Gebot «Du sollst nicht stehlen»[12] verstehen und ihm gehorchen.

Wenn das Eigentum eines Bauern sicher ist, dann kann er Brunnen bohren, Bäume pflanzen, Häuser bauen und Innovationen vornehmen. Er kann sich mit seinem Eigentum als Sicherheit Geld leihen. Das Gesetz schützte auch das geistige Eigentum und die Patente des Einzelnen, seine sorgfältige Arbeit und die materiellen Früchte seines geistigen und physischen Tuns. Eigentumsrechte versetzten ihn in die Lage, mit seinen Nachbarn freien Handel zu treiben. Der Rechtsstaat schützte die individuellen Rechte beider Seiten und sorgte dafür, dass Gerichte die Gerechtigkeit wiederherstellten, wenn diese Rechte verletzt wurden.

Die menschliche Autorität, Gottes Gesetze zu kodifizieren

In den folgenden Kapiteln werde ich die These vertreten, dass die Bibel *die Souveränität von Nationen und Bürgern lehrte.* Dies gab ihnen das Recht, in Verantwortung vor und unter Gott, ihre eigenen Regeln und Gesetze zu kodifizieren. Sie waren frei von den willkürli-

---

[10] Fontis: Basel 2016.
[11] FORWARD Press: Neu-Delhi 2013.
[12] 2. Mose 20,15.

chen Regeln und Gesetzen von Herrschern, Königen und Kaisern. Eine Familie, eine Gemeinschaft, eine Gemeinde, ein Dorf, eine Stadt, ein Unternehmen, eine Provinz, ein Land konnte Regeln für sich selbst festschreiben. Aus diesem Grund wurde der justinianische Kodex, der niemals vollkommen war, im Laufe der Zeit immer wieder verbessert.

Die säkularisierte Version dieses Prinzips, dass Menschen ihr eigenes Gesetz machen, heißt Rechtspositivismus. Ein Recht, das ganz und gar von Menschen gemacht ist, wird als positivistisches Recht bezeichnet. In der Philosophie ist es eine Alternative zum «Naturrecht», das sich in England stärker entwickelte.

Die ersten Prinzipien des englischen *Volkricht* (Volksrechts) der heidnischen Angeln, Sachsen und Dänen standen im Einklang mit der biblischen Lehre, dass Gott das Recht gibt und seine Autorität an seine Kinder delegiert, um es auszuüben. «In der Folge ihrer Migration auf die Insel Britannien reicherte das geschriebene Wort Gottes die Vorschriften des allgemeinen Rechts an und ersetzte den falschen Schicksalsgott der Angelsachsen durch den Gott der Heiligen Schrift.»[13] Insofern wurden die biblischen Prinzipien des allgemeinen Rechts im ganzen Land weithin praktiziert, weshalb es auch als «Landesrecht» bezeichnet wird.

Hat das Recht eine unveränderliche moralische Grundstruktur? Wenn das Recht ausschließlich Menschenwerk ist, dann kann, wer das Recht macht, verändert und durchsetzt, sich immer über das Gesetz stellen. Manche Herrscher mögen aus freien Stücken nett sein, aber auch sie werden die Macht haben, korrupt zu sein. Sie erlassen vielleicht ein Gesetz gegen Bestechung, ignorieren es aber dann ... «nur dieses eine Mal». Wie schon Lord Acton sagte: Macht korrumpiert, und absolute Macht (eine Stellung über dem Gesetz) korrumpiert absolut.

---

[13] Winters, Brent Allen: *Excellence of the Common Law: Compared and Contrasted with Civil Law, In Light of History, Nature, and Scripture*, Armstrong & Winters Foundation Ltd.: Mattoon (Illinois) 2008, S. 220.

Warum haben die atheistischen Herrscher im kommunistischen Russland oder China die Menschen versklavt? Sie taten es, weil die Quelle des Rechts eines Volkes ihr Gott ist. Der Atheismus untersteht der philosophischen Notwendigkeit, den Staat zu vergöttlichen, und zwar durch seine politischen Herrscher – Caesar, Stalin oder Mao Zedong. Er macht die Herrschenden zur höchsten Quelle des Rechts. Er verbietet Bücher wie die Bibel, die behaupten, Gottes Wort zu sein – die höchste Autorität.

Naturrecht: Unser populärer Mythos

Niemand hat je gehört, wie Mutter Natur einem Löwen gebot: «Du sollst kein Reh töten.» Ebenso wenig hat je irgendjemand die Evolution einem Moskito die Weisung geben hören: «Du sollst kein Baby mit tödlicher Malaria umbringen.» Vielmehr sagen Wissenschaftler, sie könnten in der Natur Gesetze beobachten, zum Beispiel die folgenden:

I. den Kampf ums Dasein,
II. das Überleben der Passendsten und
III. die Versklavung der Nützlichen (einschließlich der Ehefrauen).

Viele reden gern vom «Naturrecht». Aber was sagt eigentlich die Natur zu einer bestimmten Frage?

Die Natur kann weder sprechen noch schreiben. Der menschliche Verstand muss die physikalischen Gesetze erkennen, die die Natur beherrschen.

Hat die Natur moralische und politische Gesetze, die den Menschen und seine Gesellschaft beherrschen «sollten»?

Wie können wir ethische Gesetze ausmachen, die unsere Entscheidungen und unser Verhalten beherrschen «sollten», es aber nicht wirklich tun?

Brauchen wir dazu eine Art okkulte Hellseherei, die intuitive

Einsicht eines Philosophenkönigs oder Umfragen zur laufend veränderlichen öffentlichen Meinung?

So oder so macht man zwangsläufig das Denken, die Intuition, die Eigeninteressen und die Vorurteile der Herrschenden zur maßgeblichen Quelle aller nicht selbstverständlichen Gesetze.

Thomas von Aquin, Hugo Grotius, John Locke und die Gründer Amerikas[14] sprachen vom Naturrecht. Damals glaubten Theisten, Rationalisten und Deisten der biblischen Lehre, dass die Natur einen Gesetzgeber hat: Das Wort des Schöpfers beherrscht die Natur. Ein heiliger Gott schrieb sein Moralgesetz in die menschliche Natur hinein. Die in der Natur und im menschlichen Gewissen festgeschriebenen Gesetze können durch die menschliche Vernunft gelesen werden, weil der Verstand nach dem Bild des ewigen Wortes Gottes – des *Logos* – geschaffen ist. Da das menschliche Herz verderbt und das Gewissen korrumpiert ist, hat Gott sein Gesetz auch ausgesprochen und niedergeschrieben, angefangen mit den Zehn Geboten.

Ohne Gottes geschriebenes Wort müsste die Frage, was genau das «Naturrecht» denn ist, durch rivalisierende Rationalisierungen entschieden werden.

Unsere Weisen in Nordindien sagten: «*Jiski lathi, usi ki bhains*» («Der Büffel gehört dem, der den [stärkeren] Stecken hat»). Wenn um einen Büffel gestritten wird, entscheidet Gewalt darüber, wem er gehört. Die Natur hat nie ein Gebot erlassen: «Du sollst den Büffel deines Nächsten nicht stehlen.» Jedes Dorf hatte einen oder mehrere mächtige Männer, die über dem Gesetz standen. Sie fanden immer Zeugen, die ihre Sicht der Dinge unterstützten. Nur wenige sagten zugunsten der Schwachen aus.

---

[14] Die griechischen Philosophen Heraklit, Platon und Aristoteles hatten ebenfalls über ein «Naturrecht» spekuliert. Sie erkannten, dass es ein Naturrecht nur geben konnte, wenn zuvor ein *Logos*, eine Rationalität existierte und sich in der Natur widerspiegelte. Da jedoch die Natur stumm ist, mussten Philosophenkönige ihre Vernunft gebrauchen, um zu erkennen, was das Naturrecht sagte. Auch Alexander der Große war zum Philosophenkönig erzogen worden; trotzdem war er ein rücksichtsloser Tyrann.

Gerechtigkeit für die Schwachen (die Witwen und Waisen), die Liebe zum Nächsten und zu den Feinden, die Fürsorge für die «Unpassenden» und Unangepassten – all das sind Errungenschaften der Gnade. Darum heißt es in der Bibel: «Durch Mose gab uns Gott das Gesetz mit seinen Forderungen, aber nun ist uns durch Jesus Christus seine Gnade und Wahrheit begegnet.»[15]

Wie wir sehen werden, ist Jesus Christus das Vorbild der modernen Institution des Advokaten, der den Angeklagten verteidigt, auch wenn er schuldig ist.

Die Wahrheit hinter dem Mythos

Die «Barbaren» plünderten Rom in den Jahren 410 und 455. Im Jahr 476 hörte Rom auf, ein Imperium zu sein. Das formelle Ende kam im Jahr 480. Im Jahr 529 wurde in Konstantinopel damit begonnen, den *Corpus Iuris Civilis,* den justinianischen Kodex des bürgerlichen Rechts, zusammenzustellen.

Fünf Jahrhunderte nach der Zusammenstellung dieses Gesetzeswerkes, um das Jahr 1070, wurden Textteile des Kodex in Norditalien wiederentdeckt. Zwei Rechtsgelehrte, Pepo und dann Irnerius (1050–1130)[16], begannen den Kodex zu lehren.[17] Irnerius wandte dabei dieselbe Methode an, mit der auch die Heilige Schrift gelehrt wurde: Er las den Text laut vor, die Studenten schrieben ihn mit. Dann erklärte er den Text.

---

[15] Johannes 1,17.
[16] Bellomo, Manlio: *The Common Legal Past of Europe, 1000–1800,* Catholic Univ. of America Press: Washington, D.C. 1995, S. 58.
[17] Burgundio von Pisa (1110–1193) hielt sich von 1136 bis 1140 in Konstantinopel auf. Nach seiner Rückkehr nach Italien übersetzte er einige Teile der Pandekten (eine spätantike Zusammenstellung aus den Werken römischer Rechtsgelehrter der klassischen Zeit), die auf Griechisch, aber noch nicht auf Latein vorlagen. Diese übergab er der Stadt Pisa. Seine Schriften beeinflussten Thomas von Aquin.

Vier seiner Schüler verfassten dann gemeinsam das Curriculum des mittelalterlichen römischen Rechts. So wurde im Jahr 1088 im italienischen Bologna die erste Universität des Westens geboren.

Warum konnten das Studium und die Anwendung eines Rechts, das ebenso sehr auf der Religion basierte wie auf dem Staat, in Europa Fuß fassen? Aus demselben Grund, aus dem auch das biblische Recht im alten Israel geblüht hatte. Es verschaffte den italienischen Händlern ein rationales, gut ausgearbeitetes System des privaten Rechts, das auf Erwägungen der Gerechtigkeit und Unparteilichkeit beruhte – der fairen und unparteiischen Verteilung von Gewinnen.

Die mündlichen Überlieferungen der Germanen boten keine derartige rechtliche Grundlage für wirtschaftlichen Fortschritt.

Der mittelalterlichen römisch-katholischen Kirche gelang es nur teilweise, die weltlichen Herrscher unter ihre moralische und (später) juristische Autorität zu bringen, aber ein wichtiger Erfolg war es dennoch. Es funktionierte, weil die Menschen glaubten, dass Gott den Menschen sein Gesetz gegeben hatte, auch wenn diese es nicht ausreichend so würdigten, dass sie Gottes Gesetz gehorcht hätten. Ein Recht, das von der Kirche gefördert wurde, wurde gern angenommen, weil Mittel- und Westeuropa nach dem Ende des Karolingerreiches im Jahr 888 keinen Kaiser mehr hatte, der es mit der geografischen Reichweite und der Autorität der Kirche hätte aufnehmen können.

Der Zusammenbruch einer zentralen politischen Gewalt hatte weite Teile Europas in die Gesetzlosigkeit stürzen lassen. Ritter und Adlige waren es nicht gewohnt, mit ihren Händen zu arbeiten. Ohne eine Obrigkeit und eine Armee, die die Steuern einsammelte, lebten viele von ihnen nun von privaten Kriegen und Beutezügen. Durch die ständigen kriegerischen Auseinandersetzungen und das persönliche Streben nach Ehre und Macht wurde es notwendig, Burgen zu bauen. Die Erbauung der Burgen ihrer Könige und das Einstehen für ihre endlosen Fehden und Kriege wuchs sich zu einer bedrückenden Bürde für die Menschen aus.

Die Kirche hatte selber genügend korrupte und ehrgeizige Männer in ihren Reihen. Aber sie war auch mit Heiligen und klugen

Köpfen gesegnet. Es gab keine Parlamente, Senate oder Gerichtshöfe, die Gesetze für alle hätten erlassen und durchsetzen können. In diesem Chaos sprang die römisch-katholische Kirche in die Bresche und initiierte wirkungsvolle gesellschaftliche Bewegungen, die als «Gottesfrieden» (*Pax Dei*, 989 n. Chr.) und «Waffenruhe Gottes» (*Treuga Dei*, 1027 n. Chr.) in die Geschichte eingingen.

Dies waren keine individualistischen Bewegungen, bei denen es um die innere, private, seelische Erfahrung von Frieden und Ruhe durch Gebet, Meditation oder Yoga ging. Die Bibel porträtierte den Messias als den «Friedensfürsten»[18], dessen Mission darin bestand, «Frieden auf Erden»[19] zu bringen.

Zacharias, der Vater Johannes' des Täufers, beschrieb den Auftrag des Messias mit diesen Worten:

> Seinem Volk wirst du zeigen, dass es durch die Vergebung seiner Sünden gerettet wird. Gott vergibt uns, weil seine Barmherzigkeit so groß ist. Aus der Höhe kommt das helle Morgenlicht zu uns, der verheißene Retter. Dieses Licht wird allen Menschen leuchten, die in Finsternis und Todesfurcht leben; es wird uns auf den Weg des Friedens führen.[20]

Die kirchlichen Kampagnen für den «Gottesfrieden» und die «Waffenruhe Gottes» konnten die Privatfehden im 10. und 11. Jahrhundert nicht völlig eliminieren. Was die Kirche immerhin erreichte, war, das Schwert – also den säkularen Adel und die Ritter – zumindest teilweise unter die öffentliche Hoheit der Kirche zu bringen.

Die Kirche zog den rechtlichen Kreis, innerhalb dessen ein Adliger das Schwert gebrauchen konnte, ohne sich vor der kirchlichen Gerichtsbarkeit verantworten zu müssen, immer enger. Dadurch, dass die römisch-katholische Kirche das Schwert mit Erfolg zügeln konnte,

---

[18] Jesaja 9,5.
[19] Lukas 2,14 (Luther).
[20] Lukas 1,77–79.

erlangte sie beim Volk das Mandat, die Autorität des vom byzantinischen Christentum entwickelten Rechtssystems zu stärken.

Die Absolventen aus Bologna, ursprünglich allesamt Mönche, begannen, sich bei juristischen Auseinandersetzungen vor den bischöflichen Gerichten auf die Autorität des Kodex zu berufen. Dadurch lag es für die römisch-katholische Kirche nahe, ihn als Basis für ihr Rechtssystem zu betrachten.

Es dauerte nicht lange, bis die Rechtsgelehrten anfingen, die vor-justinianischen, vorchristlichen Aspekte des römischen Rechts zu erforschen. Islamische Übersetzungen und Kommentare zu griechischen Autoren wie Platon und besonders Aristoteles ermöglichten es großen mittelalterlichen Theologen wie Thomas von Aquin, neben einer Vielzahl anderer Themen auch über das Naturrecht zu reflektieren. Römische Redner wie Cicero waren in der Renaissance und in der Zeit der Aufklärung beliebt und wurden eifrig studiert und zitiert. Rechtsgelehrte nutzten dieses Wissen, um vor den Gerichten und bei ihren Mandanten Eindruck zu machen.

Für die Entwicklung der Rechtsstaatlichkeit brachte das allerdings wenig. «Naturrecht» wurde zu einem verschwommenen Schlagwort.

Schon Jahrhunderte vor Platon und Aristoteles entdeckten Theologen das Naturrecht in Abrahams herausfordernder Frage an Gott:

«Willst du die ganze Stadt Sodom vernichten, auch wenn es dort ein paar gerechte Leute gibt? Du bist der Richter der ganzen Welt und kannst doch nicht gegen die Gerechtigkeit verstoßen!»[21]

Sie fanden das «Naturrecht» auch im Neuen Testament, wo Paulus schrieb:

Obwohl die anderen Völker Gottes Gesetz nicht haben, gibt es unter ihnen doch Menschen, die von sich aus danach leben. Daran zeigt sich, dass sie Gottes Gebote in sich tragen, auch wenn

---

[21] Nach 1. Mose 18,25.

sie diese gar nicht kennen. Durch ihr Handeln beweisen sie, dass die Forderungen des Gesetzes in ihre Herzen geschrieben sind. Das wird ihnen durch ihr Gewissen und auch durch ihre Gedanken bestätigt, die sie entweder anklagen oder freisprechen.[22]

Denker, die sich nicht sicher waren, ob Gott den Menschen nach seinem Bild erschaffen und ihn mit einem moralischen Gewissen ausgestattet bzw. ihm die Zehn Gebote gegeben hatte, versuchten das Naturrecht auf gesellschaftliche Notwendigkeiten zu gründen, auf einen – imaginären, nicht historischen – Gesellschaftsvertrag.

Niemand bestreitet, dass der Begriff des Naturrechts eine entscheidende Rolle bei der Entwicklung des westlichen Rechtswesens spielte. Die juristischen Fakultäten neigen dazu, das Thema zu ignorieren, weil es schwierig zu bestimmen ist, wo das Naturrecht herkommt. Diese Verwirrung im Herzen der Jurisprudenz ist im Kern eine theologische.

Wer ist die wahre Quelle des Rechts: Caesar oder Christus?

Im Jahr 330 n. Chr. wurde Byzanz zur Hauptresidenz Konstantins des Großen und nach seinem Tod (337) in Konstantinopel umbenannt. Er legalisierte das Christentum im Römischen Reich. Konstantinopel wurde zur Hauptstadt der östlichen Hälfte des Reichs und später zum wichtigsten Zentrum der orthodoxen Kirche. Bis 1453, als die muslimischen Osmanen die Stadt eroberten und in Istanbul umbenannten, blieb sie das Zentrum des orthodoxen Christentums.

In einem typischen Universitätsseminar zur Geschichte des Rechts kommt nicht zur Sprache, *warum* Kaiser Justinian I. (482–565 n. Chr.) die Gelehrten anwies, das Recht, das im «Reich Christi» gelten sollte, festzuschreiben.

---

[22] Römer 2,14–15.

Der praktische Nutzen liegt auf der Hand: Senate, Kaiser und Kirchenkonzile hatten im Lauf der Jahrhunderte unzählige Gesetze erlassen. Viele davon widersprachen einander. Dieser Dschungel von Gesetzen konnte für die Gerichte nutzbar gemacht werden, wenn man ihn lichtete, harmonisierte und in einem Kodex systematisch zusammenfasste.

Dieser praktische Vorteil war jedoch nicht der Grund, warum die Kirche den Kodex als Recht für die Christenheit übernahm. Die säkulare Forschung beraubt sich selbst der Fähigkeit zu begreifen, dass der *primäre Beweggrund* hinter dem justinianischen Kodex theologischer Natur war.

Auf einer Ebene war Rom tolerant. Es ließ einem Juden die Freiheit, Jahwe oder Jesus oder alle beide zu verehren, solange der Gläubige anerkannte, dass Caesar Herr war. Die Juden, die auf den Messias warteten, beteten Caesar nicht an, aber sie akzeptierten ihn als vorläufigen Herrn. Jene, die glaubten, die Auferstehung habe bekräftigt, dass Jesus der Messias sei, wurden verfolgt, weil sie den Standpunkt vertraten: «Jesus ist Herr.»[23] Sie erkannten, dass «alle Macht im Himmel und auf der Erde» Jesus übergeben worden war.[24] Jede Zunge, auch die Zunge Caesars, «musste bekennen: Jesus Christus ist der Herr!»[25] Damit war der Konflikt vorgezeichnet. Wer also ist die Quelle des Rechts: Caesar oder der Messias?

Hier wird ein Blick zurück hilfreich sein:

Die römische Republik war während des 1. Jahrhunderts nach Christus in einem chaotischen Zustand gewesen. Der Senat hatte unter Druck Julius Caesar zum Diktator gemacht. Manche Senatoren waren der Meinung, ihm sei zu viel Macht gegeben worden. Deshalb brachten sie ihn um. Sein Erbe, Kaiser Augustus, räumte in Rom alle tatsächlichen und potenziellen Bedrohungen seiner Herrschaft aus dem Weg. Nachdem er seine Macht gefestigt hatte, er-

---

[23] Nach Apostelgeschichte 17,6–7.
[24] Matthäus 28,18.
[25] Nach Philipper 2,11.

klärte Augustus den toten Julius Caesar zu einem Gott und sich selbst zum *Imperator Caesar divi filius,* zum «Befehlshaber Caesar, Sohn des Gottes».

Seit Augustus bestand üblicherweise der erste Akt eines römischen Kaisers darin, seinen Vorgänger für göttlich zu erklären. Das war keine Diplomatie. Es war Philosophie: Gott gebührt Ehre, Macht und Autorität. All das gebührte somit auch Caesar. Autorität schließt das letzte Wort bei der Schaffung und Umsetzung von Gesetzen ein. Für Rom war Caesar der höchste Gesetzgeber des Reiches. Rom verehrte Caesar, weil er ein Gottmensch war, ein Mann, der zum Gott geworden war: Caesar ist Herr. Er steht über dem Gesetz. Er ist seine Quelle.

Der Gedanke, der Mensch könne und solle zu einem Gott werden, war weit verbreitet. Sowohl in der griechischen als auch in der hinduistischen Mystik ging es darum, durch hoch entwickelte Meditationstechniken fähig zu werden, die eigene Göttlichkeit zu erkennen. Denker und Philosophen glaubten nicht, dass Gott vom Kosmos verschieden war. Der Kosmos war göttlich. Der Zweck des Lebens bestand darin, die eigene innewohnende Göttlichkeit zu erkennen.

Insofern, ja ... im Prinzip hatten die Heiden kaum ein Problem damit, zuzugeben, dass Jesus möglicherweise ein Mensch war, der zum Gott wurde.

Was ist göttlich?

Macht!

Die Macht gehörte Caesar. Er war der Gott auf Erden. Und Jesus? Nun, er schien die Antithese zur Macht zu sein. Rom verspottete ihn öffentlich als machtlosen Messias. Es kreuzigte ihn als ein hilfloses Opfer. Von daher war es für die Cäsaren unerklärlich, warum Leute einen Mann wie Jesus verehrten, der doch schon bloßgestellt war als einer, dem Herrlichkeit, Ehre und Macht ganz und gar fehlten.

Und dennoch vergossen Märtyrer immer wieder ihr Blut, um zu bekräftigen: «Jesus ist Herr.» Die Jesus-Bewegung, die sich nicht einmal durch den Tod aufhalten ließ, eroberte Rom!

Cäsaren wurden Christen. Sie hörten sich die verschiedenen Theorien an, die erklärten, wie der Mensch Jesus zum göttlichen Sohn des Höchsten geworden war. Der entgegengesetzte Gedanke – dass Jesus nicht ein Mensch war, der zum Gott wurde, sondern Gott, der als Mensch auf diese Erde kam, um Gottes Reich zurückzuerobern – war zu schwierig. Das implizierte ja, dass kein Caesar je hoffen konnte, Gott zu werden. Jedes Knie musste sich vor Jesus allein beugen, denn es war «kein andrer Name unter dem Himmel den Menschen gegeben, durch den wir sollen selig werden».[26]

Einige einflussreiche Bischöfe sprachen sich für eine Theorie aus, die besagte, Jesus könne als Sohn Gottes erschaffen worden sein, ohne seit Ewigkeit her mit Gott eins zu sein. Ein Priester aus Alexandria namens Arius (256–336 n. Chr.) hatte dieses Modell formuliert. Manchen Cäsaren gefiel es, denn diese Theologie ließ doch noch genügend Raum für sie, zu Göttern zu werden.

Diejenigen, die die Gesamtoffenbarung der Bibel sorgfältig studierten, erkannten, dass der Arianismus mit der Schrift nicht vereinbar war. Deshalb berief im Jahr 451 Kaiser Markian das vierte ökumenische Konzil ein, um die strittige Frage zu klären: «Wer ist Jesus Christus?»

Fünfhundertzwanzig Bischöfe und ihre Vertreter trafen sich in Chalkedon, direkt gegenüber von Konstantinopel. Heute ist dies ein Stadtteil von Istanbul. Der Kaiser lud Papst Leo den Großen ein, aus Rom anzureisen und das Konzil zu moderieren. Leo konnte jedoch nicht kommen, weil die Hunnen gerade in Italien einfielen. Stattdessen sandte er einen sorgfältig ausgearbeiteten theologischen «Tomus» (ein Schriftstück), um das Konzil zu befähigen, sich demütig und ehrlich mit der Gottheit Jesu zu befassen.

Die Kirche war gespalten. Das Konzil war nicht auf «Einheit um jeden Preis» aus. Dafür stand zu viel auf dem Spiel. Die Menschen wollten die Wahrheit wissen: War Jesus das erste Wesen, das vom

---

[26] Apostelgeschichte 4,12 (Luther).

Vater geschaffen worden war, und erst göttlich geworden, als der Vater ihn als «Sohn» adoptierte? Die Gelehrten des Konzils kamen zu dem Schluss, dass Jesus kein Mensch war, der zum Gott wurde. Ein Geschöpf kann niemals sein eigener Schöpfer werden. Jesus ist Gott, der Mensch wurde. Gott selbst kam in der Person Jesu Christi auf unseren Planeten. Er liebte tatsächlich diese Welt, die unter dem Fluch der Sünde lag. Jesus nahm auf Golgatha die Sünde der Welt am Kreuz auf sich, um uns wieder mit Gott zu versöhnen. Jesus war gleichermaßen ewig wie der Vater, vollkommen Gott und vollkommen Mensch.

Wenn das stimmte, steckt darin eine enorme Sprengkraft. Die Wahrheit hatte weitreichende politische und juristische Implikationen. Die Leute konnten wahrhaftig singen: «Freue dich, Welt, der Herr ist da.» Wenn Jesus Gott war, dann herrschte er «über alle Könige dieser Erde».[27] Er war der «König über alle Könige» und «Herr über alle Herren».[28]

Wohlgemerkt, das Konzil war vom Kaiser einberufen worden. Und dieses Konzil sagte nun dem Kaiser und allen Königen der Erde, die Menschwerdung des ewigen Wortes Gottes bedeute, dass alle Reiche dieser Welt nun ein Recht haben konnten, das über jedem menschlichen Herrscher stand. Die Inkarnation des Gesetz-Wortes Gottes hatte Rechtsstaatlichkeit möglich, ja verpflichtend gemacht.

Welches Recht soll nun im Reich Christi gelten?

Der justinianische Kodex wurde als Teilantwort auf diese Frage formuliert. Deshalb machte ihn die Kirche im Heiligen Römischen Reich zum Gesetz.

---

[27] Offenbarung 1,5.
[28] Offenbarung 19,16.

Andere Völker, etwa die Perser, hatten die Vorteile stabiler Rechtsverhältnisse bereits erkannt. War ein Gesetz einmal geschaffen, sollte es nicht verändert werden. Das Problem war, dass ihre «absoluten» Gesetze oft aus den Herzen und Gedanken von zwielichtigen Gestalten am Königshof stammten.[29]

Nur wenn es ein Wort von Gott gibt, können wir ein Recht haben, das für Herrscher, Beamte und Bürger gleichermaßen gilt. Ein transzendentes Recht, das von einer Instanz über den Herrschenden kommt, stellt alle auf die gleiche Stufe. Es macht die Herrschenden zu Dienern Gottes. Es bindet die Herrschenden an Gerechtigkeit, Recht und Gnade.

Zwar verdankt der Westen der römisch-katholischen Kirche ein Rechtssystem, aber die Korruption innerhalb der Kirche war ein Problem. Die Reformation verdrängte in den Territorien, in denen sie die Oberhand gewann, das römisch-katholische System; nun übernahmen protestantische Universitäten die Verantwortung, bürgerliche Gesetze zu entwickeln und Beamte und Juristen auszubilden, die in Verantwortung vor Gott den lokalen Fürsten, Kirchen und Städten dienten.

Das verschaffte den protestantischen Staaten, zum Beispiel in Deutschland, ein relativ vertrauenswürdiges Justizsystem, hinter dem die Autorität sowohl der Kirche als auch des Staates stand.

Ein römisch-katholisches Land wie Frankreich hatte diese Möglichkeit nicht.

Die Französische Revolution zielte nicht darauf, die Kirche zu reformieren, sondern sie zu zerstören. Das bedeutete, dass Frankreich nur die brutale, willkürliche Justiz blieb, die von kleinkarierten, ungebildeten, niemandem verantwortlichen Herren ausgeübt wurde. So entstand das Vakuum, in dem Richter wie Jean-Jacques Régis de Cambacérès, Herzog von Parma (1753–1824), im Jahr 1793 aufgefordert wurden, einen neuen allgemeinen Gesetzeskodex zu schaffen, der im ganzen Land Geltung haben sollte.

---

[29] Daniel 6,1–9.

Drei Entwürfe wurden bis 1799 geschrieben, als Napoleon in Frankreich die Macht ergriff. Ein neues, nicht-religiöses Gesetzbuch musste her. Deshalb berief er ein Komitee von vier Richtern, darunter Cambacérès, die Vorlage zu prüfen und zu überarbeiten. Am 21. März 1804 wurde daraus der «Code Napoléon», offiziell: «Code civil des Français».

In vielerlei Hinsicht war er eine Variante des justinianischen Kodex. Es fehlten lediglich die religiöse Prägung und die vielen Privilegien, die traditionell der Kirche und der Aristokratie eingeräumt worden waren. Alle Feudalherren unterstanden nun dem neuen Gesetzbuch. Das alte System war bereits zusammengebrochen, und so breitete sich dank der napoleonischen Eroberungen dieses Recht in einem Großteil Europas aus – bis nach Ägypten, nicht aber in Großbritannien. Ein Jahrzehnt später kollabierte Napoleons Reich. Es war nicht auf dem Recht gegründet, sondern auf dem Schwert.

Vom Staat zum Rechtsstaat

Die *Magna Carta Libertatum,* die «Große Charta der Freiheiten», spielte 1215 in England eine noch stärkere Rolle als die «Waffenruhe Gottes» auf dem Kontinent. Sie begrenzte nicht nur die Autorität von Königen und Adligen durch Gesetze, sondern sorgte auch für einen stärkeren Schutz der gottgegebenen Gewissensfreiheit und des Rechts auf Leben, Freiheit und Eigentum des Einzelnen. Und zwar mehr, als es in dem Rechtssystem, das sich durch den justinianischen Kodex entwickelt hatte, der Fall gewesen war.

Die Charta verpflichtete die weltlichen Herrscher dazu, die Unabhängigkeit und die Rechte der Kirche zu schützen. Sie begrenzte die Macht des Königs, Barone ohne eine gerechtfertigte Begründung einzusperren. Wer dennoch in den Kerker kam, hatte ein Anrecht auf eine rasche Verhandlung.

Die Charta begrenzte Tribute an die Krone auf ein Maß, das von einem Aufsichtsrat aus 25 Baronen für gerecht erachtet wurde. Mit der Zeit wurde die Charta als Garantin der Rechte jedes Engländers auf ein geordnetes Verfahren verstanden.

Dazu gehörten auch Geschworenengerichte, die sich aus den Nachbarn der Beteiligten zusammensetzten. Die Geschworenen allein ermittelten die Fakten und die Wahrheit über einen Fall und erkannten auf Schuld oder Unschuld der beteiligten Parteien. Ein geordnetes Verfahren sorgte dafür, dass kein Richter, Magistrat und Bürokrat im staatlichen Dienst willkürlich die Staatsmacht dazu gebrauchen konnte, einem Menschen sein Leben, seine Freiheit oder sein Eigentum zu nehmen.

König Johann behielt das Recht zu herrschen, nachdem er vor Gott und den versammelten Bischöfen und Baronen einen Eid geleistet hatte. Er versprach, der Charta Geltung zu verschaffen.

Normalerweise wurden Chartas und Verträge nur unterzeichnet, um dann gebrochen zu werden. Die Magna Carta war keine Ausnahme. In gewisser Hinsicht war sie nur eine von vielen pragmatischen Vereinbarungen zwischen einem König und seinen mächtigen Gegnern.

Doch die Vermittlung der Kirche machte den Unterschied. Ein britischer Richter, Lord Denning (1899–1999), nannte die Magna Carta «das größte Verfassungsdokument aller Zeiten – die Grundlage der Freiheit des Einzelnen gegenüber der Machtwillkür des Despoten».[30] Mit der Magna Carta begann der lange Prozess, durch den das Recht in England die Macht über die Herrschenden gewann.

Im Grunde war der Inhalt der Magna Carta nichts völlig Neues. Sie griff auf Altes zurück, fasste es neu und stärkte es, nämlich die allgemeinrechtlichen Traditionen, die die englischen Herrscher der Oberhoheit des Rechts unterwarfen.

Eine Generation später leistete der berühmte englische Priester und Richter Henry de Bracton (1210–1268) seinen Beitrag zu den

---

[30] Danziger, Danny, und Gillingham, John: *1215: The Year of Magna Carta*, Coronet: London 2004, S. 278.

Grundlagen des späteren English Common Law. Es folgte der biblischen Lehre, nach der die hoheitliche Autorität eines Königs auf Gottes Recht beruht, nicht auf Gewalt:

Der König hat einen Vorgesetzten, nämlich Gott. Außerdem das Gesetz, durch das er zum König gemacht wurde. Außerdem seine Kurie, nämlich die Grafen und Barone, denn wenn er ohne Zügel ist, das heißt ohne Gesetz, dann sollten sie ihm die Zügel anlegen.[31]

Und an anderer Stelle:

Der König hat nicht seinesgleichen in seinem Reich. Untertanen können nicht Ebenbürtige des Herrschers sein, denn dadurch verlöre er seine Herrschaft, da ein Ebenbürtiger keine Autorität über einen Ebenbürtigen haben kann, erst recht nicht über einen Vorgesetzten, denn dann wäre er denen untertan, die ihm untertan sind. Der König darf nicht den Menschen unterstehen, sondern Gott und dem Gesetz, denn das Gesetz macht den König ... Denn es gibt keinen *rex*, wo Willkür herrscht statt *lex*.[32]

Am Eingang der juristischen Fakultät der Harvard-Universität in Cambridge, Massachusetts (USA), ist de Bractons Geheimnis der Freiheit eingraviert: «Nicht den Menschen untertan, sondern Gott und dem Gesetz.»

Gott und dem Gesetz zu unterstehen – dem Gesetz *und* Gott –, ging Hand in Hand. Verliert man das eine, so wird einem das andere bald ebenfalls entgleiten.

---

[31] de Bracton, Henry: *De legibus et consuetudinibus Angliae*, Richard Tottell: London 1569, Band 2, Seite 110,5–8; zu finden unter http://bracton.law.harvard.edu/Unframed/English/v2/110.htm.

[32] https://en.wikipedia.org/wiki/Henry_de_Bracton; de Bracton, Henry: *De legibus*, S. 33,2–7; zu finden unter http://bracton.law.harvard.edu/Unframed/English/v2/33.htm.

Revolutionärer Sprengstoff in Gottes Gesetz

Die Kirche vermittelte Europa einige Grundbegriffe der Rechtsstaatlichkeit. Dennoch oszillierte Europa während des Mittelalters zwischen der Herrschaft der Menschen und der Herrschaft des Rechts hin und her. Aus dieser Verwirrung erwuchs das Grauen des Massakers an den französischen Protestanten, den Hugenotten, in der Nacht zum Bartholomäustag 1572: Die französische Königin befahl ihren Offizieren, gläubige Christen massenweise umzubringen. Ihr Verbrechen? Nun, sie hatten das falsche Bekenntnis, das die Autorität der Bibel *über* die Kirche stellte.

Wenn eine Königin die ihr unterstellten Offiziere auffordert, Unschuldige umzubringen, sollten die Offiziere ihr dann gehorchen, oder sollten sie die Königin verhaften? Entscheiden sich die Offiziere, der Monarchin zu gehorchen: Hat dann das Volk das Recht, zu rebellieren und die Herrschenden zu stürzen?

Fragen wie diese verhalfen dem europäischen Recht zu einem nachhaltigen Übergang vom Mittelalter in unsere moderne Zeit. Beantwortet wurden sie von etlichen Theologen und Juristen, herausragend in drei Büchern, die als «Trilogie der Freiheit» berühmt wurden. Aus ihnen erwuchs unser Gedanke des Verfassungsstaats. Die drei Bücher sind:

- *Francogallia* (1573)
  von François Hotman (1524–1590),
- *De iure magistratuum* (Über das Recht der Obrigkeiten, 1574)
  von Theodor von Beza (1519–1605), und
- *Wider die Tyrannen* (*Vindiciae contra tyrannos*) (1579)
  von «Stephen Junius Brutus». Hinter diesem Pseudonym verbarg sich höchstwahrscheinlich Philippe de Mornay.

In meinem früheren Buch *Das Buch der Mitte* habe ich die bahnbrechende Rolle geschildert, die diese französischen Calvinisten dabei spielten, das «römische» Recht von Verwirrungen und Missbräuchen zu befreien. Sie wollten, dass das Recht biblisch war, nicht nur religiös.

Ihr Studium der Bibel führte sie zu folgenden Schlussfolgerungen:

- «Menschenrechte» haben nur dann einen praktischen Wert, wenn die Beamten eines Königs (die Magistrate) das Recht haben, dem Herrscher den Gehorsam zu verweigern, ihn festzunehmen und anzuklagen, wenn er dem Gesetz zuwiderhandelt.
- Die Rechtsstaatlichkeit hat einen Wert, wenn das Volk Souverän unter dem Gesetz ist. Und wenn es das Recht hat, den König und die Magistrate, die das Gesetz missbrauchen, zu entfernen.

Die Geneva-Bibel (1560) hatte die revolutionäre und republikanische Sichtweise dieser Reformatoren geprägt. Deren Schriften wiederum hatten Einfluss auf spätere Ausgaben und Anmerkungen in dieser Bibel. Die Geneva-Bibel brachte es auf über hundertfünfzig Ausgaben.

Die schottische Ausgabe, die erstmals 1579 erschien, trieb die Reform in Schottland voran. Sie beeinflusste die englische Literatur und ihre Schriftsteller, Dramatiker und Dichter, allen voran John Bunyan, William Shakespeare und John Donne.

Im Kontext dieses Kapitels ist wichtig, dass die Geneva-Bibel revolutionäre Reformatoren prägte – John Knox in Schottland, Rechtsreformer wie Sir Edward Coke, oberster Richter am Court of King's Bench in England, und besonders seinen jüngeren Zeitgenossen, den puritanischen Parlamentarier Oliver Cromwell.

Edward Coke war oberster Richter von 1606 bis 1616. Zuvor hatte er sich als Anwalt, Richter und Unterhausabgeordneter betätigt. Er verfasste dreizehn Bände mit juristischen Fallstudien und das häufig zitierte, maßgebliche vierbändige Werk *Institutes of the Lawes of England*. Seine Schriften verteidigten die Hoheit des Common Law über die Könige.

Die Könige von England mussten die Genehmigung des Parlaments einholen, bevor sie Kredite aufnahmen. Karl I. setzte sich über diese Erfordernis hinweg. Er sperrte die Reichen ein, die nicht zahlen wollten. Einige Richter am Court of the Common Pleas und der King's Bench sahen darin einen Verstoß gegen Gesetze bis zurück zur Magna Carta. Daraufhin entließ Karl I. den obersten Richter Sir Ranulph Crewe. Die übrigen Richter bekamen es mit der Angst zu tun und beugten sich dem Druck des Königs.

In diesem entscheidenden Augenblick verkündete Sir Edward Coke, der König unterstehe dem Gesetz. Seine Bekräftigung des Rechtes der Engländer auf Privateigentum wurde zu einem Sprichwort: «The house of an Englishman is to him as his castle.»

Edward Cokes Rechtstheorie versetzte Oliver Cromwell und andere Puritaner in die Lage, die Frage aufzuwerfen, die zum englischen Bürgerkrieg führte:

Ist König Karl I. schuldig?

Viele Parlamentarier sagten: «Er ist der König» – was heißen sollte, er sei die Quelle des Rechts.

Die Frage «Ist er schuldig?» bedeutete:

Hat der König das Gesetz gebrochen?

Steht das Gesetz über dem König, oder steht der König über dem Gesetz?

Durch die Hinrichtung Karls I., aber nicht seiner Söhne, versuchten die Revolutionäre, dem biblischen Recht, wie sie es verstanden, Geltung zu verschaffen.

Die puritanische Herrschaft währte nicht lange. Die Monarchie kehrte zurück. Doch England veränderte sich, und es veränderte einen Großteil der Welt. Man begann das biblische Recht besser zu verstehen. So wurde es möglich, ein stabiles System der gegenseitigen Kontrolle unter dem Gesetz zu etablieren.

Wie konnte Edward Coke den König und das Parlament dem Gesetz unterstellen? Ein rascher Blick in die Bibel wird uns helfen, das zu verstehen.

Die Bibel und die Hoheit des Rechts

Tausend Jahre vor Christus war David König in Jerusalem. Er beging Ehebruch mit seiner Nachbarin und fädelte die Ermordung ihres Ehemannes ein. Daraufhin trat der Prophet Nathan dem König entgegen. David bereute und nahm Gottes Strafe an.[33]

6 RECHT UND FREIHEIT: STELLTE ROM DAS RECHT ÜBER DIE CÄSAREN?

Der siebte König von Israel, Ahab, war auf den Weinberg seines Nachbarn Nabot aus. Königin Isebel, eine Sidonierin, ließ Nabot umbringen und beschlagnahmte den Weinberg für den König. Der Prophet Elia trat ihnen wegen ihrer Sünde entgegen und kündigte eine schwere Strafe an.[34]
Warum?
Weil letzten Endes Gott der König Israels war. Er war seinem Volk am Berg Sinai begegnet und hatte ihm die Zehn Gebote gegeben. Darunter waren auch die Gebote, kein fremdes Eigentum zu begehren und nicht zu stehlen, kein falsches Zeugnis abzulegen und nicht zu morden. Diese gottgegebenen Gesetze standen *über* Königen und Königinnen. Die Herrschenden waren lediglich Statthalter für das Volk Gottes. Auch sie unterstanden dem Gesetz Gottes. Die Macht war ihnen gegeben, um die «Schafe» zu beschützen, nicht um sie zu töten oder ihr Eigentum an sich zu reißen.

Gegen all das verstießen jüdische und römische Obrigkeit bei der Verurteilung und Kreuzigung Christi.

Der Anwalt: Eine Revolution im Rechtswesen

Pontius Pilatus hegte Sympathien für Jesus. Auch seine Frau drängte ihn, diesem unschuldigen Mann nichts anzutun.[35] Warum forderte Pilatus Jesus nicht auf, sich einen Anwalt zu nehmen? Nun, weil so etwas wie ein Anwalt damals im römischen Recht nicht vorgesehen war.

Als dreißig Jahre später Paulus vor Gericht stand, hatte die Anklage einen «Anwalt» namens Tertullus.[36] Der Angeklagte hingegen musste sich selbst verteidigen.

Später ließ das römische Recht zu, dass ein Verwandter oder

---

[33] 2. Samuel 12.
[34] 1. Könige 21.
[35] Matthäus 27,19.
[36] Apostelgeschichte 24,1.

Freund eines Angeklagten ihn verteidigte. Allerdings durfte der Verteidiger kein Honorar dafür verlangen. Wenn er wirklich daran glaubte, dass der Angeklagte unschuldig war, musste er ihn *pro bono* verteidigen.

Der Begriff *advocatus* für einen Gerichtsbeamten taucht erstmals bei den Bischofsgerichten um das 12. und 13. Jahrhundert auf.[37] Diese Institution wurde geboren, als Jura-Absolventen von Universitäten wie in Bologna die Bischöfe dabei zu unterstützen begannen, ihre Urteile auf das «römische» Gesetz zu gründen.

Allerdings machten die Experten widersprüchliche Vorschläge. So geschah es, dass zwei Juristen auf unterschiedliche Abschnitte desselben Gesetzbuches verwiesen, der erste zugunsten der einen Partei, der zweite zugunsten der anderen.

Deshalb begannen die Richter, von den Rechtsexperten einen Eid im Namen Gottes zu verlangen, abgelegt mit einer Hand auf der Bibel. Sie verpflichteten sich dadurch, Gott und der Gerechtigkeit zu dienen und dem Bischof dabei zu helfen, eine gerechte, gesetzeskonforme Entscheidung zu treffen. Dieser feierliche Eid machte den Beruf des Advokaten zu einer Institution.

Der Advokat – eine verrückte Idee

Stellen Sie sich einen Studenten an einer modernen Universität vor. Er denkt, die Universität sei dazu da, wilde Partys zu feiern ... woraufhin seine Freundin ihn verlässt. Er verstrickt sich tiefer in Drogen und Schulden, bis seine Freunde ihm schließlich nichts mehr leihen. Sein Professor lässt ihn durchfallen. Frustriert und wütend schnappt er sich eine Maschinenpistole und stürmt in seinen Hörsaal, um wild um sich zu schießen.

Die anderen Studierenden verstecken sich hinter ihren Pulten

---

[37] Gazzaniga, Jean-Louis: «Advocate», in: André Vauchez (Hg.): *Encyclopedia of the Middle Ages*, James Clarke & Co: Cambridge 2002.

und filmen das Gemetzel. Manche streamen die Tragödie live. Ein Nachrichtensender bringt laufend die aktuellen Bilder, bis dem Schützen die Munition ausgeht. Tausende von Zuschauern sehen zu, wie er mordet und schließlich verhaftet wird.

Der Student wird wegen vielfachen Mordes angeklagt. Geld für einen Anwalt hat er nicht. Was passiert nun?

Das Gericht muss ihm einen Verteidiger stellen. Die Steuerzahler, einschließlich der Familien der ermordeten Professoren und Studenten, müssen den Anwalt bezahlen, der den Mörder verteidigt.

Der Fall ist idiotensicher. Doch ein smarter, gut aussehender, selbstbewusster junger Anwalt erklärt sich bereit, den Mann *pro bono* zu verteidigen. Er weiß, dass das Fernsehen ihn im ganzen Land berühmt machen wird.

Stellen Sie sich das vor! Der coole und brillante Anwalt recherchiert gründlich. Er ruft die besten Experten für Psychiatrie in den Zeugenstand. Er setzt die ehemalige Freundin ein, um die Emotionen der Geschworenen zu schüren. Der Angeklagte wird freigesprochen.

Was passiert als Nächstes?

Jeder Mafiaboss will diesen Anwalt engagieren. Er wird zu einem reichen und berühmten Redner, Schriftsteller und Philanthropen. Er bewirbt sich um das Amt des Gouverneurs in seinem Staat und gewinnt. Schließlich drängen ihn seine Freunde sogar, für die Präsidentschaft zu kandidieren!

Kann ein gewandter Redner sein Leben damit verbringen, Kriminelle zu verteidigen, und dann Präsident seines Landes werden?

Wie ist der Westen zu so einem verrückten Rechtssystem gekommen?

Nun, die Schuld können Sie Jesus geben. Die Bibel nennt ihn einen Anwalt der Sünder: «Sollte aber doch jemand Schuld auf sich laden, dann tritt einer beim Vater für uns ein, der selbst ohne jede Sünde ist: Jesus Christus.»[38]

Wen rettet Jesus?

---

[38] 1. Johannes 2,1.

Den Gesetzesbrecher.

Nimmt er das Gesetz ernst?

Natürlich tut er das. Es ist ja sein Gesetz. Außerdem ist er der höchste Richter.

Aber warum verteidigt er dann den Gesetzesbrecher?

Weil der Gesetzesbrecher Gottes Kind ist. Jesus nimmt die Strafe des Sünders auf sich. Er ist für uns gestorben.

Es gibt noch einen weiteren entscheidenden Unterschied zwischen Jesus und dem Anwalt, von dem oben die Rede war: Jesus rettet Sünder, um sie zu erneuern.[39] Um gerettet zu werden, muss ein Sünder seine Sünde bekennen und umkehren. Er muss den Erlöser bitten, ihm ein neues Herz und eine «neue Geburt» zu schenken. Er muss ein Glied am Leib Christi werden, seiner Gemeinde, und unter ihrer Lehre und Autorität leben.

In unserer Geschichte diente der Anwalt nur sich selbst, nicht Gott, nicht der Gerechtigkeit, nicht dem Richter, nicht der Gesellschaft. Er diente dem Geld, nicht Gott. Indem seine Kultur seinen Berufsstand von dessen historischen Wurzeln und moralischen Grundlagen trennte, hat sie seine Institution korrumpiert.

Dieser Faktor erleichtert es, die Rolle zu verstehen, die die Kirche bei der Prägung der einzigartigen moralisch-juristischen Kultur des Westens spielte.

«Pflichten des Juristenstandes»

Die «verrückte» Institution des Advokaten, der bezahlt wird, um die Schuldigen zu verteidigen, konnte im Westen nur deshalb funktionieren, weil die Bibel durch Kirche und Kanzel Juristen und Zeugen von Charakter hervorbrachte.

In England zum Beispiel erörterte der Pfarrer Thomas Gisborne die «Pflichten des Juristenstandes» in seinem umfangreichen zwei-

---

[39] Johannes 3,1–21; Hesekiel 36,25–26.

bändigen Werk *An Enquiry into the Duties of Men in the Higher and Middle Classes of Society in Great Britain, Resulting from their Respective Stations, Professions, and Employments*[40] (Untersuchung der Pflichten von Männern in den höheren und mittleren Gesellschaftsschichten in Großbritannien, resultierend aus ihren jeweiligen Ständen, Berufen und Beschäftigungen).

Gisborne leitet die Erörterung der Pflichten eines Advokaten ein mit der Spannung zwischen der moralischen Pflicht eines Juristen gegenüber Gott und der Gesellschaft einerseits und seiner juristischen/professionellen Verantwortung gegenüber seinem Mandanten andererseits.

Auf die Details in Gisbornes langem Kapitel können wir in diesem Abschnitt nicht eingehen. Der wesentliche Punkt ist, dass Gisborne die Verantwortung bei den Bibellehrern und Pastoren sah, Juristen mit der Weisheit auszurüsten, die sie brauchen, um die ethischen Dilemmata aufzulösen, die ihnen jeden Tag begegnen. Wenn sie der Gerechtigkeit dienen sollen, ist ihre Charakterbildung ebenso wichtig wie ihre juristische Ausbildung und ihre beruflichen Fähigkeiten.

Was ist, wenn Advokaten nur für Geld arbeiten? In solchen Kulturen wird das System früher oder später zwangsläufig zusammenbrechen. Keine Gesellschaft kann dauerhaft Fachleute respektieren, die Verbrechen und Ungerechtigkeit verteidigen.

Ein nicht-barbarisches Justizsystem kann nur dann Gerechtigkeit schaffen, wenn jede Generation von Bürgern mit einem wahrheitsliebenden, vertrauenswürdigen Charakter ausgerüstet ist. Gisborne erkannte, dass diese grundlegende Rolle den Kirchen zufällt, die treu und ehrfürchtig die Lehren der Bibel verbreiten.

Etwa seit dem 12. Jahrhundert mussten Zeugen vor britischen Gerichten ihre Hand auf die Bibel legen und schwören: «Ich schwöre beim allmächtigen Gott, die Wahrheit [zu sagen], die ganze Wahrheit und nichts als die Wahrheit.» Schließlich hatte ja Gott

---

[40] E. & J. White und Cadell & Davies: London und Strand 1797.

selbst geboten: «Du sollst nicht falsch Zeugnis reden.»[41] Traditionell verneigten sich die Zeugen, nachdem sie geschworen hatten, die Wahrheit zu sagen, um die Bibel zu küssen.

Manche fromme Christen brachten gegen diesen Eid den Einwand vor, Jesus habe ihnen geboten, so wahrhaftig zu sein, dass Schwüre unnötig seien. Die Gerichte respektierten das Gewissen dieser Leute und räumten ihnen die Freiheit ein, stattdessen feierlich zu bekräftigen, dass sie die Wahrheit sagen werden.

Seit etwa hundert Jahren nutzen auch Atheisten diese Möglichkeit und bekräftigen ihre Entschlossenheit, die Wahrheit zu sagen, ohne auf die Bibel zu schwören.[42]

2013 brachte Ian Abrahams, ein Schöffe in Bristol, bei der Schöffenvereinigung den Antrag ein, die Praxis, Zeugen auf die Bibel schwören zu lassen, zu beenden. Laut BBC diskutierte die Vereinigung, die ein Drittel der 23.000 Schöffen im Vereinigten Königreich repräsentiert, den Antrag bei ihrer Versammlung in Cardiff – und sprach sich dagegen aus.[43] Es wurde bekräftigt, dass das britische Rechtssystem auf die Bibel angewiesen sei und auf die Charakterbildung, die sie in angelsächsischen Kulturen traditionell bewirkte und nach wie vor bewirkt.

Hat die Bibel das Recht verändert?

Der Prozess gegen Jesus und seine Kreuzigung haben unsere Welt verändert. Allgemein bekannt ist, dass sein Tod den Tieropfern ein Ende machte. Denn er wurde als das Lamm Gottes gesehen, das die Sünde der Welt auf sich nahm.[44] Wichtiger noch ist die Tatsache, dass Jesus gekreuzigt wurde, obwohl der Richter ihn für

---

[41] 2. Mose 20,16 (Luther).
[42] Die Juden begannen damals, zum Schwur die Hand auf das Alte Testament zu legen, die Muslime auf den Koran.
[43] http://www.bbc.com/news/uk-24588854.
[44] Johannes 1,29.

unschuldig befunden hatte, bevor er ihn zum Tode verurteilte. Darin begann man die verquere «Gerechtigkeit» des Reiches Satans zu sehen. Aufgrund dessen gelang es Europa, ein Justizsystem aufzubauen, das einen Angeklagten für unschuldig erachtet, bis seine Schuld über jeden vernünftigen Zweifel hinaus bewiesen ist. Andere Kulturen hatten das zuvor bereits versucht, waren aber gescheitert.

Schlussfolgerung

Rechtsstaatlichkeit führt zu Freiheit. Das Recht begann nur deshalb über die Herrschenden zu herrschen, weil die Kirchenkonzile das Bekenntnis des Petrus bekräftigten, dass «Jesus der Christus ist»: Er ist Gottes gesalbter Herrscher über die Könige der Erde.

Historiker verstecken die Geschichte, weil sie den Intellektuellen verhasst ist. Denn sie wollen uns glauben machen, ihre Philosophien seien es, die die Herrschenden davon abhalten, ihre Macht zu missbrauchen. In Wirklichkeit hat bisher noch niemand eine Alternative zur Bibel gefunden. Kein Philosoph hat gleichzeitig den Glauben bekräftigt an

- ein Recht, das in einer allgemeingültigen Moral verwurzelt ist,
- ein Recht, das für alle Herrschenden überall bindend ist, und dennoch
- ein Recht, das Nationen, Institutionen und Bürger bevollmächtigt, ihre eigenen Regeln zu schaffen.

Gottes Wort ist ein zweischneidiges Schwert. Es befreit uns von der Tyrannei der Herrschenden und von der Bosheit in unseren eigenen Herzen. Darum ist es in der Lage, menschliche Gemeinschaften zu regulieren, ohne dass Herrscher unsere individuellen Freiheiten überwachen müssen.

Bedeutet Gottes Gesetz eine bedrückende Theokratie?

In den Kapiteln 8–10 wird es darum gehen, wie Gottes Wort Nationen befreit hat. Zunächst wollen wir jedoch im nächsten Kapitel die verbreitete Fehlinformation zu Grabe tragen, der Skeptizismus habe die moderne Toleranz hervorgebracht. Die Wahrheit ist, dass das Blut der Märtyrer unsere Welt tolerant gemacht hat.

7. Kapitel
BLUTVERGIESSEN FÜR DIE TOLERANZ[1]

Eine staatliche Universität in Kanada hat eine Stiftung für eine prestigeträchtige Vorlesungsreihe, die von hochrangigen Professoren verwaltet wird. Vor einigen Jahren lud mich das Komitee ein, dort eine gekürzte Fassung der zehnteiligen Vortragsreihe zu halten, die ich am MacLaurin-Institut an der Universität von Minnesota präsentiert hatte. Diese Reihe mit dem Titel «*Must the Sun Set on the West?*» (Muss die Sonne über dem Westen untergehen?) ist auf YouTube verfügbar.[2] Sämtliche Mitglieder des Ausschusses schauten sich die Videos an. Sie bestätigten die Einladung und boten von sich aus an, mir das Doppelte des Honorars zu zahlen, das der vorherige Referent erhalten hatte. Dem formellen Einladungsschreiben stimmte das gesamte Komitee zu.

Wenige Stunden bevor der Universitätspräsident den Brief unterzeichnen sollte, stieß jemand in seinem Büro darauf, dass ich zehn Jahre zuvor einen Aufsatz über die Schwulenehe geschrieben hatte. Der Präsident wusste, dass meine geplanten Vorträge an der Universität nichts mit Homosexualität zu tun hatten. Dennoch setzte er sich über die Entscheidung des Komitees hinweg und zog die Einladung an mich zurück.

Warum?

Er glaubte, seine liberalen Studierenden würden einen Protest gegen meine Vorträge organisieren. Dann würde er die Polizei hinzuziehen müssen, um mich, das Komitee und den Campus zu schützen.

War das ein Einzelfall?

---

[1] Ich danke Peter Randewijk für einen Großteil der Recherchen zu diesem Kapitel.
[2] https://www.youtube.com/watch?v=uGFE-0oUaO4&t=29s.

Im Januar 2018 lud mich ein Schweizer Professor ein, einen öffentlichen Vortrag über die Reformation in St. Gallen zu halten. Der Vortrag sollte auf Kapitel 1 dieses Buches basieren. Der Professor beantragte bei der Universität einen Hörsaal, der ihm auch zugewiesen wurde.

Nachdem die Werbung angelaufen war, informierte jemand die Universität, dass ich ein Buch mit dem Titel *Die offene Wunde des Islam*[3] geschrieben hatte. Gelesen hatte das Buch niemand, doch die Universität sagte die Buchung ab!

Warum wird der liberale Westen immer intoleranter – selbst auf universitärer Ebene, wo wir doch gerade dort eigentlich am meisten intellektuelle Freiheit erleben müssten?

Nun, der post-biblische Westen wird intolerant, weil Intoleranz schon immer zur DNA des Westens gehörte. In Rom wurden Kritiker gekreuzigt, schon lange bevor man damit begann, Ketzer zu verbrennen. Die modernen Freiheiten sind durch das Blut von Märtyrern und Soldaten für uns errungen worden. Unsere Generation ist dabei, sie wieder zu verlieren, weil wir das historische Fundament der Toleranz verloren haben – die Wahrheit.

Atheisten und Agnostiker lieben «Toleranz» und «Freiheit des Gewissens und der Meinungsäußerung». Meist wollen sie die Toleranz ganz für sich haben, für ihr Recht, ihre Gedanken auszubreiten, die sie nicht wahr nennen können, und ihre neue Moral, die eigentlich nichts anderes ist als alte Unmoral. Sie geben der «Religion» die Schuld an schrecklichen Kriegen, weil sie nicht wissen, dass durch ebendiese Kriege die Toleranz errungen wurde.

Einem postmodernen Mythos zufolge sind alle, die an «Wahrheit» glauben, *per definitionem* intolerant.[4] Dieser Mythos macht die Leute blind. Sie merken nicht, dass ihre Political Correctness die schwer errungene Freiheit des Westens zerstört. Wenn einer sagt,

---

[3] *Die offene Wunde des Islam: Antworten auf Hass und Zerstörung.* Fontis: Basel 2016.

[4] Arun Shourie, ein bekannter indischer Intellektueller, bezog diese Position in: *Missionaries in India: Continuities, Changes, Dilemmas*, Rupa: Kolkata 1994.

alle Wege seien wahr – wenn auch nur relativ wahr –, dann gibt er damit zu, dass er nicht weiß, was wirklich wahr ist. Der postmoderne Wahrheitsverlust untergräbt die Toleranz.

Die mittelalterlichen Universitäten in Europa wurden zu Stätten der Reform, weil sie Zentren der Disputation waren. An christlichen Universitäten lernten Studenten, ihre Thesen zu formulieren und zu verteidigen. Beurteilt wurden sie für den Inhalt ihrer Ansichten, aber ebenso auch für ihre Fähigkeit, ihre Ansichten zu verteidigen.

Die Freiheit, etablierte Überzeugungen und Machtstrukturen infrage zu stellen, und die Freiheit, Alternativen zu propagieren, wurden zu Schlüsseln für die erstaunliche Reformfreude und den Fortschritt des Westens. Diejenigen, die an Wahrheit glaubten, zwangen das intolerante Europa, Toleranz einzuführen für die Engstirnigen, Intoleranten, Illiberalen, die heute Toleranz ächten und für illegal erklären wollen.

Bibel, Wahrheit und Toleranz

Von einer Grundschullehrerin erwarten wir, dass sie einen Schüler korrigiert, wenn er sagt, 2 + 2 sei 3. Einen Irrtum zu korrigieren ist keine Intoleranz. Eine Mutter ist nicht «intolerant», wenn sie ihrem Kind sagt, dass nicht alle Männer seine Väter sind, sondern dass es nur *einen* Vater hat. Ist Gott intolerant, wenn er seinen Kindern sagt, dass ein Stein kein Gott ist und nicht angebetet werden sollte? Oder dass die Könige und Gurus, die behaupten, göttlich zu sein, in Wirklichkeit nur Tyrannen und Betrüger sind?

Europas Toleranz wurde von Helden errungen, die inspiriert waren von biblischen Figuren wie Daniel und seinen Freunden.[5] Diese ließen sich lieber in die Löwengrube und in einen Feuerofen werfen, statt etwas Falsches anzubeten. Der König kannte sie als Männer von makelloser Integrität und herausragenden Fähigkei-

---

[5] Daniel 6 und 3.

ten. Ihre Bereitschaft, sich für das, was sie als wahr erkannt hatten, töten zu lassen, zwang heidnische Tyrannen dazu, ihr Gewissen zu respektieren.

Eine gute Lehrerin erstickt nicht die Neugier und die Fragen eines Schülers. Sie will, dass ihre Schülerinnen und Schüler überkommene Weisheiten infrage stellen, in ungewohnten Bahnen denken, Alternativen abwägen und neue Thesen formulieren, die bestehende Überzeugungen auf den Kopf stellen. Sie bewundert es, wenn Schülerinnen und Schüler ihre neuartigen Ideen und Modelle verteidigen können. Das ist intellektuelle Freiheit beim Streben nach Wahrheit.

Es gibt eine Spannung zwischen Wahrheit (2 + 2 = 4) und Toleranz gegenüber radikal neuen Einsichten. Sowohl Wahrheit als auch Toleranz sind notwendig. Jesus Christus bestätigte die überkommene Weisheit des Alten Testaments als Gottes Wort – als Wahrheit. Doch im nächsten Atemzug fuhr er mit «Doch ich sage euch» fort:

> Es heißt bei euch: «Liebe deinen Mitmenschen und hasse deinen Feind!» Doch ich sage euch: Liebt eure Feinde und betet für die, die euch verfolgen![6]

Seine intoleranten Zuhörer wollten ihn umbringen, weil er am Sabbat jemanden geheilt hatte. Jesus stellte auf den Kopf, was sie immer geglaubt hatten. Sie hatten keine Toleranz für diese neue, ungewohnte Einsicht, dass der Sabbat für den Menschen gemacht war, nicht der Mensch für den Sabbat.[7]

Jesus wurde der größte Märtyrer für die Wahrheit. Der römische Gouverneur Pontius Pilatus wusste sehr gut, dass das religiöse Establishment falsche Zeugen ins Spiel brachte, um ihn dazu zu bringen, Jesus zu kreuzigen. Jesus sagte ihm, er habe Gottes Reich der Wahrheit in Satans Reich der Unwahrheit hineingebracht:

---

[6] Matthäus 5,43–44.
[7] Markus 2,23–28; Johannes 5,1–18.

Pilatus ... ließ Jesus vorführen und fragte ihn: «Bist du der König der Juden?» ... Jesus antwortete: «Mein Königreich gehört nicht zu dieser Welt. ... Und dazu bin ich Mensch geworden und in diese Welt gekommen, um ihr die Wahrheit zu bezeugen. Wer sich von der Wahrheit bestimmen lässt, der hört auf mich.»[8]

Es war der Tod Christi am Kreuz, der Europa von seiner Krankheit namens Intoleranz heilte. Das Kreuz demonstrierte, dass aufopferungsvolle Liebe – und nicht das Schwert – Gottes Methode ist, um Sünder zur Umkehr zu bringen.

Intoleranz – eine europäische Krankheit?

Europa lernte die Intoleranz nicht von Christus und seinen Aposteln. Es war der heidnische römische Staat, der der europäischen Kirche die Intoleranz injizierte. Die Bibel heilte die Kirche und den Staat von Intoleranz.

Rom zwang die Menschen, den Kaiser als einen Gott zu verehren. Wer nicht bekannte, dass Caesar Herr ist, beging ein schweres Verbrechen. Dafür konnte man gekreuzigt oder den Raubtieren vorgeworfen werden.

Der römische Gouverneur Plinius wusste sich, wie wir schon gesehen haben, keinen rechten Reim auf diese «Rebellen» – die Christen – zu machen. Sie schienen gute Leute zu sein, nur dass sie beharrlich behaupteten, Jesus sei Herr.[9]

Gefährlich schienen diese Rebellen nicht zu sein. Aber sie stellten eine Gegenkultur dar. Deshalb kam der Kaiser zu dem Schluss, sie müssten bestraft werden. Trajan schrieb:

---

[8] Johannes 18,33–37.
[9] Plinius: «Pliny to the Emperor Trajan. Trajan to Pliny», in: *Letters* 10.96–97, http://faculty.georgetown.edu/jod/texts/pliny.html (Zugriff im Juni 2018). Zum Brief des Plinius siehe Kapitel 5.

... wenn sie angeklagt werden und sich als schuldig erweisen, müssen sie bestraft werden, mit dem Vorbehalt, dass jeder, der leugnet, ein Christ zu sein, und den Beweis dafür antritt – indem er nämlich unsere Götter anbetet –, der soll, auch wenn er in der Vergangenheit unter Verdacht stand, durch Buße die Begnadigung erlangen.[10]

Zum großen Erstaunen der Römer gab es, auch wenn viele widerriefen, eine beträchtliche Zahl von Christen, die ihr Kreuz auf sich nahmen. Für sie waren die Auferstehung und das ewige Leben bewiesene Fakten. Die christlichen Gemeinschaften wuchsen weiter, auch als die Verfolgung immer schlimmer wurde.

Religionsfreiheit kommt aus Afrika

Rom setzte seine brutale Herrschaft durch Provinzbeamte durch. Scapula war römischer Prokonsul in Nordafrika. Irgendwann nach dem August 212 begann Scapula, die Gläubigen in Karthago im heutigen Tunesien zu verfolgen. Ein afrikanischer Christ namens Quintus Septimius Florens Tertullianus (um 155–um 240) stellte sich der römischen Intoleranz entgegen. Er schrieb einen offenen Brief an den Prokonsul: «Wir sind über die Verfolgungen nicht sehr beunruhigt», denn als wir Christen wurden, «akzeptierten wir die Bedingungen seines Bundes», also das Kreuz.[11]

Tertullian machte sich größere Sorgen um den Verfolger, den Prokonsul, als um die Verfolgten, «denn unsere Religion gebietet uns, auch unsere Feinde zu lieben». Er schrieb seinen offenen Brief, «damit wir Euch die Wahrheiten vortragen können, die Ihr Euch öffentlich nicht anhören wollt».

---

[10] Ebenda.
[11] Tertullian: *To Scapula,* Kap. 1 [Translated by the Reverend S. Thelwall], http://www.sacred-texts.com/chr/ecf/003/0030133.htm#fn_445 (Zugriff im Juni 2018).

Von welchen Wahrheiten sprach Tertullian hier?

> ... Es ist ein fundamentales Menschenrecht (*humani iuris*), ein angeborenes Vermögen (*naturalis potestatis*), dass jeder Mensch nach seinen eigenen Überzeugungen anbeten sollte: Die Religionsausübung des einen fügt dem anderen weder Schaden zu, noch hilft sie ihm. Es ist gewiss nicht Sache der Religion, eine Religionsausübung zu erzwingen – denn es ist Freiwilligkeit und nicht Zwang, die uns leiten sollte –; ein williger Geist ist gefragt bei dem, der opfert.[12]

Tertullian glaubte, der Mensch sei zur Freiheit geschaffen. Jedem Menschen war die Verantwortung aufgetragen, die Wahrheit zu suchen und Gott zu lieben. Liebe lässt sich nicht erzwingen. Echte Anbetung musste aus freiem Willen erfolgen. Das war keine neue Idee. Schon im Jahr 197 hatte Tertullian eine *Apologie* geschrieben. In jenem Buch hatte er über Religionsfreiheit gesprochen:

> Denn achte darauf, dass du keinen weiteren Grund für den Vorwurf der Gottlosigkeit lieferst, indem du die Religionsfreiheit (*libertatem religionis*) wegnimmst und die freie Wahl (*opcione*) in Glaubensfragen verbietest, so dass ich nicht mehr nach meiner Neigung anbeten darf, sondern gezwungen bin, anzubeten, was ich nicht wünsche.[13]

Tertullians Argument für die Religionsfreiheit war profund. Menschen hatten das innewohnende, gottgegebene (natürliche) Menschenrecht, ihrem Verständnis und ihrer aufrichtigen Überzeugung gemäß zu glauben, zu leben und anzubeten:

---

[12] Tertullian, *To Scapula*, Kap. 2.

[13] Tertullian: Apologeticum oder Verteidigung der christlichen Religion und ihrer Anhänger [Übersetzt von Dr. K. A. Heinrich Kellner], Kapitel 24, http://www.tertullian.org/articles/kempten_bkv/bkv24_08_apologeticum.htm#C24 (Zugriff im Juli 2019).

Einer bete Gott an, ein anderer Jupiter; einer hebe flehende Hände zum Himmel, der andere zum Altar der Fides; einer – wenn du es so sehen willst – zähle im Gebet die Wolken, und ein anderer die Deckenpaneele; der eine weihe sein eigenes Leben seinem Gott, und ein anderer das Leben einer Ziege.[14]

Teilsiege der Freiheit über Rom

Wir sollten die Unbeugbaren ehren, die nach Tertullian ein Jahrhundert lang ihr Blut für ihre Überzeugungen vergossen. Sie vertraten die feste Meinung, alle Macht im Himmel und auf Erden sei dem Messias gegeben worden. Jesus war Herr – Herrscher über die Könige der Erde. Deshalb sollten Herrscher keine Tyrannen sein. Sie sollten dem Guten Hirten nachfolgen.

Nach einem Jahrhundert zwang das Blut der römischen Christen den Kaiser Galerian dazu, im Jahr 311 im heutigen Sofia in Bulgarien das Toleranzedikt zu unterzeichnen. Damit endete offiziell die Verfolgung, die unter Diokletian begonnen hatte. Das Römische Reich sah sich zur Toleranz gezwungen, weil «die meisten von ihnen [den Christen] in ihrer Entschlossenheit beharrlich blieben».[15] Die Verfolgung erwies sich als kontraproduktiv. Sie machte nur deutlich, dass das Reich Christi erstrebenswerter war als das Römische Reich. Im Toleranzedikt wurden die Christen gebeten, «zu ihrem Gott zu beten für unsere Sicherheit, für die der Republik und für ihre eigene, dass die Republik von allen Seiten unbeschadet fortbestehen möge».[16]

Zwei Jahre später unterzeichneten die Kaiser Konstantin und Licinius das Edikt von Mailand. Dieses Edikt gewährte den Christen und anderen Religionen «das Recht auf offene und freie Ausübung ihres Gottesdienstes um des Friedens für unsere Zeit willen, so dass

---

[14] Ebenda.
[15] Galerius: *Toleranzedikt*, Kap. 34.
[16] Lactantius: *Von den Todesarten der Verfolger*, Kap. 34.

jeder die ungehinderte Möglichkeit haben möge, so anzubeten, wie es ihm beliebt».[17]

So wurde das Christentum legal: eine *religio licita*, wie Tertullian es nannte.

Mag sein, dass das Edikt von Mailand eher durch Pragmatismus motiviert war als durch eine prinzipiengetriebene Politik der Toleranz. Dennoch darf man es mit gutem Grund als die erste offizielle Verkündigung der Religionsfreiheit in Europa betrachten.

Was bewegte die beiden Kaiser dazu, dieses Edikt zu unterschreiben?

Die Schlüsselfigur dabei war wiederum ein Afrikaner, Lucius Caecilius Firmianus Lactantius (auch Laktanz, um 250–um 325). Er gehörte dem Volk der Berber an, das über einen Großteil Nordafrikas verbreitet war. Er konnte Schriftsteller werden, weil er ein Armutsgelübde abgelegt hatte. Den Buchdruck gab es noch nicht. Schriftsteller verdienten kein Geld. Doch die Gönnerschaft des Kaisers half. Konstantin war so beeindruckt von den Schriften des Lactantius, dass er ihn einlud, am kaiserlichen Hof zu leben. Lactantius las seine Bücher dem Kaiser laut vor.

Lactantius hatte die Verfolgung unter Diokletian miterlebt, die im Jahr 303 begonnen hatte. Freiheit war ihm äußerst wichtig. Und auch dem Reich tat es gut, den Einzelnen gedeihen zu lassen. In seinem einflussreichen Werk *Institutiones Divinae* schrieb Lactantius:

> Es gibt keinen Anlass für Gewalt und Verletzungen, denn Religion lässt sich nicht aufzwingen; die Sache muss mit Worten geführt werden statt mit Schlägen, damit der Wille gelenkt wird. Denn nichts ist so sehr eine Sache der Freiwilligkeit wie die Religion ...[18]

Lactantius hatte seinen afrikanischen Landsmann Tertullian gelesen.

---

[17] Edikt von Mailand, 313 n. Chr.
[18] Lactantius: *Institutiones Divinae*, Buch V, Kap. 20.

Das Fundament des Toleranzgedankens

War der Gedanke der Religionsfreiheit, des Rechts einer Person, ihre Überzeugungen zu wählen, eine neue Idee? Wir kennen keinen Afrikaner oder Europäer, der vor diesen beiden Autoren diese Sicht der Dinge vertrat. Woher nahmen Lactantius und Tertullian diese Perspektive, die doch einigen gesellschaftlichen Sprengstoff enthielt?

Die beiden Gelehrten bezogen ihre Ideen direkt aus der Bibel. Die Heilige Schrift sagte ihnen:

- Glaube lässt sich nicht erzwingen: *Wer also von Herzen glaubt, wird von Gott angenommen* (Römer 10,10).
- Religion ist keine Sache äußeren Brauchtums: *Ja, zerreißt eure Herzen vor Trauer und nicht bloß eure Kleider!* (Joel 2,13).
- Wahre Religion ist eine Sache der Liebe, nicht der gesellschaftlichen Anpassung: *Ihr sollt [euren Gott] von ganzem Herzen lieben, mit ganzer Hingabe, mit eurem ganzen Verstand und mit all eurer Kraft* (Markus 12,30).

Tertullian und Lactantius hatten verstanden, dass Hingabe an Gott aus dem Innern des Menschen kam. Hingabe ließ sich niemandem von außen aufzwingen.

Schon die ersten Kapitel der Bibel warfen ein Licht auf die Bedeutung der Menschenwürde. Der Schöpfer stattete unsere Ureltern mit der Freiheit aus, Gott zu ehren – oder aber ihm ungehorsam zu sein.

Diese afrikanischen Intellektuellen, die den Cäsaren die Bedeutung der Menschenwürde nahebrachten, dachten über die Worte Jesu nach: «Gebt dem Kaiser, was ihm zusteht, und gebt Gott, was ihm gehört!»[19] Der Kaiser hat ein Anrecht auf unsere Steuern; unser Leben dagegen gehört dem Schöpfer.

---

[19] Matthäus 22,21.

Die europäische Intoleranz infiziert die Kirche

Die Christen in Rom erkämpften die Toleranz mit ihrem Blut. Doch im Lauf der Zeit injizierte das Römische Reich seine DNA der Intoleranz in die Kirche. Als sich nach dem 5. Jahrhundert das Westreich auflöste, wurde die Kirche zu dem Kitt, der die Gesellschaft zusammenhielt. Ihre Stellung zog machthungrige Personen an. Sie machten aus einer Religion der Frömmigkeit eine Religion der Macht. Die ersten Gesetze, durch die Juden diskriminiert wurden, wurden bereits im 6. Jahrhundert erlassen.[20]

Es gab immer noch Stimmen der Vernunft. Bernhard von Clairvaux (1090–1153) zum Beispiel schrieb: «Glaube muss empfohlen, nicht aufgezwungen werden.»[21] Als Karl der Große (747–814) den Heiden christliche Praktiken aufzuzwingen versuchte, wandte sein Berater Alcuin (735–804) ein: «Glaube kommt aus dem Willen, nicht aus Zwang.»[22] Möglicherweise zitierte Alcuin damit Augustinus: «Glaube ist etwas Freiwilliges, niemals etwas Erzwungenes.»[23]

Die Macht der Vernunft zu unterstellen, die Gewalt dem Recht, ist eine zu große Herausforderung für gefallene Menschen. Der Westen vergaß Tertullian, Lactantius und das ganze Konzept der religiösen, intellektuellen Freiheit. Zurückgewonnen wurden diese Tugenden erst, nachdem der Westen sich der Autorität des Wortes Gottes untergeordnet hatte.

---

[20] *Codex Iustinianus*, I. Buch, IX. Titel, «Von den Juden und denen, die den Himmel anbeten» (534 n. Chr.), http://www.opera-platonis.de/CI/CI_B1.pdf.

[21] *Sermones Super Cantica Canticorum*. Bernhard begann 1135, diese zu schreiben, starb aber, ohne die Reihe zu vollenden. https://en.wikipedia.org/wiki/bernard_of_clairvaux#works.

[22] Zitiert nach Tucker, Ruth A.: *Parade of Faith: A Biographical History of the Christian Church*, Zondervan: Grand Rapids 2011, S. 144.

[23] Dales, Douglas: *Alcuin: His Life and Legacy*, James Clarke & Co: Cambridge 2012, S. 105.

Die Wiederentdeckung der biblischen Gewissenslehre

Im Jahr 1521 stand in Worms ein deutscher «Daniel» dem römischen Kaiser gegenüber. Er hatte die vorausgegangene Nacht im Gebet verbracht und darin die geistlichen Kraftquellen gefunden, sich in die «Löwengrube» werfen zu lassen. Nun sprach er die berühmten Worte, mit denen die «Religionskriege» beginnen sollten, die das Mittelalter beendeten und die Welt der modernen Freiheiten entstehen ließen:

> ... wenn ich nicht durch Zeugnisse der Schrift und klare Vernunftgründe überzeugt werde; denn weder dem Papst noch den Konzilien allein glaube ich, da es feststeht, dass sie öfter geirrt und sich selbst widersprochen haben, so bin ich durch die Stellen der Heiligen Schrift, die ich angeführt habe, überwunden in meinem Gewissen und gefangen in dem Worte Gottes. Daher kann und will ich nichts widerrufen, weil wider das Gewissen etwas zu tun weder sicher noch heilsam ist. Hier stehe ich, ich kann nicht anders, Gott helfe mir, Amen!

Die römisch-katholische Kirche hatte Martin Luther den biblischen Gedanken des «Gewissens» nahegebracht. Denn die Bibel lehrte, wahre Religion bestehe nicht darin, vorgeschriebene Rituale zu vollziehen. Sie bestehe vielmehr in der «Liebe, die aus einem reinen Herzen, einem guten Gewissen und einem aufrichtigen Glauben kommt».[24] In Römer 2,15 beschreibt Paulus das Gewissen als einen Zeugen dessen, was wir getan haben.

Ein weiterer afrikanischer Gelehrter, Origenes von Alexandria (184–um 253 n. Chr.), hatte die biblische Gewissenslehre im Sinne eines Zeugnisses unserer vergangenen Gedanken und Taten dargestellt. Thomas von Aquin, einer der größten christlichen Theologen aller Zeiten, war einen Schritt weitergegangen. Er beschrieb

---

[24] 1. Timotheus 1,5. Siehe auch Apostelgeschichte 23,1; 24,16; Römer 2,15.

das Gewissen (lat. *conscientia*) als die Anwendung von Wissen (*con scientia* = mit Wissen) auf unser zukünftiges Handeln. Das Gewissen war ein göttlicher Richter in unserer Seele: die Fähigkeit, über zukünftiges Handeln zu entscheiden – zu wissen, wie wir uns in komplexen moralischen Situationen verhalten sollten.[25]

Thomas von Aquin bezog seine Sichtweise aus Apostelgeschichte 5,29. Die Obrigkeit hatte den Aposteln befohlen, nicht mehr von Jesus zu sprechen. Dem entgegnete Petrus, der von Jesus beauftragt war, ein Zeuge zu sein: «Man muss Gott mehr gehorchen als den Menschen!» Vor dieser Wahl standen auch der biblische Daniel und seine Freunde. Und es war ebenso die entscheidende Frage, vor der 1521 Martin Luther stand. Er folgte den biblischen Vorbildern und der katholischen Gewissenslehre, indem er sein Leben aufs Spiel setzte, um Gott zu gehorchen.

Die Religionskriege, in denen die individuellen Freiheiten für uns errungen wurden, fanden statt, weil Martin Luther tiefer in der Bibel grub. 1528 hielt er in Marburg eine einflussreiche Predigt über die «zwei Reiche». Johannes Calvin und später die Calvinisten verfeinerten seine Gedanken und beeinflussten wichtige Denker und Staatsmänner wie John Locke und James Madison.

Luther sagte, die biblische Lehre von den zwei Reichen begrenze die Macht weltlicher und kirchlicher Führer. Keiner von ihnen habe Autorität über unsere Seelen. Denn unsere Seelen gehören Gott allein:

> Deshalb hat Gott die zwei Regimente verordnet: das geistliche, welches durch den heiligen Geist Christen und fromme Leute macht, unter Christus, und das weltliche, welches den Unchristen und Bösen wehrt, dass sie gegen ihren Willen äußerlich Friede halten und still sein müssen.[26] ...

---

[25] Thomas von Aquin: *Summa Theologica,* Prima pars, Frage 79, Artikel 13, «Whether Conscience Be a Power» (geschrieben 1265–1274) (Zugriff im Juni 2018).

> Das weltliche Regiment hat Gesetze, die sich nicht weiter erstrecken als über Leib und Gut und was äußerlich auf Erden ist. Denn über die Seele kann und will Gott niemand regieren lassen als sich selbst allein. Deshalb: wo weltliche Gewalt sich vermisst, der Seele Gesetze zu geben, da greift sie Gott in sein Regiment und verführt und verdirbt nur die Seelen.[27] …
>
> Aber der Seelen Gedanken und Gesinnungen können niemand als Gott offenbar sein. Deshalb ist es umsonst und unmöglich, jemand zu gebieten oder ihn mit Gewalt zu zwingen, so oder so zu glauben. Es gehört ein anderer Griff dazu, die Gewalt tuts nicht.[28] …
>
> Weil es denn einem jeglichen auf seinem Gewissen liegt, wie er glaubt oder nicht glaubt, und weil damit der weltlichen Gewalt kein Abbruch geschieht, soll sie auch zufrieden sein und sich um ihre Sache kümmern und so oder so glauben lassen, wie man kann und will, und niemand mit Gewalt nötigen. Denn es ist ein freies Werk um den Glauben, zu dem man niemand zwingen kann[29] …

Für Luther war Gottes Wort klar: In Überzeugungs- und Gewissensdingen sollte auf niemanden Zwang ausgeübt werden. Es war nicht Sache des Staates, über unsere Seelen zu urteilen.

Dieser biblische Gedanke der zwei Reiche tauchte in der westlichen Staatslehre immer wieder auf, bis er sich in der Religionsfreiheit in Amerika institutionalisierte.

---

[26] Luther, Martin: *Von weltlicher Obrigkeit, wie weit man ihr Gehorsam schuldig sei*, https://gutenberg.spiegel.de/buch/von-weltlicher-obrigkeit-wie-weit-man-ihr-gehorsam-schuldig-sei-267/1.
[27] Luther, *Von weltlicher Obrigkeit*, https://gutenberg.spiegel.de/buch/von-weltlicher-obrigkeit-wie-weit-man-ihr-gehorsam-schuldig-sei-267/2.
[28] Ebenda.
[29] Ebenda.

7 BLUTVERGIESSEN FÜR DIE TOLERANZ

Der Augsburger Religionsfriede (1555)

Gewissensfreiheit ist ein zweischneidiges Schwert. Sie fördert den gegenseitigen Respekt, aber auch die Unterschiedlichkeit. Das gefährdet die Einheit. Kaiser Karl V. betrachtete Einheit als die oberste Notwendigkeit des Reiches. Denn die Türken waren auf dem Vormarsch in die christlichen Länder. Deshalb rief er die lutherischen Fürsten und ihre Vertreter am 25. Juni 1530 in der Kaiserstadt Augsburg zusammen, damit sie ihre neuen Glaubensüberzeugungen darlegten.

Martin Luther, der bereits als Ketzer verurteilt war, wurde nicht eingeladen. Deshalb trug Philipp Melanchthon, Luthers Kollege an der Universität Wittenberg, das vor, woraus dann das lutherische Bekenntnis wurde. Römisch-katholische Theologen waren eingeladen, um ihre Entgegnungen vorzubringen. Ihre Meinungsverschiedenheiten schienen dem Kaiser unvereinbar zu sein. Darum gab er den Lutheranern ein Jahr Zeit, ihre Meinung zu ändern und sich der Lehre der römisch-katholischen Kirche anzupassen. Andernfalls sollten sie sich darauf gefasst machen, den ganzen Zorn und die Macht des Reiches zu spüren zu bekommen.

Auf die Drohung des Kaisers hin schrieb Luther an Erzbischof Albrecht von Mainz und bat ihn, die Rolle des jüdischen Lehrers Gamaliel einzunehmen. Das Neue Testament berichtet, dass Gamaliel zur Duldung geraten hatte, als der jüdische Sanhedrin die Jünger töten wollte, die sich nicht davon abhalten ließen, über Christus zu reden:

> Diese Worte versetzten die Mitglieder des Hohen Rates in maßlose Wut, und sie wollten die Apostel hinrichten lassen. Da stand Gamaliel auf, ein Pharisäer und im Volk hoch angesehener Gesetzeslehrer. Er ließ die Apostel für kurze Zeit hinausbringen; dann wandte er sich an die Versammelten: «Ihr Männer von Israel, seid vorsichtig und überlegt euch genau, was ihr gegen diese Leute unternehmt. ... Lasst diese Männer in Ruhe! Geht nicht gegen sie vor! Wenn es ihre eigenen Ideen und Taten sind,

für die sie sich einsetzen, werden sie damit scheitern. Steht aber Gott dahinter, könnt ihr ohnehin nichts dagegen unternehmen. Oder wollt ihr am Ende als Leute dastehen, die gegen Gott kämpfen?» Das überzeugte alle.[30]

Luthers Argument für Toleranz hört sich für uns ganz einfach an, aber zu seiner Zeit war es radikal. Warum, fragte er, sollte der Kaiser uns zwingen, etwas zu glauben, was wir nun einmal nicht glauben? Warum können Lutheraner und Katholiken im Reich nicht zusammen leben und jeder an das Bekenntnis glauben, das er für das richtige hält? Schließlich sagte die Bibel ja: «Für manche Leute sind bestimmte Tage von besonderer Bedeutung. Für andere wieder sind alle Tage gleich. Jeder soll so leben, dass er mit voller Überzeugung dazu stehen kann.»[31]

Die Türken hielten den römischen Kaiser bis 1546 davon ab, sein Reich in einen Bürgerkrieg zu stürzen. Luther war tot. Wittenberg war besiegt. Luthers Witwe und seine Kinder hatten fliehen müssen. Doch das Blutvergießen wurde zu einer Operation, die allmählich das Krebsgeschwür der Intoleranz aus Europa herausschnitt. Der neue Glaube war inzwischen zu groß und stark geworden. Nicht jeder hatte aus eigener Überzeugung das Luthertum angenommen. Viele Fürsten hatten es lediglich getan, um ihre Macht und ihre Unabhängigkeit vom Reich zu steigern. Dennoch bedeutete ihr Eintreten für das Luthertum, dass es sich nicht länger durch Krieg unterdrücken ließ.

Der Konflikt endete 1555 mit dem Augsburger Religionsfrieden. Durch diesen Vertrag wurde den Lutheranern Religionsfreiheit gewährt. Er sah vor, dass jeder Fürst eine Glaubensrichtung für sich und seinen Staat wählen konnte. Familien erhielten die Freiheit zu wählen, ob sie in einem katholischen oder einem lutherischen Staat leben wollten.

---

[30] Apostelgeschichte 5,33–39.
[31] Römer 14,5.

Damit war der Vertrag von Augsburg der erste moderne Schritt hin zur Toleranz. Doch die Vereinbarung war rein pragmatisch, nicht auf Prinzipien gegründet. Der Calvinismus blieb verboten. Das schuf eine Bühne für achtzig Jahre voller Religionskriege. Während der ersten fünfzig Jahre spielte sich der Krieg hauptsächlich zwischen dem katholischen Spanien und den calvinistischen Regenten der Staaten ab, aus denen Holland bzw. die Niederlande wurden. In den letzten dreißig Jahren (1618–1648) griff das Blutvergießen auf fast ganz Europa über. Zu einem großen Teil ging es in dem Krieg um Politik, Macht und Wirtschaft. Religion war oft nur ein Vorwand.

Doch ein religiöses Streben nach Wahrheit und Freiheit begann und beendete diesen langen und schrecklichen Krieg. Die Tragödie wurde zum Kontext für ernsthaftes Nachdenken und Bibelstudium. Sie brachte die mittelalterliche Geisteshaltung zu einem Ende und beschleunigte die Entwicklung der modernen Welt.

Holland, das Epizentrum der Kriege, wurde zur Kinderstube moderner religiöser, intellektueller und sozialer Freiheiten. Es wurde zur Zuflucht für René Descartes, den Vater der Aufklärung, für Bischof Johann Amos Comenius, den Vater der modernen Bildung, für die Puritaner, die vor der Verfolgung in England flohen, um dann Nordamerika zu kolonisieren, für Zehntausende der verfolgten französischen Calvinisten, der Hugenotten, deren Einfluss sich in vielen Lebensbereichen etlicher Länder von Südafrika bis Nordamerika bemerkbar machte. Das geistlich-intellektuelle Milieu von Amsterdam wurde zu dem Kontext, in dem der englische Flüchtling John Locke Zuflucht fand und seine Staatslehre entwickelte, einschließlich ihrer biblischen Argumentation für Duldsamkeit. Seine Abhandlung prägte dann amerikanische Gründer wie Thomas Jefferson. Ein Überblick über die Entstehungsgeschichte der Freiheit in Holland wird hilfreich sein.

Die biblischen Gedanken von der Gewissensfreiheit flossen aus Deutschland den Rhein hinab in die Region, wo der Fluss in die Nordsee mündet. Das Land war wegen der regelmäßigen Überschwemmungen sumpfig. Zum Kampf gegen die Fluten in dieser tief liegenden Ebene (daher «Niederlande») hatten sich die Leute zu sogenannten «Wasserschaften» (*Waterschappen*) zusammengeschlossen.

Nicht jede Kultur glaubt, dass der Mensch dazu geschaffen und beauftragt ist, seine Herrschaft über die Erde zu errichten. Die Holländer glaubten der Bibel. Deshalb fürchteten sie sich weder vor dem Meer, noch beteten sie die Natur an. Sie organisierten sich, um das Meer zurückzudrängen. Sie gebrauchten ihre Hände und ihren Verstand, um Boden vom Meer, den Binnenseen und den Sümpfen zurückzugewinnen.

Das neue, zurückgewonnene Land gehörte dem Volk, nicht dem Adel. Die Bauern, die es dem Meer abrangen, konnten es von ihren Wasserschaften kaufen. So kam es, dass um das Jahr 1500 in der Provinz Holland nur fünf Prozent des Landes den Adligen gehörte. Die Kirche besaß ungefähr zehn Prozent. Vierzig Prozent gehörten den Stadtbewohnern, der Rest den Bauern.

Dass sie ihre eigenen Herren waren, unterschied die holländischen Bauern von anderen Europäern. Sie brauchten nicht für ihre Freiheit zu kämpfen, wie es viele deutsche und schweizerische Bauern tun mussten.

Durch die Lage am Meer und am Rhein bot sich Holland als Handelsplatz an. Alle möglichen Menschen und Waren strömten durch die Häfen. Die Einwohner gewöhnten sich daran, fremdartige Menschen zu sehen, besonders an dem Handelshafen, der sich bei einem Damm an der Amstel befand. Diese Siedlung wurde bald Amsterdam genannt. Die Händler hatten geschäftliche Gründe dafür, ungewöhnlichen Verhaltensweisen auf ihren Straßen mit Duldsamkeit zu begegnen.

Dieser sozioökonomische Kontext machte die Niederlande zu einem Nährboden für Gruppen mit gegensätzlichen Interpretationen der Bibel. Die kleine Stadt war zum Standort von etwa zwanzig Klöstern und Nonnenstiften geworden, die nur wenige Minuten Fußweg voneinander entfernt lagen. Das brachte es mit sich, dass wesentlich mehr Menschen lesen und schreiben konnten als in den meisten Teilen Europas. War man unterschiedlicher Meinung, wurde darüber debattiert; Pamphlete wurden nachgedruckt. Holland wurde zur ersten Adresse für Drucker und Buchhändler.

Diese Faktoren in Verbindung mit biblischer Theologie machten die Holländer offen dafür, nach Wahrheit zu suchen. Amsterdam, eine Handelsstadt im Krieg, wurde im 16. Jahrhundert zum Zentrum der Gegenkultur und war die wichtigste Kinderstube der Toleranz auf der Welt.

Die deutsche Reformation war gelungen, weil der Adel sie unterstützt hatte. In Holland befanden sich die Ländereien und das Geld in den Händen des Volkes. Calvins republikanisches Modell ermöglichte es dem Volk zudem, auch seine Kirche zu besitzen. Dadurch wurden das Glaubenspersonal und die Kirche zum Zentrum des Glaubens, der die Gemeinschaft einte. Die calvinistische Perspektive auf die Bibel gab Händlern größere Freiheit, Kapital einzusetzen, um mehr Kapital zu schaffen.

All das machte einen Konflikt zwischen Europas intoleranter DNA und der biblisch inspirierten Freiheit unausweichlich.[32]

Wilhelm von Oranien – der deutsche Vater der Niederlande

Wilhelm I., Fürst von Oranien (1533–1584), wurde in Deutschland in einer lutherischen Familie aus dem niederen Adel in der Grafschaft Nassau-Dillenburg geboren. Durch einige Todesfälle auf der mütterlichen Seite der Familie wurde er Erbe des wichtigen Fürstentums Oranien in Südfrankreich. Das Fürstentum herrschte über Gebiete, die heute zu Holland gehören. Wilhelm musste Katholik sein, um sein Erbe antreten zu können. Deshalb konvertierte ihn die Familie, als er erst elf Jahre alt war, zum Katholizismus.

Karl V., Kaiser des Heiligen Römischen Reiches, baute Wilhelm

---

[32] Zu weiteren Einzelheiten siehe Israel, Jonathan: *The Dutch Republic: Its Rise, Greatness, and Fall, 1477–1806*, Oxford Univ. Press: Oxford 1995.

auf, um für das Reich über die freigeistigen Ländereien der Niederlande zu herrschen.

Eines Tages nahm der französische König Heinrich II. diesen Wilhelm mit zu einem Jagdausflug. In der Annahme, Wilhelm wisse bereits von dem Geheimplan, prahlte Heinrich mit den Plänen des jungen Kaisers Philipp II., die Calvinisten mit Gewalt aus Frankreich, den Niederlanden und dem Rest der Christenheit auszurotten.

Wilhelm war ein exzellenter Politiker. Er war klug genug, im richtigen Moment den Mund zu halten. Das trug ihm den Spitznamen Wilhelm der Schweiger ein. Später erklärte er in seiner Apologie, als er von diesem heimtückischen Plan hörte, habe er beschlossen, sein Leben einzusetzen, um das Gemetzel an «so vielen ehrenhaften Leuten» zu verhindern.[33]

Wilhelm setzte sich bei Philipp für Religionsfrieden und Duldung ein. Innerhalb des Reiches war der Calvinismus weit verbreitet, aber immer noch eine verbotene, im Untergrund arbeitende Gegenkultur-Bewegung. Im Jahr 1566 beschloss Wilhelm, öffentliche calvinistische Gottesdienste zuzulassen. Philipp reagierte darauf, indem er eine spanische Armee unter dem brutalen Herzog von Alba und die Inquisition entsandte. Das löste den holländischen Aufstand für Selbstverteidigung und Freiheit aus.

Inquisition und Intoleranz

Albas Armee verwüstete ganze Städte und brannte sie nieder. Die Inquisition erließ barbarische Gesetze: Wer bereute, ein Calvinist zu sein, sollte nicht verbrannt, sondern nur enthauptet werden. Freilich ließen sich solche Gesetze schlecht konsequent anwenden, wenn bereits über ein Drittel der Bevölkerung Calvinisten geworden waren.

---

[33] William of Orange: *Apology,* http://www1.umassd.edu/euro/resources/netherlands/24.pdf.

Der zähe Charakter der Holländer musste sich erheben und der Herausforderung dieses neuen unbarmherzigen Feindes begegnen. Im Jahr 1579 unterzeichneten die nördlichen holländischen Provinzen die «Utrechter Union». Sie legte fest, dass «jeder Mensch frei bleiben soll in seiner Religion».[34] Das war eine Verbesserung gegenüber dem Augsburger Religionsfrieden: eine aus Prinzip, nicht nur aus pragmatischen Erwägungen gegebene Antwort auf die Intoleranz.

1584 erschien das einflussreiche anonyme Pamphlet zur Gewissensfreiheit mit dem Titel «Diskurs eines Adligen». Philips van Marnix, Vrijheer von Mont Saint Aldegonde, Bürgermeister von Antwerpen, argumentierte darin auf der Grundlage der Bibel, Gewissensfreiheit ohne Religionsfreiheit sei bedeutungslos:

> Ich weiß, man verspricht uns Gewissensfreiheit, vorausgesetzt, es gibt keine öffentlichen Gottesdienste, und es wird kein Anstoß erregt, aber das dient nur dazu, uns in die Falle zu locken. Denn es ist ja wohlbekannt, dass das Gewissen, das im Verstand der Menschen sitzt, immer frei ist und nicht von anderen Menschen überprüft werden, geschweige denn ihrer Kontrolle, ihrem Befehl unterstellt werden kann. Und tatsächlich ist noch niemand je bloß aus Gründen des Gewissens hingerichtet oder schikaniert worden, sondern stets für irgendeinen öffentlichen Akt oder eine Demonstration, sei es durch Worte, die als Anstoß aufgefasst, oder durch Handlungen, die als Religionsausübung bezeichnet werden.[35]

---

[34] Art. 13 der Utrechter Union, http://www1.umassd.edu/euro/resources/netherlands/20.pdf (Zugriff im Juni 2018).

[35] «Discourse of a nobleman, a patriot partial to public peace, upon peace and war in these Low Countries, 1584», http://www.dbnl.org/tekst/koss002text01_01/koss002text01_01_0064.php (Zugriff im Juni 2018).

Die Quelle der Freiheit der Niederlande

In Calvins Genf hatten die Calvinisten selber Michael Servetus als Ketzer hingerichtet. Das zeigte, dass die Bekehrung zum Protestantismus Europa nicht automatisch von seiner intoleranten DNA heilte. Deshalb warf Sebastian Castellio (1515–1563), ein französischer calvinistischer Theologe und Prediger, in einem Aufsatz, der 1554 in Basel erschien, die Frage auf: «Soll man Ketzer verfolgen?»[36] Castellio führte dazu Jesu Gleichnis vom Unkraut im Weizen aus Matthäus 13,24–30 an:

> Wir lernen aus diesem Text, ... wie wir Ketzer und Irrlehrer behandeln sollten. Wir sollen sie nicht ausrotten oder zum Tode verurteilen. Das macht Christus vollkommen klar, wenn er sagt: «Lasst beides bis zur Ernte wachsen.» Bekämpft sie nur mit dem Wort Gottes, denn wer heute auf Irrwegen geht, wird vielleicht morgen auf den richtigen Pfad zurückkehren. Wer weiß, wann das Wort Gottes sein Herz bewegen mag? Wird er aber verbrannt oder sonst wie vernichtet, so ist seine Bekehrung unmöglich gemacht. Er ist vom Wort Gottes abgeschnitten, und wo er sonst hätte vielleicht gerettet werden können, ist er unweigerlich verloren.
>
> Im Übrigen gibt es noch eine andere ernste Gefahr, vor der Christus uns in dieser Passage warnt, nämlich dass der Weizen zusammen mit dem Unkraut ausgerissen wird. Das ist abscheulich in Gottes Augen und absolut untragbar.[37]

Castellio trat für die Trennung von Kirche und Staat ein. «Könige und Fürsten» sollten sich davor hüten, irgendjemanden zu töten

---

[36] Castellio, Sebastian: *De haereticis*, 1554 in Basel veröffentlicht unter dem Pseudonym Martin Bellius mit der Angabe Magdeburgs statt Basels als Erscheinungsort, https://www.e-rara.ch/bau_1/content/pageview/10273424 (Zugriff im Juli 2019). https://www.colorado.edu/neh2015/sites/default/files/attached-files/castellioonheretics-i.pdf (Zugriff im Juni 2018).

oder zu verbrennen aufgrund seines Glaubens, seiner Religion, «die vor allem anderen frei sein sollte, da sie nicht im Leib sitzt, sondern im Herzen, das für das Schwert der Könige und Fürsten unerreichbar ist».[38]

Die Aufgabe der Herrschenden war es, sich um Besitz und Personen zu kümmern, nicht um Seelen: «Die Herrscher mögen sich damit begnügen, die Bösen daran zu hindern, den Guten Schaden an Habe oder Leib zuzufügen, wie der Apostel Paulus in Römer 13 lehrt. Sünden des Herzens wie Untreue, Ketzerei, Neid, Hass usw. sind durch das Schwert des Geistes zu bestrafen, nämlich das Wort Gottes.»[39]

Castellio stützte sich auf die Bibel und zitierte Lactantius, Luther und andere bereits erwähnte Kirchenväter. Seine politische Philosophie war klar: Der Staat hat keine Autorität in Fragen des Gewissens und des menschlichen Herzens. Seine Aufgabe ist es, die äußeren Angelegenheiten einer Gemeinschaft zu ordnen, wie Güter, Eigentum und Dienstleistungen.

Johannes Althusius und seine biblische Staatslehre

Johannes Althusius (1563–1638) war ein deutscher Jurist und calvinistischer Staatstheoretiker. Er diente als Stadtpolitiker in Emden. Das enorme Leid, das den Holländern durch Religionskriege, Verfolgung und Inquisition geschehen war, schmerzte ihn tief. Deshalb verteidigte er die absolute Gewissensfreiheit (*libertas*

---

[37] Aus dem Englischen übersetzt nach Castellio: *De Haereticis*, übers. v. Roland Bainton, Columbia Univ. Press: New York 1935. Abschnitt über Martin Luther «in His Postills on the Gospel of the Tares for the Fifth Sunday After Epiphany on the Twenty-fourth Chapter of Saint Matthew», S. 18, https://www.colorado.edu/neh2015/sites/default/files/attached-files/castellioonheretics-i.pdf (Zugriff im Juni 2018).
[38] Ebenda, Abschnitt «Dedication to William of Hesse», S. 10.
[39] Ebenda.

conscientiae) in seinem Buch *Politica Methodice Digesta* (Politik methodisch gesammelt).

Der amerikanische Staatsmann, Gründervater und vierte US-Präsident James Madison bezog seine Gedanken von Althusius. Althusius wiederum stützt seine Argumentation auf Lactantius' Verständnis der Bibel. «... Glaube ist eine Gabe Gottes und nicht von Caesar. Er ist nicht dem Willen unterworfen, und er lässt sich nicht erzwingen.»[40)]

Die herrschende Obrigkeit muss die Angelegenheiten der Seele Gott überlassen. Gewissensfreiheit hat Vorrang vor dem Staat, denn sie wurde unserer Natur durch den Schöpfer eingepflanzt. Sie ist «natürliches [nicht menschengemachtes] Recht».

Althusius gründete seine Ansicht auf etliche Bibelverse, etwa bei Johannes – «Die Wahrheit wird euch befreien» oder «Wenn euch also der Sohn Gottes befreit, dann seid ihr wirklich frei» (Johannes 8,32–36) – und auch bei Paulus: «Bin ich nicht frei? Bin ich nicht ein Apostel?» Gewissen, Seele und Verstand der Menschen müssen frei bleiben, damit Gott sein Werk tun kann.

Michel de L'Hospital:
Ein französischer Kanzler vermittelt Gottes Wort

Die Intoleranz war auf ihrem Höhepunkt, als Michel de L'Hospital am 1. Mai 1560 zum Kanzler Frankreichs ernannt wurde. Am 13. Dezember hielt er seine Antrittsrede vor den États généraux de Orléans:

> Hinzu kommt: Wenn Aufruhr dasselbe ist wie Bürgerkrieg, der schlimmer ist als ein Außenkrieg, wie kann er dann durch den

---

[40)] Althusius, Johannes: *Politica Methodice Digestica*, XXVIII, Absatz 63. Aus dem Englischen übersetzt nach *Politica*, einer gekürzten Übersetzung von F. S. Carney, Liberty Fund: Indianapolis 1995, Seite 172, http://lf-oll.s3.amazonaws.com/titles/692/0002_Bk.pdf.

christlichen und evangelischen Glauben verursacht sein, der vor allem Frieden und Freundschaft zwischen den Menschen fordert? ... (Denn Gott ist der Urheber nicht des Streits, sondern des Friedens.) Und wenn die Religion christlich ist, dann handeln jene, die sie mit Waffen, Schwertern und Pistolen zu verbreiten versuchen, gegen ihren Glauben, der darin besteht, Gewalt zu erleiden, nicht sie anderen anzutun. In dieser Hinsicht, sagt Chrysostomos, unterscheiden wir uns von den Heiden, die Gewalt und Zwang anwenden; Christen wenden Worte und Überzeugung an.

Ihr Argument, sie griffen für Gottes Sache zu den Waffen, ist wertlos; denn Gottes Sache lässt sich nicht mit Waffen verteidigen. ... (Steck dein Schwert in die Scheide). Unsere Religion ist nicht aus Waffen entstanden.

Wir müssen von nun an ... unsere Feinde mit Nächstenliebe, Gebet, Überzeugungskraft und dem Wort Gottes angreifen, denn dies sind die richtigen Waffen für einen solchen Konflikt ...[41]

Michel de L'Hospital gab Luthers Zwei-Reiche-Lehre wieder. Fragen der Seele fielen nicht in die Zuständigkeit der staatlichen Obrigkeit. Ihr Schwert war dazu da, das bürgerliche Gesetz durchzusetzen. Wenn es um die Seele ging, konnte nur *ein* Schwert von Nutzen sein, nämlich das «Schwert des Geistes, welches ist das Wort Gottes».

Ich muss zugeben: Es ist unfair, dass dieses Kapitel die wichtige Rolle übergehen muss, die Baptisten und Mennoniten bei der Institutionalisierung der Toleranz in Europa und Nordamerika gespielt haben. Auch sie bezahlten dafür mit ihrem Blut. Auch sie unterstellten sich der Bibel, um den Westen von seiner traditionellen Intoleranz zu heilen. Sie weigerten sich, ihr Gewissen vor Königen oder Mehrheiten zu beugen, denn ihre Seelen gehörten ihrem Erlö-

---

[41] Zitiert nach Knecht, R. J.: *The French Wars of Religion 1559–1598*. 1989; Routledge: New York 2014, S. 101–102.

ser. Ihre Schriften, beglaubigt durch ihr Blut, errangen 1648 den Westfälischen Frieden. Freiheit und Toleranz hatten gesiegt.

In England wurden die entscheidenden Schlachten für die Toleranz von dem puritanischen Dichter John Milton, dem Westminster-Bekenntnis und Wilhelm II. von Oranien gewonnen. John Locke fasste dann die biblische Theologie der Toleranz zusammen, die sich über anderthalb Jahrhunderte hinweg entwickelt hatte.

Miltons Rede über die freie Meinungsäußerung, *Areopagitica* (1644), war ans Parlament gerichtet. Oliver Cromwells puritanische Regierung hatte die Star Chamber abgeschafft, das Gericht, vor dem Ketzer angeklagt und hingerichtet wurden; ersatzweise war im Parlament ein Gesetz eingebracht worden, das es den Leuten verbot, irgendetwas zu veröffentlichen, ohne es von einer Zensurbehörde genehmigen zu lassen.

Milton argumentierte, die Regierung müsse dem Volk das Recht geben, seine Ansichten zu äußern, auch wenn sie verkehrt seien. Irrigen Ideen müsse man mit Belegen und Argumenten entgegentreten, nicht mit dem Schwert. Wahrheit und Irrtum müssten auf dem freien Markt der Ideen miteinander ringen können. Denn in einem freien und fairen Kampf werde die Wahrheit immer gewinnen.

Diese Denkweise war sehr verschieden von der heutigen Post-Truth-Haltung, nach der alle Ideen nur die Meinungen irgendwelcher Leute ausdrücken und kein Gedanke an sich wahr oder falsch ist.

Milton zitierte auch antike Autoren, aber seine Argumentation beruhte auf der biblischen Weltsicht, nach der der menschliche Verstand die Wahrheit erkennen und menschliche Sprache sie mitteilen kann.

Der Titel, unter dem Miltons Rede veröffentlicht wurde, *Areopagitica*, stammt aus der Bibel.[42] Der Areopag war der Hügel in Athen, auf dem der Apostel Paulus stand, um denkbereiten Griechen die Wahrheit des Evangeliums nahezubringen.

---

[42] Apostelgeschichte 17,18–32.

Das Westminster-Glaubensbekenntnis wurde von einer Versammlung von Theologen und Pastoren verfasst, die vom «Langen Parlament» eingesetzt worden war. Sie trafen sich von 1643–1648 und formulierten den reformierten, calvinistischen Standard des biblischen Glaubens. Das Bekenntnis wurde vom Parlament verabschiedet. Das zwanzigste Kapitel des Bekenntnisses befasste sich mit dem Thema der Gewissensfreiheit. Dort hieß es:

Gott allein ist Herr des Gewissens und hat es von den menschlichen Lehren und Geboten frei gemacht, die in Sachen des Glaubens und Gottesdienstes in irgendetwas seinem Wort entgegenstehen oder darüber hinausgehen.

Wie schon bemerkt war das «Gewissen» ein Bestandteil des einzigartigen Menschenbildes der Bibel. Die Märtyrer vergossen ihr Blut, um ihrem Gewissen gemäß zu leben. Durch das Westminster-Bekenntnis wurde diese biblische Lehre zum Bestandteil der westlichen Staatsphilosophie.

Die Toleranz hatte die Debatte im britischen Parlament für sich entschieden, aber mit der Monarchie kehrte 1660 Europas intolerante DNA zurück. Bis 1688 hatte manche Mitglieder des Parlaments eine tiefe Sorge ergriffen, Großbritannien könnte in seine alten Gewohnheiten zurückfallen. Heimlich luden sie Wilhelm II. von Oranien ein, in England «einzumarschieren» und sein König zu werden. Seine erfolgreiche und relativ unblutige Invasion wird auch Glorreiche Revolution genannt.

Drei Monate später kehrte John Locke, der in Amsterdam im Exil gelebt hatte, nach England zurück – auf demselben Schiff wie Wilhelms Frau Maria.

Wilhelm II. und Maria herrschten als Monarchen Seite an Seite. Das machte es möglich, dass die britische Bill of Rights im Jahr 1689 als Gesetz verabschiedet wurde, ein Jahrhundert vor den entsprechenden Gesetzgebungen in Amerika und Frankreich. Dieses Toleranzgesetz gewährte Nonkonformisten wie etwa Baptisten, Presbyterianern und Kongregationalisten Religionsfreiheit.

John Lockes *Brief über die Toleranz* erschien ebenfalls 1689 in lateinischer Sprache. Der «ehrenwerte Herr», an den sich der Brief richtete, war der Theologieprofessor Philipp van Limborch.

Locke hatte als Flüchtling in Amsterdam Limborch im Zoo kennengelernt, wo Wissenschaftler einen Löwen sezierten, der erfroren war. Die beiden Männer wurden Freunde. Limborch riet Locke, sein Interesse an abstrakten philosophischen Fragen für eine Weile zurückzustellen und sich stattdessen mit dem brennenden theologischen Problem der Intoleranz auseinanderzusetzen, die so viel Leid über Europa gebracht hatte, besonders über Holland und Frankreich.

Philipp van Limborch machte Locke auch mit den Werken der führenden holländischen Intellektuellen bekannt, darunter Hugo Grotius, einer der Väter des Völkerrechts. Philipp und seine Freunde prägten Lockes Sicht der Toleranz. Er schrieb seinen Brief in den Jahren 1685–1686, als er sich noch in Holland aufhielt. Limborch brachte ihn 1689 heraus.

Der Brief überzeugte führende Kirchenleute davon, dass sie ihre religiösen Ideen nicht mit dem Schwert verbreiten und gleichzeitig den Anspruch erheben durften, Christus und seinen Aposteln nachzufolgen. Denn das Kreuz, nicht das Schwert, ist die Methode Christi. Jesus umwarb die Sünder mit aufopfernder Liebe. Seine Jünger brachten die Ungläubigen nicht durch Zwang in Gottes Reich, sondern sie überzeugten sie.

Lockes Brief wurde wichtig für Amerika. Aber es war das Blut der bibelgläubigen Märtyrer, nicht Lockes Brief, das Europa von der Intoleranz heilte.

James Madison, einer der Gründerväter Amerikas, machte aus dem europäischen Begriff der «Duldsamkeit» ein Recht, das nicht vom Staat verliehen wurde. Er erkannte, dass alle Menschen gleichermaßen berechtigt waren, ihre Religion frei auszuüben, wie es ihr Gewissen ihnen vorschrieb.

1784 schrieb Madison eine «Denkschrift und Protestnote» an das Parlament von Virginia. Darin entfaltete er die theologischen Dimensionen der Religionsfreiheit:

> Die Religion jedes Menschen also muss der Überzeugung und dem Gewissen jedes Menschen überlassen bleiben; und es ist das Recht jedes Menschen, sie nach dieser Maßgabe auszuüben. Dieses Recht ist seinem Wesen nach ein unveräußerliches. … Bevor ein Mensch als Mitglied der bürgerlichen Gesellschaft betrachtet werden kann, muss er als Untertan des Herrschers des Universums betrachtet werden.[43]

Was bedeutet Gottes Herrschaft über das Universum für menschliche Regierungen auf der Erde? Sie bedeutet Freiheit. Die nächsten drei Kapitel werden untersuchen, wie das biblische Motiv des Reiches Gottes uns die modernen politischen Freiheiten verschaffte.

---

[43] Madison, James: «Memorial and Remonstrance against Religious Assessments», ca. 20. Juni 1785, Artikel 1, https://founders.archives.gov/documents/Madison/01-08-02-0163#JSMN-01-08-02-0163-fn-0002.

Teil 3

Neues Reich – neue Herrscher

8. Kapitel
WARUM SIND DIE USA KEIN IMPERIUM GEWORDEN?

Die USA und ihre Alliierten errangen im Zweiten Weltkrieg einen klaren Sieg über Deutschland und Japan. Der britische Premierminister Sir Winston Churchill hätte es gern gehabt, wenn die Siegermächte einschließlich der USA und des Vereinigten Königreichs die «United Empires» gegründet und die Welt beherrscht hätten. Doch statt die besiegten Länder zu kolonisieren, entließen die Sieger die Kolonien, über die sie seit Jahrhunderten geherrscht hatten, in die Freiheit. Sie gründeten die Vereinten Nationen (die UNO), nicht die Vereinten Imperien.

Warum?

Der Atheismus erkannte Gott nicht als Souverän an. Darum wollte er auch nichts von der biblischen Lehre wissen, Gott habe souveräne Nationen und Bürger erschaffen. In Gestalt der Sowjetunion unterwarf und kolonisierte der Atheismus Ostdeutschland und zwanzig weitere Länder von Lettland bis Tadschikistan. Derweil finanzierten die USA, eine «Nation unter Gott», den Marshallplan, um Westdeutschland und fünfzehn weitere souveräne Nationen von Spanien bis Österreich und von Norwegen bis zur Türkei wiederaufzubauen.

Warum?

Das Imperium in der europäischen DNA

Die *Ilias*, das Epos des Homer, war die «Bibel» für Alexander den Großen (356–323 v. Chr.). Aristoteles gab ihm ein Exemplar mit Anmerkungen. Er trug es stets bei sich und schlief sogar damit, als er auszog, um die Welt zu erobern. Aus seinem Erfolg entstand ein Imperium, keine demokratischen Nationalstaaten. Das Imperium wurde zum Standard der politischen Vision des Westens.[1] Imperien werden mit Gewalt errichtet. Sie nutzen Religionen oder Ideologien, um Einheit zu erzwingen, doch was Imperien aufrechterhält, ist Zwang, nicht Freiheit.

Mit Alexanders Tod zersplitterte sein Imperium in konkurrierende Königreiche, und es erforderte die Militärmacht Roms, «den Westen» wieder zu einem Imperium zu vereinigen.[2]

Die Grandeur und Erhabenheit der Folge-Imperien verlockte ehrgeizige Menschen dazu, in Spanien, Portugal, Frankreich, Ungarn, Großbritannien, Russland, Schweden, Deutschland und Österreich – um einige der prominenteren zu nennen – ihre eigenen Imperien zu errichten.

In den Evangelien heißt es, dass Satan mit dem römischen Imperium sogar Jesus in Versuchung führen wollte. Er zeigte Jesus die Herrlichkeit und Macht der Reiche, die von Rom beherrscht wurden, und behauptete, er hätte die Macht über diese Reiche.[3] Seit Machiavelli waren sich die humanistischen politischen Denker weitgehend darin einig, dass es in der Politik um Macht geht, nicht um Prinzipien. Jesus überwand diese Versuchung. Er entschied sich für selbstentäußernde, dienende Leiterschaft.

Seine Konfrontation mit den Reichen dieser Welt kulminierte in der scheinbaren Machtlosigkeit des Kreuzes. Das Kreuz veränderte die Geschichte.

In seiner maßgeblichen Studie über die Staatslehre der Bibel, *Created Equal: How the Bible Broke with Ancient Political Thought*,[4] führt Joshua A. Berman aus, dass die heidnischen Schöpfungsmythen gelehrt hatten, die Götter hätten die Menschen dazu er-

---

[1] Wie unten erklärt, stammte die griechische Idee des Imperiums aus Persien und Babel (Babylon).

[2] Im Jahr 284 n. Chr. spaltete Diokletian das Römische Reich in einen östlichen und einen westlichen Teil. Das Oströmische Reich erkor Konstantinopel, das heutige Istanbul in der Türkei, zu seiner Hauptstadt.

[3] Matthäus 4,8–9; Lukas 4,5–7.

[4] Berman, Joshua A.: *Created Equal: How the Bible Broke with Ancient Political Thought*, Oxford Univ. Press: New York 2008.

schaffen, dass sie den Königen und Priestern dienen sollen. Die biblische Schilderung der Erschaffung des Menschen lehrt das Gegenteil: Jeder Mensch wurde erschaffen, um zu herrschen, und am Kreuz Christi wurde Gott zum *dienenden* König. Im übernächsten Kapitel, «Kanzler, Präsidenten und Premierminister», werden wir dem weiter nachgehen.

Das Geheimnis des Kreuzes versetzte die Anhänger Christi in die Lage, Gottes Reich zu suchen: nicht Zwang, sondern Gottes Recht und Gerechtigkeit sollten auf der Erde herrschen.

Der amerikanische Aufstand gegen das Imperium

Unter der Führung von General George Washington triumphierten die dreizehn Kolonien Nordamerikas über das britische Empire. Er wurde zum Präsidenten gewählt. Am 30. April 1789 legte er den Amtseid als erster Präsident der USA ab.

Da der Oberste Gerichtshof erst noch eingerichtet werden musste, nahm der New Yorker «Kanzler»[5] Robert Livingstone den Eid in der New Yorker Federal Hall ab. Auf dem Balkon des zweiten Stockwerks legte der Präsident seine linke Hand nicht auf die Verfassung, sondern auf eine «große und elegante Bibel». Er versprach, «die Verfassung der Vereinigten Staaten zu erhalten, zu schützen und zu verteidigen».

Dreizehn britische Kolonien in Nordamerika hatten sich zusammengetan, um gegen das britische Empire aufzubegehren. Sie hatten Erfolg. Sie hätten nun unabhängige Königreiche werden können. Sie hätten zu einem amerikanischen Imperium werden und Kanada, Süd- und Mittelamerika kolonisieren können. Stattdessen wurden sie zu einer Nation, weil sie aus Gottes Perspektive ein Imperium als Tyrannei betrachteten.[6]

In seiner ersten präsidialen Ansprache vor dem Kongress der Vereinigten Staaten präzisierte George Washington ihre Sicht der

---

[5] Siehe Kapitel 10, «Kanzler, Präsidenten und Premierminister».

Welt: Der Triumph der Nation über das britische Empire war keine menschliche Errungenschaft. Er war ein Akt der Vorsehung durch die «unsichtbare Hand» Gottes.

> Kein Volk könnte mehr Grund haben, diese unsichtbare Hand [Gottes], die die Geschicke der Menschen lenkt, anzuerkennen und anzubeten, als das Volk der Vereinigten Staaten. Jeder Schritt, mit dem sie dem Charakter einer unabhängigen Nation nähergekommen sind, scheint vom Eingreifen der Vorsehung gekennzeichnet zu sein.

Warum New York?

Was macht New York zu einem Symbol der Freiheit, zur Heimat des freien Handels, zum weltweiten Börsenplatz?

New York wurde von holländischen Siedlern gegründet, die es Nieuw Amsterdam nannten, Neu-Amsterdam. Diese holländische Kolonie entstand früher als die meisten der dreizehn Kolonien Großbritanniens. Die Briten nahmen sie 1664 ein und benannten sie in New York um. Kürzlich wurden zwölftausend Seiten aus den Anfängen der Stadt veröffentlicht. Diese zeigen, dass die holländischen Wurzeln New Yorks die Erklärung dafür liefern, warum die Stadt zur Quelle der amerikanischen Kultur der Multiethnizität, des freien Handels, der Rechte des Individuums und der Religionsfreiheit wurde.[7]

Die meisten gebildeten Leute haben schon einmal gehört, dass die Gründerväter Amerikas geprägt waren von dem britischen Philoso-

---

[6] Manche würden sagen, die «Ersten Nationen» in Amerika seien die Ureinwohner. Es gab zweifellos eine Menge Ungerechtigkeiten. Ihr Land wurde kolonisiert. – Man könnte fragen: Hatten die amerikanischen Ureinwohner denn eine Vorstellung von Landbesitz und nationalen Territorien?

[7] Siehe Shorto, Russell: *The Island at the Center of the World: The Epic Story of Dutch Manhattan and the Forgotten Colony That Shaped America*, Vintage Books: New York 2005.

phen John Locke (1632–1704). Doch nur wenige kennen die Fakten, um die es im vorigen Kapitel, «Blutvergießen für die Toleranz», ging: Locke wurde in Amsterdam geprägt. Dorthin floh er vor der britischen Tyrannei. Fünfzigtausend protestantische Flüchtlinge aus Frankreich, die Hugenotten, hatten sich bereits in Holland niedergelassen. Einige von ihnen halfen Locke dabei, seine Theorien zu Staatswesen und Toleranz zu entwickeln, die die USA wesentlich geprägt haben.

Seine Idee des Naturrechts und der natürlichen Rechte zum Beispiel stammte von dem holländischen Juristen Hugo Grotius (1583–1645). Grotius, der als einer der Väter des Völkerrechts gilt, hatte argumentiert, ein Christ sei auch im Krieg an Gottes Gesetz gebunden. Wie schon gesagt, war Lockes einflussreicher *Brief über die Toleranz* an Philipp van Limborch geschrieben, einen holländischen Geistlichen und Theologieprofessor, der ihn auch veröffentlichte. Außerdem gehörte Locke zu einer Gruppe von Wissenschaftlern und Theologen.

Lockes Einfluss auf James Madison (1751–1836) war entscheidend. Als einer der amerikanischen Gründerväter formulierte Madison die Verfassung und die Bill of Rights und wurde schließlich der vierte Präsident der USA. Er sammelte Geld in Holland, um den Revolutionskrieg zu finanzieren. Im Artikel 20 der *Federalist Papers* stellte Madison Holland als Vorbild für die USA dar.

Holland war Europas erste moderne Nation.[8] Es führte und gewann den achtzigjährigen Krieg gegen Spaniens römisch-katholisches Imperium. Seine politische und religiöse Freiheit machte es zeitweilig zu Europas reichster und mächtigster Nation.[9] Der Erfolg Hollands begann die DNA des Westens umzubauen. Schließlich verschaffte er dem biblischen Begriff der Nation weltweite Gültigkeit.

---

[8] Eine Schweizerische Eidgenossenschaft gab es seit 1291. Sie wurde im Westfälischen Frieden 1648 zur souveränen Nation, gleichzeitig mit Holland.

[9] In der Schweiz musste der wirtschaftliche Erfolg auf die Durchtunnelung der Alpen warten.

Amerika: Die biblische Saat geht auf

Die Theisten und Deisten, die Amerika in den Unabhängigkeitskrieg führten, waren mit der Bibel groß geworden.[10] Wie Christus widerstanden sie der teuflischen Versuchung, ein Imperium zu errichten. Lockes Darstellung der biblischen Staatslehre[11] folgend glaubten sie, dass Regierungen von Gott eingesetzt sind. Gott wollte nicht, dass die Herrschenden auf den anderen Menschen herumtrampeln. Die Aufgabe der Herrschenden war es, die Rechte auf «Leben, Freiheit und Streben nach Glück» zu «sichern», die der Schöpfer jedem Menschen gegeben hatte.

Der 1648 geschlossene Friede von Münster und Osnabrück (Westfälischer Friede) brachte Europa einen historischen Frieden, indem er die biblische (jüdische) Idee der Nation importierte und adaptierte. Dies war Gottes Rezept für Frieden. Im Gehorsam gegenüber dem Friedensfürsten hieß es im spanisch-niederländischen Friedensvertrag:

> Im Namen und zu der Ehre Gottes, zu wissen sey jedermänniglich, wie daß nach einem langwierigen und blutigen Krieg, welcher so viel Jahr die Völcker, Unterthanen, Königreich und Länder, so wol die, welche deß Herrn und Königs in Spanien, als die, so der Staten General der vereinigten Niederlanden Gebiet unterworffen seyn, der vorgedachte Herr König und die Staten, zu Christlichem Mitleiden bewogen worden, und zu einem Verlangen, ein Ende zu machen

---

[10] Manche der Gründerväter waren Deisten. Ihre Zeitgenossen wussten das nicht, da sie manche ihrer skeptischen Gedanken vor der Öffentlichkeit verborgen hielten.

[11] John Locke schrieb *Zwei Abhandlungen über die Regierung*. Die erste besagte, dass alle Menschen im «natürlichen Zustand» der Freiheit geboren seien. Die zweite besagte, dass eine Regierung durch das «Einverständnis des Volkes» legitimiert wird. Das nächste Kapitel wird die zweite These genauer untersuchen.

der allgemeinen Elenden, und zu steuren, die traurige Nachfolgen, Unheil, Schäden und Gefahr, welche der fernere Fortgang deß vorbemeldten Niederländischen Kriegs solte nach sich ziehen können, in deme sie sich auch über andere Stände und Landschafften, und weit abgelegene Länder und Wasser ausbreiteten, und desselben böse Würckung auf beeden Seiten zu verändern, in einen angenehmen, guten und aufrichtigen Frieden ...[12]

Dass die Niederlande und die Schweiz souveräne Staaten wurden, war ein historischer Meilenstein. Die holländischen Provinzen führten einen Krieg, um eine Nation zu werden, während die bereits bestehende Schweizer Eidgenossenschaft durch Neutralität und Frieden während des Dreißigjährigen Krieges (1618–1648) zu einer souveränen Nation wurde.

Gemeinsam wurde ihr Erfolg zu einer bleibenden und einflussreichen politischen Auswirkung der Reformation. Sie inspirierten die USA dazu, die biblische Vision souveräner Nationalstaaten zu einem leuchtenden Fanal zu machen, dem der größte Teil der Welt seither gefolgt ist. Während des Revolutionskrieges schrieb einer der amerikanischen Gründerväter, John Adams: «Die Originale der beiden Republiken [Holland und die USA] sind sich so ähnlich, dass die Geschichte der einen nur ein Transkript der anderen zu sein scheint ...»[13]

Die Prinzipien der Gewissensfreiheit und Gleichheit der Menschen, zu denen sich Amerika verpflichtet sah, wurden zuvor 1579 in der Utrechter Union ausformuliert. Während des achtzigjährigen Krieges (fünfzig Jahre in Holland und dreißig Jahre überall in Europa) wandelten sich die holländischen Provinzen unter spanischer Herrschaft in die erste unabhängige Nation des Westens. Der Historiker Russell Shorto schreibt:

---

[12] https://www.lwl.org/westfaelische-geschichte/que/normal/que2603.pdf.
[13] Shorto, Russell: *Amsterdam*, Vintage Books: New York 2013, S. 77.

Es gibt eine Verbindungslinie von Wilhelm von Oraniens erster Formulierung eines «Religionsfriedens» (Toleranz gegenüber religiösen Unterschieden) in den 1560ern über den Wortlaut der Utrechter Union – «jeder Mensch soll frei bleiben, besonders in seiner Religion» – bis hin zur Religionsfreiheitsklausel im Ersten Verfassungszusatz der USA.[14]

Dass Imperien ersetzt wurden durch souveräne Nationalstaaten unter der Hoheit des Rechts und des Volkes («Volkssouveränität»), ist eine der erstaunlichen Auswirkungen der Bibel auf die Welt. Gottes Ruf an Abraham, sein Freund zu sein und mit ihm zu gehen, war keine Einladung, ein «religiöses» Individuum zu sein. Vom ersten Tag an hatte Gott seine politische Absicht deutlich gemacht. Sein Ziel war es, Abraham zu einer «großen Nation» zu machen, zu einem Segen für alle anderen Nationen.

Vier politische Entwürfe

Die Bibel spricht über vier grundlegende Entwürfe für politische Organisationen:

- (I) Imperium,
- (II) Nationen,
- (III) große Nationen und
- (IV) ein übernationales Reich Gottes, das Nationen heilt und segnet.

Diese vier politischen Entwürfe zu verstehen ist ein wichtiger Schlüssel, um sich einen Reim auf die moderne Geschichte zu machen. Die Bibel weckte Begeisterung in mir, weil sie Indien zu einem modernen Staat machte. Der Hinduismus – oder die Hinduis-

---

[14] Ebenda, S. 85.

men[15] – hatten den indischen Subkontinent in tausend Kleinstaaten zerfallen lassen, die gegeneinander Krieg führten. Eines der höchsten hinduistischen Rituale war das «Pferdeopfer», *Ashvamedha Yagna* genannt. Es wurde von einem König vollzogen, um sich die Ländereien seines Nachbarn unter den Nagel zu reißen. Der benachbarte König musste dann entweder kämpfen oder sich ergeben und Tribut zahlen.

Das Ritual machte die Könige stark; aber Indien spaltete und schwächte es. Es verwarf den Gedanken, dass die Grenzen eines Staates unantastbar seien – und dass das Recht eines Nachbarn auf seinen Besitz und sein Land respektiert werden musste.

Das Pferdeopfer erzeugte Animositäten zwischen Vettern wie Prithviraj, König von Delhi, und Jaichand, der über Kannauj herrschte. Ihr gegenseitiger Hass, der wegen eines Pferdeopfers begann, endete mit der muslimischen Eroberung Delhis im Jahr 1192. Die Muslime beherrschten dann sieben Jahrhunderte lang einen Großteil Indiens, bis sie von den Briten verdrängt wurden. Marathen, Sikhs und die Britische Ostindien-Kompanie kämpften gegen das Mughal-Imperium (Mogulreich).

Während der britischen Oberherrschaft und, noch wichtiger, in Opposition gegen den britischen Imperialismus brachte die Bibel den Gedanken eines souveränen und unabhängigen Nationalstaates nach Indien.[16]

In den letzten Jahren versuchte der Islamische Staat (IS), muslimische «Nationen» durch Terrorismus unter einem Kalifat zu vereinen. Das ist die islamische Idee eines Imperiums. Denker haben schon immer von einer Weltregierung gesprochen. Der Zweite Weltkrieg brachte zwei entgegengesetzte Resultate hervor:

---

[15] Im Hinduismus gibt es keinen einzelnen Gründer, kein gemeinsames Buch oder Bekenntnis und keinen Gott. Der Hinduismus ist ein Name für eine Vielzahl von Gurus, Schriften, Traditionen und deren Anhänger.

[16] Diese These habe ich in meinem Buch *India: The Grand Experiment*, Pippa Rann Books: Farnham (Surrey) 1997, vertreten. Ein neues Buch unter dem Titel *How the Bible Created Modern India* ist in Vorbereitung.

Einerseits fanden in seinem Kontext die europäischen Imperien (mit Ausnahme der UdSSR) ihr Ende. Auf der anderen Seite führte das Grauen des Krieges dazu, dass die Worte *Nation* und *Nationalismus* nach ihrem Missbrauch durch die Faschisten unter Intellektuellen einen unanständigen Klang bekamen. Obwohl der faschistische «Nationalismus» ein Imperialismus war, warfen viele der protestantischen Bewegung vor, den jüdischen Nationen-Gedanken nach Europa importiert zu haben.

Als Martin Luther 1520 seinen berühmten Brief «An den christlichen Adel deutscher Nation» schrieb, war Deutschland noch keine Nation im modernen Sinne. Es setzte sich zusammen aus ungefähr 350 halbautonomen Staaten innerhalb des Heiligen Römischen Reiches. Luthers Verständnis der Bibel machte das jüdische Konzept der Nation zu dem Samen, aus dem unsere moderne Welt der souveränen Nationalstaaten hervorging.

Viele Säkularisten, Kommunisten und Muslime haben sich gegen den Gedanken der Nation ausgesprochen, wie es zunächst auch manche Katholiken taten. Heute definieren manche Evangelikale «Nation» nur als eine «Volksgruppe» ohne Rücksicht auf Sprache, Territorium oder Verwaltung. Doch die Geschichte hat sich weiter in Richtung souveräner «Nationen» bewegt.

Die meisten Nationalisten stimmen der biblischen Sicht zu, dass unabhängige Nationen ihrem eigenen Frieden und Wohlstand zuliebe ihr Leben in einem gemeinsamen Licht von Recht und Gerechtigkeit gestalten müssen. Das ist die Zukunft, die die Bibel vorhersagt.[17] Bislang zeigt kaum eine Nation eine Neigung, in einem Imperium aufzugehen.[18]

Der theologische Gedanke der Nation hat in der Praxis die Welt für sich gewonnen, obwohl über die Theorie immer noch gestritten

---

[17] Jesaja 2,1–5; 11,1–9; Micha 4,1–4; Matthäus 28,19–20; Offenbarung 21,24.

[18] Der Brexit, die Entscheidung der Briten, die EU zu verlassen, war teilweise durch die Verärgerung darüber inspiriert, dass die EU sich wie ein bürokratisches Imperium benimmt. – Osteuropäische Nationen wie die Ukraine wollen nicht Teil eines wiedererstandenen russischen Imperiums sein.

wird. Die meisten Leute wissen nicht einmal, dass dies *Gottes* Rezept für politischen Frieden ist. Nach Europa kam dieser Gedanke durch den Apostel Paulus. Er predigte den Griechen:

> Aus dem einen Menschen, den er geschaffen hat, ließ er die ganze Menschheit hervorgehen, damit sie die Erde bevölkert. Er hat auch bestimmt, wie lange jedes Volk bestehen und in welchen Grenzen es leben soll. Das alles hat er getan, weil er wollte, dass die Menschen ihn suchen. Sie sollen mit ihm in Berührung kommen und ihn finden können.[19]

Paulus fasste damit die ersten fünf Bücher des Alten Testaments zusammen, die uns Einblicke in die vier weiter unten erörterten Gedanken geben. Schon das fünfte Buch hatte in 5. Mose 32,8 die Entstehung der Nationen als einen Akt Gottes in der Menschheitsgeschichte erklärt:

> Der höchste Gott gab jedem Volk ein Land und teilte die Erde unter ihnen auf. Er zog die Grenzen ...

Diese biblische Perspektive erklärt auch, warum die USA «In God We Trust» zu ihrem offiziellen Motto gemacht haben und warum amerikanische Präsidenten ihre Hand auf die Bibel legen, um ihren Amtseid zu leisten.

Es war Paulus, der lehrte, dass politische Nationalstaaten einen geistlichen Zweck haben. Sie sind dazu da, Gott zu suchen. Der Atheismus kann Gottes Hoheit über die Nationen nicht anerkennen. Darum verabsolutierte er in der UdSSR die Herrschaft des Menschen. Daraus wurde eine Tyrannei. Friede und Fortschritt waren das Ergebnis von Recht und Gerechtigkeit: Dies sind moralisch-geistliche Kategorien oder Qualitäten.

Schauen wir uns genauer an, wie die Bibel die Regierungsformen der Welt verändert hat.

---

[19] Apostelgeschichte 17,26–27.

(I) Imperium: Ein heidnisches Rezept für Krieg

Der biblische Urtyp eines Imperiums ist Babylon, Babel.[20] Die Bibel schildert es als ein brutales, von Satan angetriebenes Reich. Das Imperium ist böse, weil es Menschen und Nationen unterjocht. Aus diesem Grund war es Israel nicht erlaubt, eine ständige Armee zu haben, die dann vom Krieg hätte leben müssen. Auf dem Höhepunkt seiner Macht verfiel David auf den Gedanken, ein stehendes Heer aufzubauen. Sein Feldherr Joab versuchte ihn davon abzuhalten, aber David hörte nicht auf ihn. Daraufhin bestrafte Gott David und sein Volk schwer. David erbaute dann den Altar, aus dem später der Tempel Salomos wurde.[21]

Gott zerstörte die imperiale Stadt Babel, um unabhängige Nationen daraus hervorgehen zu lassen. Später berief Gott Abraham, um ihn zu einem «großen Volk» zu machen,[22] zu einem Licht für alle Nationen. Gottes Handeln auf der Erde zielte dann darauf, Abrahams geistliche Nachkommen in Gottes übernationales Reich zu verwandeln.[23] Die Bibel bezeichnet es als das geistliche «Neue Jerusalem», geschaffen zum Heil der Nationen.[24]

Die Bibel reformierte die Welt, indem sie Europas «christliche» Imperien – sowohl die schwankenden «protestantischen»[25] als auch das römisch-katholische[26] – zerschlug. Der Grund ist, dass die Bibel das Imperium als eine Idee Satans zur Unterdrückung der Menschen betrachtet. Der Apostel Johannes schrieb:

---

[20] 1. Mose 11,1–9.
[21] 2. Samuel 24.
[22] 1. Mose 12,1–3.
[23] Daniel 7,14–27; Matthäus 4,23–5,20.
[24] Offenbarung 22,2.
[25] Jahrhundertelang war Großbritannien zwischen Nation und Imperium hin- und hergerissen. Seine Reformation unter Heinrich VIII. führte nicht zu der klaren politischen Vision einer großen Nation. Viele Amerikaner bevorzugten weiterhin das «Empire» und bekämpften die amerikanischen Unabhängigkeitsbestrebungen.

> Ich sah ein Tier aus dem Meer emporsteigen. Es hatte sieben Köpfe und zehn Hörner; auf jedem Horn trug es eine Krone. Auf den Köpfen standen Namen, die Gott verlästerten. Das Tier sah aus wie ein Leopard, aber es hatte die Tatzen eines Bären und den Rachen eines Löwen. *Der Drache [Satan] gab ihm seine ganze Macht,* setzte es auf den Herrscherthron und übertrug ihm alle Befehlsgewalt.[27]

Der jüdische Sklave Daniel diente als hoher Beamter im babylonischen und persischen Imperium. Als Insider war er sich ihres brutalen Charakters bewusst. Als Prophet empfing Daniel die Vision eines noch brutaleren Imperiums (des römischen), das auf das griechische Imperium Alexanders folgen sollte:

> Zuletzt sah ich in der Vision ein viertes Tier. Sein Anblick war grauenerregend, und es strotzte vor Kraft. Was es mit seinen gewaltigen Zähnen aus Eisen nicht zermalmte und hinunterschlang, das zertrat es mit den Füßen. Von den anderen Tieren unterschied es sich völlig. Es hatte zehn Hörner.[28]

Jesaja nennt Babylon den «Morgenstern», der auf Lateinisch «Luzifer» heißt – ein häufiger Name für Satan:

> Wie bist du vom Himmel gefallen, du hell leuchtender Morgenstern! Zu Boden wurdest du geschmettert, du Welteroberer! Du hattest dir vorgenommen, immer höher hinauf bis zum Himmel zu steigen. Du dachtest: «Hoch über Gottes Sternen will ich meinen Thron aufstellen. Auf dem Berg im äußersten Norden, wo

---

[26] Im Lauf der Jahrhunderte haben Christen die Begriffe *Imperium* («Reich») und *Christenheit* auf unterschiedliche Weise gebraucht. Wie ich in Kapitel 6 über das Recht darlege, sind manche dieser Verwendungen akzeptabel. Im Allgemeinen verwende ich den Ausdruck *Imperium* als Synonym für «Babylon», das Reich Luzifers.

[27] Offenbarung 13,1–2.

[28] Daniel 7,7.

die Götter sich versammeln, dort will ich meine Residenz errichten. Hoch über die Wolken steige ich hinauf, dann bin ich dem höchsten Gott gleich!» Doch hinunter ins Totenreich wurdest du gestürzt, hinunter in die tiefsten Tiefen der Erde.[29]

Der babylonische Herrscher Nebukadnezar und der Prophet Daniel empfingen Visionen, die ihnen deutlich machten, dass Gottes Reich die teuflischen Imperien der Menschen zerschlagen würde.[30]

Johannes erfuhr die Bedeutung des «Reiches Gottes» von Jesus selbst. Er stellte das satanische Reich des Tieres dem Gottesreich des «Lammes» gegenüber.[31] Das Letztere bringt den Völkern Licht und Heil.[32] Wenn Wölfe zu Herrschern werden, verschlingen sie die Schafe. Darum gebot Jesus seinen Jüngern, gute Hirten zu sein, die sich um die verwundbaren und wehrlosen Lämmer kümmern.[33]

Das letzte Buch der Bibel, die Offenbarung, wurde von Johannes geschrieben. Er schilderte den Höhepunkt des gegenwärtigen Zeitalters als den großen «Fall Babylons». Babels erste Zerstörung in 1. Mose 11 war der Anfang. Die Saga von dem heilsamen Weg von den brutalen Imperien hin zu den geheilten Nationen setzt sich bis in das letzte Buch der Bibel fort:

Danach sah ich, wie ein anderer Engel vom Himmel herabkam. Er hatte besondere Macht, und von seinem Glanz erstrahlte die ganze Erde. Mit gewaltiger Stimme rief er:
«Gefallen ist Babylon, die große Stadt! Ja, sie ist gefallen!
Dämonen hausen jetzt dort.
In ihren Ruinen tummeln sich alle Arten von bösen Geistern, und sie sind ein Schlupfwinkel von allerlei abscheulichen Vögeln, die als unrein gelten.

---

[29] Jesaja 14,12–15.
[30] Daniel 2 und 7.
[31] Offenbarung 14,1.
[32] Offenbarung 21,22–24; 22,2.
[33] Johannes 21,15–17.

Alle Völker haben sich mit ihrem Wein der Verführung betrunken. Sie konnten gar nicht genug bekommen! Auch die Herrscher dieser Erde haben sich mit ihr eingelassen. Und durch ihren ausschweifenden Lebensstil sind die Händler auf der ganzen Welt reich geworden.»[34]

Warum ist die Bibel gegen das Imperium und für die Nation?

In einem Imperium sind Sie ein Untertan. In einer Nation sind Sie ein Bürger. Ein Imperium macht Sie zum Eigentum des Staates. Eine große Nation dagegen existiert für Sie. Sie gibt Ihnen die Freiheit und die Unterstützung, zu wachsen und selbst ein «Herrscher» zu werden, der frei und produktiv auf seine Umgebung einwirkt.

Bürger zahlen Steuern, genau wie Untertanen. Der Unterschied ist, dass ein Imperium seine Untertanen nicht danach fragt, wie viel Steuern sie bezahlen wollen und wie diese Steuergelder verwendet werden sollen. In einer gut funktionierenden Nation bewilligen die Bürger das Budget, bevor der Staat Steuern einnehmen kann. Mittels ihrer Repräsentanten entscheiden die Bürger, wie ihr Steuergeld verwendet wird.

«Keine Besteuerung ohne Repräsentation» war ein zentrales Prinzip, das die dreizehn amerikanischen Kolonien in ihrer Revolte gegen das britische Empire einte. Dasselbe Prinzip spielte auch in der holländischen Revolte gegen das Heilige Römische Reich eine Rolle. Auch im englischen Bürgerkrieg ging es unter anderem darum. In Amerika inspirierte es Gemeindepastoren und Älteste, zu den Waffen zu greifen und gegen einen christlichen König zu ziehen, weil das Prinzip aus der Bibel kam:

In 1. Könige 12 wird berichtet, wie die Ältesten Israels zu Salomos Sohn Rehabeam gingen. Sie baten ihn, die Steuerlast zu erleichtern, die Salomo ihnen auferlegt hatte. Rehabeam kündigte ihnen an, er

---

[34] Offenbarung 18,1–3.

werde mit harter Hand herrschen, wie es die heidnischen Könige tun. Seine Entscheidung spaltete die Nation auf in Israel und Juda. Auf dem Spiel stand die Frage der Freiheit: Gott hatte die Israeliten aus der Sklaverei in Ägypten befreit. Den Führern des Volkes wurde Regierungsvollmacht übertragen, damit sie seine gesellschaftliche, wirtschaftliche und politische Freiheit schützten. Ihnen wurde keine Macht gegeben, zu neuen Pharaos aus dem eigenen Volk zu werden.

Die Frage einer ungerechten Besteuerung wurde zum Kern der amerikanischen Revolte gegen das britische Empire.

Ein 28-jähriger Pastor namens Jonathan Mayhew legte schon im Januar 1749 die theologischen Grundlagen für die amerikanische Revolution. Zu der Zeit hatte Amerikas erste Große Erweckung ihren Höhepunkt erreicht. Mayhew veröffentlichte eine Predigt mit dem Titel «Über die unbegrenzte Unterordnung und Widerstandslosigkeit gegenüber den höheren Mächten».

Er hielt seine Predigt am hundertsten Jahrestag des Sieges der puritanischen Revolution in England und der Hinrichtung König Karls I. In dieser Predigt legte er Römer 13,1–5 aus. Diese Schriftstelle ermahnt Christen, sich der Obrigkeit unterzuordnen. In den 1570ern hatten die Hugenotten diesen Text genau studiert und darauf eine theologische Argumentation für den Aufstand gegen Tyrannei aufgebaut.

Spätere Historiker bezeichneten Mayhews Predigt als «die erste Salve der amerikanischen Revolution». Sie umriss die biblische Grundlage für die Unterordnung unter die Obrigkeit und die Auflehnung und Rebellion gegen Tyrannen. Rechtsstaatlichkeit bedeutet, wie wir in einem früheren Kapitel gesehen haben, Tyrannen dem Gesetz zu unterstellen. Das war ein wichtiges Thema in der Geneva-Bibel. Mit dieser Geneva-Bibel waren die amerikanischen Revolutionäre ebenso aufgewachsen wie Shakespeare. Ihre Randbemerkungen gegen die Tyrannei waren einer der wesentlichen Gründe, warum König Jakob I. darauf bestand, dass die Authorized Version (die nach ihm King-James-Bibel genannt wurde) überhaupt keine Randbemerkungen haben sollte.

Der zweite Präsident der USA, John Adams, schrieb Pastor Mayhew «großen Einfluss beim Anbruch der Revolution» zu.[35] Weitere Prediger, die laut Adams eine Schlüsselrolle für den Erfolg der Revolution innehatten, waren Peter Muhlenberg, Francis Willard und Dr. Samuel Cooper. Ihre Predigten bereiteten nicht nur der Revolution den Boden und unterstützten sie. Ihre Auslegung der Bibel sorgte dafür, dass die amerikanische Revolution ein Kampf für Freiheit und Gerechtigkeit war.

Die Amerikaner kämpften nicht gegen das britische Empire, weil irgendein ehrgeiziger Mensch, ein Armeegeneral oder eine politische Partei gerne herrschen wollten. Es war eine «religiöse» Revolution. Dennoch war es kein Krieg, der deshalb geführt wurde, weil eine religiöse Gruppe eine andere beherrschen oder bekehren wollte.

Ein früher Erfolg für diese Prediger war die Aufhebung und Rücknahme des britischen Stempelgesetzes im Jahr 1766. Pastor Mayhew feierte diesen Sieg am 23. Mai mit einer Predigt unter dem Titel «Die zerrissene Schlinge».[36] Solche Predigten erzeugten zusammen mit der großen geistlichen Erweckung und dem sorgfältigen Studieren und Lehren der Bibel die Atmosphäre, die zur historischen «Boston Tea Party» führte: Aufgebracht über die gesetzgeberischen Zwangsmaßnahmen des britischen Parlaments, darunter auch des Teegesetzes, warfen die «Söhne der Freiheit»[37] den britischen Tee in den Hafen.

Das britische Parlament reagierte mit noch härteren Gesetzen. In den Kolonien nannte man sie die «Unerträglichen Gesetze» und organisierte den ersten kontinentalen Kongress der dreizehn Kolonien. Ihre Repräsentanten versammelten sich im September 1774 in Philadelphia. Eröffnet wurde das Treffen mit Gebet und dem Lesen des Psalms 35, der außerordentlich gut zu passen schien. Sodann formulierten die Delegierten die «Declaration of Rights and Grievances»

---

[35] John Adams an H. Niles, 13. Februar 1818, http://teachingamericanhistory.org/library/document/john-adams-to-h-niles/.
[36] Mayhew, Jonathan: «The Snare Broken» (Predigt), Boston 1766. http://oll.libertyfund.org/pages/1766-mayhew-the-snare-broken-sermon.
[37] Nach Römer 8,21.

(Erklärung zu Rechten und Beschwerden), die besagte, dass nur koloniale Gesetzgebungsgremien das Recht hatten, Steuern zu erheben.[38]

Im Jahr 1775 hielt Samuel Langdon, der Präsident der Harvard-Universität, eine Predigt zur Wahl zum Thema «Korrumpierte Regierung». Seine Predigt basierte auf Jesajas Schilderung des Niedergangs Judas: «Von Kopf bis Fuß seid ihr voller Beulen, blutiger Striemen und frischer Wunden. Nichts mehr an euch ist gesund, und keiner ist da, der eure Wunden reinigt, mit Salbe behandelt und verbindet.»[39]

Die Worte des Predigers schürten das Feuer der Revolution:

> Wir haben eine Zeit erreicht, in der die britische Freiheit kurz davor ist, zu erlöschen; in der jene staatliche Verfassung, die so lange der Ruhm und die Kraft der englischen Nation gewesen ist, zutiefst unterminiert ist und jederzeit zu Trümmern zusammenbrechen kann; in der Amerika von grausamer Unterdrückung bedroht ist und die Macht sich ausstreckt gegen Neuengland.[40]

Pastor John Witherspoon war einer der einflussreichsten Delegierten des Zweiten Kontinentalen Kongresses. Er war einer der Unterzeichner der Unabhängigkeitserklärung und Präsident der Universität Princeton. Zwischen Juni 1776 und November 1782 arbeitete er in über hundert Ausschüssen mit. Bevor er sich der Revolution anschloss, formulierte Witherspoon ihre biblische Grundlage.

Seine erste politische Predigt hielt er im Mai 1776. Diese Predigt bestätigt, dass die amerikanische Revolution (wie die Historiker Jacques Barzun und Eugen Rosenstock-Huessy dargelegt haben) ebenso wie der englische Bürgerkrieg ein Nachbeben der deutschen Reformation gewesen ist:

---

[38] «Declaration of Rights and Grievances», 14. Oktober 1774, Library of Congress, http://www.loc.gov/teachers/classroommaterials/presentationsandactivities/presentations/timeline/amrev/rebelln/rights.html.

[39] Jesaja 1,6.

[40] Moore, Frank (Hg.): *The Patriot Preachers of the American Revolution, with Biographical Sketches, 1766–1783* (1860), S. 49–73, Zugriff auf der Website der Belcher Foundation, http://www.belcherfoundation.org/government_corrupted.htm.

Dies ist das erste Mal, dass ich auf der Kanzel ein politisches Thema anspreche. In dieser Zeit jedoch ist es nicht nur rechtmäßig, sondern auch notwendig, und *ich nutze bereitwillig die Gelegenheit, ohne Zögern meine Meinung kundzutun, dass die Sache, für die Amerika nun zu den Waffen greift, die Sache der Gerechtigkeit, der Freiheit und der menschlichen Natur ist.* Soweit wir bisher vorangeschritten sind, bin ich überzeugt, dass das Bündnis der Kolonien nicht aus Stolz, Groll oder Aufruhr erfolgte, sondern aus einer tiefen und allgemeinen Überzeugung, dass unsere bürgerliche und religiöse Freiheit und infolgedessen in hohem Maße unser und unserer Nachkommen zeitliches und ewiges Glück von dieser Frage abhängt. Die Erkenntnis Gottes und seiner Wahrheiten hat sich von Beginn der Welt an hauptsächlich, wenn nicht gar gänzlich auf jene Teile der Erde beschränkt, wo ein gewisses Maß von Freiheit und politischer Gerechtigkeit zu sehen war, und groß waren die Schwierigkeiten, mit denen sie zu kämpfen hatten aufgrund der Unvollkommenheit der menschlichen Gesellschaft und der ungerechten Entscheidungen angemaßter Autorität. Es gibt keinen einzigen Fall in der Geschichte, bei dem die bürgerliche Freiheit verloren ging und die religiöse Freiheit gänzlich erhalten blieb. Wenn wir darum unseren zeitlichen Besitz aufgeben, liefern wir gleichzeitig unser Gewissen der Gefangenschaft aus.[41]

Babels erste Zerstörung

Gott hatte den Menschen geboten, die Erde zu füllen.[42] Die Erbauer Babels beschlossen, Gottes Gebot zu missachten, um «nicht über die ganze Erde zerstreut» zu werden.[43] Sie wollten sich einen Namen machen.

---

[41] «The Dominion of Providence Over the Passions of Men, by John Witherspoon (May 17, 1776)», ConSource, http://consource.org/document/the-dominion-of-providence-over-the-passions-of-men-by-john-witherspoon-1776-5-17/.
[42] 1. Mose 1,28; 9,1.
[43] 1. Mose 11,4.

Wie macht sich eine imperiale Stadt einen Namen? Was werden fünfzigtausend Menschen machen, wenn sie beschließen, in einer vorindustriellen, vorkommerziellen Stadt zusammen zu leben?

Ein Napoleon, ein Hitler, ein Taj Mahal zeigen, dass Imperien dazu neigen, ihr Menschenpotenzial für Kriege oder unprofitable Projekte zu verwenden.[44] Im Falle Babels beschloss man, eine Zikkurat zu bauen – einen monumentalen Wolkenkratzer.

Wie ernährt man die Menschen, die an einem wirtschaftlich so unproduktiven Projekt arbeiten?

Eine Stadt, die sich nicht selbst ernähren kann, muss zu einem Imperium werden.[45] Babel stellte Ziegel für die Zikkurat her, aber es konnte nicht genügend Ziegel für Brot eintauschen. Also musste es Gewalt anwenden, um eine produktive, aber wehrlose Landschaft auszubeuten (und letztendlich zu unterjochen).[46] Bauern ihre Produkte abzupressen heißt, sie zu versklaven.

Das Imperium ist das heidnische Rezept für Krieg, weil es das Territorium und den Besitz anderer Leute nicht respektiert. Die Versklavten müssen kämpfen, wenn sie ihre Nahrung, ihre Familien und ihren Besitz schützen wollen.

Wer einen Menschen versklavt, verletzt das Bild Gottes in ihm. Maschinen produzieren; wir erschaffen. Was ist der Unterschied? Maschinen produzieren das, wozu sie programmiert sind. Wir erschaffen, was wir erschaffen wollen. Die Freiheit der Wahl ist das Wesen der Kreativität, der Persönlichkeit, des Geistes. Unsere Wahl ist nicht durch Chemie gesteuert. Ein Mensch ist eine moralische

---

[44] In meinen Büchern wie etwa *India: The Grand Experiment* habe ich dokumentiert, dass in Kolonien wie Indien die Bibel die Saat der Selbstregierung gesät hat – in Opposition zum britischen Empire. Siehe das Zitat von Lord Thomas Babington Macaulay weiter unten.

[45] Heute kann eine Stadt mit Gütern und Dienstleistungen handeln, auch mit Verwaltungsleistungen. Eine solche Möglichkeit hatte Babel in 1. Mose 11 nicht.

[46] Siehe das Buch des französischen Soziologen Jacques Ellul: *The Meaning of the City*, Eerdmans: Grand Rapids 1970.

«Person», kein Tier. Das bedeutet, dass sein Körper der Diener seiner Seele ist, nicht ihr Herr.

Die Freiheit, zu denken und zu wählen, ist die erste der menschlichen Freiheiten. Gedanken werden in Worten ausgedrückt – in Sprache. Die Information, das Wort, die DNA ist der Kern des Lebens. Gott erschuf den Kosmos durch sein Wort. Adam und Eva waren «nach dem Bild Gottes geschaffen». Das bedeutet, dass ihnen die Gabe der Sprache geschenkt wurde. Sie hatten die Freiheit, ihre eigenen Gedanken zu denken, zwischen widerstreitenden Gedanken zu wählen und ihre Wahl in Worten und Taten auszudrücken.

Imperien neigen dazu, diese Freiheiten zu unterdrücken.

Der Schöpfer forderte Adam auf, seine Sprache zu entwickeln, indem er alle Tiere kategorisierte und ihnen Namen gab. Sprachliche Kreativität ist der erste Schritt zum Aufbau unserer Kultur, der Beherrschung der Welt.

Alle Menschen, die in Babel lebten, waren Kinder Noahs. Ethnisch waren sie eins. Sie sprachen dieselbe Sprache. Um ein tyrannisches Imperium in unabhängige Nationen aufzuteilen, verwirrte Gott ihre Sprache. Ein Volk teilte sich in viele Nationen auf, weil sie einander nicht mehr verstehen konnten. Nicht Ethnizität, sondern sprachliche Vielfalt ließ Nationen entstehen.[47]

Sprache ist das Medium, mit dem Gedanken gedacht und mitgeteilt werden. Aufbewahrt werden sie durch Literatur. Sprache lässt eine Nation entstehen, Literatur erbaut eine große Nation. Deshalb war die biblische Reformation im 16. Jahrhundert eine linguistische Revolution. Latein spielte eine wichtige Rolle dabei, Westeuropa zu einem Imperium zu einen; die Reformation brach dieses Imperium auf, indem sie Dialekte zu Sprachen entwickelte.[48]

---

[47] 1. Mose 11,1–9; 1. Mose 10.

(II) Die Nation: Gottes Friedensplan

Das hauptsächliche Mittel zur Verwandlung der Dialekte war die Bibelübersetzung. Sie bahnte den Weg, um Imperien in unabhängige Nationen aufzuteilen.

Christliche Missionsgesellschaften reformierten im 19. Jahrhundert Indien, indem sie eine linguistische Revolution initiierten. Sie brachten den Gedanken, dass die Sprachen der Leute entwickelt werden müssen, um große Nationen zu bauen.

Bharatendu Harishchandra (1850–1885) wird als der Vater der Hindi-Literatur verehrt. Er fasste die Lektion, die Indien aus der europäischen Geschichte und von den Missionaren lernte, so zusammen:

Fortschritt wird in der eigenen Sprache gemacht (der Muttersprache), denn sie ist die Grundlage allen Fortschritts.

Ohne Kenntnis der Muttersprache gibt es kein Heilmittel für das Leid des Herzens.

Viele Künste und Bildung ohne Grenzen, Wissen verschiedenster Art sollten von allen Ländern genommen, aber in der eigenen Muttersprache verbreitet werden.

1. Mose 10 schildert, was *nach* 1. Mose 11 geschah: Babel, die imperiale Stadt, zerfiel in unabhängige Nationen, die sich selbst verwalteten, in ihren eigenen Sprachen, in ihren eigenen Ländereien.[49] Damit ein Volk zu einer Nation werden kann, muss es aufhören, eine Kolonie zu sein, und seine Geschicke als souveränes Volk selbst lenken.

---

[48] Schon Dante hatte einen Dialekt in ein hoch entwickeltes, literarisches Italienisch verwandelt. Die Wycliffe-Bibel half, Chaucers Englisch weiterzuentwickeln. Katholische Gelehrte hatten die Bibel ins Deutsche übersetzt, bevor Martin Luther es tat. Die Reformation verwandelte diese mittelalterlichen Anstrengungen in eine linguistische Revolution. Sie machte die Muttersprache zum Medium der Bildung, des Rechts und der Verwaltung. Wie wir im Kapitel über Sprachen sehen werden, machte die Entwicklung der Nationalsprachen es möglich, dass aus dem Heiligen Römischen Reich unabhängige Nationen erwuchsen.

- 1. Mose 10,2–5: «Jafets Söhne hießen: Gomer, Magog, Madai, Jawan, Tubal, Meschech und Tiras. Von Gomer stammen Aschkenas, Rifat und Togarma ab; von Jawan: Elischa, Tarsis, die Kittäer und die Rodaniter. Jawans Nachkommen breiteten sich in den Küstenländern und auf den Inseln aus. Sie wuchsen zu Völkern heran, die in Sippen zusammenlebten. Jedes Volk hatte sein eigenes Gebiet und redete eine eigene Sprache.»
- 1. Mose 10,20: «Diese alle sind Hams Nachkommen. Sie wuchsen zu Völkern heran, die in Sippen zusammenlebten. Jedes Volk hatte sein eigenes Gebiet und eine eigene Sprache.»
- 1. Mose 10,30–31: «Ihr Gebiet erstreckte sich von Mescha über Sefar bis zum Gebirge im Osten. Diese alle sind Sems Nachkommen. Sie wuchsen zu Völkern heran, die in Sippen zusammenlebten. Jedes Volk hatte sein eigenes Gebiet und eine eigene Sprache.»

Eine Volksgruppe ist eine *Nation*, wenn sie sich auf ihrem eigenen Territorium in ihrer eigenen Sprache oder ihrem eigenen Dialekt selbst verwaltet. Wird sie von einem Imperium beherrscht, so ist sie bestenfalls eine *potenzielle* Nation. Deshalb sagte der Apostel Paulus in Apostelgeschichte 17,26 zu den Athenern, Gott habe alle Nationen erschaffen und «bestimmt, wie lange jedes Volk bestehen und in welchen Grenzen es leben soll».

Nationen sind nicht unsterblich. Sie haben eine begrenzte Lebensspanne. Doch nationale Grenzen sind heilig. Sie sollten respektiert werden, weil sie ein Geschenk von Gott sind. Die territoriale Integrität einer anderen Nation zu respektieren ist der erste Schritt zur friedlichen Koexistenz.

---

[49] Manche Missiologen der Nachkriegszeit haben «Nation» als eine «Volksgruppe» oder *Ethnie* definiert. Das trug dazu bei, dass der Missionsauftrag, Nationen zu Jüngern zu machen, falsch interpretiert wurde. Diese Missionen gingen davon aus, dass Gottes Reich nichts damit zu tun hatte, wie eine Nation zu regieren war. Die Missionen des 19. Jahrhunderts bauten Nationen, weil sie 1. Mose 10 viel besser verstanden.

Die Hardware einer Nation sind ihre Bürger und ihr Territorium. Die Sprache ist ihre Software. Wie gut sich eine Nation entwickelt, hängt davon ab, wie gut ein Volk seine Sprache, seine Gesetze und seine Literatur entwickelt.

Die Tatsache, dass eine menschliche Sprache sich in jede andere Sprache übersetzen lässt, ist ein starker Beleg dafür, dass es eine gemeinsame Struktur des menschlichen Verstandes und eine ursprüngliche Sprache gibt. Alle Menschen sind miteinander verwandt.

In Babel werden in 1. Mose 11 die Kinder Noahs durch die «Verwirrung» ihrer Sprachen in verschiedene Nationen aufgeteilt. Das war eine Strafe für den Hochmut des Menschen. Durch den Verlust ihrer ursprünglichen Sprache verloren die Menschen das Wissen und die Weisheit, die sich über Generationen angesammelt hatten.[50]

Um es noch einmal zu sagen: Gottes Gericht über Babel teilte eine Volksgruppe in viele Sprachnationen auf. Sprache, nicht Ethnizität, ist die ursprüngliche Wurzel der Vielfalt der Nationen.[51]

Um eine große Nation aufzubauen, ist es nötig, dass eine Sprachgruppe ihre Kultur von großen und guten Gedanken prägen lässt. Ein «Steinzeit»-Stamm ist ein Volk mit wenig entwickelter Sprache und ohne Literatur.[52] Große Literatur, also gute Gedanken

---

[50] Über die Frage «Was war die ursprüngliche Sprache Adams und Evas, die bis 1. Mose 11 bestand?» wurde im Europa des 16. und 17. Jahrhunderts hundert Jahre lang debattiert. Aus dieser Debatte entstand die wissenschaftliche Schlussfolgerung Galileos und Newtons, die Mathematik sei die Sprache der physischen Welt – der Natur.

[51] Die Definition von «Nation» als Volksgruppe hat viele christliche Missionswerke in schwere Irrtümer geführt. Es bringt sie dazu, den Missionsauftrag, Nationen zu Jüngern zu machen, falsch zu interpretieren. Er bedeutet dann nicht mehr, den Nationen Licht und Heil zu bringen, sondern nur noch, «unerreichte Volksgruppen» mit Geschichten aus der Bibel zu «erreichen». Anstatt Dialekte zu kraftvollen Sprachen mit großer Literatur zu entwickeln, fangen die neuen Missionare an, das Analphabetentum zu «respektieren». Sie sind stolz auf ihren «Respekt vor oralen Kulturen», mit dem sie in Wirklichkeit Gottes schöpferisches Ebenbild im Menschen missachten.

und Gesetze, die man miteinander teilt, schätzt und verfeinert, baut Nationen. Die Postmoderne, die sich auf «Sprache» keinen Reim mehr machen kann, dekonstruiert die Sprache, die Literatur und dementsprechend auch die «Nation».

Das eben Gesagte erklärt, warum die Bibel mehr ist als eine Bibliothek aus 66 Büchern. Sie war das wichtigste und oftmals einzige Mittel der Welt zur Verwandlung mündlicher Dialekte in literarische Sprachen. Durch Bibelübersetzung wurden «primitive» Stämme von Kopfjägern und sogar Kannibalen zu sich entwickelnden Volksgruppen und Nationen. Tausende von Bibelübersetzern arbeiten auch in diesem Moment an dem historischen Auftrag, die Bibel in alle Sprachen der Welt zu übersetzen.[53]

Dadurch, dass offenbarte Wahrheit in jede Nation in ihrer eigenen Sprache hineingetragen wird, wird der Fluch über Babel, der in 1. Mose 11 geschildert wird, zurückgenommen. So begann der Prozess, Nationen in große Nationen (siehe Definition weiter unten) zu verwandeln, die nicht durch Blut, sondern durch Gedanken miteinander verbunden sind.

Der Fluch, der das gesammelte Wissen vor 1. Mose 11 auslöscht, begann sich am Pfingsttag umzukehren.[54] An diesem Tag wurde der Heilige Geist über die hundertzwanzig Jünger ausgegossen, die sich zum Gebet in Jerusalem versammelt hatten. Erfüllt vom Geist der Wahrheit, der Weisheit, des Verstandes und der Erkenntnis[55] begannen die Jünger, den Pilgern, die sich aus vielen Nationen in Je-

---

[52] Manche postmoderne Christen versuchen, Analphabetentum als orale Kultur zu respektieren. Die Mission der Moderne dagegen schuf und verbreitete große Literatur.

[53] Manche Bibelübersetzer ziehen bei ihrer historischen Mission mündliche Überlieferung der Literatur vor. Sie wollen «Geschichten» erzählen. Für die Erkenntnis der «Wahrheit» oder die Entwicklung großer Literatur in der Umgangssprache interessieren sie sich möglicherweise nicht. Dennoch könnte ihre Übersetzung die Nutznießer dazu befähigen, ihre eigene Literatur zu entwickeln.

[54] Apostelgeschichte 2.

[55] Johannes 15,26; Jesaja 11,2 (Luther).

rusalem versammelt hatten, Gottes großes Heilswerk zu verkündigen. Was die Pilger dabei besonders verblüffte, war, dass jeder die Galiläer in seiner eigenen Muttersprache reden hörte.

Apostelgeschichte 2 stellt den Segen des Pfingsttages in einen Zusammenhang mit dem Fluch, der über Babel kam. Es berichtet, dass der Heilige Geist als «zerteilte (griechisch: *diamerizo*) Zungen» über sie kam. Die aus vielen Nationen zusammengesetzte Menschenmenge war «bestürzt» (griechisch: *suncheo*) (Verse 3.6; Elberfelder).

Lukas hat wahrscheinlich 1. Mose 11 in der Fassung der Septuaginta herangezogen, als er Apostelgeschichte 2 schrieb. In dieser Version wird für das Geschehen in Babel der Ausdruck *suncheo* verwendet. Gott sagt dort: «Auf, lasst uns herabfahren und dort ihre Sprache verwirren» (1. Mose 11,7; Elberfelder).

Die Vielzahl der Nationen, die am Pfingsttag vertreten waren, ist eine weitere bewusste Verbindung zu Babel. Jede der in Apostelgeschichte 2,9–11 erwähnten Nationen hatte ihre eigene Landessprache. Sie hatten ihre Mythen und Epen, aber sie hatten nicht das Wort oder die Erkenntnis Gottes in ihrer Sprache, seit sie in Babel voneinander getrennt worden waren.[56]

(III) Die große Nation: Von der Ethnizität zum Bund

Davon zu reden, man wolle seine Nation «groß» machen, kommt bei den Wählern in Europa, Amerika und Asien gut an, weil es aus der Bibel kommt. Politische Parteien, die solche Formulierungen

---

[56] Für eine akademische Erörterung siehe Heiser, Michael: *The Unseen Realm: Recovering the Supernatural Worldview of the Bible*, Lexham Press: Bellingham (Washington) 2015, S. 298. Das Wort «zerteilt» (*diamerizo*) in Apostelgeschichte 2,3 ist dasselbe, das auch in 5. Mose 32,8 in der griechischen Septuaginta verwendet wird: «Der höchste Gott gab jedem Volk ein Land und teilte [*diamerizo*] die Erde unter ihnen auf. Er zog die Grenzen dabei so, dass Israel genügend Land bekam.»

verwenden, werden von den elitären Medien verachtet, aber auf der Straße gewinnen sie die Wähler.

Während eine Nation eine souveräne Volksgruppe in einem festen Territorium ist, die sich in ihrer eigenen Sprache selbst verwaltet, besteht eine *große* Nation aus *vielen* Volksgruppen in einem festen Territorium, die sich durch ein gemeinsames Recht selbst verwalten. Nicht die Ethnizität, sondern Bund und Verfassung, Recht und Literatur binden eine große Nation zusammen. Den Nationen Heil zu bringen und sie in große Nationen zu verwandeln, ist ein Teil der Mission Gottes.

Vielfältige Menschen, das Recht und eine große Nation

Abraham bekam die Verheißung eines geografischen Territoriums und vieler Nachkommen. Freilich ist eine große Bevölkerung kein Rezept für Größe. Die meisten physischen Nachkommen Abrahams wurden nicht Teil der Nation Abrahams. Und diejenigen, die dazu gehörten, entehrten oft seinen Namen und den Namen seines Gottes. Gott sagte zu Abraham, der Gehorsam gegenüber einem gerechten Gesetz werde Abrahams Nachkommen zu einer großen Nation machen, zu einem Licht für alle Völker:

> … schließlich wird er durch mich zum Stammvater eines großen und mächtigen Volkes. Und nicht nur das, alle Völker der Erde sollen durch ihn am Segen teilhaben. Ich selbst habe ihn dazu auserwählt, dass er auch seine Familie und seine Nachkommen so zu leben lehrt, wie es mir gefällt. Sie sollen das Recht achten und Gerechtigkeit üben, damit ich meine Zusage einlösen kann, die ich Abraham gegeben habe.[57]

---

[57] 1. Mose 18,18–19.

Um zu einer großen Nation zu werden, musste Abraham die Menschen lehren, die biologisch oder juristisch zu ihm gehörten. Das heißt, er musste sie dazu anhalten, sich an die Gerechtigkeit Gottes zu halten.[58]

Vier Jahrhunderte nach Abraham, als die Hebräer sich anschickten, in das «verheißene Land» einzuziehen, machte Mose ihnen deutlich, dass der Gehorsam gegenüber Gottes Gesetz sie zu einer großen Nation machen werde:

> Ich habe euch die Gebote und Weisungen gelehrt, die ich vom Herrn, meinem Gott, empfangen habe. Ihr sollt danach leben, wenn ihr in das Land kommt, das er euch schenken will. Haltet euch an diese Gebote und befolgt sie; dann werden die anderen Völker sehen, wie weise und klug ihr seid. Wenn sie von euren Gesetzen hören, werden sie sagen: «Dieses große Volk besitzt Weisheit und Verstand!» Denn kein anderes Volk, ganz gleich wie groß, hat Götter, die ihm so nahe sind wie uns der Herr! Wann immer wir zu unserem Gott rufen, hört er uns. Wo ist ein Volk, groß wie wir, das so gerechte Gebote und Weisungen hat, wie ich sie euch heute gebe?[59]

Gesetz, nicht Gesetzlichkeit

Mose war der große Gesetzgeber. Allerdings befürwortete er keine Gesetzlichkeit. Der Zweck der Zehn Gebote war es, eine Gemeinschaft zu schaffen, die Gott und den Nächsten liebt.[60] Israel werde zu einer großen Nation werden, sagte er, wenn es Gott willkommen heißt, in seinem Land als sein König und Gesetzgeber zu wohnen.

Dasselbe sagte auch Paulus in Athen in Apostelgeschichte 17,27.

---

[58] 1. Mose 12,1–3.
[59] 5. Mose 4,5–8.
[60] 5. Mose 6; Lukas 10,26–28.

Gott schuf die Nationen, damit sie ihn suchen. Denn das war nach den Worten Jesu ein wesentliches Merkmal des Reiches Gottes. Er sagte:

> Wenn ihr mich liebt, werdet ihr so leben, wie ich es euch geboten habe. ... Wer meine Gebote annimmt und danach lebt, der liebt mich wirklich. Und wer mich liebt, den wird mein Vater lieben. Auch ich werde ihn lieben und mich ihm zu erkennen geben. ... Wer mich liebt, richtet sich nach dem, was ich gesagt habe. Auch mein Vater wird ihn lieben, und wir beide werden zu ihm kommen und für immer bei ihm bleiben.[61]

Dreizehn Kolonien schlossen sich zu einer «großen Nation» zusammen, den Vereinigten Staaten von Amerika. Auch Israel bestand aus dreizehn Volksgruppen (Stämmen).[62] Was diese Stämme zu einer Nation vereinte, war nicht ihre gemeinsame Abstammung von Abraham, denn Ismael, Esau und die Kinder der Ketura[63] waren ebenfalls Abrahams physische Nachkommen. Es war ein gemeinsames Recht, das die dreizehn Volksgruppen Israels zu einer Nation machte.

Zwölf Stämme erhielten jeweils ein eigenes Territorium. Die Leviten verteilten sich auf diese zwölf Provinzen. Als Jerusalem die Hauptstadt wurde, war es Aufgabe der Leviten, nach Jerusalem zu kommen und im Tempel Dienst zu tun. Dort befanden sich der Staatsschatz und die «Universität».[64]

Die Leviten brachten die gesellschaftlichen und rechtlichen Probleme aus ihren Städten und Dörfern zum Tempel. Experten für Gottes Recht diskutierten die Themen und gaben Anweisungen. Ein gemeinsames Licht, das von Gottes Tempel ausstrahlte, machte es möglich, dass alle Stämme ihr Leben am Wort Gottes ausrichteten.

---

[61] Johannes 14,15–23.
[62] Aus Josef waren zwei Stämme hervorgegangen, Ephraim und Manasse.
[63] 1. Chronik 1,32.
[64] Das Zentrum, wo man Theologie, Recht, Sprache, Staatskunst etc. studierte.

Im Jahr 930 v. Chr. wurde deutlich, dass nicht die Ethnizität Israel zu einer Nation machte. Als die Stämme sich in Israel und Juda aufspalteten, wurden sie zu zwei Nationen, weil sie zwei Territorien und zwei Obrigkeiten hatten. Ebenso bestand Deutschland in der Zeit seiner Teilung aus zwei Nationen – Ost- und Westdeutschland mit jeweils eigenen Territorien und Verwaltungsstrukturen. Propheten wie Hesekiel und Sacharja sprachen von einer Zukunft, in der die beiden Nationen Israel und Juda unter einem guten Hirten wiedervereinigt sein würden.

Alle Nationen sollen groß werden

Abraham wurde nicht auserwählt, um nur Israel zu einer großen Nation zu machen. Gott versprach, er werde auch Ismael zu einer großen Nation machen. «Aber auch deine Bitte für Ismael will ich erfüllen. Ja, ich werde ihn segnen und ihm unzählige Nachkommen schenken. Zwölf Fürsten sollen von ihm abstammen, und er wird der Stammvater eines großen Volkes werden.»[65]

Der Prophet Jesaja klagte über die Verderbtheit in Israel und Juda. Nachdem er ihre Zerstörung angekündigt hatte, sagte Jesaja Gottes Segnungen über Israel voraus ... und über seine traditionellen Feinde:

> Mitten in Ägypten wird ein Altar stehen, der dem Herrn geweiht ist, und an der Grenze des Landes wird man eine Gedenksäule für ihn errichten. Diese beiden bezeugen den Herrn, den allmächtigen Gott, im Land Ägypten. Wenn das Volk ihn dann zu Hilfe ruft gegen die Unterdrücker, sendet er ihnen einen Retter, der für sie kämpft und sie befreit. So wird der Herr sich den Ägyptern zu erkennen geben. Ja, in jener Zeit werden sie ihn kennen und ihm Tiere und andere Gaben opfern. Sie werden dem Herrn Gelübde ablegen und sich auch daran halten. Zwar

---

[65] 1. Mose 17,20.

muss er sie erst hart bestrafen, doch gerade durch die Schläge bringt er sie auf den richtigen Weg: Sie werden sich ihm zuwenden, und er wird ihre Gebete erhören und sie wieder heilen.

In dieser Zeit wird eine Straße von Ägypten nach Assyrien führen. Die Assyrer und Ägypter besuchen einander und dienen gemeinsam dem Herrn.

Israel ist dann der Dritte im Bunde, ein Segen für die ganze Erde. Der Herr, der allmächtige Gott, wird sich diesen Völkern zuwenden und sagen: «Ich segne euch Ägypter, ihr seid mein Volk! Ich segne auch euch Assyrer; ich habe euch geschaffen. Und ich segne euch Israeliten; ihr gehört zu mir.»[66]

Bei dem jüdischen Propheten Jesaja ist immer wieder von den «Nationen» die Rede:

Seht, hier ist mein Diener, zu dem ich stehe. Ihn habe ich auserwählt, und ich freue mich über ihn. Ich habe ihm meinen Geist gegeben, und er wird den Völkern mein Recht verkünden. ...

Ich, der Herr, habe dich berufen, meine gerechten Pläne auszuführen. Ich fasse dich an der Hand und helfe dir, ich beschütze dich. Durch dich schließe ich einen Bund mit den Menschen, ja, für alle Völker mache ich dich zu einem Licht, das ihnen den Weg zu mir zeigt.[67]

Eine Nation unter Gott

Wenn man das Buch Jesaja durchliest, wird Gottes zentrale Botschaft an Israel deutlich: Nicht militärische Macht und militärische Bündnisse machen eine Nation groß. Die Wurzeln der Größe sind die Abkehr von der Sünde und die Rückkehr zu Gott. Ein Volk, das

---

[66] Jesaja 19,19–25.
[67] Jesaja 42,1–6.

in Recht und Gerechtigkeit mit Gott unterwegs ist, erntet Frieden und wirtschaftlichen Wohlstand als Früchte.

Die Vereinigten Staaten von Amerika wurden zu einer großen Nation, weil ihre führenden Leute dem Beispiel der gerechten Könige Israels folgten.[68] Sie riefen Amerika auf, sich an einem nationalen Gebetstag vor Gott zu beugen. Seit 1952 hat der US-Kongress den ersten Donnerstag im Mai zum Nationalen Gebetstag erklärt. Alle Bürger sind aufgerufen, «sich in Gebet und Meditation Gott zuzuwenden». Jedes Jahr unterzeichnet der Präsident einen Aufruf an alle Amerikaner, an diesem Tag zu beten.

Diese Tradition reicht zurück bis zum Second Continental Congress (1775–1783), der dazu führte, dass die USA eine Nation wurden. Dazu waren Delegierte aus allen dreizehn Kolonien zusammengekommen. Diese Delegierten hatten ihre Bevölkerung gebeten, einen Tag mit Fasten und Gebet zu verbringen. Präsident John Adams bestätigte diese Tradition 1798 und 1799. Zum Beten fügte er noch das «Danken» hinzu.

Zusätzlich versammeln sich am ersten Donnerstag in jedem Februar die führenden Leute Amerikas einschließlich des Präsidenten zu einem Gebetsfrühstück.

In den 1950ern beschloss der US-Kongress, die Worte «In God We Trust» auf die Banknoten zu drucken und in die Münzen eingravieren zu lassen.

Das Flaggengesetz der Vereinigten Staaten verpflichtet die Bürger dazu, folgendes Gelöbnis abzulegen:

Ich schwöre Treue auf die Fahne der Vereinigten Staaten von Amerika und die Republik, für die sie steht, eine Nation unter Gott, unteilbar, mit Freiheit und Gerechtigkeit für jeden.

---

[68] Ein herausragendes Beispiel ist König Joschafat in 2. Chronik 20.

Amerikas Scheitern und seine Wirkung

Amerika ist, wie das alte und moderne Israel auch, oft daran gescheitert, der biblischen Idee einer großen Nation entsprechend zu leben. Sklaverei, Rassismus und die grausame Behandlung der amerikanischen Ureinwohner sind wohlbekannte Übel.

In meinem Buch *Die offene Wunde des Islam*[69] habe ich ein ganzes Kapitel darauf verwendet, zu erklären, warum muslimische Nationen die USA als den «großen Satan» bezeichnen. Doch seinen vielen Fehlern zum Trotz bleibt die Tatsache bestehen, dass Amerika mehr als andere dazu beigetragen hat, dass der biblische Gedanke einer großen Nation die Welt verändern konnte.

Dass zum Beispiel die Kolonien der europäischen Mächte, darunter auch Indien, heute souveräne Nationen sind, liegt zu einem großen Teil an dem US-Präsidenten Franklin D. Roosevelt. Obwohl Amerika oft als «neo-imperialistisch» verurteilt wird, ist es eine Tatsache, dass Roosevelt durch die Atlantic-Charta Sir Winston Churchill dazu zwang, den Imperialismus zu beenden.

Schon im 19. Jahrhundert hatten Missionare wie William Carey, britische Beamte wie Charles Trevelyan und Politiker wie Lord Macaulay die biblische Idee der Nation in Indien eingeführt. Am 10. Juli 1833 argumentierte Macaulay vor dem Parlament, der Auftrag der Briten in Indien müsse es sein, das Land in eine große Nation zu verwandeln, die sich selbst regiert:

> Sollen wir das Volk Indiens in Unwissenheit halten, damit es unterwürfig bleibt? Oder glauben wir, wir könnten ihm Wissen geben, ohne Ambitionen zu wecken? Oder wollen wir Ambitionen wecken und ihm kein legitimes Ventil dafür geben? Wer wollte eine dieser Fragen mit Ja beantworten? Doch eine davon muss jeder mit Ja beantworten, der die Ansicht vertritt, wir sollten die Einheimischen auf Dauer von hohen Ämtern ausschließen. Ich

---

[69] Die deutsche Ausgabe erschien 2016 im Fontis-Verlag Basel.

habe keine Befürchtungen. Der Pfad der Pflicht liegt klar vor uns; und es ist zugleich der Pfad der Weisheit, des nationalen Wohlstands, der nationalen Ehre.

Die Geschicke unseres indischen Imperiums sind von einer dichten Dunkelheit bedeckt. Es ist schwierig, irgendwelche Mutmaßungen darüber anzustellen, welches Geschick einen Staat erwartet, der keinem anderen in der Geschichte gleicht und der für sich eine ganz eigene Klasse politischer Phänomene ausbildet.

Noch immer kennen wir nicht die Gesetze, die sein Wachstum und seinen Verfall steuern. Es mag sein, dass das öffentliche Bewusstsein Indiens sich unter unserem System ausweiten kann, bis es über dieses System hinausgewachsen ist; dass wir durch gutes Regieren unsere Untertanen zu einer Fähigkeit zu besserem Regieren heranbilden können; dass sie, nachdem sie im europäischen Wissen unterwiesen worden sind, irgendwann in der Zukunft nach europäischen Institutionen verlangen mögen.

Ob ein solcher Tag je kommen wird, weiß ich nicht. Aber niemals werde ich versuchen, ihn abzuwenden oder hinauszuzögern. Wann immer er kommt, wird er der stolzeste Tag der englischen Geschichte sein. Ein großes Volk gefunden zu haben, versunken in den tiefsten Abgründen der Sklaverei und des Aberglaubens, und es so gelenkt zu haben, dass es wünschte und fähig wurde, alle bürgerlichen Privilegien zu erlangen, das wäre in der Tat ein einzigartiger Ehrentitel für uns.

Das Zepter mag von uns weichen. Unvorhergesehene Zufälle mögen unsere profundesten politischen Pläne entgleisen lassen. Die Siege unserer Waffen mögen unstet sein. Doch es gibt Triumphe, auf die kein Rückschlag folgt. Es gibt ein Imperium, das vor allen natürlichen Ursachen des Verfalls gefeit ist. Diese Triumphe sind die friedlichen Triumphe der Vernunft über die Barbarei; dieses Imperium ist das unvergängliche Imperium unserer Kunst und Moral, unserer Literatur und unseres Rechts.[70]

Macaulay artikulierte die politische Vision der Bibel. Kein griechischer, römischer, spanischer oder französischer Staatsmann hatte je etwas Derartiges getan. Ein Engländer erklärte dem britischen Parlament, sein Imperium der Waffen solle ersetzt werden durch ein «Imperium» – ein Reich – der Vernunft, der Kunst, der Moral, der Literatur und des Rechts.

Großbritannien musste die Inder dazu ausbilden, sich selbst zu regieren.

Das war die politische Saat, die durch die Bibel nach Indien kam. Sie blühte auf zur indischen Unabhängigkeitsbewegung unter Mahatma Gandhi. Doch es war weder ein britischer Politiker noch ein indischer Mahatma («Große Seele»), der Indien zu einer souveränen Nation machte. Es war ein amerikanischer Präsident, Roosevelt, der Großbritannien von seinem heidnischen Leitbild des Imperiums befreite.

In der heißen Phase des Zweiten Weltkrieges, 1941, traf sich der britische Premierminister Sir Winston Churchill unter Geheimhaltung mit dem US-Präsidenten Franklin D. Roosevelt. Die Begegnung fand in kanadischen Gewässern in der Placentia Bay in Neufundland statt. Churchill brauchte die Unterstützung der USA für seinen Krieg gegen Deutschland und Japan. Die öffentliche Meinung in Amerika war gegen ein solches Engagement. Das gab Roosevelt die Möglichkeit, von den Briten zu fordern, die Ethik und das Verantwortungsbewusstsein *über* ihre wirtschaftlichen Interessen zu stellen.

Am 14. August veröffentlichten sie eine gemeinsame Erklärung, die sogenannte Atlantik-Charta. Sie machte den Zweiten Weltkrieg zu einem moralischen Ringen:

Die USA, Großbritannien und ihre Verbündeten würden diesen Krieg nicht führen, um Territorium zu übernehmen, das anderen Nationen gehörte. Am Ende dieses Krieges werde es keine territo-

---

[70] http://www.columbia.edu/itc/mealac/pritchett/00generallinks/macaulay/txt_commons_indiagovt_1833.html.

rialen Veränderungen gegen den Willen der dort lebenden Menschen geben. Alle Kolonien würden das Recht zur «Selbstbestimmung» erhalten. Der Krieg werde denen, denen dieses Privileg bisher vorenthalten war, die Selbstverwaltung zurückgeben. Imperiale Mächte würden Handelsbeschränkungen reduzieren, damit alle vom globalen Handel profitieren können. Nationen würden miteinander kooperieren, um das sozioökonomische Wohlergehen aller sicherzustellen.

Keine Nation sollte mehr mit Furcht und Mangel leben müssen. Die Nationen sollten die Anwendung von Gewalt gegeneinander allgemein beenden, und die Aggressor-Nationen sollten entwaffnet werden.

Die Atlantik-Charta war die Blüte des Völkerrechts, wie es Hugo Grotius drei Jahrhunderte zuvor in den Blick genommen hatte. Sein Prinzip der *«sociabilitas»* gewann Gestalt als das Recht jeder Nation auf Selbstbestimmung. Der Same dieser machtvollen Idee entstammte Bibeltexten wie 1. Mose 12, Jesaja 2 und Micha 4.

Am 1. Januar 1942 unterzeichneten 26 Nationen die Atlantik-Charta. Sie enthielt das Versprechen, den «Nationen» das Recht auf Selbstbestimmung zu geben. Nicht Gewalt, sondern das Recht musste die Nationen regieren.

Dieses Versprechen, das Recht einer Nation auf Selbstbestimmung zu achten, ermöglichte es Mahatma Gandhi, am 8. August 1942 seine berühmte Quit-India-Bewegung zu starten. Nach dem Zweiten Weltkrieg, im August 1947, wurden Indien und Pakistan zu unabhängigen Staaten. Freiwillig schlossen sie sich dem britischen Rahmenwerk an – das war Macaulays «Imperium» der britischen Rechte und der Literatur, der Kunst und der Moral.

Die Nationen, die die Atlantik-Charta unterzeichneten, wurden mit der Zeit als Vereinte Nationen bezeichnet. Nach dem Krieg schlossen sich ihnen weitere Nationen an, so dass die Vereinten Nationen (UNO) entstanden, wie wir sie heute kennen.

In einem geschichtlichen Moment, in dem die USA zum größten Imperium der Welt hätten werden können, inspirierte die Bibel die USA dazu, zu einem Mittel der Heilung für die Nationen zu werden.

(IV) Das übernatürliche Reich Gottes

Es gibt berechtigte Kritik an den Vereinten Nationen. Sie sind, wie so viele unserer Familien, eine höchst dysfunktionale Familie. Doch ihr Kern eines gemeinsamen, gerechten Rechts, an dem sich souveräne Nationen orientieren können, bleibt gültig.

An der United Nations Plaza in New York befindet sich in einem kleinen städtischen Park die sogenannte Isaiah Wall. Diese Mauer trägt als Inschrift die Worte aus Jesaja 2,4 – «Dann schmieden sie ihre Schwerter zu Pflugscharen um und ihre Speere zu Winzermessern. Kein Volk wird mehr das andere angreifen; niemand lernt mehr, Krieg zu führen.» Der Park wurde 1948 angelegt, als der Bau des UNO-Hauptquartiers begann. 1979 wurde er Ralph Bunche gewidmet, dem ersten Afroamerikaner, der den Friedensnobelpreis gewann.

Am 4. Dezember 1959 schenkte die Regierung der Sowjetunion den Vereinten Nationen eine Bronzeskulptur mit dem Titel «Lasst uns unsere Schwerter zu Pflugscharen machen». Geschaffen war sie von dem sowjetischen Künstler Jewgeni Wutschetitsch. Sie zeigt einen Mann, der mit einem Hammer ein Schwert zu einer Pflugschar umarbeitet. Die Skulptur steht im Nordgarten des UNO-Hauptquartiers. Inspiriert ist sie von demselben Bibeltext, der auch auf der Isaiah Wall in New York zitiert wird:

> Am Ende der Zeit
> wird der Berg, auf dem der Tempel des Herrn steht,
> alle anderen Berge und Hügel weit überragen.
> Menschen aller Nationen strömen dann herbei.
> Viele Völker ziehen los und rufen einander zu:
> «Kommt, wir wollen auf den Berg des Herrn steigen,
> zum Tempel des Gottes Israels!
> Dort wird er uns seinen Weg zeigen,
> und wir werden lernen, so zu leben, wie er es will.»
> Denn vom Berg Zion aus
> wird der Herr seine Weisungen geben,
> dort in Jerusalem wird er der ganzen Welt

seinen Willen verkünden.
Gott selbst schlichtet den Streit zwischen den Völkern,
und den vielen Nationen spricht er Recht.
Dann schmieden sie ihre Schwerter zu Pflugscharen um
und ihre Speere zu Winzermessern.
Kein Volk wird mehr das andere angreifen;
niemand lernt mehr, Krieg zu führen.
Kommt, ihr Nachkommen von Jakob,
wir wollen schon jetzt mit dem Herrn leben.
Er ist unser Licht![71]

Der Prophet Jesaja sagte voraus, der Messias werde der «Friedensfürst» sein. «Er wird seine Herrschaft weit ausdehnen und dauerhaften Frieden bringen.»[72]

Der Prophet Micha griff das Thema auf: «Gott selbst schlichtet den Streit zwischen den Völkern, und den mächtigen Nationen in weiter Ferne spricht er Recht. Dann schmieden sie ihre Schwerter zu Pflugscharen um und ihre Speere zu Winzermessern. Kein Volk wird mehr das andere angreifen; niemand lernt mehr, Krieg zu führen.»[73]

Joel dagegen, ein weiterer biblischer Prophet, donnerte: «Schmiedet aus euren Pflugscharen Schwerter und aus euren Winzermessern Speerspitzen! Selbst der Schwächste unter euch soll erklären: Ich werde kämpfen wie ein Held!»[74]

Amerika hat seine eigenen Ideale oft verraten. Doch die biblische Vision einer großen Nation inspiriert es bis heute:

Richard Nixon wurde zweimal als Präsident der USA vereidigt. Bei beiden Anlässen verwendete er jeweils eine andere Familienbibel. Doch beide Male legte er seine Hand auf Jesaja 2,2–4. Auf dem Höhepunkt des Kalten Krieges reiste Nixon nach China, um Frieden zu stiften.

---

[71] Jesaja 2,2–5.
[72] Jesaja 9,5–6.
[73] Micha 4,3.
[74] Joel 4,10.

Bei der Unterzeichnung des ägyptisch-israelischen Friedensabkommens 1979 beriefen sich der US-Präsident Jimmy Carter, der ägyptische Präsident Anwar Sadat und Israels Ministerpräsident Menachem Begin auf den biblischen Aufruf zum Frieden, der von jüdischen Propheten wie Jesaja kam.

Präsident Ronald Reagan richtete an die 42. Vollversammlung der Vereinten Nationen folgende Worte:

> Können Schwerter nicht zu Pflugscharen gemacht werden? Können wir und alle Nationen nicht in Frieden leben? In unserer Besessenheit von den Antagonismen des Augenblicks vergessen wir oft, wie viel alle Mitglieder der Menschheit miteinander vereint. Vielleicht brauchen wir irgendeine äußere, weltweite Bedrohung, damit wir dieses gemeinsame Band erkennen. Ich denke gelegentlich darüber nach, wie rasch wohl unsere Differenzen in aller Welt verschwinden würden, wenn wir einer fremden Bedrohung von außerhalb dieser Welt gegenüberstünden. Doch ich frage Sie: Ist eine fremde Macht nicht schon jetzt unter uns? Was könnte fremder sein als Krieg und die Bedrohung des Krieges?

Die kühne Vision der Vereinten Nationen von einer Welt, in der die Nationen einander segnen, ist inspiriert von der Tatsache, dass Gott Abraham berief, (a) um ihn zu einer großen Nation zu machen und (b) um durch seinen Samen alle Nationen zu segnen.[75]

Abrahams Urenkel Josef hatte vor dem Exodus begonnen, den zweiten Teil dieser Verheißung zu erfüllen, indem er dafür sorgte, dass Ägypten genügend Getreide hatte, um eine lange Dürreperiode zu überstehen. Im ganzen Alten Testament erinnert Gott die Juden immer wieder daran, dass er Abraham erwählt hatte, ein Licht für alle Völker zu sein.

---

[75] 1. Mose 12,1–3; 18,18; 22,18; 26,4.

Ich habe dich zum Licht für alle Völker gemacht, damit du der ganzen Welt die Rettung bringst, die von mir kommt![76]

Das Neue Testament machte den zweiten Aspekt der Berufung Abrahams, nämlich ein Segen für alle Nationen zu sein, zum Schwerpunkt. Gottes Absicht für Israel war, es zu einer großen Nation zu machen. Er gründete die Gemeinde als übernationalen Leib Christi, um alle Nationen mit dem göttlichen Licht seiner Offenbarung zu segnen. Jesus Christus rief seine Jünger auf, Friedensstifter zu sein: «Glücklich sind, die Frieden stiften, denn Gott wird sie seine Kinder nennen.»[77]

Es gibt Christen, die in ihrer Eschatologie «Kriege und Kriegsgerüchte» bevorzugen. Doch schon während des Pfingstfestes, vom ersten Tag an, schuf der Geist Gottes die Gemeinde als einen vielsprachlichen, übernationalen Leib des Friedensfürsten.

Die islamische Vision eines Kalifats ist ein übernationales Imperium, dessen Macht auf dem Schwert beruht. Es gibt säkulare Politiker, die die Vereinten Nationen gern zu einer Welteinheitsregierung machen würden. Sie würden sie zu einem Imperium machen, das die Souveränität der Nationen verletzt. Denn der Säkularismus kann die biblische Lehre, dass Gott selbst den Nationen und den Individuen Souveränität zugeeignet hat, nicht akzeptieren. (Auf den Begriff der Volkssouveränität kommen wir im nächsten Kapitel zu sprechen.)

Die «Moralische Aufrüstung» und die Europäische Union

Die Vereinten Nationen, geführt von vielen fähigen Männern und Frauen aus aller Welt, waren vor allem eine Vision der USA. Daraus erwuchsen wichtige übernationale Institutionen wie die Weltbank und die Weltgesundheitsorganisation (WHO), die UNESCO und der Internationale Gerichtshof.

---

[76] Jesaja 49,6.
[77] Matthäus 5,9.

Sie alle sind nicht perfekt. Jede dieser Organisationen ist imstande, ihre Macht zu missbrauchen ... und doch sind sie inspiriert von der biblischen Vision souveräner Nationen, die im Licht von Gottes Recht und Gerechtigkeit leben. Die Europäische Union (EU), ursprünglich gegründet von sechs europäischen Nationen als Europäische Gemeinschaft für Kohle und Stahl (EGKS), war als übernationales Werkzeug für den Frieden gedacht.

Über die Jahrhunderte war oftmals von den Vereinigten Staaten von Europa die Rede. Möglich wurde die EU durch das Wirken eines amerikanischen Evangelisten namens Frank Buchman (1878–1961). Er unterrichtete Persönliche Evangelisation an der Hartford Seminary Foundation in Hartford, Connecticut (USA), um dann einen weltweiten Dienst der persönlichen Evangelisation zu begründen. Es war eine bescheidene, unauffällige Arbeit mit hochprofilierten Leuten.

Buchman betonte Gottes Führung, absolute moralische Maßstäbe und «Lebensveränderung» von Personen, besonders von Führungspersönlichkeiten. Seine Wirkung in Cambridge und Oxford erreichte ihren Höhepunkt, als er die Führungsrolle in der «Oxford Group»[78] übernahm. Aus diesem Werk entstand die Bewegung der Moralischen Aufrüstung.

In der Folge des Ersten Weltkrieges und der Weltwirtschaftskrise hatte Europa begonnen, fieberhaft an seiner Wiederaufrüstung zu arbeiten. Das machte Buchman große Sorge. Er reagierte darauf, indem er die Dringlichkeit einer moralischen Aufrüstung (englisch: Moral Re-Armament, MRA) propagierte.

Seine Freunde trieben Realpolitik. Das zeigte sich auch daran, dass sie ihn zunächst höflich ignorierten. Realpolitik führte die Welt in den Zweiten Weltkrieg. Das ernüchterte seine Freunde. Sobald führende Persönlichkeiten ihn ernst zu nehmen begannen, konnte Buchman ein MRA-Trainingszentrum in Caux-sur-Montreux in der

---

[78] Zu den geistlichen Wurzeln dieser Arbeit siehe https://www.ministrymagazine.org/archive/1962/11/the-oxford-group-or-moral-rearmament.

Schweiz einrichten. Das Grauen des Zweiten Weltkrieges und die Gründung der Vereinten Nationen machten vielen Führungspersönlichkeiten klar, dass sie selber der Erneuerung bedurften.

Historiker beschreiben zusammenfassend die Rolle der MRA als den «wichtigsten Beitrag zu einer der größten Leistungen in der gesamten Geschichte der modernen Staatskunst: der erstaunlich schnellen französisch-deutschen Versöhnung nach 1945».[79]

Buchman evangelisierte unter führenden Persönlichkeiten aller Glaubensrichtungen: unter Königen und Präsidenten, Premierministern und Regierungsmitgliedern, Parlamentsabgeordneten, Generälen und Präsidenten von Universitäten, gewählten Gewerkschaftsvertretern und Angehörigen der Presse. Deshalb erforderte seine Arbeit ein hohes Maß an Vertraulichkeit.

Diese Geheimhaltung führte leider dazu, dass selbst Christen nichts von der Rolle der MRA bei der Versöhnung der Feinde wussten. Deshalb verstiegen sich manche Protestanten, die nicht ahnten, was die Vorsehung im Schilde führte, bei den ersten Ansätzen zur Entstehung der EU zu der Behauptung, mit diesem Staatenbund erwecke der Antichrist das zehnköpfige Tier von Babylon.

Diese drastische Fehlwahrnehmung hielt viele Protestanten von den ernsthaften Friedensbemühungen in Europa fern. Ihr Fehlen auf der Bühne des Friedens führte dazu, dass die EU zu einem zunehmend säkularen, ausschließlich wirtschaftlichen und politischen Verbund von (derzeit) 28 Nationen wurde.

In seinem Buch *Deeply Rooted: The Forgotten Vision of Robert Schuman*[80] erzählt Jeff Fountain, der Gründer des Schuman Centre, die «unbekannte Geschichte hinter dem Friedensnobelpreis für die EU».

Die EU entstand aus dem tiefen geistlichen Ringen gläubiger katholischer Staatsmänner wie Robert Schuman (1886–1963) und Konrad Adenauer (1876–1967). Unterstützt wurden sie von ebenso

---

[79] Johnston, Douglas, und Sampson, Cynthia: *Religion, the Missing Dimension of Statecraft*, Oxford Univ. Press: New York 1995, S. 38.
[80] Seismos Press: Rotterdam 2013. Kontakt: jeff@schumancentre.eu.

gläubigen katholischen Politikern wie Alcide Amadeo Francesco de Gasperi (1881–1954), dem Gründer der Christlich-Demokratischen Partei und Ministerpräsidenten Italiens.

Schuman und Adenauer waren führende Politiker verfeindeter Nationen, Frankreich und Deutschland. Während der vergangenen siebzig Jahre hatten ihre Länder dreimal gegeneinander Krieg geführt. Ihre historische Feindschaft reichte Jahrhunderte zurück.

Als eine der Siegermächte des Zweiten Weltkrieges hatte Frankreich von Deutschland die mineralreiche Region um die Saar besetzt. Durch die systematische Demontage potenziell gefährlicher deutscher Industrien gewann der Hass der Deutschen auf die Franzosen neue Nahrung.

Als Ministerpräsident und später Außenminister Frankreichs wusste Schuman, dass die kritische Frage des Saarlandes und seiner Industrie gelöst werden musste, um den Frieden zu sichern. Das war nicht einfach. Denn während des Zweiten Weltkrieges war Schuman in deutscher Gefangenschaft gewesen. Er hatte naheliegende Gründe, dem Hass auf die Deutschen in seinem Herzen Raum zu geben. Vergebung und Liebe mussten auf übernatürliche Weise in ihm entstehen.

In der Gefangenschaft hatte Schuman reichlich Gelegenheit, über die (aus natürlicher Sicht) unmögliche Forderung Christi zu meditieren:

Es heißt bei euch: «Liebe deinen Mitmenschen und hasse deinen Feind!» Doch ich sage euch: Liebt eure Feinde und betet für die, die euch verfolgen! So erweist ihr euch als Kinder eures Vaters im Himmel. Denn er lässt seine Sonne für Böse wie für Gute aufgehen, und er lässt es regnen für Fromme und Gottlose. Wollt ihr etwa noch dafür belohnt werden, dass ihr die Menschen liebt, die euch auch lieben? Das tun sogar die Zolleinnehmer, die sonst bloß auf ihren Vorteil aus sind! Wenn ihr nur euren Freunden liebevoll begegnet, ist das etwas Besonderes? Das tun auch die, die von Gott nichts wissen. Ihr aber sollt in eurer Liebe vollkommen sein, wie es euer Vater im Himmel ist.[81]

In der Gefangenschaft erkannte Schuman, dass Europa keinen Frieden finden würde, wenn er und seine Landsleute nicht in der Gnade Gottes die Kraft finden würden, den Deutschen zu vergeben und sich mit ihnen zu versöhnen.

Das war das geistliche Geheimnis hinter seinem Vorschlag zur Gründung der EGKS am 9. Mai 1950. Für Schuman bestand der Zweck der EGKS darin, «Krieg [...] nicht nur undenkbar, sondern materiell unmöglich» zu machen. Eine regionale, Stück für Stück voranschreitende Integration war der einzige verfügbare Weg zum Frieden.

Doch er konnte nicht einmal den ersten Schritt dazu tun. Schuman kannte keinen einzigen deutschen Politiker, dem er vertrauen konnte. Der Evangelist Buchman dagegen kannte viele. Er und seine Leute hatten sich mit deutschen Politikern wie Adenauer getroffen, um mit ihnen zu beten. Die MRA brachte die Deutschen mit Schuman zusammen.

Wer sich auch nur ein bisschen in der Geschichte auskennt, weiß, dass weder politische Verträge noch Ehegelübde dauerhafte und friedliche Beziehungen herbeiführen. Eine innere moralische Transformation ist nötig, um ein Klima gegenseitigen Vertrauens zu erzeugen. Das war die Rolle, die die Moralische Aufrüstung spielte. Schuman, einer der wichtigsten europäischen Politiker der Nachkriegszeit, bekannte:

> Wenn ich auch meinen Beitrag für die Menschheit geleistet habe, muss ich doch zugeben, dass vieles von meiner Arbeit zunichtegemacht und vereitelt worden ist. Dagegen kann Dr. Buchman, weil er seine Bemühungen auf einen Bereich des menschlichen Lebens – den wichtigsten – konzentriert hat, mit Freude zuschauen, wie sie gelingen und sich über die ganze Welt ausbreiten.
>
> Politiker können weitreichende Pläne vorschlagen, aber umsetzen können sie sie nicht ohne weitreichende Veränderungen in den Herzen der Menschen.

---

[81] Matthäus 5,43–48.

Schuman, der «Vater der Europäischen Union», schrieb das Vorwort zur französischen Ausgabe von Buchmans Buch *Remaking the World*. Darin beschreibt er die Bedeutung des Wirkens eines amerikanischen Evangelisten so:

> Zunächst ein moralisches Klima zu schaffen, in dem wahre brüderliche Einheit gedeihen kann, die alles überbrückt, was heute die Welt auseinanderreißt – das ist das unmittelbare Ziel [der MRA].
>
> Die Ansammlung von Weisheit über Menschen und Angelegenheiten, indem man Menschen in öffentlichen Versammlungen und öffentlichen Begegnungen zusammenbringt – das ist das [von der MRA] angewandte Mittel.
>
> Teams von geschulten Leuten zur Verfügung zu stellen, die bereit sind, dem Staat zu dienen, Apostel der Versöhnung und Bauleute einer neuen Welt [zu sein] – das ist der Beginn einer weitreichenden Transformation der Gesellschaft, in der während fünfzehn vom Krieg verheerten Jahren die ersten Schritte [von Buchman und der MRA] bereits getan wurden.[82]

Im ersten Band seiner *Erinnerungen,* der sich mit den Nachkriegsjahren 1945–1953 befasst, erklärte Konrad Adenauer, warum der Wiederaufbau Europas auf die Weltsicht der Bibel gegründet sein musste:

> Die verschiedenen Systeme des Totalitarismus hätten niemals auch nur annähernd die ungeheure Macht über Millionen Menschen gewinnen können, wenn nicht gewisse Tendenzen und Entwicklungen der modernen Zivilisation das Terrain für die Beherrschung der Massen vorbereitet hätten. Der moderne Mensch sei sich weithin nicht mehr seiner Eigenständigkeit und

---

[82] Zitiert nach Fountain, Jeff: *Deeply Rooted: The Forgotten Vision of Robert Schuman*, Seismos Press: Rotterdam 2013.

seines Eigenwertes bewusst, er erarbeite sich nicht mehr sein Weltbild, sondern akzeptiere, oft aus Bequemlichkeit, die fertigen Schablonen, die ihm der Kollektivismus biete. Selbst in die Hochschulen sei der Geist der Entpersönlichung eingedrungen, der dem Wesen der Universität geradezu diametral entgegenstehe. Eine der Aufgaben der Hochschule sei die Erziehung der jungen Generation zu unabhängigem Denken und schöpferischem Schaffen.

Auch auf diesem Gebiet habe eine christliche Universität, so schloß ich meine Ausführungen, in der heutigen Zeit eine besonders dringende Aufgabe zu erfüllen. Ihr obliege es, die Studenten und Studentinnen zu reifen, selbstständigen Persönlichkeiten heranzubilden auf der Grundlage einer religiösen Weltanschauung, die die beste Gewähr gegen die Infiltration des gottlosen Totalitarismus sei.[83]

Enttäuscht von der übernationalen Kirche, UNO und EU?

Die UNO und die EU sind höchstwahrscheinlich nicht besser als ein Großteil der Kirche – der Braut Christi. Den amerikanischen Propheten Francis Schaeffer bekümmerte es allerdings sehr, dass die Braut Christi sich oft als «Satans Geliebte» präsentierte.

In diesem Kapitel wurde geschildert, wie die Bibel bis heute unsere Welt verändert. Sie hat Imperien einstürzen lassen und Nationen geschaffen. Sie transformiert Nationen zu großen Nationen. Obwohl viele Christen sich nur für ihre «himmlischen Wohnstätten» interessieren und nicht verstehen oder sich nicht darum scheren, was Gott in dieser Welt tut, hat Gott Nationen in institutionelle Beziehungen gebracht, in denen sie nach Frieden streben und danach, sich selbst mit Recht und Gerechtigkeit zu regieren. Der Psal-

---

[83] Adenauer, Konrad: *Erinnerungen 1945–1953*, Deutsche Verlags-Anstalt: Stuttgart 1965, S. 582.

8 WARUM SIND DIE USA KEIN IMPERIUM GEWORDEN?

mist schrieb: «Gerechtigkeit und Recht sind die Säulen seiner Herrschaft.»[84]

Im Buch der Offenbarung stellt Johannes die übernationale Natur des Reiches Gottes als das neue, himmlische Jerusalem dar. In Kapitel 1 erscheint der auferstandene und zum Himmel aufgefahrene Jesus Christus, der Herrscher über die Könige der Erde,[85] zwischen sieben goldenen Leuchtern stehend. Die Bibel beschreibt diese sieben Gemeinden in den Kapiteln 2 und 3 als schwach, sündig, furchtsam und verunreinigt. Ein Leuchter spendet kein Licht, solange keine Lampe darauf angebracht ist.

In Kapitel 21,5 erhebt Jesus den Anspruch, er mache alles neu. Im weiteren Verlauf porträtiert das Kapitel die Braut Christi, die weltweite Gemeinde, als eine herrliche Stadt. Auch sie hat kein eigenes Licht. Das neue Jerusalem spendet den Nationen Licht, wenn das Lamm, das das Tier und seine imperiale Stadt überwunden hat, zu seiner Lampe wird:

> Die Stadt braucht als Lichtquelle weder Sonne noch Mond, denn in ihr leuchtet die Herrlichkeit Gottes, und ihr Licht ist das Lamm. In diesem Licht werden die Völker der Erde leben, und die Herrscher der Welt werden kommen und ihre Reichtümer in die Stadt bringen.[86]

Imperium versus Gottes übernationales Reich

Zwei Faktoren machen die biblische Version von Gottes universellem Reich zur Antithese der Imperien Satans. In diesem Kapitel haben wir den ersten dieser Faktoren betrachtet: die Souveränität der Nationen. Die UNO und die EU spiegeln das Modell des neuen Jerusalem

---

[84] Psalm 97,2.
[85] Offenbarung 1,5.
[86] Offenbarung 21,23–24.

wider, denn sie haben kein Militär, um die Souveränität einer Nation zu zerstören. Ihre Rolle ist es, den Nationen Licht zu spenden.

Das letzte Kapitel der Bibel, Offenbarung 22, macht zum Schluss deutlich, dass die Stadt Gottes für das Heil der Nationen da ist:

> Nun zeigte mir der Engel den Fluss, in dem das Wasser des Lebens fließt. Er entspringt am Thron Gottes und des Lammes, und sein Wasser ist so klar wie Kristall. An beiden Ufern des Flusses, der neben der Hauptstraße der Stadt fließt, wachsen Bäume des Lebens. Sie tragen zwölfmal im Jahr Früchte, jeden Monat aufs Neue. Die Blätter dieser Bäume dienen den Völkern zur Heilung.[87]

Der zweite Faktor, der Gottes Reich zur Antithese der Imperien Satans macht, ist das Königtum der Kinder Gottes. Staatstheoretiker haben diesen Aspekt der biblischen Lehre beschrieben als «Volkssouveränität», «Herrschaft des Volkes, durch das Volk, für das Volk», als Regieren mit dem «Einverständnis der Regierten». Die Verfassungen Amerikas und Indiens spiegeln in ihren Präambeln den biblischen Gedanken des Königtums aller Gläubigen wider. Beide beginnen mit den Worten: «Wir, das Volk».

Wenden wir uns deshalb nun diesem Aspekt des erstaunlichen Einflusses der Bibel auf die Welt zu.

---

[87] Offenbarung 22,1–2.

9. Kapitel
WIE WURDEN «WIR, DAS VOLK» ZUM SOUVERÄN?

Zwei Jahre vor meiner Geburt gab es die Republik Indien noch nicht. Es hatte noch nie einen indischen Nationalstaat gegeben. Die Briten herrschten über ungefähr 565 Fürstentümer,[1] aus denen Indien wurde. Viele Königsfamilien waren Hindus, manche Muslime. Manche Staaten wurden direkt von den Briten regiert, andere waren in unterschiedlichem Maße autonom.[2] Sie alle wurden am 15. August 1947 unabhängig von der britischen Herrschaft.

Allerdings fiel die Souveränität nicht an die Fürsten zurück. Zum ersten Mal in der Geschichte Indiens wurden *die Bürger* souverän, auch wenn sie nicht wussten, was das bedeutete. Nicht ganz einen Monat vor meiner Geburt, am 26. November 1949, erklärten «WIR, DAS VOLK INDIENS, [uns] feierlich entschlossen, Indien als SOUVERÄNE, DEMOKRATISCHE REPUBLIK zu konstituieren und allen seinen Bürgern

> soziale, wirtschaftliche und politische GERECHTIGKEIT,
> FREIHEIT des Denkens, der Meinungsäußerung,
> des Glaubens und der religiösen Verehrung,
> GLEICHHEIT der rechtlichen Stellung und der Möglichkeiten zu sichern und unter ihnen die
> BRÜDERLICHKEIT zur Wahrung der Würde des Einzelnen und der Einheit der Nation zu fördern ...»

---

[1] Die Historiker sind sich über die genaue Zahl nicht einig.
[2] In den 1950ern wurden die «Staaten» weitgehend nach linguistischen Kriterien neu geordnet. Die Zerschlagung eines Imperiums und die Schaffung von auf der Sprache basierenden Staaten erinnert an 1. Mose 11 (siehe Kapitel 8).

Kommt Ihnen die Präambel zur indischen Verfassung irgendwie bekannt vor? Nun, in der Präambel zur amerikanischen Verfassung heißt es:

> *Wir, das Volk* der Vereinigten Staaten, von der Absicht geleitet, unseren Bund zu vervollkommnen, Gerechtigkeit zu verwirklichen, die Ruhe im Innern zu sichern, für die Landesverteidigung zu sorgen, die allgemeine Wohlfahrt zu fördern und das Glück der Freiheit uns selbst und unseren Nachkommen zu bewahren, setzen diese Verfassung für die Vereinigten Staaten von Amerika in Geltung.

Indiens Verfassung hört sich ähnlich an wie die amerikanische Verfassung, denn sie wurde von einem Komitee unter Leitung von Dr. B. R. Ambedkar formuliert. Er war der erste junge Mann aus einer niederen Kaste (ein «Unberührbarer»), der in Amerika studierte, von 1913 bis 1916. Innerhalb von drei Jahren erlangte er zwei MA-Abschlüsse von der Columbia-Universität in New York. 1927 verlieh ihm seine Alma Mater einen PhD für eine dritte Dissertation. Von 1920 bis 1923 studierte Dr. Ambedkar außerdem an der London School of Economics.

Die Ausschüsse, die die indische Verfassung formulierten, konsultierten dazu mehrere andere Länder. Sie liehen sich Ideen aus mindestens acht Verfassungen aus, als sie auf dem Indien-Gesetz von 1935 aufbauten. Das war das Gesetz, das vom britischen Parlament verabschiedet worden war.

Die Gründer konsultierten nicht eine einzige hinduistische, buddhistische oder islamische Verfassung.

Warum nicht?

Weil es dergleichen noch nie gegeben hatte. Der Bündnisvertrag des Propheten Mohammed, der manchmal auch «Verfassung von Medina» (622 n. Chr.) genannt wird, war ein wirkungsvolles Mittel gewesen, unter den Krieg führenden Stämmen und religiösen Gemeinschaften für Harmonie zu sorgen, aber muslimische

Nationen haben sie nie als Vorbild für die Verfassungen ihrer Länder betrachtet.

Die Tatsache, dass eine Person aus einer «unberührbaren» Familie der maßgebliche Autor der Verfassung Indiens werden konnte, ist ein Zeugnis der kulturverändernden Kraft der Bibel.

Hat nun die Verfassung den Bürgern die Souveränität *gegeben*, oder waren die Gestalter der Meinung, dass die Regierungsmacht dem Volk *gehört*, einfach weil es Menschen sind? Woher kommt Souveränität – die Autorität über die exekutiven, legislativen und judikativen Flügel des Staates?

Es ist unwahrscheinlich, dass irgendjemand in dem für den Verfassungsentwurf zuständigen Ausschuss die *Chroniken von Narnia* von C. S. Lewis gelesen hatte. In diesen «Kinder»-Geschichten hat in der fiktiven Welt Narnia eine Hexe die Macht an sich gerissen. Ihre Befreiung erhoffen sich die Geschöpfe Narnias nicht vom Kommen des großen Löwen Aslan,[3] sondern vom Kommen der Söhne und Töchter Adams und Evas.

Lewis, einer der größten christlichen Schriftsteller des 20. Jahrhunderts, verweist damit darauf, dass die Menschen geschaffen sind, um mit Gott zu leben und über die Erde zu herrschen. Die Hexe war eine Usurpatorin. Aslan kommt nicht, um zu herrschen, sondern um das Königreich den Menschen zurückzugeben.

Die Sünde hat die Beziehung des Menschen zu Gott zerstört. Infolgedessen haben wir viel von unserer Autorität verloren. Das Böse begann über die Welt zu herrschen. Der Messias kam, um Gottes Reich seinen Kindern zurückzugeben.

Lewis schrieb diese Geschichten kurz nach dem Zweiten Weltkrieg, einer Zeit, in der teuflische Mächte mit einem unbändigen Willen zur Macht die Kontrolle über einen Großteil Europas an

---

[3] Aslan erinnert die Leser an den «Löwen aus dem Stamm Juda» (Offenbarung 5,5). Er ist der Erlöser, der sich selbst opfert, und der wahre Herrscher, aber er herrscht durch Menschen.

sich gerissen hatten. Die Opfer warteten auf humane Befreier. Die Väter der indischen Verfassung haben vielleicht Lewis nicht gelesen, aber ihr politisches Denken zeugt vom bemerkenswerten Einfluss der Bibel auf unsere Welt, denn die Lehre, dass der Schöpfer Adam und Eva nach seinem Bild erschuf, damit sie sich vermehren, die Erde füllen und durch ihre Kinder über sie herrschen, stammt aus der Bibel.

Jesus Christus wiederholte die alttestamentliche Verheißung, dass in dem «Reich Gottes», das mit ihm anbrach, die Sanftmütigen die Erde besitzen werden.[4] «Du brauchst keine Angst zu haben, du kleine Herde!», sagte er. «Denn der Vater hat beschlossen, dir sein Königreich zu schenken.»[5] Ein Kind Gottes zu werden bedeutet, dass man die Autorität zum Regieren empfängt.

«Regierung des Volkes durch das Volk für das Volk»

In der Schule in Indien sagten meine Lehrer, Präsident Abraham Lincoln habe 1863 in seiner Rede in Gettysburg Demokratie definiert. Er nannte sie «Regierung des Volkes durch das Volk für das Volk». Natürlich wussten meine Lehrer, dass die USA schon ein Jahrhundert vor Lincoln ein vom Volk getragener Staat gewesen waren. Die Regierung wurde vom Volk gewählt, um seinen Interessen zu dienen. Was unsere Lehrer nicht wussten, war, dass diese Formulierung sich schon verbreitete, bevor Präsident Lincoln sie gebrauchte, um seine Nation daran zu erinnern, warum sie einen verlustreichen Bürgerkrieg führte.

Woher kam Lincolns Formulierung? In seiner eingehenden Untersuchung der Gettysburg-Rede schilderte ein führender Republikaner, Clark Ezra Carr, folgenden Hintergrund:

---

[4] Psalm 37,11 (Elberfelder); Matthäus 5,5 (Elberfelder).
[5] Lukas 12,32.

Die Wendung «des Volkes durch das Volk für das Volk» stammte nicht von Mr. Lincoln. ... Die Frage wurde von Lamon, Nicolay und anderen gründlich untersucht. ... [Die Wendung wurde] gebraucht ... in Websters Antwort an Hayne, 1830, in einem Werk von James Douglas 1825 und im «Rhetorical Reader» von James Porter 1830. Die Wendung wurde gebraucht von Theodore Parker bei einer Anti-Sklaverei-Konferenz in Boston im Mai 1850, und weitestgehend dieselbe Wendung wurde gebraucht von Joel Parker bei der Massachusetts Constitutional Convention 1853. Lange bevor Mr. Lincoln die Wendung gebrauchte, tauchte sie in anderen Sprachen auf. Ihr erstes Erscheinen, soweit es sich ermitteln lässt, war im Vorwort zur alten Wycliffe-Bibel, übersetzt vor 1384, dem Jahr, in dem jener strahlende «Morgenstern der Reformation» starb. Dort heißt es: «Diese Bibel ist für die Regierung des Volkes durch das Volk und für das Volk.»[6]

Die klassische amerikanische Zitatensammlung *Familiar Quotations* von John Bartlett zitiert aus der Rede des Theologen und Sozialreformers Theodore Parker bei der Anti-Sklaverei-Konferenz in Boston, Neuengland (29. Mai 1850):

Eine Demokratie, das heißt, eine Regierung des ganzen Volkes durch das ganze Volk für das ganze Volk; natürlich eine Regierung der Prinzipien der ewigen Gerechtigkeit, des unveränderlichen Gesetzes Gottes; der Kürze halber werde ich sie «Idee der Freiheit» nennen ...[7]

Parker, der gegen die Sklaverei kämpfte und sich für Mäßigkeit und Frauenrechte aussprach, gebrauchte diese Wendung in einer wei-

---

[6] Carr, Clark Ezra: *Lincoln at Gettysburg: An Address. Illustrated*, A. C. McClurg & Co.: Chicago 1906, S. 75.
[7] Bartlett, John: *Familiar Quotations by John Bartlett*, Little, Brown & Co.: Boston und Toronto 1956, S. 560.

teren Rede, die er in Boston am 31. Mai 1854 hielt – neun Jahre vor Gettysburg. Er gebrauchte sie ebenfalls in einer Predigt in der Music Hall in Boston am 4. Juli 1858. Diese Predigt scheint Präsident Lincolns unmittelbare Quelle für diese Wendung gewesen zu sein.

Woher hatte Parker die Idee? Sie stammte ursprünglich aus dem Vorwort der Wycliffe-Bibel.

Die Idee war äußerst wirkungsvoll. Noch vor der Veröffentlichung des Vorwortes 1381 erhoben sich englische Bauern gegen die sozioökonomischen Ungerechtigkeiten ihrer Gesellschaft. Staat und Kirche machten Wycliffes Schriften dafür verantwortlich, der Bauern Forderung nach Gerechtigkeit geschürt zu haben. Wycliffe und seine Freunde in Oxford gaben gewöhnlichen Leuten, die nicht Latein konnten, die Möglichkeit, Gottes befreiende Wahrheit selbst zu studieren. Deshalb übersetzten sie zwischen 1382 und 1395 die erste englischsprachige Bibel.

Diese Übersetzung entstand fünf Jahrzehnte vor der Erfindung des Buchdrucks in Europa, so dass sie handschriftlich kopiert werden musste. Jede Kopie kostete etwa so viel wie die Jahresbezüge eines Priesters. Dennoch befeuerte diese erste englische Bibel eine Reformbewegung, die der «Lollarden».

Der Konflikt zwischen der Souveränität des Staates und der Autorität der Kirche hatte eine Rolle dabei gespielt, Europa von der – politischen oder religiösen – Tyrannei zu erretten. Die beiden Mächte sorgten während des Mittelalters für eine gewisse gegenseitige Kontrolle. Das Gleichgewicht der Kräfte war jedoch nie vollkommen. Manchmal war die Kirche stärker als die Könige und Kaiser, zu anderen Zeiten war der Staat stärker als die Kirche. Die Menschen litten, wenn beide korrupt wurden. Solche Zeiten waren es, in denen Reformbewegungen wie diese aufkamen.

Es waren herausfordernde Zeiten, wenn Kirche und Staat sich zusammentaten, um Reformbewegungen entgegenzutreten, die wollten, dass Gottes Wille auf Erden geschah. Für die Reformer war Gottes Wahrheit die Grundlage für die Veränderung der Welt. Religion wird oft als Opium für das Volk missbraucht, besonders wenn

Staat und Religion sich zusammenrotten, um ihre Macht zu schützen. Dann stellen sie die Reformer als Ketzer hin.

Ein Beispiel: Wycliffes gelehrter Zeitgenosse Henry Knighton (gest. um 1396) war ein Augustinermönch in der Abtei St. Mary of the Meadows in Leicester. Außerdem war er ein wichtiger Kirchenhistoriker. Er warf der Wycliffe-Bibel vor, sie werfe «Perlen vor die Säue»:

> John Wycliffe übersetzte das Evangelium, das Christus den Geistlichen und Gelehrten der Kirche anvertraut hatte, damit sie es den Laien geziemend darreichen könnten. ... Wycliffe übersetzte es vom Lateinischen ins Englische – nicht etwa in die Engelssprache. Infolgedessen wurde, was bisher nur gelehrten Geistlichen und Leuten von höherer Bildung bekannt war, Allgemeingut und für Laien verfügbar – ja, sogar für Frauen, die lesen können. Infolgedessen wurden die Perlen des Evangeliums verstreut und vor den Säuen ausgebreitet.[8]

In der Tat stellten die Reformatoren den ungebildeten Leuten das Wissen über Gott zur Verfügung, das viele Priester für sich behalten wollten. Die Erkenntnis Gottes wiederum verschaffte den Menschen die Autorität, als Gottes Kinder ihr eigenes Leben und ihr Gemeinwesen zu regieren.

Im Jahr 1401 legte König Heinrich IV. dem Parlament ein Gesetz vor: *De Heretico Comburendo*. Darin wurde die Lollarden-Bewegung als «falsche und perverse Leute von einer gewissen neuen und gefährlichen Sekte» verdammt.[9] Der König hielt die Reformbewegung für so gefährlich, dass sein Gesetz die Bischöfe dazu ermächtigte, Verdächtige zu verhaften, einzusperren und zu verhören und die Ketzer an die weltliche Obrigkeit zu übergeben. Diejenigen, die

---

[8] McGrath, Alister: *In The Beginning: The Story of the King James Bible and How It Changed a Nation, a Language and a Culture*, Hodder & Stoughton: London 2001, S. 20.

formell von der Kirche verurteilt wurden, sollten vor den Augen des Volkes «an einem erhöhten Ort» verbrannt werden.

Trotz der königlichen Feindseligkeit wuchsen die Lollarden als Basisbewegung unter Führung von Bibellesern weiter. Deshalb gab 1409 Bischof Thomas Arundel seine *Constitutions* heraus, die 1407 in Oxford aufgesetzt worden waren. Darin wurde die Quelle der Ärgernisse verboten – Wycliffes englische Bibel. Auch alle zukünftigen Übersetzungen der Bibel ohne Genehmigung der Kirche wurden untersagt. Infolgedessen konnte die Wycliffe-Bibel bis 1850, nur dreizehn Jahre vor Lincolns Rede, in Großbritannien nicht gedruckt werden.[10]

Autoritäre Monarchen und die Kirche fürchteten die Bibel, denn sie ist für die Welt die Quelle der Freiheit. Jesus Christus selbst sagte seinen Jüngern: «Wenn ihr an meinen Worten festhaltet … werdet [ihr] die Wahrheit erkennen, und die Wahrheit wird euch befreien!»[11]

Machiavelli und Luther

Ich habe an der Universität von Allahabad Politikwissenschaft studiert. Der Fachbereich genoss ein hohes Ansehen, weil unsere Stadt eine herausragende Rolle in Indiens Unabhängigkeitsbewegung gespielt hatte. Unter den ersten dreizehn Premierministern Indiens hatten sieben eine Verbindung zu Allahabad.

Unser Kurs über moderne politische Theorien begann mit Machiavelli, sparte aber Martin Luther völlig aus. Meine Professoren

---

[9] Eine Zusammenfassung der Kontroverse und Verweise auf Primärquellen gibt Kshyk, Christopher J.: «Thomas Arundel's *Constitutions* and the Condemnation of Wycliffe's Vernacular Translations (1382–1415)», http://www.inquiriesjournal.com/articles/1043/thomas-arundels-constitutions-and-the-condemnation-of-wycliffes-vernacular-translations-1382–1415.

[10] Sie wurde schließlich bei der Oxford University Press gedruckt (1850).

[11] Johannes 8,31–32.

erzählten uns nie von einer Schlüsselerkenntnis des deutschen Sozialphilosophen Eugen Rosenstock-Huessy, nach der die moderne Konversation über politische Freiheit mit Luthers Studium der Bibel begann.

Martin Luther war ein römisch-katholischer Mönch und Priester. Er brachte seinen Studenten an der Universität Wittenberg unter anderen den Galaterbrief nahe. In dieser Epistel ringt Paulus um die Freiheit: «Zur Freiheit hat uns Christus befreit! So steht nun fest und lasst euch nicht wieder das Joch der Knechtschaft auflegen!»[12]

Jeder, der die Bibel gelesen hat, weiß, dass Knechtschaft und Freiheit ihre wichtigen Themen sind. Die Niederschrift der Bibel begann, nachdem Gott die Juden aus der Knechtschaft in Ägypten befreit hatte. Um Israel zu einer großen Nation zu machen, zu einem Licht für die anderen Völker, lehrte Gott die Israeliten, inmitten von Nachbarstaaten, deren Herrscher ihre Untertanen unterjochten, frei zu bleiben.

Zur Zeit Jesu herrschten die Römer über die Juden. Jesus erklärte seinem von Kolonialherrschaft bedrückten Publikum seine befreiende Verheißung mit Worten wie diesen:

> Glücklich sind, die erkennen, wie arm sie vor Gott sind, denn ihnen gehört sein himmlisches Reich. ... Glücklich sind, die auf Frieden bedacht sind, denn sie werden die ganze Erde besitzen. ... Glücklich sind, die Barmherzigkeit üben, denn sie werden Barmherzigkeit erfahren. Glücklich sind, die ein reines Herz haben, denn sie werden Gott sehen. Glücklich sind, die Frieden stiften, denn Gott wird sie seine Kinder nennen. Glücklich sind, die verfolgt werden, weil sie nach Gottes Willen leben; denn ihnen gehört sein himmlisches Reich.[13]

---

[12] Galater 5,1 (Luther).
[13] Matthäus 5,3–12.

Sind das nur fromme Sprüche, die in der Praxis keine Bedeutung haben – nichts als Luftschlösser?

Nun, kein Denker, kein Philosoph hat je realistischer über Freiheit gelehrt als Christus in seiner Predigt über das Reich Gottes. Denn eine Freiheit, die nur bedeutet, dass man tun kann, was man will, lässt sich nicht einmal in einer Kernfamilie umsetzen, geschweige denn in einem Volk. Die einzige Freiheit, auf der sich eine Gemeinschaft aufbauen lässt, ist das Recht des Einzelnen, zu tun, was man tun sollte.

Im Jahr 1520 sandte Martin Luther seine Abhandlung *Von der Freiheit eines Christenmenschen* an Papst Leo X., den er mit «allerheiligster Vater in Gott» und «Heiliger Vater Leo» anredete. Die Abhandlung legte die biblische Lehre von der Herrschaft der Kinder Gottes dar. Die Universitäten verschweigen das gern, doch es bleibt eine Tatsache, dass die westliche Staatstheorie, ob säkular oder theologisch, seit fünf Jahrhunderten lediglich eine Fußnote zur biblischen Lehre von der Freiheit ist. Der französische Jurist und Staatstheoretiker Jean Bodin (1530–1596) war der Erste, der Martin Luther säkularisierte.

Luther schrieb an Papst Leo X.:

Ein Christenmensch ist ein freier Herr über alle Dinge und niemandem untertan.

Ein Christenmensch ist ein dienstbarer Knecht aller Dinge und jedermann untertan.

Diese zwei Beschlüsse sind klar bei Sankt Paulus in 1. Korinther 9: «Ich bin frei in allen Dingen und habe mich zu eines jedermann Knecht gemacht.» Außerdem Römer 13: «Ihr sollt niemandem zu etwas verpflichtet sein, außer dass ihr euch untereinander lieb habt.» Genauso heißt es auch von Christus in Galater 4: «Gott hat seinen Sohn ausgesandt, von einem Weib geboren, und dem Gesetz untertan gemacht.»

Machiavellis einflussreiche politische Abhandlung *Der Fürst* wurde einige Jahre vor Luthers Text über die Freiheit geschrieben, vielleicht im Jahr 1513. Machiavelli studierte die Staatskunst, wie sie tatsächlich praktiziert wurde. Luther hingegen interessierte sich dafür, den Willen Gottes für unser Leben auf der Erde herauszufinden.

Machiavelli beschäftigte sich mit Fragen wie: Wie eignet sich ein Fürst Macht an? Und welche Taktiken muss er anwenden, um die Macht zu behalten, obwohl er von fähigen und listigen Konkurrenten umgeben ist?

Für Machiavelli ging es in der Politik immer um die Macht eines Herrschers. Luther lernte aus der Bibel, dass Gottes Hauptanliegen die menschliche Freiheit war. Freiheit war ein theologisches Thema mit praktischen politischen Implikationen.

In einer streitbar anti-akademischen, aber dennoch maßgeblichen Geschichtsdarstellung unter dem Titel *Out of Revolution. Autobiography of Western Man* trägt Eugen Rosenstock-Huessy die These vor, weder Machiavelli noch Bodin, sondern Luther habe «eine Welt gerettet, die dabei war, faschistisch zu werden».

Die moralisch verdorbene Kirche hatte die Autorität verloren, die Herrschenden in ihrem «blinden Ringen um Macht in Italien» zu zügeln. Als Diplomat hatte Machiavelli Einblick in die dunklen Geheimnisse der erbärmlichen Politik Europas. Er hatte kein höheres Prinzip, kein Wort Gottes in seinem «Portfolio», mit dem er die Verderbtheit dieser Welt hätte kritisieren können. Mehr konnte Machiavelli nicht tun, als ehrgeizigen Menschen «ohne Verschleierung oder Beschönigung» die schmutzigen Tricks der Realpolitik zu offenbaren.

Machiavellis Buch bestätigte die Überzeugung der Herrschenden, der Durst nach Macht rechtfertige sich selbst. Es existiere keine höhere Macht, die den persönlichen Ehrgeiz für das Allgemeinwohl dienstbar machen könnte. In der dunklen Stunde Europas, sagt Rosenstock-Huessy, «als dieses Maskenspiel des Todes, der Gier und der Machtwillkür am Horizont der westlichen Welt aufzog ..., brach Luthers Predigt über die Freiheit des Christenmenschen herein wie die Posaunen des Letzten Gerichts».[14]

Die biblische Lehre von der Volkssouveränität

Gott kam auf diese Erde, weil er in uns – seinen Kindern – leben möchte. Er möchte, dass wir erfüllt sind von seinem Geist und seinem Wort. Unsere Versöhnung mit Gott gibt uns das Recht zurück, eine «königliche Priesterschaft» zu sein – ein Volk von Priestern und Königen.

Unter hinduistischen, buddhistischen und muslimischen Philosophen war es nie ein Thema, wie die Souveränität der Bürger gesichert werden könnte, weil ihre Schriften nicht diesen Samen des «Königtums aller Gläubigen» enthielten.

Jesus Christus lud seine Jünger ein, mit ihm Zeit zu verbringen,[15] damit sie erfahren konnten, wer er ist, und damit sie seine Zeugen werden konnten. Am Ende seines Lebens fasste sein geliebter Jünger Johannes ihre unglaubliche Entdeckung so zusammen:

> Jesus Christus, der ... herrscht über alle Könige dieser Erde. Er liebt uns und hat sein Blut für uns vergossen, um uns von unserer Schuld zu befreien, *er gibt uns Anteil an seiner Herrschaft und hat uns zu Priestern gemacht,* die Gott, seinem Vater, dienen. Ihm gebühren alle Ehre und Macht in Ewigkeit. Amen![16]

Die Leser des Johannes wussten bereits, dass Jesus sein Blut am Kreuz vergossen hatte, um Sünder von der Knechtschaft der Sünde und des Satans zu erlösen. Nun empfing Johannes die «Offenbarung», um ihnen den Zweck der Erlösung zu erklären: Christus ist «geschlachtet worden, und mit deinem Blut hast du Menschen für Gott freigekauft. ... Durch dich sind sie jetzt Könige und Priester, die unserem Gott dienen. Und sie werden über die ganze Erde herrschen.»[17]

---

[14] Rosenstock-Huessy, Eugen: *Out of Revolution: Autobiography of Western Man,* 1939, Berg: Oxford and Providence (Rhode Island) 1969, S. 406f.
[15] Markus 3,14.
[16] Offenbarung 1,5–6.

Christus hatte seinen Auftrag den Jüngern erklärt: «Ich versichere euch: ... dann werdet ihr ebenfalls auf zwölf Thronen sitzen und die zwölf Stämme Israels richten, weil ihr mir nachgefolgt seid.»[18]

Jesus kam, um das Königtum der Kinder Gottes wiederherzustellen. Er lud die Bedrückten ein:

> Kommt her zu mir, alle, die ihr mühselig und beladen seid; ich will euch erquicken. *Nehmt auf euch mein Joch* und lernt von mir; denn ich bin sanftmütig und von Herzen demütig; so werdet ihr Ruhe finden für eure Seelen.[19]

Was ist das Joch des Messias?

Die Bibel verwendet häufig das Wort «Joch» für die Last der Herrschaft, der Knechtschaft oder der Unterdrückung. Zum Beispiel:

> Ich bin der Herr, euer Gott. Aus Ägypten habe ich euch befreit, denn ich wollte nicht, dass ihr dort noch länger Sklaven seid. Das harte Joch, das dort auf euch lastete, habe ich zerbrochen. Aufrecht und frei dürft ihr nun gehen![20]

Der Prophet Jesaja verwendet wiederholt den Ausdruck «Joch» für Herrschaft. In Kapitel 9, Vers 3 sagt er voraus, Gott werde das Joch Midians zerbrechen. Denn der Messias werde das Joch, über Gottes Reich zu herrschen, auf seine Schultern nehmen:

> Denn uns ist ein Kind geboren! Ein Sohn ist uns geschenkt! *Er wird die Herrschaft übernehmen.* Man nennt ihn «Wunderbarer Ratgeber», «Starker Gott», «Ewiger Vater», «Friedensfürst». Er

---

[17] Offenbarung 5,9–10.
[18] Matthäus 19,28.
[19] Matthäus 11,28–29 (Luther).
[20] 3. Mose 26,13. Siehe auch 5. Mose 28,48 (Luther); 1. Könige 12,4 (Luther).

wird seine Herrschaft weit ausdehnen und dauerhaften Frieden bringen. Auf dem Thron Davids wird er regieren und sein Reich auf Recht und Gerechtigkeit gründen, jetzt und für alle Zeit. Der Herr, der allmächtige Gott, wird dies eintreffen lassen, leidenschaftlich verfolgt er sein Ziel.[21]

Prophezeiungen wie diese waren der Grund, dass die weisen Männer aus dem Osten am ersten Weihnachtsfest nach Jerusalem kamen. Sie fragten: «Wo ist der neugeborene König der Juden? Wir haben seinen Stern aufgehen sehen und sind aus dem Osten hierhergekommen, um ihm die Ehre zu erweisen.»[22]

Diese Bereitschaft, das Joch der Herrschaft auf seine Schultern zu nehmen, war ein Faktor, der Jesus von Mose unterschied – einem großen Anführer, der sich weigerte, ein Kalif zu werden. Mose sagte den hebräischen Sklaven, die Gott befreit hatte, seine Schultern seien nicht stark genug, um die Last zu tragen, über sie zu herrschen. Sie waren zu schwierig. Sie mussten ihre eigenen Ältesten wählen, die über sie herrschen sollten:

Bevor wir aufbrachen, sagte ich zu euren Eltern: «Ich kann nicht mehr allein die Verantwortung für euch tragen [und werde deshalb nicht euer König sein]. ... Aber wie soll ich es schaffen, all eure Probleme und Streitigkeiten zu lösen? Die Last ist für mich allein zu schwer. Wählt deshalb erfahrene, kluge und angesehene Männer aus euren Stämmen [Kasten] aus, die ich als Oberhäupter über euch einsetzen kann.»[23]

Die presbyterianische Bewegung gründete auf Moses Beispiel ihre Tradition, ihre Ältesten vom Gemeindevolk wählen zu lassen. Ihre Vorgehensweise wurde zum Vorbild der heute weitverbreiteten Me-

---

[21] Jesaja 9,5–6.
[22] Matthäus 2,2.
[23] 5. Mose 1,9–13.

thode, Parlamentsabgeordnete vom Volk wählen zu lassen, damit sie in dessen Namen Regierungsaufgaben wahrnehmen.

Petrus und Johannes bezeichneten sich in ihren Briefen selbst nicht als «Apostel», «Propheten» oder «Bischöfe». Sie zogen es vor, den üblichen jüdischen Begriff «Älteste» für sich zu verwenden.[24] Im Buch der Offenbarung gibt sich der Autor schlicht als «Johannes» zu erkennen – nicht einmal als Ältester.

In der Offenbarung sah Johannes das Reich Gottes nicht von Königen und Bischöfen regiert, sondern von Ältesten: «Sofort ergriff mich Gottes Geist, und dann sah ich: Im Himmel stand ein Thron, auf dem jemand saß. ... [Gottes] Thron war von vierundzwanzig anderen Thronen umgeben, auf denen vierundzwanzig Älteste saßen. Sie trugen weiße Gewänder und auf dem Kopf goldene Kronen.»[25]

Die Offenbarung des Johannes erreicht ihren Höhepunkt nicht mit der Herrschaft Christi auf Erden mit den Heiligen. Sie zeigt die Herrschaft der Heiligen über die Erde, zusammen mit Christus – ganz so, wie Adam und Eva über die Erde hätten herrschen sollen, während sie mit Gott unterwegs waren: «Als Priester von Gott und von Christus werden sie tausend Jahre mit Christus herrschen»[26], das heißt, sie tragen Sein Joch; sie stehen unter Seinem Joch.

Paulus betete für die Christen in Ephesus, ihre Augen möchten aufgetan werden, damit sie die wunderbare Absicht Gottes erkannten, mit der er sie gerettet hatte. So wie der zum Himmel aufgefahrene Christus auf dem Thron sitzt, so sitzt jeder Gläubige mit ihm auf dem Platz der Vollmacht:

> Er öffne euch die Augen, damit ihr seht, wozu ihr berufen seid, worauf ihr hoffen könnt ... Ihr sollt erfahren, mit welcher unermesslich großen Kraft Gott in uns, den Glaubenden, wirkt. Ist es

---

[24] Siehe 1. Petrus 5,1; 2. Johannes 1,1; 3. Johannes 1,1 (alle Luther).
[25] Offenbarung 4,2–4.
[26] Offenbarung 20,6.

doch dieselbe gewaltige Kraft, mit der er am Werk war, als er Christus von den Toten auferweckte und ihm in der himmlischen Welt den Ehrenplatz an seiner rechten Seite gab! Mit ihr hat Gott ihn zum Herrscher eingesetzt über alle Mächte und Gewalten, über alle Kräfte und Herrschaften, ja, über alles, was Rang und Namen hat in dieser und in der zukünftigen Welt. Alles hat Gott ihm zu Füßen gelegt und ihn, den höchsten Herrn, zum Haupt seiner Gemeinde gemacht. Sie ist sein Leib: Der Schöpfer und Vollender aller Dinge lebt in ihr mit seiner ganzen Fülle. Aber wie sah euer Leben früher aus? Ihr wart Gott ungehorsam und wolltet von ihm nichts wissen. In seinen Augen wart ihr tot. ... Aber Gottes Barmherzigkeit ist groß. Wegen unserer Sünden waren wir in Gottes Augen tot. Doch er hat uns so sehr geliebt, dass er uns mit Christus neues Leben schenkte. ... Er hat uns mit Christus vom Tod auferweckt, und durch die Verbindung mit Christus haben wir schon jetzt unseren Platz in der himmlischen Welt erhalten.[27]

In Passagen wie der obigen sagt Paulus einfach nur das, was Jesus Christus selbst sagt:

Wer durchhält und den Sieg erringt, wer bis zuletzt nach meinem Willen lebt, dem werde ich Macht über die Völker der Erde geben. Mit eisernem Zepter wird er über sie herrschen und sie zerbrechen wie Tongefäße. Und wie mein Vater mir Macht und Herrschaft gab, will ich sie auch jedem geben, der im Glauben festbleibt.[28]

Das Angebot Jesu, uns zu Gottes Kindern zu machen, könnte bloßes religiöses Geschwafel sein. Aber was, wenn es stimmt? In diesem Falle wäre es das unvorstellbarste Angebot, das ein sündiger

---

[27] Epheser 1,18–2,6.
[28] Offenbarung 2,26–28.

Sklave je empfangen könnte. Es ist eine Einladung an Sünder, auf dem Thron ihres Vaters zu sitzen und zu herrschen. Der auferstandene und in den Himmel aufgefahrene Jesus sagte zu der Gemeinde in Laodizea, die «lau …, jämmerlich …, arm, blind und nackt» war:

> Noch stehe ich vor deiner Tür und klopfe an. Wer jetzt auf meine Stimme hört und mir die Tür öffnet, zu dem werde ich hineingehen und Gemeinschaft mit ihm haben. Wer durchhält und den Sieg erringt, wird mit mir auf meinem Thron sitzen, so wie auch ich mich als Sieger auf den Thron meines Vaters gesetzt habe.[29]

Den Juden war es verboten, Menschen oder von Menschen gemachte Götzen anzubeten. Die jüdischen Jünger beten den auferstandenen Jesus an, sobald sie verstanden hatten, dass dem Messias «alle Macht im Himmel und auf der Erde» gegeben war, so wie die Macht über die Erde dem ersten Adam gegeben worden war.[30]

Wenn Rosenstock-Huessy sagt, Luther habe Europa vor dem Faschismus gerettet, meint er damit, dass Europas politische Reform damit begann, dass Luther verstand, zu welchem Zweck Christus Sünder gerettet hatte. Der Apostel Petrus hatte den Zweck der Errettung mit seinem Ausdruck «königliches Priestertum» zusammengefasst:

> Ihr aber seid ein von Gott auserwähltes Volk, seine königlichen Priester, ihr gehört ganz zu ihm und seid sein Eigentum. Deshalb sollt ihr die großen Taten Gottes verkünden, der euch aus der Finsternis befreit und in sein wunderbares Licht geführt hat.[31]

---

[29] Offenbarung 3,17.20–21.
[30] Matthäus 28,18.
[31] 1. Petrus 2,9.

Die Staatstheoretiker mögen historische Fiktionen wie den «Gesellschaftsvertrag» vorziehen, aber diese weltlich klingenden Theorien sind nur armselige Versuche eines Plagiats {Diebstahl geistigen Eigentums} aus der Bibel.

Kein aufklärerischer Denker des letzten halben Jahrtausends konnte die biblische Lehre vom Königtum aller Gläubigen ignorieren. Der schottische Gelehrte George Buchanan (1506–1582) nannte es «Volkssouveränität». Die Souveränität von «Uns, dem Volk» hat die «Zustimmung der Regierten» zur Definition der politischen Legitimität gemacht.

Dieser biblische Gedanke hat Kaiser gestürzt und sie durch Kanzler, Präsidenten und Premierminister ersetzt. Betrachten wir diese Tatsache, um uns den Einfluss der Bibel auf die Ämter, die unsere Welt beherrschen, bewusst zu machen.

10. Kapitel
KANZLER, PRÄSIDENTEN UND PREMIERMINISTER: WER HAT FÜHRUNG NEU DEFINIERT?

Drei, vier Mal im Jahr wird in der Schweiz ein landesweites Referendum durchgeführt.[1] Die Bürger sind eingeladen, Gesetze vorzuschlagen, die in ihrem Land gelten sollen. Jeder Bürger kann eine Gesetzesvorlage einbringen, vorausgesetzt, fünfzigtausend Menschen setzen ihre Unterschrift darunter. Bezieht sich der Vorschlag auf eine Verfassungsänderung, so sind hunderttausend Unterschriften nötig. Die Bevölkerung diskutiert dann die Frage und stimmt über den Vorschlag des Bürgers ab.

Nachdem die Stimmen ausgezählt sind, verkünden die Medien das Ergebnis mit diesen Worten:

«Der Souverän hat gesprochen ...»

Die Schweiz hat die biblische Lehre institutionalisiert, nach der jedes Kind Gottes – der Bürger – Souverän ist.

Wer Nachrichten sieht, weiß, dass in Deutschland und Österreich «Kanzler» regieren. Allerdings wissen nicht viele, dass auch die Schweizer einen Kanzler haben. Dort ist der *Bundeskanzler* der «achte Bundesrat», der an allen Treffen der sieben «Bundesräte» teilnimmt. Er hat kein Stimmrecht im Bundesrat, sondern er führt und veröffentlicht die Protokolle der Sitzungen.

Ursprünglich wurde auch der britische Premierminister Kanzler genannt, der «First Lord of the Treasury». Heutzutage ist der «Second Lord of the Treasury» besser als «Lord Chancellor» bekannt.

---

[1] https://www.bk.admin.ch/ch/d/pore/va/vab_2_2_4_1.html.

Was ist ein Kanzler?

Eine Kanzel ist eigentlich die kunstvoll geschnitzte hölzerne Abgrenzung zwischen dem «Heiligtum» und dem «Allerheiligsten» in einer traditionellen europäischen Kirche. Im Deutschen wird zum Beispiel der Platz des Predigers als Kanzel bezeichnet. Hinter der «Kanzel» wird Gottes heiliges Wort aufbewahrt – die Bibel. Genauso hatte es auch Mose gemacht: Er bewahrte Gottes Wort im Allerheiligsten auf.

Die Kanzel erhebt Gottes Gesetz über die Gemeinde der Gläubigen. Ein Kanzler, etwa ein Bischof, steht hinter der Kanzel, um den Menschen Gottes Wort zu verkündigen.

Der Oberste Richter von New York, *Kanzler* Robert Livingstone, nahm dem ersten amerikanischen Präsidenten George Washington den Amtseid ab, weil der Titel des Kanzlers von den mittelalterlichen Gerichtshöfen her großes Ansehen genoss.[2]

Justitia, die Göttin der Gerechtigkeit, ist angeblich blind. Jeder Fall muss unparteiisch ausschließlich nach der Faktenlage in Übereinstimmung mit dem Recht beurteilt werden. Weder Bestechungsgelder noch die Erscheinung (der sozioökonomische Status) des Angeklagten und des Anklägers sollten ein Urteil beeinflussen.

Um die Unparteilichkeit sicherzustellen, saß der Richter im Mittelalter, oft ein römisch-katholischer Bischof, hinter einer Kanzel – einer hölzernen Abgrenzung. Er sah die Leute gar nicht. Und sie sahen den Richter nicht. Zwischen dem Richter und dem Volk saß immer ein Beamter. Er übermittelte die Fragen des Richters, die Antworten der Leute und schließlich das ergangene Urteil. Dieser Beamte, der auf der Kanzel saß, wurde Kanzler genannt.

Normalerweise hatte ein Kanzler Jura und Theologie studiert. So etwas wie eine «säkulare» juristische Fakultät gab es im Mittelalter nicht. Das römische bzw. justinianische Recht (siehe Kapitel 6) wurde nur an christlichen Universitäten gelehrt. Dank seiner Bil-

---

[2] Zum Ursprung des Begriffs siehe https://www.britannica.com/topic/diplomatics/Development-and-characteristics-of-chanceries#ref523407.

dung und praktischen Erfahrung kannte sich ein Kanzler auch besser im Recht aus als ein durchschnittlicher Richter (Bischof). Darum begannen die Richter, Routineangelegenheiten von den Kanzlern bearbeiten zu lassen.

Die Leute sahen den Richter nicht. Den Kanzler hingegen lernten sie kennen. Sein Amt gewann immer höheres Ansehen. Darum begann man auch den Hochschullehrer, der die Kanzler unterrichtete, als Kanzler zu bezeichnen.

Die Kapelle war das wichtigste Gebäude in einem Kloster, einer Schule, einer Universität. Die gelehrten Geistlichen, die hinter der Kanzel standen, um Gottes heiliges Gesetz zu verkünden, verdienten die höchste Achtung.

Kurz, ein Kanzler ist ein Diener Gottes, der den Menschen Gottes Weisheit übermittelt.

Aber wenn es nun keinen Gott gibt? Oder wenn Gott keine Weisheit mitzuteilen hat? In diesem Falle könnte ein Kanzler bestenfalls nach der Tradition oder nach eigenem Belieben regieren. Die Umstände können ihn oder sie dazu zwingen, die Interessen der Mächtigen zu begünstigen, die dem Kanzler seinen Thron erhalten können. In einer gottlosen Demokratie wird der Kanzler vielleicht selber von den Meinungsumfragen beherrscht. In diesem Fall übermittelt der Kanzler nicht Gottes Wort, sondern spiegelt den Wählern lediglich ihre eigene Weisheit oder Torheit zurück.

Volkes Stimme: Gottes Stimme ... oder etwa die des Teufels?

Die Tyrannei eines Diktators ist schrecklich, doch sie kann durch eine einzige Kugel beendet werden. Was aber kann eine verfolgte Minderheit oder Mehrheit[3] tun, wenn in einer Nation eine popu-

---

[3] Im Irak Saddam Husseins unterdrückten die Sunniten, die in der Minderheit waren, die Mehrheit der Schiiten und die Minderheit der Kurden. In Syrien hat die Minderheit der Schiiten die Mehrheit der Sunniten unterdrückt.

läre Verirrung herrscht? Wenn Demokratie zur Tyrannei der Mehrheit wird? Dann bleiben den Unterdrückten nur zwei Möglichkeiten: Versklavung oder Verrat.

Alcuin (735–804 n. Chr.), ein Priester und der größte englische Gelehrte seiner Zeit, riet Kaiser Karl dem Großen davon ab, auf die Stimme des Volkes zu hören:

> Und auf jene Leute sollte man nicht hören, die immer sagen, die Stimme des Volkes sei die Stimme Gottes, denn der Aufruhr der Masse liegt immer dicht beim Wahnsinn.[4]

Tausend Jahre vor Alcuin hatte Platon dasselbe über die griechischen Demokratien gesagt. Er erlebte, wie die athenische Demokratie seinen Mentor Sokrates umbrachte. Darum hasste er sie als anarchische Regierungsformen, die sich statt am Gemeinwohl an den Impulsen der Bürger orientierten. Demokratien, so argumentierte er in seinem Klassiker *Die Republik,* wurden von Narren geleitet, die Anarchie mit Freiheit verwechseln. Platon schlug vor, die ideale Republik solle von Philosophenkönigen regiert werden.

Aristoteles stimmte Platon zu. Er bildete Alexander den Großen dazu aus, als Philosoph zu regieren. Auch Machiavelli sah sich mit Platon und Alcuin einig: Die Demokratie orientierte sich an den Launen der Leute. Schlecht informierte Leute liefen falschen Ideen nach, um sich zu zerstreuen und ihr Vermögen zu verschleudern. Deshalb bevorzugten manche Gründerväter Amerikas den Begriff *Republik* gegenüber *Demokratie*.

Wie aber kamen dann so viele Intellektuelle des 20. Jahrhunderts auf den Gedanken, die Demokratie sei die beste Regierungsform?

Der deutsche Philosoph Friedrich Nietzsche verdammte die Demokratie als «Erbin des Christentums». Was den Ursprung der Frei-

---

[4] https://en.wikipedia.org/wiki/Alcuin; Knowles, Elizabeth (Hg.): *Oxford Dictionary of Quotations*, Oxford Univ. Press: Oxford 2014⁸, S.11. «*Nec audiendi qui solent dicere, vox populi, vox dei, quum tumultuositas vulgi semper insaniae proxima sit.*»

heit anbetraf, hatte er recht. Die Griechen hatten die Demokratie ausprobiert und wieder verworfen. Erst durch die schottische Reformation kehrte die Volkssouveränität nach Europa zurück. Sie keimte in Calvins Genf auf, wuchs heran in den Schriften der Hugenotten in Frankreich und Holland und trug Früchte in der schottischen presbyterianischen Kirche.

Im 16. und 17. Jahrhundert machte die Volkssouveränität die Schweiz, die Niederlande und Schottland zu den innovativsten Nationen Europas. Die presbyteriale (also von Ältesten geleitete) Struktur der Kirchenverwaltung wurde zu einem progressiven und universellen Modell für selbstbestimmte Versammlungen in der Diaspora und im Exil, sei es in den römisch-katholischen, byzantinischen oder nicht-christlichen Umfeldern der abgelegenen Kolonien. Das Modell ermöglichte es, unabhängige Zellen verantwortlich arbeitender und wachsender Gemeinschaften aufzubauen.

Wie das geschah? Nun, ein biblischer Ältester ist kein Beamter, der von außen durch die Staatsmacht aufoktroyiert wird. Er verdankt seine Position nicht seiner Familie oder Abstammung. Er verdient sich auch nicht seinen Respekt durch seine Fähigkeiten, seine Bildung oder seinen Reichtum. Ein Ältester ist eines von mehreren verantwortlichen Mitgliedern einer Gemeinschaft. Im Neuen Testament qualifiziert sich ein Mensch als Ältester aufgrund seines Charakters sowie seiner Erfahrung, Bewährung und Glaubwürdigkeit. Er ist in der Gemeinschaft bekannt und respektiert und wird von ihr beauftragt. Seine Autorität wird ihm aufgrund seiner Weisheit, seiner Rechtschaffenheit und seinem Gehorsam gegenüber dem Gesetz Gottes verliehen. Er funktioniert nicht als herausragende und unerreichbare *Überperson*, sondern dient als Vorbild und Maßstab für jede und jeden.[5]

Die Presbyterianer machten den Gedanken populär, dass politische Macht etwas Heiliges sei. Sie sei von Gott verordnet. Allerdings übergab Gott seine Regierungsmacht weder den Monarchen noch auch nur den Geistlichen. Sie gehörte den Kindern Gottes – dem Volk. Darum musste das Volk der Gläubigen die Ältesten wählen, die seine Angelegenheiten regeln sollten. Die Ältesten wiederum wählten das Führungspersonal an der Spitze der nationalen Kirche.

Die schottische Reformation kämpfte nicht für Pluralismus, aber sie begann die Stimme des Volkes zu respektieren. Sie gab den Leuten das Stimmrecht. Die Stimme des Volkes kann Gottes Stimme sein, vorausgesetzt, das «Volk» sitzt unter der «Kanzel» – das heißt, die Leute lassen sich in ihrem Herzen und ihrem Denken durch Gottes Wort verändern.

Die Reformatoren waren Prediger. Doch auch reformatorische Prediger machten Fehler. Niemand war unfehlbar. Die Leute mussten sorgfältig zuhören. Sie mussten prüfen, was ein Prediger lehrte, und Einspruch erheben, wenn sie anderer Meinung waren. Die Ältesten, die vom Volk gewählt waren, hatten die Autorität, Mitglieder und Geistliche zur Rechenschaft zu ziehen, wenn deren Leben nicht dem Wort Gottes entsprach.

Gottes Wort gab den Schotten die Freiheit, ihre Gemeinwesen selbst zu regieren. Damit entstand nicht gleich ein Utopia. Doch mit dieser Freiheit kamen die Verantwortung für die Autonomie sowie eine erstaunliche Entwicklung in allen Bereichen, die schließlich zur schottischen Aufklärung erblühte, wie sie oft genannt wird.

Autonomie ist das Gegenteil von Zügellosigkeit. Diese Art von Führung erfordert, dass die Führenden an Weisheit und Charakter zunehmen. Denn sie ermächtigt das Volk dazu, ein Auge auf seine führenden Leute zu haben und sie zur Rechenschaft zu ziehen. Durch den Erfolg der Volkssouveränität in den lokalen und nationalen Kirchen wurde es möglich, sie auch auf nationaler Ebene auszuprobieren. Sie war nie perfekt, aber sie funktionierte, weil der «souveräne» Bürger regelmäßig unter der Kanzel geschult wurde.

---

[5] Die relevanten Grundlagen der synodal-presbyterianischen Ordnung wurden 1571 auf der Synode von Emden festgelegt. Dort versammelten sich 29 aus Holland verbannte calvinistische Geistliche und Theologen, um das Regelwerk für die Niederländisch-reformierte Kirche zu formulieren. Es wurde zum Vorbild für alle reformierten (Minderheits-)Kirchen in Mittel- und Osteuropa sowie in Schottland, und das Modell verbreitete sich rasch auf dem gesamten amerikanischen Kontinent und auch in Teilen Russlands und Asiens.

In Amerika wurde das Experiment wiederholt. Die presbyterianische Kirche gab sich eine Organisationsstruktur und eine Verfassung, die von den Wurzeln ausging, also von den Ortsgemeinden in den Kolonien. Gewählte Älteste wurden mit Autorität ausgestattet bis hinauf in die Generalversammlung. Die Entscheidungen der Generalversammlung waren verbindlich für jedes Dorf in allen Kolonien. Die amerikanische Verfassung übernahm diese Verwaltungsstruktur, die von der Kirche entwickelt worden war.

Ursprünglich verwendeten die schottischen Reformatoren wie John Knox biblische Formulierungen, um ihr Experiment zur Regierung der Kirche und des Landes zu beschreiben. Sie wollten, dass Schottland Gottes Reich sei. Deshalb sagten sie, sie bauten am «Neuen Jerusalem», dem «Reich Gottes».

Die Vision der Reformatoren inspirierte ihre Nation. Ihre Misserfolge und die Unvollkommenheiten ihres Systems machten es späteren Generationen allerdings schwer, das, was dabei herauskam, als das «Neue Jerusalem» zu bezeichnen. Deshalb gingen spätere Denker dazu über, das schottische Regierungssystem in Kirche oder Nation «demokratisch» zu nennen.

Es war eine starke Formel für Demokratie: Regierung des Volkes und für das Volk. Unter den rauen Bedingungen Ende des 16. Jahrhunderts war es jedoch zugleich eine Einladung zur Anarchie. Das war es, was nach dem Tod von Knox fast zwei Jahrzehnte lang für Schottland dabei herauskam, bis Marias Sohn, Jakob VI., die Theorien seines alten Tutors über Bord warf und der Macht der Monarchie neue Geltung verschaffte. Der Traum vom Volk als Souverän starb. Aber er hinterließ seine Spuren innerhalb der Kirche selbst, im System der Synoden, die jeder Pfarrgemeinde und Provinz in Schottland zu eigen waren. Es war das demokratischste Kirchenregierungssystem in Europa. Selbst der Pastor wurde vom Konsistorium der gewählten Ältesten einer Gemeinde gewählt, nicht von irgendeinem mächtigen Aristokraten oder *Laird* (Gutsherr). Die Ältesten entsandten ebenfalls Abordnungen zu ihrer lokalen Synode, die wiederum Repräsentanten zur Generalversammlung der Kirche schickte. Das bedeutete, dass die Mitglieder des Regierungsorgans der Kirche tatsächlich nicht nur Zuchtmeister für geistliche Disziplin und Verkündiger des Wortes Gottes waren, sondern auch Volksvertreter.[6]

Ein von der Bibel inspiriertes Regierungssystem als «Demokratie» zu bezeichnen statt als «das Neue Jerusalem», das Reich Gottes oder eine Theokratie, war eine Erleichterung. Die meisten Leute einschließlich der Presbyterianer akzeptierten den neuen Namen. Denn in Schottland waren praktisch alle aufklärerischen Denker christliche Gelehrte, auch wenn sie eher Deisten als Theisten waren.

Die Christen wussten, dass die Gelehrten, die ihr System «Demokratie» nannten, damit nicht meinten, die Freiheit Schottlands, also seine Regierung durch das Volk, sei von Athen inspiriert. Sie wussten, dass ihr System aus der Bibel kam und auf ihr beruhte. Die Wahl eines griechischen Namens für Schottlands neue Wirklichkeit war akzeptabel, weil dem Apostel Matthäus zufolge Jesus Christus selbst einen griechischen Namen gewählt hatte, nämlich *Ekklesia*, um die Versammlung, die Gemeinschaft zu bezeichnen, die er begründete als lokale Ausformung des neuen geistlichen Tempels, in dem Gott wohnen würde.

Der heutige Mythos, die moderne Demokratie sei aus Griechenland gekommen, wurde in Amerika ersonnen, Jahrhunderte nachdem Europas reformierte Nationen in den Genuss der Freiheit gekommen waren.

Von Platon zur NATO

Der dänisch-amerikanische Historiker David Gress sprengte den im 20. Jahrhundert entstandenen amerikanischen Mythos, die moder-

---

[6] Siehe Herman, Arthur L.: *The Scottish Enlightenment: The Scots' Invention of the Modern World*, Fourth Estate: London 2001, S. 19.

nen Freiheiten seien aus Griechenland gekommen. In seinem Buch *From Plato to NATO: The Idea of the West and Its Opponents*[7] zeichnet er nach, warum die «Liberalen» in New York und Chicago das «Zerrbild» konstruierten, «alle großen Ideen hätten ihren Ursprung in Griechenland und die Griechen seien die ersten Westler gewesen».[8]

Dieser Mythos wurde nach dem Ersten Weltkrieg am New Yorker Columbia College von John Herman Randall jr. geschaffen. Er war Bestandteil des Kurses über «Zeitgenössische Zivilisation» an der Universität. Einer der Studenten, die daran teilnahmen, Mortimer Adler, baute diesen Kurs an der Universität von Chicago weiter aus. Der Präsident der Chicagoer Universität, Robert Maynard Hutchins, bewarb ihn als den «Chicago Plan». Er wurde als Teil des «Great Books»-Programms der Universität berühmt.

Will Durant, ein ehemals römisch-katholischer Intellektueller, verbreitete den Mythos in aller Welt durch seine Vorträge und sein elfbändiges Werk *The Story of Civilisation*.[9]

Gress legt dar, dass der Mythos vom griechischen Ursprung der modernen Freiheit auf dem wackligen Fundament der griechischen Historiker Herodot und Thukydides errichtet wurde.

Herodot verfasste die Geschichte des griechisch-persischen Kriegs Anfang des 5. Jahrhunderts v. Chr. Dass die Griechen es schafften, die erheblich größere persische Armee zu besiegen, schrieb er dem Faktor Freiheit zu. Die Griechen waren frei, dachte Herodot, weil sie ärmer und weniger waren. Jede Familie musste für sich selbst sorgen. Das kultivierte ihre Tugend – *arete*. Der Begriff bezeichnet Geschick, Kraft, Mut und das Streben nach herausragenden Leistungen bei allen Aktivitäten.

Freilich erklärte Herodot nicht, warum Armut solche Tugenden nicht auch unter anderen armen Leuten hervorrief oder warum sie

---

[7] Gress, David: *From Plato to NATO: The Idea of the West and Its Opponents*. Free Press, Simon & Schuster: New York 1998.
[8] Ebenda, S. 38.
[9] Erschienen bei Simon & Schuster zwischen 1935 und 1975.

in Griechenland irgendwann aufhörte, *arete* zu erzeugen. Dennoch war seine Erklärung des griechischen Sieges plausibel.

Thukydides schrieb die Geschichte des Peloponnesischen Krieges (431–404 v. Chr.). In diesem Krieg wurde Athen von Sparta besiegt. Noch vor der Niederlage jedoch hielt einer der führenden Bürger Athens, Perikles, eine Grabrede zu Ehren der gefallenen Athener. Auch er nannte die Freiheit als den Faktor, der den Athenern ihre Tugend, ihre *arete* verschaffte. Perikles zufolge war das Geheimnis ihrer Stärke die Freiheit, die ihnen ihre Vorfahren verschafft hatten:

> Denn wir leben nach einer Verfassung, die nicht mit den Gesetzen unserer Nachbarn zu rivalisieren versucht, da wir eher ein Beispiel für andere als ihre Nachahmer sind. Und weil (unsere) Verfassung auf den *Vielen* beruht statt auf den *Wenigen,* heißt sie *demakratia*.[10]

Demakratia bedeutete «Herrschaft durch das Volk». Tatsächlich machte die Freiheit, wenn sie Bestand hatte, die griechischen Bürger zu Teilhabern ihrer Stadt. Sie förderte Mut und Opferbereitschaft, denn jeder kämpfte für sich selbst, seine Familie und seine Stadt.

Das Traurige ist, dass die Freiheit und Demokratie der Griechen keinen Bestand hatten. Deshalb haben die Griechen ihre Freiheit nie exportiert. Stattdessen exportierten sie Terror und Tyrannei durch Alexander von Mazedonien.

Wie schon erwähnt, verbreiteten sich durch Alexanders Eroberungen die Kunst und Architektur, die Sprache und Literatur sowie die Bibliotheken der Griechen, nicht aber Freiheit und Demokratie.

Alexanders Lieblingstext war die *Ilias*. Sie ist das erste und größte der griechischen Epen. Im Gegensatz zur Bibel handelt sie nicht von Freiheit. Schon in der ersten Zeile heißt es dort, sie sei ein Gesang über den «Zorn des Achilles, Sohn des Peleus ...»

---

[10] Ebenda, S. 55.

Was ist ein Präsident?

Zu allen Zeiten waren militärische Siege ein Weg zum Königtum. Kein «Präsident» hatte je ein Land regiert, als der siegreiche General George Washington Amerikas erster Präsident wurde. Manche seiner Offiziere wollten ihn zum König machen. Jeder wusste, dass ein *Präsident* jemand war, der einer Versammlung von Gleichrangigen vorsaß. Deshalb machten sich manche Kongressabgeordnete ernsthafte Sorgen, dass *Präsident* als Titel wenig Eindruck machen würde in einer Welt, die von Königen und Kaisern beherrscht wurde. Niemand sah voraus, dass «Präsident der Vereinigten Staaten von Amerika» tatsächlich das mächtigste Amt der Welt werden würde.

Doch George Washingtons Haltung war: Er habe schließlich nicht gegen Georg III. von Großbritannien gekämpft, um König Georg I. der USA zu werden.

Die Puritaner hatten schon 130 Jahre zuvor unter dem Slogan «Kein König außer Jesus» im englischen Bürgerkrieg gekämpft. Die Presbyterianer griffen diesen Slogan während der amerikanischen Revolution auf. Die Idee, dass ein Herrscher ein Präsident sein sollte, war von den französischen Calvinisten gekommen – den Hugenotten. Die Theologie dahinter hatte Theodor von Beza formuliert in seinem Buch *De iure magistratuum, Vom Recht der Obrigkeit* (1574). Der Gedanke, ein König solle ein Präsident sein, wurde propagiert in *Indiciae contra tyrannos* (Wider die Tyrannen – *Strafgericht gegen die Tyrannen oder Die legitime Macht des Fürsten über das Volk und des Volkes über den Fürsten*). Dieser Traktat, der erstmals 1579 in Basel veröffentlicht wurde, war nach der Bibel das meistzitierte Buch der Revolution.

1572 befahl eine christliche Königin in Paris ihren christlichen Magistraten, unschuldige Protestanten zu massakrieren. Das warf die wichtige Frage auf: Sollten die Magistrate ihr gehorchen – oder aber sie verhaften?

Gottes Wort verlangt von den Christen, der Obrigkeit Gehorsam zu leisten.[11] Wie soll man sich aber dann einer Tyrannei widersetzen? Wie kann man dafür eintreten, dass Gottes Recht und Gerechtigkeit eine christliche Nation regieren?

Wie schon in einem früheren Kapitel erwähnt, regten diese Fragen eine neue Auseinandersetzung mit der Bibel an, deren Ergebnis unter anderem die Trilogie der Freiheit war, die mit François Hotmans Buch *Francogallia* (1574) begann. Aus diesen Studien kam der amerikanische Gedanke eines politischen Systems, das von einer schriftlichen Verfassung gelenkt wird.

Diese Theologen bauten ihre Argumentation für einen «Präsidenten» und eine Verfassung auf Bibeltexte wie 2. Könige 11 auf. Dort lässt ein Hoherpriester eine korrupte Königin hinrichten. Dann stiftet der Hohepriester zwei Bündnisse, die die Nation beherrschen sollen. Das eine band den König und das Volk daran, Gott zu dienen. Das andere baute darauf auf und verlangte vom Volk, dem König zu dienen. Das Volk war nicht daran gebunden, einem König zu dienen, der Geboten Gottes wie «Du sollst nicht morden» ungehorsam war.

Wie wir im Kapitel über das Recht gesehen haben, hatten schon im Mittelalter katholische Scholastiker erkannt, dass ein christlicher Herrscher kein Recht hatte, ein Tyrann zu sein. Er war an das Recht gebunden. Doch die Wahrheit der Gleichheit der Menschen spielte im europäischen Denken keine Rolle. Deshalb war ein König eben nicht allen anderen ebenbürtig. Selbst Theologen waren der Meinung, ein Monarch könne nur von jemandem abgesetzt werden, der über ihm stehe, zum Beispiel von einem Kaiser.

Könige und Kaiser missbrauchten überall auf der Welt ihre Macht. Tyrannen wurden manchmal ermordet, aber keine Kultur entwickelte eine Philosophie der Revolution.

Die Bibelauslegung der Hugenotten rechtfertigte die Revolution. Die amerikanische Verfassung ging einen Schritt weiter, indem sie eine Revolution unnötig machte: Ein Präsident konnte seines Amtes enthoben werden, denn er war nicht zur Herrschaft *geboren*, sondern von Gleichrangigen dazu *gewählt* worden. Ihm war die Macht gegeben, Gutes zu tun. Eine Autorität, Böses zu tun, hatte er nicht.

---

[11] Römer 13,1–7.

Als Einzelner hatte er mehr Autorität als die anderen; als Kollektiv jedoch konnten diejenigen, die im Rang unter ihm standen, ihn zur Rechenschaft ziehen und nötigenfalls seines Amtes entheben. Das Volk war der Souverän, nicht der Präsident.

Warum wurde der Erste Diener wichtiger als der Monarch?

2014 wurde Narendra Modi Indiens sechzehnter Premierminister. Seine Partei gilt als «radikale» hinduistische Partei. Dennoch gebrauchte er biblische Formulierungen, um seine Position als Premierminister zu erklären. Ich bin, sagte er, euer «Erster Diener», denn genau das bedeutet Premierminister wörtlich.

Modi erwähnte dabei nicht, dass er Teil einer politischen Revolution war, die vor zweitausend Jahren in einem «Obergemach» in Jerusalem begonnen hatte. Die Jünger Christi rechneten damit, dass der Messias die Revolution auslösen würde, die die Römer vertreiben und das Königreich Israel wiederherstellen würde. Doch Jesus Christus bereitete ihnen einen Schock.

Bevor er mit seinen Jüngern das Passamahl aß, stand Jesus auf, entkleidete sich, band sich die Schürze eines Dieners um, nahm ein Wasserbecken und fing an, ihnen die Füße zu waschen. Sie waren peinlich berührt; Petrus protestierte.

Als sie sich später am Tisch niederließen, erklärte ihnen Jesus, was er ihnen drei Jahre lang beizubringen versucht hatte: Ich bin hier, um Gottes Reich auf die Erde zu bringen. Aber dieses Reich ist anders als die Reiche dieser Welt. Bei den nichtjüdischen Völkern halten die Herrscher ihre Untertanen unter der Knute. In Gottes Reich muss einer, der groß sein will, allen anderen ein Diener werden. Die Herrschenden werden Diener werden und sich um die schwachen und wehrlosen Schafe kümmern müssen – bis dahin, dass sie ihr Leben für sie geben.

Ihr wollt Herrscher in meinem Reich werden. Ja, ihr werdet neben mir sitzen und herrschen. Doch die Vorbedingung ist, dass ihr lernt, einander die Füße zu waschen.

Das ist Gottes Reich. Die Bibel beschrieb die Herrlichkeit des Reiches Gottes mit diesen Worten:

Weder Eigennutz noch Streben nach Ehre sollen euer Handeln bestimmen. Im Gegenteil: Seid bescheiden und achtet den anderen mehr als euch selbst. Denkt nicht an euren eigenen Vorteil. Jeder von euch soll das Wohl des anderen im Auge haben. Nehmt euch Jesus Christus zum Vorbild: Obwohl er in jeder Hinsicht Gott gleich war, hielt er nicht selbstsüchtig daran fest, wie Gott zu sein. Nein, er verzichtete darauf und wurde einem Sklaven gleich: Er wurde wie jeder andere Mensch geboren und war in allem ein Mensch wie wir. Er erniedrigte sich selbst noch tiefer und war Gott gehorsam bis zum Tod, ja, bis zum schändlichen Tod am Kreuz. Darum hat ihn Gott erhöht und ihm den Namen gegeben, der über allen Namen steht. Vor Jesus müssen einmal alle auf die Knie fallen: alle im Himmel, auf der Erde und im Totenreich. Und jeder ohne Ausnahme wird zur Ehre Gottes, des Vaters, bekennen: Jesus Christus ist der Herr![12]

Die Bibel hat Kaiser abgeschafft. Sie hat aus Herrschenden Diener gemacht.

Wie tief diese Veränderung geht, hängt davon ab, ob demokratische Politiker den Interessen der Mächtigen oder aber ihren souveränen Bürgern dienen. Ob sie den Mittelweg zwischen der Weisheit und der Torheit der Meinungsumfragen suchen oder ob sie zu Kanzlern werden – zu Übermittlern des Wortes Gottes.

Volkssouveränität ist Theologie, keine Staatslehre. Diese theologische Wahrheit hat die Wirtschaft ebenso beeinflusst wie die Literatur. Betrachten wir im nächsten Kapitel ihre Auswirkungen auf Ökonomie und Volkswirtschaft.

---

[12] Philipper 2,4–11.

# Teil 4

Worte, die Nationen gründeten

11. Kapitel
ÖKONOMIE: VOM VOLK, DURCH DAS VOLK, FÜR DAS VOLK

Ökonomie ist zu einem komplexen Thema geworden. Deshalb ist es möglich, dass ein Professor jahrzehntelang Volkswirtschaft lehrt, ohne manche der einfachen Geheimnisse des erstaunlichen Fortschritts im Westen zu kennen.

Gott gab einstigen Sklaven das Versprechen, sie in ein Land zu führen, in dem Milch und Honig fließen. Damit dieses Versprechen erfüllt werden konnte, befahl Gott den befreiten Hebräern (ich fasse es hier in Kurzform zusammen):

> Deine Herren haben den Wohlstand, den du geschaffen hast, begehrt und geraubt. Du sollst das Eigentum anderer Leute nicht begehren und ausbeuten: Du sollst deinen eigenen Wohlstand schaffen. ... Du sollst keine geschaffenen Dinge anbeten, sondern über alles auf der Erde herrschen. ... Du sollst Gottes Namen nicht missbrauchen, um andere zu täuschen und zu manipulieren. ... Du, deine Bediensteten und deine Tiere sollt am Sabbat nicht arbeiten. ... Du sollst deinen Vater und deine Mutter ehren, die dein Erbe entwickeln, ... und die Integrität der Familie deines Nächsten schützen, indem du sie nicht durch Ehebruch verletzt. ... Du sollst nicht stehlen, was andere Leute erzeugen und besitzen. ... Du sollst kein falsches Zeugnis ablegen gegen deinen Nächsten oder auch nur über deine eigenen Produkte und Dienstleistungen, denn im Gegensatz zu deinen Herren in Ägypten sollst du deinen Nächsten lieben wie dich selbst.

Moralische Gebote wie diese implizierten, dass materielle Segnungen daraus entspringen, dass man sich dem Reich Gottes unterordnet und nach seiner Gerechtigkeit trachtet.[1] Die Gebote betonten, dass es in der Ökonomie um Beziehungen geht.

Was wirklich unter dem Strich steht

Arbeit ist wertvoll, weil sie Beziehungen bereichert – Gemeinschaft.

Gemeinschaft ist wichtig, weil andere Ihre Arbeit so sehr schätzen müssen, dass sie bereit sind, dafür zu bezahlen. Ein Arbeiter verdient mehr Geld, wenn er sich die Loyalität seiner Auftraggeber und Kunden erwirbt.

Moral stärkt die ökonomische Gemeinschaft: Ihre Marke, Ihre Waren und Dienstleistungen, Ihre Preise und Ihre Werbung, Ihre Prinzipien und Praktiken müssen in der Gemeinschaft Vertrauen finden.

Arbeit, die neben Muskeln auch *Verstand* erfordert, erzeugt einen höheren Wert als die Arbeit, für die man nur die Muskeln braucht. Eine gute Gemeinschaft bildet den Verstand ihrer Mitglieder und kultiviert Fähigkeiten, auf die es ankommt.

Demütiger *Glaube* bringt die umkämpfte Welt des Handels voran, wenn sie von einer Vision geleitet ist, die auf Wissen und Verstehen basiert. Im Glauben Risiken einzugehen ist Privatsache. Aber wer klug ist, teilt das *Risiko* mit der Öffentlichkeit: mit Familie, Freunden und Institutionen. Um die Gemeinschaft zu Ihrer Versicherung zu machen, müssen Ihre Vision und Ihr Unternehmen für die Gemeinschaft profitabel sein.

Die Bibel ist für ökonomische Freiheit. Das bedeutet persönliche Verantwortung. Gleichzeitig ist Ökonomie Beziehungssache. Sie ist eine Angelegenheit der Gemeinschaft. Man kann auch arbeiten, um Nahrung für Ameisen, Vögel und wilde Tiere zu produzieren. Von ökonomischem Wert wäre diese Arbeit jedoch nur, wenn jemand anderes das Geld verdient, um dafür zu bezahlen.

Die Moral des Ganzen: Die wesentliche ökonomische Frage ist, wen oder was Sie lieben und wem Sie dienen: dem Geld – oder Gott und Ihrem Nächsten?

---

[1] Matthäus 6,33.

Vom Mittelalter zur Moderne

Amerikas erster Präsident George Washington erklärte den Unterschied zwischen der mittelalterlichen und der modernen Ökonomie mit einem einfachen Bild: «Unter dem eigenen Feigenbaum und Weinstock sitzen.»[2]

Mary Thomson, eine Forschungsspezialistin auf Washingtons Gut Mount Vernon, sagt, als Präsident habe Washington dieses Bild in seinen offiziellen Schriften, Verlautbarungen und Gebeten mindestens vier Dutzend Mal gebraucht.

Das war in der Tat die amerikanische Vision der ökonomischen Freiheit, des Friedens mit Wohlstand, Sicherheit und Gemeinsinn. Präsident Washingtons Bild stammte aus der Bibel:

1. Könige 5,5 – «Zu Lebzeiten Salomos ging es ganz Israel und Juda gut. Von Dan im Norden bis Beerscheba im Süden lebte das Volk in Frieden. Jeder konnte ungestört in seinem Weinberg arbeiten und unter seinem Feigenbaum sitzen.»

Micha 4,4 – «Jeder kann ungestört unter seinem Feigenbaum und in seinem Weingarten sitzen, ohne dass ihn jemand aufschreckt.»

Sacharja 3,10 – «Wenn diese Zeit gekommen ist, werdet ihr euch gegenseitig einladen, ihr werdet in Frieden und Sicherheit unter den Zweigen eurer Feigenbäume und Weinstöcke beieinandersitzen.»

Der Kommunismus ging in die entgegengesetzte Richtung. Er kollektivierte die Landwirtschaft, die Industrie, die Unternehmen und Dienstleistungen. Die Bibel schrieb das Prinzip der ökonomischen Unabhängigkeit jeder Familie in die DNA des Judentums hinein. Das ging so weit, dass der assyrische König Salmanassar sogar versuchte, die Juden dazu zu verleiten, seine Sklaven zu werden, indem er ihnen ökonomische Unabhängigkeit anbot:

---

[2] Lillback, Peter A.: *George Washington's Sacred Fire*, Providence Forum Press: King of Prussia (Philadelphia) 2006, S. 317–318.

2. Könige 18,31 – «Hört nicht auf Hiskia, sondern hört auf den König von Assyrien! Er will Frieden mit euch schließen und lässt euch sagen: Ihr könnt euch mir getrost ergeben! Dann werdet ihr wieder die Früchte eurer Weinstöcke und Feigenbäume essen und das Wasser eurer Brunnen trinken ...»

Sklaverei war ein Faktor in George Washingtons Welt – sowohl die kollektive «Sklaverei» des Kolonialismus als auch die Versklavung von aus Afrika verschleppten Menschen. Die Bibel lehrte, ökonomische Sklaverei sei ein Fluch über die Sünde, und der Messias sei gekommen, um Freiheit zu verkünden und jedes Joch zu zerbrechen:

> Deinetwegen soll der Ackerboden verflucht sein! Dein ganzes Leben lang wirst du dich abmühen, um dich von seinem Ertrag zu ernähren. Du bist auf ihn angewiesen, um etwas zu essen zu haben, aber er wird immer wieder mit Dornen und Disteln übersät sein. Du wirst dir dein Brot mit Schweiß verdienen müssen, bis du stirbst. Dann wirst du zum Erdboden zurückkehren, von dem ich dich genommen habe.[3]

Wahre Frömmigkeit, sagte Gott, sehe so aus:

> Löst die Fesseln der Menschen, die man zu Unrecht gefangen hält, befreit sie vom drückenden Joch der Sklaverei und gebt ihnen ihre Freiheit wieder! Schafft jede Art von Unterdrückung ab![4]

Diese göttliche Forderung wurde der moralische Beweggrund, der George Washington dazu trieb, für Freiheit in den Kolonien zu kämpfen. Ein anderer großer Präsident, Abraham Lincoln, musste

---

[3] 1. Mose 3,17–19. Das heißt nicht, dass die Versklavung eines Einzelnen eine Folge seiner eigenen Sünde ist. Aber der Verlust der ökonomischen Freiheit und des Wohlstandes ist ein Fluch über die menschliche Sündhaftigkeit.

[4] Jesaja 58,6.

für die Freiheit eines jeden Sklaven kämpfen. Denn der Messias selbst hatte erklärt:

> Der Geist des Herrn ruht auf mir, weil er mich berufen und bevollmächtigt hat. Er hat mich gesandt, den Armen die frohe Botschaft zu bringen. Ich rufe Freiheit aus für die Gefangenen, den Blinden sage ich, dass sie sehen werden, und den Unterdrückten, dass sie von jeder Gewalt befreit sein sollen.[5]

Die zehn Söhne Israels (Jakobs) verdammten ihre Nachkommen zu vier Jahrhunderten Sklaverei, als sie ihren elften Bruder, Josef, in die Sklaverei verkauften. Gott befreite sie aus der Sklaverei, um ihnen Schalom zu schenken – Freiheit mit Frieden, Wohlstand und Gemeinschaft.

In Kanaan erhielt jede Familie ihr eigenes Land, um für sich selbst arbeiten und ihren Zehnten an Gott abgeben zu können und so für die Bedürfnisse derjenigen zu sorgen, die ihre ganze Zeit für den Dienst an der Gemeinschaft einsetzten. Gott zu lieben hieß, den Nächsten zu lieben. Gemeinschaft macht es möglich, dass Einzelne sich auszeichnen und sich hervortun können.

Souveränität: Theologisch, ökonomisch und politisch

Der Wunsch nach ökonomischer Freiheit war einer der Gründe, warum George Washington nicht zu König Georg I. der USA wurde. Als die Israeliten unbedingt einen König haben wollten, warnte sie ihr Seher und Priester Samuel:

> Ihr müsst bedenken, welche Rechte dieser König haben wird: Er wird eure Söhne in seinen Dienst nehmen, damit sie sich um seine Wagen kümmern, seine Pferde pflegen und als Leibwäch-

---

[5] Lukas 4,18.

ter vor dem königlichen Wagen herlaufen. Einige von ihnen wird er als Hauptleute oder als Truppenführer einsetzen. Andere müssen seine Felder bearbeiten und für ihn die Ernte einbringen. Handwerker werden für ihn Waffen und Wagen anfertigen. Eure Töchter holt er zu sich an den Königshof. Sie werden für ihn Salben mischen, für ihn kochen und backen. Eure besten Felder, Weinberge und Olivengärten wird er für sich beanspruchen und von seinen Knechten bearbeiten lassen. Vom Ertrag eurer Äcker und Weinberge zieht er ein Zehntel als Steuern ein, um damit seine Hofleute und Beamten zu bezahlen. Eure Knechte und Mägde wird er übernehmen, die kräftigsten und besten jungen Männer müssen ihm dienen. Auch eure Lasttiere wird er benutzen. Er verlangt von euch ein Zehntel eurer Schafe und Ziegen, und ihr alle seid seine Untertanen und müsst ihm gehorchen. Dann werdet ihr bereuen, dass ihr euch je einen König gewünscht habt. Doch wenn ihr dann zum Herrn um Hilfe schreit, wird er euch keine Antwort geben.[6]

In mittelalterlicher Zeit arbeiteten die meisten Leute dafür, Wert für Monarchen, Gutsherren, mächtige Händler oder Klöster zu schaffen. Dank der römisch-katholischen Kirche und ihrer Klöster genossen die religiösen Orden eine gewisse Freiheit von der Kontrolle der Herrschenden. Mönche und Nonnen verdienten Geld, aber sie arbeiteten nicht für sich selbst und ihre Familien. Sie gelobten Armut, während sie für ihre Klöster Reichtum erwirtschafteten.

Die Klöster wurden zur Vorlage für die moderne Wirtschaft, weil sie die Talente und Interessen jedes Mönchs erkannten. In einer Zeit, in der es noch keine Berufsschulen gab, unterstützten die Klöster jeden Mönch durch Bildung, Vorbild und Mentorenschaft dabei, sein Potenzial und seine Fähigkeiten zu entwickeln.

Sie förderten enge brüderliche und schwesterliche Beziehungen durch das Streben nach Liebe, Demut, Sanftmut, Buße, Vergebung

---

[6] 1. Samuel 8,11–18.

11 ÖKONOMIE: VOM VOLK, DURCH DAS VOLK, FÜR DAS VOLK

und Gehorsam. Durch Pflege und medizinische Versorgung wurde die Gemeinschaft gestärkt. Gebildete Mönche und Nonnen verbanden Beten und Arbeiten. Die Klöster förderten und unterstützten den Gebrauch des Verstandes zu kreativer, disziplinierter und kooperativer Arbeit. Gemeinsam erfanden sie präzise wirtschaftliche Techniken wie etwa die doppelte Buchführung.

Die Mönche verdienten Geld, aber nicht für sich selbst oder ihre Familien. Sie brachten Europa bei, wie man Menschen und Zeit zur Ehre Gottes einsetzt. Die Mönche, die die größten landwirtschaftlichen Betriebe ihrer Zeit leiteten, konnten ohne Gehalt zusammenarbeiten, weil sie keine Individualisten waren; sie hatten geschworen, ihren Vorgesetzten zu gehorchen.

Die moderne Welt begann, als manche dieser Qualitäten und Gewohnheiten nicht mehr in den Dienst von Klöstern, Händlern und Monarchen gestellt wurden, sondern in den Dienst des himmlischen Vaters.

Wie man auf Gott hört, hatten die Klöster den Leuten bereits beigebracht. Die neue Ökonomie wurde im 16. und 17. Jahrhundert geboren, als die Bibel Gottes «Berufung» zum Beruf jedes Einzelnen machte, nicht nur zum Beruf der Priester.

Geht Gott tatsächlich eine persönliche Beziehung zu einzelnen Menschen ein? «Beruft» er eine Priesterin, eine Hausfrau zu sein, und einen anderen Priester dazu, Schuster oder Schreiner zu werden?

Die Bibel lädt jeden ein, in eine liebevolle Beziehung zu Gott und zu den Nächsten einzutreten. Praktisch sollte sich daraus ergeben, dass man eine Arbeit tut, die für andere von Wert ist.

Als die Bibel von den Kanzeln gelehrt und von einzelnen Menschen und Familien studiert zu werden begann, fing der Gedanke der individuellen *Berufung*[7] an, die Volkswirtschaft zu revolutionieren. Die Tugenden, zu denen die Bibel in den Klöstern inspiriert hatte, breiteten sich in der Bevölkerung aus. Die Familie wurde

---

[7] Siehe Guinness, Os: *The Call: Finding and Fulfilling the Central Purpose of Your Life*, Word Publishing: Nashville 1998.

zum neuen «Kloster», zur Charakterschule und zum Kern aller kreativen Arbeit.

Was macht es mit einem Schuster, wenn er begreift, dass der König der Könige ihn berufen hat, für ihn Schuhe zu machen? In Texten wie Epheser 6,7 fordert die Bibel die Menschen heraus: «Arbeitet mit Freude als Christen, die nicht den Menschen dienen, sondern dem Herrn.» Nächstenliebe bedeutete also für den Schuster, seinen Nächsten mit den besten Schuhen zu ehren, die er für Gott machen konnte.

Das verbesserte die Qualität seiner Arbeit dramatisch. Die bessere Qualität brachte ihm mehr Geld ein als seinen Mitbewerbern, die mit schlechteren Materialien und weniger handwerklicher Sorgfalt «dünne Bretter zu bohren» versuchten und den Weg des geringsten Widerstandes gingen. Der Wert, den dieser neue Schuster erzeugte, wurde zum Kapital seiner Familie.

Plötzlich widersprach es sich nicht mehr, Gott zu dienen und gutes Geld zu verdienen. Andere Schuster sahen sich vielleicht nicht als Priester, die Gott dienten. Ihr einziges Interesse war es vielleicht, mehr Geld zu verdienen als ihre Mitbewerber. Doch die Qualität ihrer Produkte musste sich mit dem Schuster messen, der seine Schuhe für den höchsten König machte. Dieser Leistungswettbewerb steigerte die Qualität in der ganzen Branche.

In dem Hollywood-Film «Wall Street: Geld schläft nicht» nimmt Oliver Stone die Finanzkrise 2007–2008 unter die Lupe. Im Nachspann am Ende des Films wird ein Dollarschein gezeigt. Darauf steht: «In Greed We Trust.» Der postmoderne Kapitalismus hat Gier an die Stelle Gottes gesetzt. Der Film handelt von Ökonomie und Familie, und die westliche Familie und ihr Charakter wurden von der Bibel geprägt. Im ersten Film, *Wall Street* (1987), hatte Gordon Gekko sich selbst und seinen Charakter verdorben und seine Familie zerstört. In der Fortsetzung kommt er wieder zur Vernunft.

Während des zweiten Films ist im Hintergrund immer die Rede von Evolution, der kambrischen Explosion und kreativer Zerstörung. Anfangs ist man irritiert, da dieses Gerede mit der Geschichte und der Handlung nichts zu tun zu haben scheint. Irgendwann kommt der aufmerksame Zuschauer dahinter:

Die Zehn Gebote Gottes sind verdrängt worden von einer auf dem evolutionären Daseinskampf beruhenden Wirtschaftsethik. Ein von Gier getriebener Kapitalismus zerstört die ökonomische Freiheit, den Frieden und den Wohlstand; diese schuldete der Westen einer Einstellung, die die Familie ebenso stärkte wie die Wirtschaft. Die Ethik des Daseinskampfes dagegen verwandelte die Wall Street in einen destruktiven Wettbewerb. Die Gier, die nur dem Geld diente, zerstörte das Vertrauen, die Gemeinschaft, die Familie und einzelne Menschen.

Der Film endet damit, dass Gordon Gecko (Michael Douglas) den Geburtstag seines Enkels feiert. Das versteht die Bibel unter Weisheit: «Ein guter Mensch hinterlässt ein Erbe für Kinder und Enkelkinder.»[8]

Ein vergessenes Erfolgsgeheimnis der westlichen Ökonomie

Ein erstaunliches Erfolgsgeheimnis des Westens ist eine Nonne aus dem 16. Jahrhundert. Sie floh aus ihrem Nonnenkloster und wurde eine Ehefrau, eine Mutter, eine Unternehmerin, ein Vorbild und eine Mentorin. Das machte sie zur Mutter der modernen Ökonomie des Volkes durch das Volk und für das Volk.

Diese Nonne, die sich von ihren Gelübden der Ehelosigkeit und Armut lossagte, um der Bibel zu gehorchen, nahm das Beste von dem mit sich, was hinter den Klostermauern verborgen gewesen war. Äußerlich nahm sie nichts mit außer den Kleidern, die sie am Leibe trug. Der Reichtum, den sie bei sich trug und an die Welt weitergab, war in ihrem Herzen und ihrem Verstand eingepflanzt worden. Ihr Name war Katharina von Bora.

Wie so viele mittelalterliche Nonnen war Katharina in einer ade-

---

[8] Sprüche 13,22.

ligen Familie geboren worden. Dadurch, dass sie ihr Armutsgelübde brach, konnte sie genug Geld verdienen, um das Gut ihrer Familie zurückzukaufen.

Katharina heiratete einen Mönch namens Martin Luther. Er war ein Universitätsprofessor ohne Salär und ein Bestsellerautor, der keine Tantiemen einnahm.[9] Luther lehrte, weil das Oberhaupt seines Mönchsordens das von ihm verlangte. Katharinas erster Amtsakt als Ehefrau war es, seine vergammelte Matratze hinauszuwerfen – einen Sack voller Stroh. Niemand hatte ihn je auch nur umgedreht, um ihn zu lüften.

Katharina tauschte nicht nur eine Matratze aus. Sie initiierte die Veränderung, die der Soziologe Max Weber in seinem Klassiker *Die protestantische Ethik und der Geist des Kapitalismus* beschrieb.

Frisch verheiratet, hatten die Nonne und der Mönch kein Geld, um sich ein Haus zu kaufen. Deshalb gab ihnen der Landesfürst und Patron von Luthers Universität die Erlaubnis, in dem fast leer stehenden Kloster zu leben. Nachdem die anderen gegangen waren, überschrieb er ihnen das Anwesen.

Aber wie sollte Käthe ein großes Haus in Schuss halten ... selbst nachdem ihr Ehemann ein kleines Gehalt zu beziehen begann? Sie verwandelte ihr Haus in eine Pension für Studenten. Damit verwandelte sich ihre Familienküche in eine Cafeteria, in der jeden Tag dreißig bis vierzig Menschen verköstigt wurden, einschließlich internationaler Gäste. Wie kriegt man so viele Leute satt?

Zum Glück hatte Käthe im Nonnenkloster gelernt, ihr eigenes Obst und Gemüse anzubauen. Dann begann sie in ihrem Haus Tiere zu halten, genau wie im Kloster. Das Geld, das sie ansparte, wurde in ein zweites, drittes und viertes Grundstück investiert. Durch eines davon floss ein Bach. Käthe machte einen Fischteich daraus!

---

[9] Als Mönch hatte er das Recht, in dem Augustinerkloster zu wohnen und zu essen. Er erhielt neun Gulden pro Jahr dafür, dass er in der Stadtkirche in Wittenberg predigte. Die Universität zahlte ihm kein Gehalt, bis er verheiratet war.

1542 besaßen die Luthers mehr Land in Wittenberg als irgendein anderer Bürger. Sobald sie Land kaufte, begann Käthe es zu bebauen. Bauernhöfe brauchten landwirtschaftliche Gebäude ebenso wie Unterkünfte für ihre Angestellten. Also wurde Käthe auch noch zur Bauunternehmerin.

Damals sorgten die Städte nicht für sauberes Trinkwasser. Die wenige Milch, die die Kühe gaben, war Kindern und Kranken vorbehalten. Um saubere Getränke zu haben, betrieb Käthe eine Brauerei. Noch heute kann man in Wittenberg «Lutherbier» kaufen.

Hätte Käthe all diese Energie dafür aufgewendet, ein Kloster aufzubauen, so hätten alle ihr applaudiert. Aber sie baute ein privates Unternehmen auf. Sie war Besitzerin und Geschäftsführerin einer mittelständischen Firma. Diente sie Gott oder dem Geld?

Max Weber konnte Katharina nicht zitieren, weil sie sich nie schriftlich äußerte. Sie schrieb zwar jeden Tag die Prinzipien der modernen Ökonomie, aber sie schrieb sie in die Herzen der zukünftigen Pfarrer und Führungspersönlichkeiten Europas. Fünfhundert Jahre lang hatten die römisch-katholischen Priester nicht geheiratet. Das machte Katharinas Haus zum ersten Pfarrhaus Europas.

An Universitäten, in Klöstern und Nonnenklöstern wurden seit jeher alle möglichen guten Dinge unterrichtet, aber die Studenten, die in Katharinas Haushalt logierten, befanden sich in ihrem privaten, familieneigenen «Kloster». Sie verwandelten ihr Wohnzimmer nach dem Abendessen in einen Seminarraum, in dem ihr Mann, andere Professoren und internationale Gäste über das mittelalterliche Christentum hinauswachsen und Themen wie Ökonomie zum Beispiel durch die Brille von Sprüche 31 betrachten konnten.

Die jungen Männer stellten dem Doktor Martinus knifflige Fragen und machten sich Notizen. Frau Luther war dabei, so oft sie konnte. In diesen Gesprächen wurde die Bibel auf das Alltagsleben angewandt, einschließlich des Wirtschaftslebens einer gewöhnlichen Familie. Sie wurden als Martin Luthers *Tischreden* publik gemacht. Dadurch waren Gelehrte wie Max Weber in der Lage zu verstehen, wie Luthers Bibelauslegung (und die damit verbundene Verteidigung der unternehmerischen Tatkraft seiner Frau) den Geist des europäischen Kapitalismus hervorbrachten.

Die mittelalterliche Kirche war von vielen Reformbewegungen gesegnet worden, und jede von ihnen hatte die Kirche verurteilt, weil sie zu reich war. Unter «Reform» verstand die mittelalterliche Spiritualität, dem Reichtum zu entsagen und die Armut zu wählen.

Katharinas Ehemann hätte (nach heutigen Maßstäben) der erste millionenschwere Bestsellerautor der Geschichte werden können. Allein sein deutsches Neues Testament erlebte zu seinen Lebzeiten vierhundert Auflagen. Aber er bezog keine Tantiemen vom Verkauf seiner Bücher. Er blieb sparsam und beklagte sich über das stetig wachsende Unternehmen seiner Frau.

Katharina dagegen entwickelte sich zu einer Unternehmerin, die mit einer mittelalterlichen Äbtissin vergleichbar war. Luther wusste aus seinem Bibelstudium, dass Gott von ihr verlangte, ihre Talente zu vermehren. Jesus hatte uns zugesagt, dass, wenn wir nach Gottes Reich trachten, ökonomische Segnungen folgen werden. Das Bibelstudium des Ehemannes hielt mit den Unternehmungen seiner Frau Schritt, auch wenn seine Emotionen dahinter zurückblieben.

Martin Luther sah ihre unternehmerische Tätigkeit als ihre «Berufung». Sie lieh bei anderen Leuten Geld und investierte es. Dazu musste sie eine sorgfältige Buchhalterin und eine harte Managerin, Verhandlerin und Käuferin sein. Hier waren zwei Talente gegeben:

(1) Ihre ungewöhnliche Ausbildung in einem Nonnenkloster, die einem Mädchen, das in einer normalen Familie aufwuchs, nicht zuteilgeworden wäre. Die Tochter eines Adligen hätte zwar mit Landwirtschaft, Tieren, einer Brauerei, Bauprojekten und dergleichen gelebt, aber normalerweise wäre sie keine Arbeiterin oder Managerin gewesen. Katharina war ausgebildet, um in einer Gemeinschaft zu leben und zu arbeiten. Als Nonne stand sie vor Sonnenaufgang zum ersten Gebet auf und ging gegen Mitternacht ins Bett. Diese Arbeitsethik gelangte durch das Bibelstudium des

heiligen Benedikt in die westlichen Klöster. Von Paulus stammte die Lehre, dass, wer nicht arbeitet, auch nicht essen sollte. Das Kloster impfte Katharina eine biblische Arbeitskultur als Gewohnheit ein.

(2) Ihr wurde ein Grundstück mit einem Haus zur Verfügung gestellt. Mithilfe ihres ersten Talents – ihrer Ausbildung als Nonne – vermehrte sie ihren Besitz an Land und Häusern. Das machte sie Jesus zufolge zu einer tüchtigen und zuverlässigen Verwalterin.[10]

Katharina verdiente Geld, aber sie betrieb nicht bloß irgendeine Gelddruckmaschine. Das eigentliche Talent, das Martin und Katharina Luther vermehrten, waren die Universitätsstudenten, die Gott ihnen anvertraute.

Luther lehrte nicht für Geld – weder an der Universität noch zu Hause. Als Ehepaar brachten sie in ihrem Haus eine neue Generation von Theologen, Pfarrern und Führungspersönlichkeiten hervor, die unsere Welt veränderten. In keinem Hörsaal und keinem Studentenwohnheim hätten die Studenten das lernen können, was sie vom Ehepaar Luther als ihren Mentoren lernten.

Zum Beispiel ruft ein kürzlich erschienenes britisch-amerikanisches *Handbook of Human Resource Management in the Tourism and Hospitality Industries*[11] seinen Lesern in Erinnerung, dass ihr geschäftlicher Erfolg davon abhängt, dass sie Martin Luthers Lehre beherzigen, in die Verbesserung und Erhöhung der Qualität der allerwichtigsten Ressource eines jeden Unternehmens zu investieren: sein Personal.

Seit 450 Jahren liefern Martin und Katharina Luther das Vorbild dafür, wie eine Familie, besonders eine Pastorenfamilie, aussehen sollte. Erst in unserer Generation hat dieses Modell Risse bekommen, doch erstaunlicherweise lernt die säkulare Geschäftswelt immer noch davon.

---

[10] Matthäus 25,20–21.
[11] Burke, Ronald J., und Christensen Hughes, Julia (Hg.): *Handbook of Human Resource Management in Tourism and Hospitality Industries*, Edward Elgar: Cheltenham (UK) und Northampton (Massachusetts) 2018, S. 156.

Du sollst etwas *erschaffen* – und nicht stehlen noch begehren

Die politische Korrektheit ignoriert die Tatsache, dass die deutsche Ökonomie sich von der der Ukraine unterscheidet, dass Finnland viel produktiver ist als Griechenland, dass es einen gewaltigen Unterschied zwischen den Ökonomien Nord- und Südamerikas gibt. Es ist intellektuelle Verblendung, zu sagen, religiöse Ideen hätten dabei *keine* Rolle gespielt.

Wäre Martin Luther dem Buddha als seinem Guru gefolgt, so wäre er ein frommer Asket geblieben. Er hätte um sein Essen gebettelt. Doch Luther folgte der Bibel. Das veränderte unsere Welt. Die Bibel verurteilte Faulheit als Sünde. Gottes zehntes Gebot, «Du sollst nicht begehren»,[12] bedeutete, dass Menschen Wohlstand hervorbringen müssen. Das Gebot «Du sollst nicht stehlen»[13] bedeutete, dass jeder Mensch ein unveräußerliches Recht auf sein Eigentum hat: Er besitzt, was er ererbt und was er erschafft. Der Staat war verantwortlich dafür, das Eigentum seiner Bürger zu schützen. Er hatte kein Recht, es willkürlich zu beschlagnahmen.

Familie, Kirche und Schule waren verantwortlich dafür, Bürger hervorzubringen, die nicht stehlen, sondern der fleißigen Arbeit ihres Nächsten Beifall spenden.

Russland nach dem Zweiten Weltkrieg war ein Imperium, die USA waren eine Nation. Die Nation schlug das Imperium. Wäre der Imperialismus das Geheimnis der ökonomischen Entwicklung Europas gewesen, hätte Spanien ökonomisch stärker bleiben müssen als Deutschland. Denn Deutschland unterstand in Katharinas Tagen dem spanischen Imperium.

Man muss Martin Luthers «Großen Katechismus» lesen, um die Kraft zu verstehen, die den deutschen Charakter so transformierte, dass er die Oberhand über Spanien gewann.

Das soll nicht heißen, dass keine spanischen, hinduistischen

---

[12] 2. Mose 20,17.
[13] 2. Mose 20,15.

oder buddhistischen Heiligen je das gesagt hätten, was Luther lehrte. Die Juden praktizierten schon seit Urzeiten die ökonomischen Ideen, die Luther vertrat. Andere Texte wie der Heidelberger Katechismus verbesserten den von Luther noch. Mir geht es darum, dass Martin Luther in Europa die Kraft der biblischen Ideen, die Ökonomie zu transformieren, freisetzte. Jedes lutherische Kind musste den Kleinen Katechismus auswendig lernen. Pfarrer mussten den Großen Katechismus verinnerlichen und lehren.

Diese Lehre veränderte die Kultur. Denn der Katechismus lehrte, dass ein Knecht (oder eine Magd) «stiehlt», wenn er oder sie die ihnen übertragene Arbeit nicht so gut und sorgfältig verrichtet, wie sie können. Ein guter Mechaniker «stiehlt», wenn er den Job, für den er bezahlt wird, nicht ordentlich macht.

Wenn man Luthers Katechismus nicht versteht, versteht man auch nicht, warum das Label «Made in Germany» heutzutage für Qualität steht, während «Made in Bangladesh» den Käufer wachsam werden lässt.

Luther beginnt den Katechismus mit der Aussage, ein Pfarrer sei ein Dieb, wenn er ein Gehalt bezieht, aber keine Bücher kauft und studiert, um seine Schafe mit guter Erkenntnis zu «füttern».

Wirtschaftslehre ist wichtig, aber es ist ignorant, die Augen davor zu verschließen, dass ganze Volkswirtschaften transformiert wurden durch eine Kirche, die das Gebot lehrte, sechs Tage lang gewissenhaft zu arbeiten und sich dann am Sabbat zu versammeln, um auszuruhen, Gott anzubeten und unter der Autorität des Wortes Gottes zu sitzen.

Zum Gottesdienst gehört auch die Gelegenheit, auf den Heiligen Geist zu hören, der unser Leben, unsere Arbeit, unsere Worte und unsere Beziehungen prüft. Der Heilige Geist gebraucht das Wort Gottes, um Menschen zu überführen. Er gibt uns das Geschenk der Umkehr, der Gewissheit, dass uns vergeben ist, und der Kraft, neu anzufangen.

Prediger tun etwas für die Ökonomie, was Professoren nicht tun können. Ich bin in Nordindien aufgewachsen. Der Boden und das Klima waren perfekt für alle möglichen Arten von Gemüse und

Obst. Beste Voraussetzungen für eine blühende Landwirtschaft. Mein Vater kam aus der Gemüseanbau-Kaste. Dennoch haben meine Vorfahren seit zweitausend Jahren kaum Obst und Gemüse angebaut.

Als ich auf den Bauernhof meiner Familie zurückkehrte, nachdem ich studiert und geheiratet hatte, erfuhr ich, dass bis zu 75 Prozent des Gemüses in unserem Bezirk aus Entfernungen von bis zu 900 Kilometern herangekarrt wurde. Warum bauten die Leute es nicht vor Ort an?

Nun, Gemüse und Obst anzubauen war eine Einladung an Leute aus den oberen Kasten, daherzukommen und sich bei helllichtem Tag an den Produkten eines Bauern zu bedienen. Ließ ein Mann seine Frau allein zurück, um seine Felder zu schützen, wurde sie vergewaltigt.

Hätte Käthe in der Sowjetunion gelebt, so hätte sie keinerlei Motivation gehabt, Land zu kaufen und es zu bebauen. Der Atheismus glaubt nicht daran, dass «Du sollst nicht stehlen» Gottes Gebot ist. Deshalb gibt er den Herrschenden die Macht, einem nicht nur die Mangos und Tomaten wegzunehmen, sondern gleich das ganze Land.

Luthers großer Katechismus: Für eine Kultur ehrlicher Arbeit

Du sollst nicht stehlen. ...

Angenommen, ein Knecht oder eine Magd dient im Hause nicht treu und richtet Schaden an oder lässt ihn geschehen, obwohl sie ihn verhindern könnte; oder sie verwahrlost und vernachlässigt sonst ihr Gut aus Faulheit, Unfleiß oder Bosheit dem Herrn oder der Frau zum Trotz und Verdruss, und aus welchen Gründen das sonst noch mutwillig geschehen kann, denn ich rede nicht von dem, was versehentlich und unabsichtlich getan worden ist. Da kannst du in einem Jahr dreißig oder vierzig Gulden und mehr entwenden. Wenn ein anderer das heimlich genommen oder weggetragen hätte, so müsste er am Strick ersticken; aber hier darfst du noch trotzen und pochen und niemand darf dich einen Dieb heißen.

Das Gleiche sage ich auch von Handwerksleuten, Arbeitern, Tagelöhnern, wenn sie mutwillig handeln und nicht wissen, wie sie die Leute übervorteilen sollen, und dabei doch lässig und untreu in der Arbeit sind. Diese alle sind weit schlimmer als die heimlichen Diebe. Gegen solche kann man Schloss und Riegel anbringen, oder wenn man sie erwischt, spielt man ihnen so mit, dass sie es nicht mehr tun. Vor diesen aber kann sich niemand hüten, es darf sie auch niemand unfreundlich ansehen oder irgendeines Diebstahls bezichtigen. Zehnmal lieber sollte man etwas aus dem Beutel verlieren; denn hier handelt es sich um meine Nachbarn, um gute Freunde, um mein eigenes Gesinde, denen ich Gutes zutraue, während sie mich am allermeisten betrügen.

So ist es ferner auch auf dem Markt und bei den gewöhnlichen Handelsgeschäften mit aller Macht und Gewalt in Übung: Da betrügt einer den andern öffentlich mit falscher Ware, falschem Maß, falschem Gewicht, falscher Münze, und übervorteilt ihn mit List und seltsamen Finanztricks oder mit tückischen Geschäftskniffen; ebenso übernimmt er ihn mit dem Kaufpreis und beschwert, schindet und plagt ihn mutwillig. Und wer kann das alles aufzählen oder ausdenken?

Kurzum, es ist das verbreitetste Handwerk und die größte Zunft auf Erden, und wenn man die derzeitige Welt in allen ihren Ständen ansieht, so ist sie nichts anderes als ein großer, weiter Stall voll großer Diebe. ...

Kurz, so geht's zu in der Welt: Wer öffentlich stehlen und rauben kann, geht sicher und frei dahin, von jedermann ungetadelt, und will dazu noch geehrt sein. Währenddessen müssen die kleinen, heimlichen Diebe, die sich einmal [an fremdem Eigentum] vergriffen haben, die Schande und Strafe tragen, und so jene als fromm und ehrbar erscheinen lassen. Doch sollen jene wissen, dass sie vor Gott die größten Diebe sind; er wird sie auch strafen, wie sie es wert sind und verdienen.

Weil nun dieses Gebot sich so weit erstreckt, wie soeben gezeigt wurde, ist's notwendig, es dem Volk nachdrücklich vorzuhalten und ausführlich zu erklären; man darf es nicht so freizügig und sicher hingehen lassen, sondern muss ihm immer Gottes Zorn vor Augen stellen und einbläuen. Wir müssen ja das nicht Christen, sondern allermeist Spitzbuben und Bösewichtern predigen, denen wohl mit Recht der Richter, der Stockmeister oder der Meister Hans [der Scharfrichter] predigen sollte.

Drum soll jeder wissen, dass er es bei Gottes Ungnade schuldig ist, nicht allein seinem Nächsten keinen Schaden zuzufügen noch ihm seinen Vorteil zu entwenden noch beim Kauf oder irgendeinem Handelsgeschäft irgendwelche Untreue oder Heimtücke an ihm zu verüben, sondern er soll auch sein Gut treulich bewahren, seinen Nutzen bewirken und fördern, besonders, wenn er Geld, Lohn und Nahrung dafür nimmt.

Wer nun dies mutwillig verachtet, kann wohl seines Weges gehen und dem Henker entlaufen, wird aber Gottes Zorn und Strafe nicht entgehen; und wenn er es in seinem Trotz und Stolz auch noch lange treiben mag – er wird doch ein Landstreicher und Bettler bleiben und alle Plage und alles Unglück dazu haben.

Jetzt gehst du hin, und wo du deines Herrn oder deiner Frau Gut bewahren solltest, da füllst du dir stattdessen deinen Kropf und Bauch, nimmst deinen Lohn wie ein Dieb, lässest dich dazu feiern wie ein Junker. So gibt es viele, die ihren Herren und Frauen obendrein noch trotzen und ihnen ungern die Liebe und den Dienst erweisen, einen Schaden abzuwehren.

Sieh aber zu, was du daran gewinnst: Wenn du selber ein Eigentum bekommst und in einem Hause sitzest – und Gott wird dir zu deinem eigenen Unglück dazu helfen –, soll sich's wieder wenden und [das Böse] heimkommen: wo du für einen Heller Abbruch oder Schaden getan hast, sollst du es dreißigfältig heimzahlen müssen. […]

Ebenso soll es den Handwerksleuten und Taglöhnern gehen, von welchen man zurzeit unerträglichen Mutwillen hören und ertragen muss, als wären sie Junker über fremdes Gut, und als müsse ihnen jedermann ohne weiteres geben, soviel sie verlangen.

Solche Leute lasse nur getrost [Geld] herausschinden, so lange sie können; aber Gott wird sein Gebot nicht vergessen und ihnen auch, entsprechend wie sie verdient haben, lohnen. Er wird sie nicht an einen grünen, sondern an einen dürren Galgen hängen; sie sollen ihr Leben lang nicht gedeihen und nicht vor sich bringen. [...]

Aber davor hüte dich: Wenn die liebe Armut kommt, und solche gibt es jetzt viel, die von ihrem täglichen Pfennig einkaufen und leben müssen, und du fährst zu, als müsste jedermann von deiner Gnade leben, und schindest und schabst sie bis auf die Knochen, weisest dazu mit Stolz und Übermut den ab, dem du geben und schenken solltest, dann geht sie dahin, elend und betrübt, und weil sie es niemand klagen kann, schreit und ruft sie zum Himmel. Davor hüte dich, sage ich noch einmal, wie vor dem Teufel selber. Denn ein solches Seufzen und Rufen lässt nicht mit sich scherzen, sondern wird eine Wirkung haben, die dir und aller Welt zu schwer werden wird. Denn es wird bis zu dem dringen, der sich der armen, betrübten Herzen annimmt und sie nicht ungerächt lassen will. Verachtest du das aber und trotzest, so siehe zu, wen du gegen dich aufgebracht hast; wird dir's gelingen und wohlgehen, so sollst du Gott und mich vor aller Welt Lügner schelten.

Wir haben genug ermahnt, gewarnt und gewehrt; wer es nicht beachten und nicht glauben will, den lassen wir gehen, bis er's erfahre. Doch muss man dem jungen Volk das einprägen, dass sie sich hüten und nicht dem zügellosen Haufen der Alten nachfolgen, sondern sich Gottes Gebot vor Augen halten, damit nicht Gottes Zorn und Strafe auch über sie ergehe.

Uns gebührt nichts weiter als zu reden und zu strafen mit Gottes Wort; um aber diesen öffentlichen Mutwillen zu steuern, dazu gehören Fürsten und die Obrigkeit, die selbst Augen dafür und den Mut dazu hätten, bei all den Handelsgeschäften und

Käufen Ordnung herzustellen und aufrechtzuerhalten, damit die Armut nicht beschwert und unterdrückt werde und sie selber sich nicht mit fremden Sünden zu beladen brauchten.

Damit sei genug von dem gesagt, was stehlen heißt. Man darf also [den Begriff] nicht so eng fassen, sondern muss ihn so weit ausdehnen, als wir es mit dem Nächsten zu tun haben. Und, um es wie bei den vorigen [Geboten] kurz zusammenzufassen, so ist dadurch erstens verboten: Wir sollen dem Nächsten keinen Schaden und Unrecht tun, einerlei, welche Art und Weise man sich dabei auch ausdenken mag, um ihm Hab und Gut zu verkürzen, zu schädigen und vorzuenthalten; auch sollen wir in solches [Unrecht] nicht einwilligen noch es gestatten, sondern ihm wehren und zuvorkommen. Andrerseits ist [etwas] geboten: Wir sollen dem Nächsten sein Gut fördern und bessern, und falls er Not leidet, ihm helfen, ihm mitteilen, ihm etwas vorstrecken und das bei Freunden wie auch bei Feinden.

Wer nun gute Werke sucht und begehrt, wird hier übergenug finden, die Gott von Herzen angenehm und wohlgefällig sind. Dazu sind sie mit vortrefflichem Segen begnadet und überschüttet: es soll reichlich vergolten werden, was wir unsrem Nächsten zum Nutzen und aus Freundschaft tun. So lehrt auch der König Salomo, Sprichwörter 19,17: «Wer sich des Armen erbarmt, der leiht dem Herrn; der wird ihm seinen Lohn wieder vergelten.» Da hast du einen reichen Herrn, der dir gewiss genug ist und dir nichts gebrechen und mangeln lassen wird; so kannst du mit fröhlichem Gewissen in den Genuss von hundertmal mehr kommen, als du mit Untreue und Unrecht zusammenscharrst. Wer nun vom Segen nichts mag, der wird Zorn und Unglück finden.[14]

---

[14] Quelle: Luther, Martin: Der Große Katechismus (1529), Gütersloher Verlagshaus: Gütersloh 1998 (leicht bearbeitet), https://gutenberg.spiegel.de/buch/der-grosse-katechismus-266/4 (Zugriff am 08.07.2019)

Spielen Überzeugungen eine Rolle?

Es sei noch einmal gesagt: Römisch-katholische Klöster waren die Kinderstube der modernen Ökonomie. Die Luthers holten lediglich die Setzlinge aus den behüteten Klöstern heraus und pflanzten sie überall neu ein. Die Theologen, die Luther folgten, vertieften sein Verständnis der Bibel noch weiter.

Max Webers Vater war Lutheraner, während seine Mutter Calvinistin war. Seine Ferien verbrachte er abwechselnd mal bei der Verwandtschaft seines Vaters und mal bei der seiner Mutter. Während er heranwuchs, konnte Max Weber Jahr für Jahr verfolgen, dass es der calvinistischen Seite der Familie und ihrem Umfeld besser erging als den Lutheranern. Er begann sich zu fragen: Woran liegt das?

Weber war der Meinung, dass sich der Unterschied am besten durch die calvinistische Betonung der doppelten Prädestination erklären ließ. Danach konnte kein Mensch wissen, ob er für den Himmel oder für die Hölle erwählt war. Die meisten Menschen lebten nach einer biblischen Ethik, aber den Protestanten wurde gesagt, dass ihre guten Werke sie nicht retten konnten. Woher sollte man also wissen, ob man zu den Erwählten gehörte? Folglich taten die Leute ihr Bestes, um ihre Berufung zu finden und zu erfüllen. Wer in seinem Beruf Erfolg hatte, hatte einen objektiven Grund zu glauben, er könnte zu den Erwählten gehören.

Webers theologisch-psychologische Erklärung für den ökonomischen Fortschritt der Calvinisten ist unter Gelehrten umstritten. Manche glauben, die calvinistische Betonung der «Berufung» spiele eine viel größere Rolle als die Prädestination. Andere sehen in der calvinistischen Bildung den Schlüssel zu den anfänglichen Erfolgen in Schottland, Holland, der Schweiz, England und Amerika.

Der emeritierte Wirtschaftsprofessor Richard Chewing sieht die Erklärung für das ökonomische Gedeihen calvinistischer Kulturen darin, dass Calvin den Wert der Arbeit und der Zinswirtschaft betonte und Gewinnstreben befürwortete.[15]

Amerikas Managerkultur, die die Mormonen und die Japaner beeinflusste,[16] wurde von Kenneth Hopper und Williams Hopper untersucht. Sie stellten die Frage, was aus ein paar kleinen Kolonien die größte ökonomische und politische Macht der Welt gemacht hat. Dabei arbeiteten sie *Sparsamkeit*, eine hohe Wertschätzung für *Forschung*, einen durch die Notwendigkeit der *Kooperation* gezügelten *Individualismus* und den *Erfolg* als Maßstab der Gunst Gottes als wichtige Charakteristika der protestantischen Ethik heraus.

Diese Merkmale gaben der amerikanischen Ökonomie ihren besonderen Antrieb, ihre Energie, ihre Offenheit für Innovationen, Wettbewerb, Wachstum und soziale Durchlässigkeit. Sie erklären die Disziplin und das Ethos, die den Erfolg des amerikanischen Unternehmertums ausmachen.

Es war die erste Welle europäischer Einwanderer, die diese Ethik mitbrachte. Sie waren Calvinisten, die sogenannten Puritaner.

Aufgrund ihrer philosophischen Voreingenommenheit neigen Atheisten dazu, diese soziologischen Studien zu ignorieren. Marxisten zum Beispiel sind der Meinung, die Materie sei die letzte Wirklichkeit. Das Gehirn sei lediglich ein spezieller Zustand von Materie. Deshalb prägen der materielle Kontext oder die Ökonomie Ideen, Philosophien, Glauben und Werte.

Wir müssen uns in diesem Kapitel nicht auseinandersetzen mit den Kritikern von Webers Beobachtung, dass die nicht greifbaren Ideen und Werte der Bibel sehr greifbare ökonomische Ergebnisse hatten. Die Kritiker streiten um die Details von Webers Theorie, aber nicht um die allgemeine Beobachtung, dass die Bibel den Treibstoff lieferte, der die Rakete des modernen Wirtschaftswunders aufsteigen ließ. Holland und Schottland bieten konkrete Illustrationen für den Einfluss der Bibel.

---

[15] Chewing, Richard: «John Calvin's Impact on Business», in: Hall, David W., und Padgett, Marvin (Hg.): *Calvin & Culture*, P & R Publishing: Phillipsburg (New Jersey) 2010.

[16] Hopper, Kenneth und William: *The Puritan Gift: Reclaiming the American Dream Amidst Global Financial Chaos*, I. B. Tauris: London 2009.

Holland: Eine Wiege des Kapitalismus?

Schifffahrt und Handel zwischen den Ländern gab es schon tausend Jahre vor Christus. Chinesische und indische Schiffe hatten schon seit Jahrhunderten in Indonesien Handel getrieben, bevor die Portugiesen und Spanier dorthin kamen. Die holländische Ostindien-Kompanie (VOC, Vereenigde Oostindische Compagnie) wurde erst 1602 gegründet, aber sie hatte die Nase vorn. Zwei Jahrhunderte lang dominierte sie den Welthandel, bis die Briten zur führenden Seemacht der Welt wurden. Die Geschäftsleute, die die VOC und den ersten Börsenplatz der Welt gründeten, waren Calvinisten.

Neun Geschäftsleute in Amsterdam waren die Keimzelle der VOC. Sie finanzierten die erste Erkundungsfahrt nach Java, bevor sie die Kompanie gründeten. Ihr Ratgeber war ein «fanatisch-konservativer calvinistischer Theologe»[17] namens Petrus Plancius. Er war zugleich «einer der großen Kartografen seiner Zeit».

Die Holländer hatten keine Erfahrung mit der Seefahrt jenseits von Europa. Die Portugiesen kannten sich besser aus, aber sie wollten ihr Wissen nicht verkaufen. Als Gelehrter ohne eigene Handelsinteressen hatte Plancius es geschafft, einem portugiesischen Kartografen einige Karten abzukaufen. Diese zeigten detailliert den Seeweg nach Ostindien.

Später bildete dieser calvinistische Theologe die holländischen Seeleute aus und inspirierte sie dazu, als Erste den von der Südhalbkugel aus sichtbaren Sternenhimmel zu kartografieren. Er leitete auch Henry Hudson an, der den Atlantik überquerte und die Insel entdeckte, die später zu Nieuw Amsterdam wurde, der Stadt, die die Briten dann in New York umbenannten. Inzwischen hatten die neun Geschäftsleute einen Spion namens Cornelis de Houtman nach Lissabon entsandt, um Informationen über den Ostindien-Handel zu sammeln.

Die VOC (die holländische Ostindien-Kompanie) war das erste

---

[17] Shorto, Russell, *Amsterdam*, S. 94–95.

interkontinentale Unternehmen des Volkes durch das Volk und für das Volk. Gewöhnliche Männer und einfache Hausmädchen wurden eingeladen, Anteile an der Kompanie zu erwerben und sie zu verkaufen, wann immer sie wollten. Die Aktien wurden auf den Straßen gehandelt, besonders auf der Neuen Brücke (heute vor dem Amsterdamer Bahnhof).

Dies war eine freie Marktwirtschaft. Jeder hatte die Möglichkeit, seine Anteile als Sicherheit zu verwenden, um «Derivate» – also Erträge aus dieser Sicherheit – zu verkaufen. Zu diesen Derivaten gehörten auch «Leerverkäufe» – Verkäufe von Anteilen, die man noch gar nicht besaß, in der Erwartung, dass die Preise fallen werden.

Musste eine solche ökonomische Freiheit nicht zu Habgier und Korruption verkommen? Das tat sie. Ein konkreter Fall soll illustrieren, dass die Kraft, die bewirkte, dass diese riskante Freiheit dennoch funktionieren konnte, die Bibel war.

Isaac Le Maire, ein mächtiger Amsterdamer Kaufmann, wurde wegen finanzieller Unregelmäßigkeiten aus der VOC geworfen. Er beschloss, sich zu rächen, und arrangierte sich mit dem französischen König Heinrich IV., um ein Konkurrenzunternehmen zu gründen. Es wurde damit gerechnet, dass der Wettbewerb zwischen den Rivalen den Wert der VOC-Anteile rasch sinken lassen würde.

Mithilfe seiner Insiderinformationen mobilisierte Le Maire ein Konsortium von Leerverkäufern. Aber die französischen Pläne scheiterten. Der VOC-Kurs sank nicht. In höchster Not brachten Le Maire und seine Gruppe ein Gerücht in Umlauf, die Schiffe der Kompanie seien auf See verschollen. Diesmal funktionierte es: Der Aktienkurs stürzte ab.

Die Schurken hatten Aktien, die sie gar nicht besaßen, zu einem hohen Preis verkauft. Nun kauften sie dieselbe Menge an Aktien zu einem geringeren Wert und steckten sich die Differenz in die Tasche. Heute würde man das Treiben dieser Ganoven als «nackten Leerverkauf» oder «ungedeckten Leerverkauf» bezeichnen. Es ist riskanter als ein bloßer Leerverkauf, da kein Zwischenhändler im Spiel ist. Aktienwerte steigen und fallen aus allen möglichen guten

Gründen. Aber dies war Korruption: betrügerische Manipulation, Missbrauch der Freiheit.

Die Kompanie appellierte an die «Generalstaaten», das Gremium, das die Provinz regierte. Die Gauner hatten kein bestehendes Gesetz gebrochen. Wie sollte also nun ein Gericht darüber urteilen?

In ihrem Appell berief sich die Kompanie auf «biblische Prinzipien der Fairness und des Anstands. Sie wiesen darauf hin, dass Witwen und Waisen ihre Ersparnisse in der Kompanie hatten, was bedeutete, dass es ein Schlag gegen die Schwächsten in der Gesellschaft war, ihren Wert absichtlich zu drücken.»[18] Das Gericht stellte sich auf die Seite der Kompanie.

Freiheit, auch ökonomische Freiheit, erfordert einen moralischen Rahmen. Die Niederländisch-reformierte Kirche schuf diese moralischen Grenzen, indem sie mithilfe des 1563 geschriebenen Heidelberger Katechismus die Bibel lehrte. Als Stadt war Amsterdam seit dem 26. Mai 1587 reformierten Glaubens. Die kapitalistischen Gangster hatten kein Gesetz gebrochen; dennoch waren sie Diebe, denn sie hatten Gottes Gebot «Du sollst nicht stehlen» übertreten. Dieses Gebot wurde im Katechismus folgendermaßen ausgelegt:

Frage 110: Was verbietet Gott im achten Gebot?

Gott verbietet nicht nur Diebstahl und Raub, die nach staatlichem Recht bestraft werden. Er nennt Diebstahl auch alle Schliche und betrügerischen Handlungen, womit wir versuchen, unseres Nächsten Gut an uns zu bringen, sei es mit Gewalt oder einem Schein des Rechts: mit falschem Gewicht und Maß, mit schlechter Ware, gefälschtem Geld und Wucher, oder mit irgendeinem Mittel, das von Gott verboten ist. Er verbietet auch allen Geiz und alle Verschwendung seiner Gaben.

---

[18] Ebenda, S. 112.

Frage 111: Was gebietet dir aber Gott in diesem Gebot?
Ich soll das Wohl meines Nächsten fördern, wo ich nur kann, und an ihm so handeln, wie ich möchte, dass man an mir handelt. Auch soll ich gewissenhaft arbeiten, damit ich dem Bedürftigen in seiner Not helfen kann.

Schottland: Glaube und Risikomanagement; Gemeinschaft und ökonomische Freiheit

In der heiligen Stadt Gangapur in Indien gab es zwei berühmte hinduistische Prediger: Gyananand fesselte sein Publikum, indem er erklärte, die römischen Zahlen (I, II, III, IV, V usw.) hätten nicht die Wissenschaft, Technik, das Bankwesen, kurz: die ökonomische Entwicklung des Westens hervorbringen können. Es war grundsätzlich unmöglich, mit ihnen mathematische Einheiten wie Prozentsätze oder ökonomische Einheiten wie Zins und Zinseszins zu berechnen.

Der andere Prediger, Dhyananand, griff den Faden auf und schilderte die Leistungen indischer Mathematiker wie Brahmagupta (7. Jahrhundert), Mahavira (9. Jahrhundert) und Bhaskara (12. Jahrhundert). Die beiden versäumten es nie, zu erwähnen, dass das moderne Finanzwesen seine Existenz dem unbekannten Weisen verdankt, der vielleicht ein Brahmane war und möglicherweise gerade am Ufer der Mutter Ganges meditierte, als ihm das unverzichtbare mathematische Konzept der *shoonya* (Null) einfiel.

Die beiden Hindu-Prediger hatten eine besonders hingegebene Anhängerin namens Uma Devi. Sie war bei allen «heiligen» Männern beliebt, denn wann immer ein Asket an ihre Tür kam, schickte sie eines ihrer Kinder mit frisch gekochtem Essen. Uma hatte es sich zur allmorgendlichen Gewohnheit gemacht, die erste Essensportion für Sadhus aufzubewahren, die ihre Frauen, Kinder und Eltern verlassen hatten, um Erleuchtung zu suchen.

Umas Frömmigkeit hinderte jedoch den Gott Saturn nicht daran, ihren Mann und ihren jüngsten Sohn zu verschlingen. Der Lastwagen, der ihren Roller rammte, verschwand einfach. Die Tragödie wurde noch verschlimmert dadurch, dass die Versicherung des Rollers abgelaufen war. Ihr Mann hatte sie absichtlich nicht erneuert, weil er vorhatte, einen Kredit für ein kleines Auto für die Familie aufzunehmen.

Umas Welt brach zusammen; sie war so erschüttert, dass nicht einmal diese Heiligen sie mehr trösten konnten. «Soll ich *Sati* begehen?»[19], fragte sie verzweifelt.

«Das ist illegal», erwiderten sie, «aber dennoch ist einer Witwe, die diesen heiligen Pfad wählt, *Dharma* zuzurechnen.»

«Aber was soll aus meinen Kindern werden?», rief sie unter Tränen und schaute zu ihrer neunjährigen Tochter und ihrem siebenjährigen Sohn hinüber.

«Die Schriften sagen, dass dein Karma (*Sati*) sieben Generationen nützen wird», trösteten sie sie.

Umas tragische Geschichte ist erfunden ... um uns die kulturellen Faktoren nachfühlen zu lassen, die verhindert haben, dass aus indischen und arabischen Zahlen ein sozioökonomisches System entwickelt wurde, das Witwen und Waisen unterstützt. Die Hindu-Apologeten haben recht:

Mathematische Innovationen aus Indien wurden zu grundlegenden Werkzeugen für erstaunliche Entwicklungen im Westen. Aber Indien war nicht in der Lage, seine mathematische Genialität so zu gebrauchen, dass sie dem Volk nützte. Ein gutes Beispiel dafür ist der Widows Fund in Schottland. Mit diesem Fonds begannen das moderne Versicherungswesen und das Risikomanagement. Sie bilden Grundlagen des heutigen ökonomischen Lebens. Ohne Versicherungen, ohne Risikomanagement hätten die westliche Schifffahrt, Industrie und Wirtschaft niemals so erfolgreich sein können.

Der «Scottish Widows Fund» hieß ursprünglich «Fonds für eine Versorgung für die Witwen und Kinder der Geistlichen der Church

---

[19] *Sati* ist die heilige Tradition, eine Witwe auf dem Begräbnisscheiterhaufen ihres Mannes zu verbrennen. Die Briten belegten diese Tradition 1829 mit einem Verbot.

of Scotland». Er war die erste moderne, auf Mathematik basierende Versicherungsgesellschaft der Welt. Dieser Fonds stellte eine innovative, «wissenschaftliche» Alternative zu anderen Wegen dar, mit Witwen umzugehen – Heime, Lotterien, Schneeballsysteme, Prostitution, Verhungern oder *Sati* (Witwenverbrennung).

Der Fonds, der auf ein Volumen von über hundert Milliarden Pfund anwuchs, war Geburtshelfer für Zehntausende von Wirtschaftsunternehmen. Darüber hinaus unterstützte er pädagogische und philanthropische Initiativen wie etwa das älteste ununterbrochen betriebene geisteswissenschaftliche College in Indien, das Scottish Church College in Kolkata (1836) und das Schottische Waisenhaus für Mädchen in Mumbai, aus dem dann die Bombay Scottish School (1847) wurde. Der Fonds begründete ein wissenschaftliches System des Risikomanagements, das es Leuten auf allen Kontinenten ermöglichte, sich große Kapitalsummen zu leihen, um neue Unternehmen zu gründen.

Gegründet wurde der Widows Fund von zwei christlichen Pastoren in Schottland: Robert Wallace (1697–1771) und Alexander Webster (1708–1784). Beide waren Mathematiker und Bibellehrer. Während wir Inder unsere Witwen aus den oberen Kasten zu lebenslanger Einzelhaft verdammten, wenn nicht gar dazu, in den Flammen der Begräbnisscheiterhaufen ihrer Männer zu sterben, brachte die lebensfreundliche, sexualfreundliche, ehefreundliche, witwenfreundliche Spiritualität dieser Pastoren Barmherzigkeit und die besten verfügbaren Mathematiker zusammen, um die Welt des modernen Finanzwesens zu erschaffen.

Im Gegensatz zu unseren Heiligen, die sich von ihren eigenen Frauen und Kindern lossagen mussten, waren diese Pastoren beide verheiratet. Sie folgten der Bibel, die lehrt, dass die physische Welt – einschließlich des menschlichen Körpers und der Sexualität – von einem guten Gott geschaffen ist. Gott hat all das für «gut» erklärt. Gott will nicht, dass die Menschen, die ihm nachfolgen, sich von der materiellen Welt lossagen. Er wollte, dass Adam und Eva eins werden, um ihre sexuelle Energie zu nutzen und zu kanalisieren – und um eine Familie zu gründen, die Kinder hervorbringt und großzieht, die dann die Erde füllen und über sie herrschen, indem sie eine menschliche Kultur aufrichten. Diese Perspektive oder Welt- und Lebenssicht befähigte Robert Wallace, seine bahnbrechende Studie *An Essay on the Principle of Population* zu schreiben.

Wie Wallace begann auch Webster seine Laufbahn als Geistlicher (Pastor) in der Church of Scotland, in Culross (Fife). Dort lernte er Mary Erskine aus Alva kennen und heiratete sie.

Seine Liebe zu seiner Frau wie auch seine tiefe Sorge um die Witwen seiner Freunde motivierte ihn dazu, sich mit Wallace zusammenzutun und seine Ausbildung als Mathematiker zu nutzen, um die Probleme der Witwen zu lösen. Im Jahr 1748 veröffentlichte er seine *Calculations*, in denen die wissenschaftlichen Prinzipien dargelegt sind, auf denen ihr Plan für die Witwenpensionen basierte.

Das andere mathematische Wunderkind, das mithalf, ihre Innovation zu perfektionieren, war Colin MacLaurin, der schon als Vierzehnjähriger Newtons Theorien verbessert hatte. MacLaurin war als Waisenkind bei seinem Onkel aufgewachsen, der ebenfalls Pastor war. Leider starb MacLaurin zu früh, um den Scottish Widows Fund aufblühen zu sehen.

Wenn damals ein Geistlicher starb, erhielten seine Witwe und seine verwaisten Kinder sechs Monate lang eine Beihilfe, eine Rente von der Kirche. Danach waren sie auf sich gestellt. Das konnten diese beiden Mathematiker-Pastoren nicht akzeptieren. Die Bibel sagte ihnen: «Witwen und Waisen in ihrer Not zu helfen und sich vom gottlosen Treiben dieser Welt nicht verführen zu lassen – das ist wirkliche Frömmigkeit, mit der man Gott, dem Vater, dient» (Jakobus 1,27).

Wallace sammelte und tabellarisierte die verfügbaren Informationen über Pastorenwitwen und Pastorenwaisen aus allen Kirchengemeinden in Schottland. Mithilfe der versicherungsmathematischen Berechnung und fünf weiteren mathematischen Prinzipien, die in Europa entwickelt worden waren, errechneten die beiden Pastoren genau, welchen Beitrag jeder Pastor beisteuern musste, um einen Fonds zu schaffen, der es ermöglichen würde, (a) die Witwen zu versorgen und zugleich (b) klug zu investieren, damit der Fonds wachsen konnte.

Ihre Berechnungen, Prognosen und Investitionsentscheidungen erwiesen sich als so exakt, dass ihr System von allen Versicherungsgesellschaften, die nach ihnen kamen, übernommen wurde.

1754 veröffentlichte Webster sein Buch *Zeal for the Civil and Religious Interests of Mankind Commended*. Sein Werk führt uns vor Augen, wie dieser Meilenstein in der Geschichte des modernen Finanzwesens entstand aus einer Verbindung bürgerlicher (wissenschaftlicher) Interessen mit religiösen (biblischen) Interessen. Websters Arbeit war von so hoher Qualität, dass die Regierung ihn 1755 beauftragte, die Daten für die erste Volkszählung in Schottland zu erheben.

Demokratische Spiritualität

Zum Erfolg der finanziellen Innovation von Wallace und Webster trug auch ein weiterer kultureller Faktor bei: die demokratische Struktur der schottischen Kirche, von der schon im vorigen Kapitel die Rede war.

Witwen und Waisen waren schutzlos. Kirchenführer, Geschäftsleute, Politiker und Bürokraten hätten ihren Fonds plündern können. Zwei Faktoren machten den «Widows Fund» der Kirche zu einem riesigen kommerziellen Erfolg: eine echte Basisdemokratie in der schottischen Kirche und der geistliche Charakter, der durch eine kirchenzentrierte, auf der Bibel basierende geisteswissenschaftliche Bildung kultiviert wurde. Gewöhnliche Kirchenmitglieder wählten weise und gottesfürchtige Älteste und forderten Rechenschaft von ihnen. Die Ältesten wählten Presbyterien, die wiederum die Synoden, die Generalversammlung und den Moderator wählten.

Am 12. Mai 1743 wurde Wallace zum Moderator der Generalversammlung der Church of Scotland gewählt. Die Versammlung befürwortete seinen Versicherungsplan. Damit konnte er ihn dem

Kronanwalt in London vorlegen, der ihn wiederum als Gesetzesvorlage formulierte und darüber wachte, dass er als Gesetz verabschiedet wurde.

Dass der Widows Fund erfolgreich war, lag nicht nur an der Mathematik. Sein Erfolg wurde möglich:

- Weil alle Bildung, die religiöse wie die weltliche, in die Zuständigkeit der Kirche fiel. Bis heute ist die Universität von Edinburgh die Institution, in der die Pfarrer der schottischen Kirche ausgebildet werden.
- Weil die biblische Spiritualität, die durch Kirche, Schule und Universität vermittelt wurde, einen ehrlichen, produktiven, mitfühlenden und auf das Gemeinwohl ausgerichteten Charakter förderte.
- Weil die biblische Betonung der menschlichen Sündhaftigkeit eine Institutionalisierung der Rechenschaftspflicht auch unter religiösen Führungspersönlichkeiten verlangte.
- Weil die aus der Bibel abgeleitete Idee einer von der lokalen Kirchengemeinde ausgehenden Basisdemokratie die verantwortliche Leitung bis zu den obersten Ebenen förderte.

Wallace wurde nicht deshalb gewählt, weil er die Wähler bestach, einschüchterte oder manipulierte, sondern weil er sich einen Plan einfallen ließ, der ungemein einleuchtend war. Er folgte dem Beispiel Josefs im ersten Buch Mose, der Ägypten und die umliegenden Völker vor den Folgen einer siebenjährigen Dürreperiode bewahrte.

Eine biblische Kirchengemeinde unterscheidet sich grundlegend von einem typischen Tempel. Ein Gläubiger, der in einen Tempel geht, um anzubeten und Geld zu spenden, ist kein «Mitglied» dieses Tempels. Er hat keinerlei Autorität, seine Buchführung zu überprüfen. In der schottischen Kirche waren die Spenderinnen und Spender Mitglieder. Sie wählten die Ältesten und den Schatzmeister. Sie bewilligten das Budget und entlasteten die Buchführungs-Verantwortlichen oder verweigerten ihre Zustimmung.

Es gab und gibt reichlich korrupte Leute, die versuchen, ihre

Hände in die öffentlichen Kassen in der Kirche, im Versicherungswesen oder an der Börse zu stecken und sich dort zu bedienen. Die presbyterianische Struktur jedoch war für sündige Menschen gemacht. Ihr Ziel war es, die Menschen in Gottes Wort zu unterweisen und sie dadurch zu einem gottgefälligen Leben zu inspirieren. Zugleich führte sie weise Strukturen ein, um den Missbrauch öffentlicher Gelder zu minimieren.

Die Transparenz der Institutionen und der Regeln, die in der Kirche und im Widows Fund galten, sowie die Tatsache, dass jeder über das Privatleben der Kirchenführer Bescheid wusste, trugen zu dem Vertrauen bei, das den Erfolg des Fonds sicherte.

Noch ein weiterer wichtiger Faktor erklärt den Erfolg des Fonds: Die ursprünglichen 930 Beitragszahler des Fonds waren allesamt Pastoren. Der Fonds wurde ja geschaffen, um ihre Frauen und Kinder zu versorgen. Sie gehörten zu den Leuten in der Bevölkerung, die über die meiste Bildung und den größten Gemeinsinn verfügten. Sie verstanden die Regeln und halfen mit, sie zu verfeinern und durchzusetzen.

Der Erfolg demokratischer Institutionen hängt vom Wissen und vom Charakter ihrer Mitglieder ab. In Indien sind etliche Versuche, Krankenversicherungen zu etablieren, trotz all unserer mathematischen Fähigkeiten gescheitert am schlechten Charakter der teilnehmenden Mitglieder, Ärzte, Laboratorien, Apotheken, Versicherungsagenten und ihrer Anwälte.

Wenn Gelder für Leute beansprucht werden, die gar nicht krank sind, und für Labortests und Operationen, die nie stattgefunden haben, dann stimmen alle Prämienberechnungen nicht mehr.

Ökonomische und politische Wirkung

Der Widows Fund war ein wunderbarer «Wohlfahrtsplan». Er hatte seinen Ursprung als kapitalistisches, also marktwirtschaftliches Unternehmen. Er unterstand den Gesetzen des Landes, wurde aber weder von Politikern kontrolliert noch von Bürokraten betrieben.

Was veranlasste zutiefst religiöse Menschen dazu, das Kapital des Fonds durch kluge Geschäftsinvestitionen zu vermehren? Warum verzichteten sie nicht darauf, Geld zu verdienen? Der Fonds verdiente Geld, weil die Sponsoren sich an Jesus Christus hielten, der im Geist des Alten Testaments solche wirtschaftliche Haushalterschaft lobte. Er nannte es geistlich, aus fünf Säcken Gold zehn zu machen.[20] Menschen schlossen sich dem Fonds an, weil sie glaubten, den führenden Leuten ihrer Gemeinden ihr Geld anvertrauen zu können, und ihr Vertrauen wurde nicht enttäuscht.

Viele einfache Leute zahlten kleine Beträge in den Fonds ein. Dafür kümmerte er sich um ihre Familien und startete viele Projekte. Der Fonds versetzte die Kirchengemeinden in die Lage, ihren Familien Sicherheit zu geben. Dadurch gewannen die Gemeinden die Freiheit, der Welt zu dienen. Der Erfolg des Fonds hatte Auswirkungen bis in die Weltpolitik.

Die sozialistische Nachahmung des privaten Erfolgs

Der Erfolg einer privaten Initiative verleitete Politiker dazu, ganze Nationen in Wohlfahrtsstaaten zu verwandeln. Dieses politische Bestreben begann in Deutschland 1881 mit Otto von Bismarcks Sozialversicherungs-Gesetzgebung. Es breitete sich bald in ganz Europa, der UdSSR, Japan und den USA aus, sowohl bei der sogenannten «Rechten» als auch, mehr noch, bei der «Linken», also in den sozialistischen oder kommunistischen Parteien. Dieses Bestreben führte oft dazu, dass die Marktwirtschaft auf den Kopf gestellt und zu einer staatlich kontrollierten Planwirtschaft gemacht wurde (im Unterschied zu einer staatlich regulierten sozialen Marktwirtschaft).

Hinter dem Gedanken, dass nicht freiwillige Institutionen, sondern der Staat sich um die Menschen kümmern sollte, standen gute Absichten. Der Staat schöpft den Reichtum derer ab, die ihn erzeugt

---

[20] Matthäus 25,20–21.

haben, und kümmert sich um jeden von der Wiege bis zur Bahre. Den Bürgern ihren Wohlstand abzunehmen, war natürlich leicht. Staaten sind jedoch nicht daraufhin strukturiert, mit dem Geld anderer Leute Wohlstand zu generieren. Skrupellose und arrogante Herrscher neigen dazu, sich mithilfe öffentlicher Mittel selbst ein Denkmal zu setzen. Sie verschwenden das Geld, auch wenn sie es nicht direkt plündern. Das Schlimmste aber ist, dass ein Wohlfahrtsstaat, wenn er erfolgreich zu sein scheint, den Charakter seiner Bürger verdirbt.

Zum Beispiel untergräbt der Wohlfahrtsstaat Gottes Gebot: «Du sollst deinen Vater und deine Mutter ehren.» Dieses Gebot geht davon aus, dass ein Mann und eine Frau eine schwere Verantwortung auf sich nehmen, wenn sie Ehemann und Ehefrau werden: dass sie gemeinsam Kinder hervorbringen und die herausfordernde Aufgabe übernehmen werden, sie zu guten und produktiven Bürgern zu erziehen. Dank dem Wohlfahrtsstaat und der beliebigen Verfügbarkeit von Sex-Angeboten, Verhütungsmitteln und Abtreibungs-Kliniken sinken überall im Westen die Bevölkerungszahlen. Leute entscheiden sich, nicht zu heiraten und keine Kinder zu haben. Mütter lassen ihre Kinder abtreiben [oft auf Drängen des Erzeugers]; Väter und auch immer mehr Mütter verlassen ihre Ehepartner und Kinder, um neue Beziehungen einzugehen. Damit fällt die Aufgabe, sich um die Alten zu kümmern, nicht mehr den Kindern, sondern dem Staat zu. Die Staaten fangen an, Einwanderer zu importieren, in der Hoffnung, dass diese dann Kinder großziehen, die die Mittel für die Versorgung der Alten aufbringen werden.

Dieses gigantische soziale Experiment, ohne Gottes Gesetz zu leben, geht nach hinten los, seit der Staat die Ethik der Bibel weggedrängt hat.

Die Wertschätzung produktiver Arbeit als «heilig» hat das moderne Wirtschaftswunder hervorgebracht. Die weltliche «Anspruchskultur» macht die Leute abhängig von einem «Rundumsorglos-Staat». Diese Kultur ist überzeugt, dass Bürger und sogar illegale Einwanderer ein Recht auf dieses und jenes und alles haben, aber keine entsprechende Verpflichtung, Wohlstand hervorzubringen, um für sich selbst, ihre Familien und ihren Nächsten zu sorgen – besonders für Witwen, Waisen, Flüchtlinge und andere Bedürftige. Das ist ein Rezept für den *ökonomischen Niedergang* einer Kultur.

Der Aufstieg und Niedergang von Nationen und Kulturen hängt von ihren Kernüberzeugungen ab. Diese Ideen verbreiten sich per Sprache und Logik. Betrachten wir darum nun den Einfluss der Bibel auf die Literatur.

12. Kapitel
DAS REDEN GOTTES UND DIE LITERATUR DER MENSCHEN

Die Sprache ist ein Paralleluniversum. Sie kann einen Kosmos erschaffen, der nur in Worten existiert und dennoch Auswirkungen auf die «wirkliche» Welt hat, zum Guten wie zum Schlechten.

In Kapitel 4 haben wir untersucht, wie der buddhistische Gedanke, Schweigen/Unwissenheit sei die letzte Wirklichkeit, die intellektuelle Vitalität des alten Indiens zerstörte. Dieses Kapitel soll nun zeigen, dass das Auftauchen der Bibel die indische Literatur mit neuem Leben erfüllte. Denn die Bibel lehrte, dass das Wort Gottes, der *Logos,* schöpferisch ist.[1] Es gibt Leben.[2] Es ist auch ein «Schwert»,[3] das schneidet, tötet und zerstört. Es ist ein Hammer,[4] der Steine zerschmettert. Es ist eine heilsame Therapie[5] und ein reinigendes Wasser.[6] Es ist ein Feuer,[7] das Unreinheit verbrennt und Gold läutert. Es ist ein Same, der eine Ernte hervorbringt.[8] Es ist ein Regen, der das Leben nährt.[9] Es ist eine Leuchte und ein Licht auf unserem Weg.[10]

Die Sprachwissenschaft steckt noch in den Kinderschuhen, aber sie macht gute Fortschritte. Fachleute haben gerade erst angefangen, über die Komplexität dieses parallelen Kosmos von derzeit über fünftausend Sprachen zu staunen. Grammatik und Logik sind

---

[1] Johannes 1,1–3.
[2] Johannes 1,4.
[3] Hebräer 4,12.
[4] Jeremia 23,29.
[5] Sprüche 12,18.
[6] Hesekiel 36,25; Johannes 15,3 (Luther).
[7] Jeremia 5,14.
[8] Matthäus 13,3–23.
[9] 5. Mose 32,2; Jesaja 55,10–11.
[10] Psalm 119,105 (Luther).

ebenso voller Überraschungen wie Mathematik und Musik, Schönheit und Moral, Weisheit und Torheit, Wahrheit und Trug.

Philosophen und Naturwissenschaftler haben entgegengesetzte Ansichten über Sprache.

Naturwissenschaftler spekulieren, dass wir die Sprache erfunden haben. Rein zufällig natürlich. Wir hätten das nicht planen können, aus dem einfachen Grund, dass für jede Planung eine bereits existierende Sprache notwendig gewesen wäre.

Die Wissenschaftler hoffen, ihre Spekulation werde sich bestätigen, wenn es ihnen gelingt, das Gehirn eines Affen so zu mutieren, dass er ebenfalls sprechen kann, das heißt: die künstliche Intelligenz so voranzutreiben, dass sie zu einer zumindest virtuellen Seele wird. Allerdings sind viele Naturwissenschaftler noch nicht überzeugt, dass die Sprache ein Zufall ist. Denn wenn die Mathematik die Sprache des physischen Universums ist, wo ist dann das kosmische «Gehirn», das die Mathematik entwickelte?

Deshalb glauben Philosophen lieber, dass die Sprache *uns* erfunden hat. Auch das wird in Kapitel 4 erörtert. Angenommen, die Sprache wäre ein Zufall, der sich im Gehirn ereignete. Dann brächte unintelligente Chemie das Bewusstsein hervor, das wiederum die Sprache und die Illusion erzeugte, dass wir als reale Personen mit Bedeutung, Wert, Würde, Rechten und einem Verlangen nach Unsterblichkeit existieren.

Dass Sprache in uns die Illusion unserer Existenz erzeugt, war die Schlussfolgerung mancher griechischer Sophisten und asiatischer Buddhisten. Sie riefen dazu auf, den Geist zum Schweigen zu bringen.

Sprachanalyse und Dekonstruktivismus nehmen eine ähnliche Haltung ein, auch wenn Naturwissenschaftler das verwirrend finden. Ludwig Wittgenstein (1889–1951) zum Beispiel begann seine Laufbahn, indem er in seiner *Logisch-philosophischen Abhandlung* (1921) Sprache und Logik verteidigte. Am Ende jedoch kam er zu der Behauptung, dass Sprache nicht die wirkliche Wahrheit abbilde. Wittgenstein ging nicht wie der Buddha so weit, zu sagen, die *Avidya* (Unwissenheit) habe den Verstand und die Sprache erschaffen, doch er sah deutlich die Grenzen der Sprache und kam zu dem Schluss, die wirkliche Weisheit könnte im Schweigen liegen.

Vielen gilt Wittgensteins posthum veröffentlichtes Werk *Philosophische Untersuchungen* (1953) als eines der einflussreichsten Bücher des 20. Jahrhunderts. Für ihn (wie auch für den Buddha) wurde Sprache zu einer «Verhexung». Wissenschaftliche Theorien waren von vornherein suspekt, weil sie «hypothetisch» waren und über das hinausgehen mussten, was tatsächlich beobachtet wurde. In dem Moment, in dem wir versuchen, beobachtete Fakten zu verstehen, hängen wir in der Sprache fest. Fakten liefern keine Einsichten, sondern Probleme. «Diese Probleme werden gelöst, nicht durch Beibringen neuer Erfahrung, sondern durch Zusammenstellung des längst Bekannten. Die Philosophie ist ein Kampf gegen die Verhexung unsres Verstandes durch die Mittel unserer Sprache.»[11]

In seinem Klassiker *Eine kurze Geschichte der Zeit* (1988) fasste der Cambridger Physiker Stephen Hawking sein Verständnis Wittgensteins in die folgenden häufig zitierten Worte:

> Die Philosophen ... engten den Horizont ihrer Fragen immer weiter ein, bis schließlich Wittgenstein, einer der bekanntesten Philosophen unseres Jahrhunderts, erklärte: «Alle Philosophie ist ‹Sprachkritik› ... [ihr] Zweck ist die logische Klärung von Gedanken.» Was für ein Niedergang für die große philosophische Tradition von Aristoteles bis Kant![12]

Mit einfachen Worten: Die Philosophie hat keine Erklärung für das Gute, Schöne und Wahre gefunden. Jetzt kämpft sie darum, zu verstehen, was Sprache ist.

Die griechischen Rationalisten erkannten, dass Sprache und Logik nur dann einen Sinn ergeben können, wenn es einen transzen-

---

[11] Wittgenstein, Ludwig: *Philosophische Untersuchungen* (1953), zitiert nach https://wikilivres.org/wiki/Philosophische_Untersuchungen.

[12] Hawking, Stephen W.: *Eine kurze Geschichte der Zeit. Die Suche nach der Urkraft des Universums,* Rowohlt: Reinbek bei Hamburg 1988, S. 217.

denten *Logos* gibt, ein Wort, mit dem alles beginnt. Wenn ein göttliches Wort von Anfang an existiert und alles erschafft, dann ist Sprache viel mehr als ein Werkzeug, das wir gebrauchen. Sie ist das Medium unseres Denkens. Doch sie ist dem menschlichen Denker voraus.

Jesus Christus drückt es so aus: «Gottes Geist allein schafft Leben. Ein Mensch kann dies nicht. Die Worte aber, die ich euch gesagt habe, sind aus Gottes Geist und bringen das Leben.»[13]

Der Gedanke, dass Sprache uns erschafft, ist in der Tat verwirrend, auch wenn er nur eine hypothetische Option ist. Denn die Philosophen, die diese Theorie vertreten, fragen sich, ob sie selbst nicht auch nur als Illusionen existieren. Die Gewissheit, dass «ich bin», beruht auf Gottes Selbstoffenbarung als «Ich bin, der ich bin».[14]

Ein menschliches Wesen existiert als reale Person, nicht bloß als Bewusstsein, weil das ewige Wort existiert und weil es den Menschen als sein Bild mit der Gabe der Sprache erschaffen hat.

Sprache und Nation

Überlassen wir es fürs Erste den Wissenschaftlern und Philosophen, sich darüber zu streiten, ob wir das Wort erfunden haben oder ob das Wort uns geschaffen hat. Es reicht, daran zu erinnern, was wir in diesem Buch schon einmal gesagt haben: Sprache ist ein unsichtbarer Kitt, der Menschen zu Kulturen und Nationen zusammenfügt.

Eine Sprache ist der Same, der zu einer Nation heranwächst. Verschiedenheiten in der Sprache haben verschiedene Nationen hervorgebracht.[15] Eine große Nation kann mehrere Sprachen haben. Die Sprache ist zugleich die Bank, in der die intellektuellen

---

[13] Johannes 6,63.
[14] 2. Mose 3,13–15.
[15] Siehe Kapitel 8.

Schätze eines Volkes gelagert werden. Je größer dieser Schatz, desto stärker die Nation. Ein Volk, das nicht liest und denkt, wächst nicht so gut, wie es könnte.

In der Bibel heißt es, dass Gott Abraham das Versprechen gab, ihn zu einer großen Nation zu machen. Um dieses Versprechen zu erfüllen, gab Gott Abrahams Nachkommen ein Buch. Gott versprach auch, alle Völker durch Abrahams Samen zu segnen.

Diese Verheißung begann sich durch Abrahams geistliche Nachkommen zu erfüllen. Sie drangen bis in die letzten Winkel der Welt vor, scheuten keine Strapazen und riskierten den Märtyrertod, um Steinzeitdialekte in literarische Sprachen zu verwandeln. Dieses Kapitel beleuchtet, dass sie, indem sie die Bibel in die Herzenssprachen der Menschen übersetzten, Kulturen transformierten und große Nationen wie England und Indien bauten.

Die meisten unserer Umgangssprachen hatten keine eigene Literatur. Die «Orakel» Gottes wurden zum Katalysator für die befreiende und reformierende Literatur des Menschen. Prosa und Romane (realistische Schilderungen dessen, was war und was sein könnte) traten an die Stelle der Mythen, an die man glauben musste.

Literatur ist die Seele einer Nation, weil sie das Geheimnis der Identität und Geschichte eines Volkes beinhaltet. Sie ist eine treibende Kraft für die kreative Bestimmung einer Nation.

Im letzten Kapitel werden wir uns mit Eugen Rosenstock-Huessys Beobachtung beschäftigen, dass die Korruption einer Sprache zur Vernichtung eines Volkes führt. Die Trennung des Wortes Gottes von der Literatur des Menschen ist ein Schlag an die Wurzeln eines blühenden Baumes.

Die englischsprachige Welt ist dabei, diesen Irrsinn zu wiederholen. Sie hackt auf ihre Wurzeln ein, denn das literarische Englisch ist ebenfalls ein Produkt der Bibelübersetzung. Niemand kann Chaucer, Milton, Bunyan, Shakespeare, Dickens oder Jane Austen verstehen, ohne die Bibel zu kennen. Doch die englischsprachigen Nationen beschäftigen sich nicht mehr mit dem Buch, aus dem sich die Literatur speiste, die ihnen das Leben gab.

Philosophen wissen, dass die Sprache ohne das transzendente Wort – den *Logos* – ihren Sinn verliert. Eine Generation wächst heran, die Wörter wie *Liebe, Ehe, Familie, Vergebung, Nächster, Barmherzigkeit, Reinheit, Treue, Tugend, Charakter, Wahrheit, Glaube, Hoffnung, Nation* oder auch nur Begriffe wie *männlich* und *weiblich* nicht mehr verstehen und mit Inhalt füllen kann. Kein Wunder: denn Ideen wie diese fanden aus der Bibel und der von ihr inspirierten Literatur Eingang in die englische Sprache.

Nicht Philosophie, sondern Theologie entwickelte die modernen Sprachen

Etliche Volksgruppen schlugen sich während der Zeit der Aufklärung durch in chronischer Unwissenheit, Armut, Korruption, Krankheit, Unterdrückung und Verzweiflung. Die humanistischen Aufklärer gingen nicht zu ihnen, um aus ihren unfruchtbaren Dialekten fruchtbare literarische Sprachen zu machen.

Die Marxisten hätten hingehen und *Das Kapital* in Sprachen übersetzen können, in denen es noch keine Literatur gab. Warum taten sie es nicht? Nun, Mao Zedong, der Große Vorsitzende des kommunistischen China, glaubte, Macht komme aus dem Lauf eines Gewehrs.

Die Bibel dagegen präsentierte den Erlöser als das *Wort* Gottes. Er siegt mit einem Schwert, das aus seinem Mund kommt.[16] Die Feder erwies sich als mächtiger als das Schwert: Während der Kommunismus zusammenbrach, ist das reformierende Vermächtnis der Bibelübersetzer immer noch dabei, Nationen zu verändern.

Das Wort ist viel mehr als Buchstaben, Silben und Sätze, die einen sinnvollen Inhalt, das heißt allgemeine Wahrheiten transportieren. Der Prophet Maleachi eröffnete sein Buch so: «Dies ist die Last, die der Herr ankündigt ...»[17]

---

[16] Offenbarung 19,13.15.
[17] Maleachi 1,1 (Luther).

Die Propheten, die Maleachi vorausgingen, riskierten ihr Leben, um den Übeln in ihrer Nation entgegenzutreten. Etwas zwang sie dazu. Wiederholt berichteten sie, dass das Wort des Herrn zu ihnen «geschah».[18] Manchmal beschrieben die Propheten Gottes Wort als eine Last: «Die Last des Wortes des Herrn.»[19]

Die Schreiber des Neuen Testaments schätzten das Wort hoch, weil es ein Geschenk des transzendenten, göttlichen Wortes an die Menschheit war. Paulus zum Beispiel wurde von den Juden verfolgt, aber er war überzeugt, dass «Gott dem jüdischen Volk sein Wort anvertraut» hatte.[20] Petrus bezeugte, dass er auf dem Berg der Verklärung Gott reden hörte. Deshalb lehrte er: «Kein Mensch kann jemals die prophetischen Worte der Heiligen Schrift aus eigenem Wissen deuten. Denn niemals haben sich die Propheten selbst ausgedacht, was sie verkündeten. Immer trieb sie der Heilige Geist dazu, das auszusprechen, was Gott ihnen eingab.»[21]

Die Philosophen begreifen den Sinn der Sprache nicht, weil die Wurzel des Wortes in der Welt des Geistes liegt.

Vom 14. bis zum 16. Jahrhundert erforschten die Humanisten der Renaissance die griechisch-römische Sicht der Welt. Darin erschien die Sprache als ein menschliches Unterfangen: als die geistige, moralische und ästhetische Fähigkeit des Menschen, zu verstehen und zu kommunizieren. Sie reformierten Europa nicht. Die Gelehrten, die den Westen transformierten, wussten, dass das Denken des klassischen Altertums nicht imstande war, Wahrheit zu erkennen. Auf dem Gipfel jener Zivilisation hatte der römische Gouverneur Pilatus ihren Zynismus auf den Punkt gebracht. Er wusste, dass die größten hellenistischen Denker gescheitert waren. Deshalb tat er die Wahrheit ab mit der Frage: *«Was ist Wahrheit?»*

Die Reformatoren schlugen einen andren Weg ein. Sie fanden, dass wir Wahrheit über Gott, uns selbst und die Sprache erkennen

---

[18] Jeremia 1,4.11.13 (Luther).
[19] Nach Sacharja 9,1; 12,1; Maleachi 1,1.
[20] Römer 3,2.
[21] 2. Petrus 1,20–21.

können, weil Gott gesprochen hat. Sie führten ihre Kulturen zum Wort Gottes zurück. Dadurch setzten sie das kreative Potenzial der menschlichen Sprache frei.

Die Bibliotheken sind voller maßgeblicher Studien über den Einfluss der Bibel auf die westliche Literatur. Einiges davon habe ich in meinem früheren Buch *Das Buch der Mitte* zusammengefasst. Mein derzeitiger Favorit ist *Sacred Discontent: The Bible and Western Tradition* von Herbert N. Schneidau.[22] Zum Einfluss der Bibel auf die nichtwestliche Literatur ist allerdings noch nicht genug geforscht worden. Deshalb wird der Rest dieses Kapitels untersuchen, wie das Reden Gottes sich auf die indische Literatur ausgewirkt hat.

Der Verfasser des folgenden Essays ist mein Freund und früherer Kollege Dr. Ashish Alexander.

Die Bibel
und die Ursprünge der modernen indischen Erzählliteratur

Ein Essay von Ashish Alexander

I
Grundsätzliches

Von der Zeit der vedischen Hymnen und der buddhistischen *Jataka*-Erzählungen bis zu den Romanautoren der heutigen Zeit, die mit dem Booker-Preis ausgezeichnet wurden, ist Indiens literarisches Vermächtnis stetig angewachsen. Besonders in den letzten zweihundert Jahren gab es einen beispiellosen Anstieg der literarischen Produktion und des Bücherkonsums.

Teilweise war das eine Folge des Umstands, dass Literatur in anderen Sprachen geschrieben wurde als etwa im klassischen Sanskrit oder Persisch. Viele der Regionalsprachen des indischen Subkon-

---

[22] Univ. of California Press: Berkeley, 1976.

tinents wie Bengali, Marathi und Tamil begannen seit der Mitte des 19. Jahrhunderts eigene literarische Werke hervorzubringen. Die Verfasser dieser Werke kannten sich in der zeitgenössischen westlichen Literatur aus, und viele der neuen Schriften waren von der Literatur des Westens inspiriert.

Allerdings stellt sich die Frage: Welcher Natur war diese Berührung, und was waren die wesentlichen Elemente des Einflusses, den westliche Literatur auf indische Schriftsteller ausübte?

Die westliche Welt ererbte die großen literarischen Klassiker Griechenlands und Roms. Die viel gepriesenen Epen und Tragödien waren zweifellos das leuchtende Fanal ihrer kulturellen Elite. Doch während der letzten beiden Jahrtausende hatte ein asiatisches Buch den prägendsten Einfluss auf die westliche Literatur. Überraschenderweise war dieses Buch kein literarisches Meisterwerk – aber es veränderte die Art und Weise, wie der Westen fiktionale Literatur schrieb. Dieses Buch war die Bibel.[23]

Während der letzten beiden Jahrtausende hat sich die europäische Literatur unter dem alles durchdringenden Einfluss der Bibel entwickelt, und das in solchem Maße, dass literaturwissenschaftliche Fachbereiche in aller Welt anerkennen, dass man die westliche Literatur nicht angemessen verstehen kann, wenn man nicht mit der Bibel vertraut ist.

Dieser Essay untersucht die Anfänge der modernen indischen fiktionalen Literatur, um den Einfluss der Bibel auf das indische literarische Empfinden und die tatsächliche Praxis des Schreibens von Literatur zu verstehen.

In der indischen Literatur dominierten traditionell Gedichte, Epen und poetische Dramen. Die Muslime brachten gewisse andere

---

[23] Dem kanadischen Literaturwissenschaftler Northrop Frye zufolge hatte die Bibel «einen beständigen befruchtenden Einfluss auf die englische Literatur, von angelsächsischen Autoren bis hin zu Dichtern, die jünger sind als [er], und dennoch würde niemand sagen, dass die Bibel ein literarisches Werk [ist].» Siehe Frye, Northrop: *The Great Code: The Bible and Literature*, Harcourt Brace Jovanovich: New York 1983, S. xvi.

Formen narrativer Gattungen von Erzählungen und Romanzen mit – *Qissas* und *Dastans*. Mit den Händlern, Kolonialherren und Missionaren aus dem Westen kam die moderne westliche Literatur. Dieser Kontakt belebte die indischen literarischen Gattungen – Lyrik, Drama und Fiktion.

Am tiefsten jedoch war der Einfluss des modernen Romans, zunächst bei der kleinen Minderheit der gebildeten Elite und dann auch beim breiten Lesepublikum. Mitte des 19. Jahrhunderts begannen immer mehr westlich gebildete Inder, mit dem Schreiben von Romanen zu experimentieren. Manche bemerkenswerten lyrischen Werke wurden im 19. Jahrhundert geschrieben, vor allem von Michael Madhusudan Dutt (1824–1873), dessen bengalisches Epos *Meghnad Bhad Kavya* (1861; Das Gedicht von der Tötung Meghnads) eine bedeutende literarisch-kulturelle Leistung darstellte.

Aber es war die Gattung des Romans, die eine neue Lebendigkeit und Energie in die literarische Landschaft brachte.

Das Auffälligste am Roman – jedenfalls in seiner klassischen Form – ist, dass er unterhaltsame Elemente mit tiefen ethischen Anliegen verbindet. Im Blick auf die Popularität eines der frühesten englischen Romane sagt der englische Literaturwissenschaftler Ian Watt: «Es ist deshalb sehr wahrscheinlich, dass einer der Gründe für den Erfolg von *Pamela* darin lag, dass es seinen Lesern ermöglichte, die Reize von Fiktion und Erbauungsliteratur gleichzeitig und in ein und demselben Werk zu genießen.»[24]

Watts Äußerung über Samuel Richardsons Roman *Pamela* (1740) scheint auch für das Genre im Allgemeinen zu gelten. Die unverminderte Faszination, die der Roman seit fast dreihundert Jahren auf das Lesepublikum ausübt, liegt in seiner Fähigkeit, seine Leser über Generationen hinweg zu unterhalten und zu bilden. Er versetzt Schriftstellerinnen und Schriftsteller in die Lage, nicht nur eine Geschichte zu erzählen, sondern ihre ethischen Anliegen ausführlich darzustellen und die Leser – mehr oder weniger direkt – in

---

[24] Watt, Ian: *The Rise of the Novel*, The Hogarth Press: London 1994, S. 152.

Richtung auf einen bestimmten Lebensstil oder eine Verhaltensweise zu beeinflussen. Diese Möglichkeit, bei Tausenden von Lesern eine Veränderung auszulösen, hat den Roman vielen Autoren ans Herz wachsen lassen.

Auch in Indien begannen Schriftsteller im 19. Jahrhundert mit diesem Ziel vor Augen zu schreiben, und im Lauf der Zeit fanden sie eine stetig wachsende Leserschaft, die ihre Werke verschlang.

An dieser Stelle wird ein Blick auf die Entstehung und Entwicklung des Romans als Gattung und darauf, wie er zur beherrschenden Literaturform wurde, hilfreich sein.

II
Der Roman und das Lesepublikum: Eine Auffrischung

Wann tauchte der Roman auf? Welche Umstände – sowohl sozialer, ökonomischer, politischer als auch literarischer Art – brachten ihn hervor? Warum ist der Roman zur vorherrschenden Literaturgattung unserer Zeit geworden?

Zu derartigen Fragen ist auf dem Gebiet der Literatur- und Kulturwissenschaften viel geforscht worden. Unter Fachleuten gibt es im Blick darauf einen Konsens, dass das Aufkommen des *Lesepublikums* eine entscheidende Rolle für das erstaunliche Wachstum dieser Gattung spielte. Tatsächlich gibt es heute eine unausgesprochene, aber grundlegende Annahme, dass die Bildung der Massen eine Nachfrage schuf und einen Markt entstehen ließ für das Phänomen, das schließlich Roman genannt wurde.[25]

Allerdings wird der Impuls hinter der Bildung der Massen – ein prägendes Merkmal der Moderne – oft nicht erörtert. Die Moderne und die Bildung des modernen Menschen werden so selbstver-

---

[25] Vgl. Clarks Aussage: «Der erste Impuls zum Verfassen von Prosa [wurde] von Lehrkräften an Missionsschulen generiert ...» Clark, T. W.: *The Novel in India: Its Birth and Development*, Univ. of California Press: Berkeley 1970, S. 10.

ständlich genommen, dass wir die komplexe, aber unübersehbare Wechselbeziehung zwischen beiden vergessen. «Bildung für alle» ist nicht unbedingt eine moderne Idee, wenn wir unter «modern» ein ausschließlich aufklärerisches Erbe verstehen. Wäre die Moderne nur ein Spross der Aufklärung gewesen, hätte Bildung für alle durchaus ein unerreichbares, vielleicht nicht einmal wünschenswertes Ideal bleiben können.

Zum Beispiel ruft uns Gertrude Himmelfarb, eine führende amerikanische Ideengeschichtlerin, in Erinnerung, dass «Bildung für alle» nicht von allen Wortführern der Aufklärung durchweg unterstützt wurde. Der in Holland geborene englische Philosoph und Sozialtheoretiker Bernard Mandeville (1670–1733) zum Beispiel war ein Kritiker der allgemeinen Bildung, die im 17. Jahrhundert in England um sich griff. Himmelfarb führt aus:

> In der zweiten Ausgabe der *Bienenfabel*, die neun Jahre später [1732] erschien, fügte Mandeville eine Kritik der damals so zahlreichen Armenschulen hinzu – Schulen für mittellose Kinder und Waisen, die dort Essen und Kleidung bekamen, Lesen (und manchmal Schreiben) lernten und dann losgeschickt wurden, um als Lehrlinge oder Dienstboten zu arbeiten. Die Schule, protestierte Mandeville, ermunterte Kinder in ihrer Neigung zu Faulheit und Laster und machte sie untüchtig für ein Leben der Armut und der harten Arbeit.[26]

Mandeville wusste, dass keiner der alten Philosophen sich für eine Bildung für alle ausgesprochen hatte. Sie waren dafür, Philosophenkönige zu erziehen, aber nicht Philosophentischler und gelehrte Bauern, die ihre Felder pflügten. Die französischen *philosophes* standen den Gedanken einer allgemeinen Bildung noch feindseliger gegenüber. Himmelfarb argumentiert:

---

[26] Himmelfarb, Gertrude: «The Idea of Compassion: The British vs. the French Enlightenment», in: «The Public Interest» (Herbst 2001), S. 5.

Auch dem wohlwollendsten Kommentator zur französischen Aufklärung kann die Verachtung der *philosophes* gegenüber den Massen nicht entgehen. Voltaire gebrauchte die Ausdrücke «le peuple» [das Volk] und «la canaille» [der Pöbel] fast austauschbar. «Was die *Canaille* angeht», sagte er zu d'Alembert, «so habe ich mit ihr nichts zu schaffen; sie wird immer Canaille bleiben.» Und sie würde Canaille bleiben, weil sie unbildbar war. ... «Wir haben nie vorgegeben, Schuster und Dienstboten aufzuklären; das ist die Aufgabe der Apostel.» Das Volk konnte nicht gebildet werden, weil es nicht aufgeklärt werden konnte. ... Es steckte stattdessen in den Vorurteilen, abergläubischen Vorstellungen und Irrationalitäten der Religion fest. ... Religion, so schrieb Voltaire an Diderot, «muss unter respektablen Leuten vernichtet werden und der großen und kleinen Canaille überlassen bleiben, für die sie gemacht ist.» Diderot stimmte ihm zu. Die Armen waren «Schwachköpfe», was die Religion betraf, «zu idiotisch – tierhaft – zu elend und zu beschäftigt», um sich aufzuklären. Sie würden sich nie verändern: «Die Qualität der Canaille bleibt so ziemlich immer dieselbe.»[27]

Die Entstehung eines «Lesepublikums» in Europa oder in irgendeiner anderen Gesellschaft war das Handwerk einer bestimmten Gruppe von Männern – und manchmal Frauen – mit Gemeinsinn, die Voltaire im obigen Zitat als «Apostel» titulierte.

In England wurde Mandevilles Kritik am «fellow-feeling» (Verbundenheitsgefühl) mit den Armen und Ungebildeten von seinen Zeitgenossen rundheraus abgelehnt und verdammt. Denn im Gegensatz zur französischen hielt die britische Aufklärung «Mitgefühl» für ein ebenso zentrales Element für die Neugestaltung der Welt wie die Vernunft.

Himmelfarb sieht die stärkste prägende Kraft für die britische Aufklärung, die das Mitgefühl mit den Armen ins Zentrum des öf-

---

[27] Ebenda, S. 16–17.

fentlichen Engagements stellte, in der methodistischen Bewegung unter John Wesley (1703–1791).

– Zwei zentrale Texte –

Die englische Gesellschaft hatte zudem aus ihrer jüngeren Vergangenheit gelernt, dass die Armen, wenn ihnen die Möglichkeit gegeben und die Fähigkeit vermittelt wird, ihre Angelegenheiten selbst zu regeln, ebenso gut imstande sind wie die Aristokratie, einen tiefen, umfassenden Einfluss auf die Gesellschaft auszuüben.

John Bunyan (1628–1688), ein Kesselmacher von Beruf, hatte ein, zwei Generationen zuvor mit einigen herausragenden Werken die Literaturszene durcheinandergewirbelt. Seine *Pilgerreise* (1678) richtete den Blick der englischsprachigen Welt auf einen außergewöhnlichen und nie dagewesenen literarischen Horizont. Dieses Buch, das manche den ersten englischen Roman nennen,[28] andere nur einen Romanvorläufer, hatte einen bemerkenswerten Einfluss auf das Wachstum und die Entwicklung der englischen Erzählkunst.

Die Idee eines Menschen, der sich auf eine gefährliche Reise begibt und am Ende sein Leben rettet und andere dazu inspiriert, dasselbe zu tun, war ein Motiv, das dem modernen schriftstellerischen Schaffen einen weiten Rahmen vorgab.

Die intensive Selbstbetrachtung, die dieses Buch kennzeichnete, machte im weltlichen Bereich das populär, was die Reformatoren früherer Generationen erlebten und verkündigten. Als puritanischer Text ist die *Pilgerreise* ein Spross der Reformation. Die Innerlichkeit, die sie in die Gattung der modernen Romane hineinbrachte, war ein Vermächtnis der gequälten Seele auf der Suche nach dem Heil, des grundlegenden Narrativs der Reformation selbst.

---

[28] Robert McCrum, Romanautor und früher Lektor bei Faber & Faber, nennt John Bunyans *Pilgerreise* in seiner Liste im «Guardian» als den ersten großen englischen Roman: https://www.theguardian.com/books/2013/sep/23/100-best-novels-pilgrims-progress.

Lange Zeit rümpfte die literarische Elite die Nase über dieses Buch von dem Sohn eines Kesselmachers, aber sein Einfluss auf das gemeine Volk war nicht zu übersehen. Vor allem aber zwang es die literarische Elite, ihren literarischen Geschmack zu revidieren, wie es T. B. Macaulay in einer berühmten Äußerung schilderte:

«Es ist ein bedeutungsvoller Umstand, dass bis vor kurzer Zeit all die zahlreichen Ausgaben der ‹Pilgerreise› offensichtlich fürs Bauernhaus und den Dienstbotenraum bestimmt waren. Das Papier, der Druck, die Platten waren allesamt von der schäbigsten Sorte. Im Allgemeinen wird, wenn die gebildete Minderheit und das gemeine Volk sich über die Verdienste eines Buchs uneins sind, die Meinung der gebildeten Minderheit sich schließlich durchsetzen. Die ‹Pilgerreise› ist vielleicht das einzige Buch, bei dem nach hundert Jahren die gebildete Minderheit sich der Meinung des gemeinen Volkes angeschlossen hat.»[29]

Mit der Ausbreitung des Lesens und Schreibens und dem Erscheinen von Werken wie der *Pilgerreise* hatte die britische literarische Elite als Teil der europäischen Elite begonnen, über die aristokratischen griechischen und römischen Klassiker – vorwiegend Lyrik – hinauszugehen und eine nationale Literatur hervorzubringen und zu schätzen, die die ganze Bevölkerung in einen gemeinsamen moralischen Rahmen brachte.

Eine neue Literatur wurde geschrieben, in der lebendigen Sprache des Volkes, die jetzt infolge der Übersetzung der Bibel standardisiert wurde und die Kluft zwischen Gebildeten und Ungebildeten überbrückte. Auf diese Weise konsolidierte die neue literarische Gattung, das Anfangsstadium des Romans, was die Reformation zwei Jahrhunderte zuvor begonnen hatte, nämlich die Schaffung nationaler Gemeinwesen, in denen Einzelne angefangen hatten, ein Bewusstsein eigenen Handelns zu entwickeln.

Die alte Welt der Feudalherrschaft war dabei, auseinanderzubre-

---

[29] Macaulay, T. B.: *Lays of Ancient Rome: Essays and Poems*. Everyman's Library: London 1968, S. 207, Archive.org.

chen; die traditionelle Ordnung von Herr und Knecht verblasste. Der Wandel des literarischen Geschmacks bedeutete, dass nicht mehr in erster Linie bloße Ästhetik über den literarischen Wert eines Werks entschied. Das Werk musste auch eine moralische Lösung für die vielfältigen Herausforderungen des Lebens anbieten.

Der Roman war die ideale Gattung, um diesen Zeitgeist einzufangen – er war geprägt von der Reformation und tat sich damit hervor, Traditionen einer beständigen Hinterfragung zu unterwerfen, einer Hinterfragung durch das individuelle Bewusstsein innerhalb eines moralischen Rahmens. Wichtiger noch war, dass er eine Gattung war, die sich auf unmittelbare Weise mit dem Leben und den Anliegen gewöhnlicher Männer und Frauen auseinandersetzte.

Der Roman hatte eine einzigartige Fähigkeit, Leserinnen und Leser für eine beträchtliche Zeitspanne zu fesseln und ihnen Gesichtspunkte an die Hand zu geben, über die sie sich dann im Lauf eines längeren Zeitraums ihr Urteil bilden konnten – zugegebenermaßen allein durch ihr eigenes Denken.

Nach der *Pilgerreise* war das nächste Prosa-Erzählwerk, dem man den Status einer literarischen Sensation zuschreiben konnte, Samuels Richardsons Briefroman *Pamela oder die belohnte Tugend* (1740). Richardson (1689–1761) hatte wie Bunyan keinen Ehrgeiz, ein Romanautor zu sein. Er schrieb seinen Roman vor allem als Anleitung, als Moralerzählung, als Selbsthilfebuch für junge, wenig begüterte Frauen, die ein tugendhaftes und gesittetes Leben führen wollten.

Die Geschichte attackierte die Laster des Adels und hob die Würde eines Dienstmädchens hervor. Mit den Worten des englischen Literaturhistorikers Walter Allen:

> Worauf Richardsons Leserinnen und Leser so begeistert ansprachen, war seine Behandlung der Situation ihrer Zeit, und was diese Situation war, wird in seinem Werk ebenso klar wie in dem Werk von [seinem jüngeren Zeitgenossen] Fielding. Fielding, so ist oft gesagt worden, sah es als seine Aufgabe, die Sitten seiner Zeit zu reformieren; Richardson skizzierte Vorbilder der

Tugend, um ihre Moral zu verbessern. ... Gegen eine fast allmächtige Obrigkeit setzte Richardson Hilflosigkeit, verbunden mit Tugend – und trotz aller Gefahren triumphierte die mit Tugend verbundene Hilflosigkeit, einfach weil sie Tugend war, und mehr noch, sie zwang die Obrigkeit, sie zu ihren eigenen Bedingungen zu akzeptieren. Das war es, was den Beifall der Zeit erntete: Richardson war der Wortführer der Gerechtigkeit ...[30]

Durch «mit Tugend verbundene Hilflosigkeit» eine soziale Reform zu erwirken, war eine Idee aus dem Neuen Testament. Sie war eine Erfahrung der frühen Kirche unter der Verfolgung durch das mächtige Römische Reich. Sie wurde über die Jahrhunderte praktiziert und vorgelebt von den klösterlichen Gemeinschaften. Sie erfuhr dann eine Neubelebung durch die europäischen Reformatoren im 16. Jahrhundert und wurde schließlich populär gemacht durch eine neue Generation von Pionieren wie Bunyan und Richardson. Ihr Kern war die Vision eines leidenden Messias, der versprach, dass die «Sanftmütigen die Erde besitzen» werden.

III
Der erste tamilische Roman: Eine Fallstudie

1879 veröffentlichte Samuel Vedanayagam Pillai (1826–1889), ein katholischer Regierungsbeamter in Südindien, den ersten Roman in tamilischer Sprache. Er hieß *Prathapa Mudaliar Charithram*[31] und wurde gefeiert als «ein klarer Fortschritt im tamilischen Denken und der tamilischen Literatur, denn darin [in diesem Roman] kleidet sich der Geist des Westens oft in tamilische Sprache».[32]

---

[30] Allen, Walter: *The English Novel: A Short Critical History*, Penguin: Harmondsworth 1958, S. 44–45.

[31] Eine aktuelle englische Übersetzung von Meenakshi Tyagarajan erschien 2005 bei Katha unter dem Titel *The Life and Times of Pratapa Mudaliar*. Alle Verweise auf den Roman in diesem Essay stammen aus dieser englischen Ausgabe.

Dies war nicht der erste Roman, der in Indien geschrieben wurde. Es waren bereits einige bemerkenswerte Romane auf Bengali, Marathi, Urdu und Englisch erschienen. *Prathapa Mudaliar* knüpfte an die aufblühende Tradition der Prosaerzählung in den südindischen Sprachen an und wurde von einem herausragenden Dichter[33] in dieser Sprache verfasst.

Der Roman, dessen Handlung sich in Episoden entfaltet, dreht sich um das Leben Prathapa Mudaliars, eines reichen Landbesitzersohnes, und seiner Frau – einer außergewöhnlichen Frau namens Gnanambal. Abenteuererzählungen, verwoben mit Volksweisheiten und modernen Vorstellungen von aufgeklärtem gesellschaftlichen und individuellen Verhalten, erzählt in flüssiger Prosa, bildeten das Markenzeichen dieses äußerst beliebten Buches.

Der Roman versuchte, die Massen anzusprechen, indem er die Handlung mit lokalen Geschichten verschmolz, Anekdoten und Volksweisheiten einbaute und sich eines rustikalen Humors bediente, aber mit dem ausdrücklichen Ziel, Menschen und Moral zu reformieren.

In der Rezension, die am 15. August 1885 in der Zeitung «The Hindu» erschien, verglich der Rezensent diesen Roman mit den Sachbüchern, die an der Universität Madras erschienen, und kam zu dem Schluss, er sei «den besten von diesen in seinem moralischen Ton weit überlegen», und er sei «ein wertvoller Beitrag zur Entstehung einer umgangssprachlichen Literatur von heilsamem Charakter, was zugegebenermaßen eines der *größten Bedürfnisse in diesem Land* ist».[34]

---

[32] Zitiert nach Ebeling, Sascha: «Afterword», in: Vedanayagam Pillai, Mayuram, *The Life and Times of Pratapa Mudaliar*. Übers. von Meenakshi Tyagarajan, Katha: Neu-Delhi 2005, S. 262, Hervorhebung von mir hinzugefügt.

[33] Samuel Vedanayagam Pillai war bereits ein bekannter tamilischer Dichter, als er seinen ersten Roman schrieb. Seine Gedichte zu katholischen religiösen und moralischen Themen waren ungemein beliebt.

[34] Ebeling, «Afterword», S. 260, Hervorhebung hinzugefügt.

Diese zeitgenössischen Einschätzungen des Romans stimmten mit den Zielen des Verfassers überein, der seine «prosaische Fiktion» schrieb, um «gleichzeitig zu bilden und zu unterhalten».[35] Der Roman war, wie diese Äußerungen zeigen, nicht nur ein unterhaltsames Genre oder eine neue populäre Kunstform, sondern auch eine moralisch-kulturelle Errungenschaft, die es Autoren und Lesern ermöglichte, den moralischen Zustand der Gesellschaft sowohl zu begutachten als auch zu beeinflussen.

Indem die informierten Leser des 19. Jahrhunderts anerkannten, dass ein Roman in der Lage war, «eines der größten Bedürfnisse in diesem Land» zu befriedigen, bestätigten sie die immer stärker werdende Rolle, die die neue Gattung in ihrer Gesellschaft spielte.

Die Entdeckung der Prosa als literarisches Medium, des Realismus als literarische Technik und der Reform als literarisches Ziel führte eine Revolution in der indischen Literatur herbei – eine Revolution, die entfacht wurde durch den Kontakt mit der britischen Literatur und besonders der Romanliteratur. Infolgedessen schöpften die meisten der bahnbrechenden Romane Indiens im 19. Jahrhundert bewusst oder unbewusst aus den biblischen Denkvoraussetzungen, die in westlichen, zumeist britischen Romanen eingebettet waren.

1. Anwendungen der Prosa

Wie die meisten antiken Kulturen hatte Indien einen reichen Vorrat an poetischer Literatur, aber es gab nur sehr wenig Prosa. Und in den wenigen Sprachen, in denen es Prosawerke gab, etwa Assamesisch und Panjabi, gab es kaum etwas, was die fragmentierte indische Gesellschaft durch Dialoge, Debatten und Diskussionen miteinander hätte vernetzen können.

Im 19. Jahrhundert hauchten Bibelübersetzungen der Prosa in diversen indischen Sprachen neues Leben ein, wie sie es auch in europäischen Sprachen getan hatten.

---

[35] Siehe Tyagarajan, Meenakshi, «Introduction», in: Vedanayagam Pillai, *The Life and Times of Pratapa Mudaliar*, S. 6.

Warum hatten die literarischen Bemühungen dieser Ausländer eine so durchschlagende Wirkung? Vor allem brachten die Übersetzungen in die Volkssprachen die Schriften in den Blick einer breiten öffentlichen Diskussion. Die Verfügbarkeit der christlichen Heiligen Schrift, also der Bibel, in Prosa überbrückte die Kluft zwischen dem «Heiligen» und dem «Weltlichen». In den meisten traditionellen Gesellschaften ist Poesie die Sprache der Religion, während die Alltagsgeschäfte in Prosa abgewickelt werden. Überdies erhöhte das Erscheinen heiliger Schriften in Prosa den Status des Prosaschreibens selbst.

Wie schon gesagt, war Samuel Vedanayagam Pillai bereits ein anerkannter Dichter in der tamilischen Sprache, als er an seinem Roman zu arbeiten begann. Wie Samuel Richardson war er schon über fünfzig, als er sich darauf einließ, einen Roman zu schreiben. Der Dichter verlagerte sich aufs Prosaschreiben, weil im Indien des 19. Jahrhunderts Prosa neu entdeckt worden war als ein wirkungsvolles Mittel, zu kommunizieren, gesellschaftliche und kulturelle Übel zu korrigieren und eine nationale Gemeinschaft herzustellen.

Tatsächlich schuf die multidimensionale Präsenz und vielfältige Anwendung von Prosa in Indien einen öffentlichen Raum, der vorher kaum existiert hatte.[36] Verglichen mit Poesie ließ sich Prosa viel effektiver für Beschreibungen, Dialoge und Debatten verwenden. Dazu kam, dass die Einführung der Drucktechnik durch die Missionare im 18. und 19. Jahrhundert und eine entsprechende Bevor-

---

[36] «Prosa unterstützte bei dem Bemühen, die indische Wirklichkeit zu beschreiben, zu analysieren und sich mit ihr auseinanderzusetzen (zum Beispiel in den Werken von Ram Mohan Roy), und in vielen indischen Sprachen erschienen nun zum ersten Mal wissenschaftliche, mathematische, historische, geografische und anthropologische Werke. Der Gebrauch umgangssprachlicher Prosa gewann erheblichen Auftrieb, als 1837 ein Gesetz die Änderung der Gerichtssprache vom Persischen in die Umgangssprachen ermöglichte.» Guptara, P. S.: «The Impact of Europe on the Development of Indian Literature», in: *Review of National Literatures* (New York, USA); Vol. 10, 1980, Sonderband über Indien, hg. von Ronald Warwick, S. 27.

zugung der Prosa in einem kulturellen Milieu, das apologetische Debatten führen wollte, der rasanten Verbreitung der Prosa einen fruchtbaren Boden bereiteten.

Prosa war außerdem ein Medium der modernen Bildung. Die traditionelle Bildung verwendete vor allem poetische Aphorismen, Maximen und Prinzipien, die auswendig gelernt wurden. Die moderne Pädagogik legte den Schwerpunkt auf Experimente und Analysen und neigte deshalb stärker dazu, einfache Prosa zu verwenden.

Als Anfang des 19. Jahrhunderts in Indien ein modernes Bildungswesen nach westlichem Vorbild eingeführt wurde, bestand die unmittelbare Schwierigkeit in der spärlichen Verfügbarkeit von Prosawerken in den Umgangssprachen. In Kalkutta und Bombay wurden 1817 und 1820 Buchgesellschaften gegründet, und diverse Prosawerke wurden für die Verwendung in Schulen in Auftrag gegeben. Das brachte eine neue Generation mit den Möglichkeiten der Prosa in Berührung. Zudem versetzte es sie in die Lage, zu studieren, ohne zuerst die klassischen Sprachen meistern zu müssen.

Der nächste wichtige Meilenstein bei der Verbreitung der Prosa war der Journalismus. Indische Zeitschriften und Zeitungen, die im 19. Jahrhundert gegründet wurden, folgten dem Beispiel ähnlicher britischer Publikationen, indem sie seriellen fiktionalen Erzählformen Raum gaben.[37] Geschichten, Märchen und Erzählungen verschiedener Art waren zweifellos Teil der traditionellen indischen Literatur gewesen. Romane jedoch führten eine Technik über längere Strecken anhaltender Durchleuchtung des Lebens und der Umstände, der Handlung, der Motive und der glaubhaften menschlichen Figuren in Prosa ein – einem Medium, das keine besondere sprachliche Expertise oder Schulung erforderte.

---

[37] T. W. Clark, Professor für Bengali an der Universität London, bestätigt diese drei wichtigen Meilensteine in der Entwicklung des Romans in Indien: (i) Lehrbücher von Lehrkräften an Missionsschulen, (ii) die Gründung von Zeitungen und (iii) «gesellschaftliche Erzählungen oder gesellschaftliche Serienromane». Siehe Clark, «Introduction», S. 10–11.

Eine solche Durchleuchtung war vor dem Aufkommen des Romans im 19. Jahrhundert nicht möglich. Indien war in dieser Hinsicht nicht besonders benachteiligt, denn keine andere Kultur hatte vor der Reformation den Roman als literarische Kunstform etabliert.[38]

So kam es im Indien des 19. Jahrhunderts zu einer rasanten Ausbreitung «prosaischer Fiktion» quer durch alle Landessprachen. Für Schriftsteller war das Aufkommen der Prosa ein höchst faszinierendes Phänomen. Autoren ebenso wie Leser waren begeistert von Prosa und ihren vielen Möglichkeiten. Die Anglistin Priya Joshi, die an der Universität von Kalifornien in Berkeley Literatur und Kulturwissenschaften unterrichtete, sagt:

«Während des 19. Jahrhunderts entdeckten alle möglichen indischen Leser, die vorher keine fiktionale Prosa gekannt hatten, den Roman und konsumierten ihn begeistert, meist in seiner britischen Form, die auf dem Markt am besten verfügbar war. Um die Mitte des Jahrhunderts kamen in den indischen Sprachen *krampfhafte Versuche* zum Vorschein, einen indischen Roman zur Welt zu bringen ...»[39]

Die «krampfhaften Versuche», wie Joshi sie nennt, waren ein dringliches, zielgerichtetes und gut durchdachtes Projekt. Die Leser nahmen Prosawerke mit Begeisterung auf. Für Schriftsteller wie Samuel Vedanayagam war ein kultureller, intellektueller Fortschritt seines Landes ohne den wirkungsvollen Einsatz von Prosa nicht möglich. Als erfolgreicher Dichter schrieb er Essays, in denen er die Wichtigkeit der Prosa hervorhob. Diese Agenda machte er sogar zu einem Teil seines kreativen Schaffens. Im Roman *Prathapa Mudaliar* spricht die kluge Frau Gnanambal über den Bedarf an Prosa:

---

[38] Bedenkt man, wie die Reformation die Vorstellung davon verwandelte, was es bedeutet, ein Individuum zu sein, und wie die sozialen, kirchlichen und politischen Beziehungsnetze in den Jahrzehnten und Jahrhunderten nach der Reformation umsortiert wurden, so war eine neue Literaturgattung in Form des Romans beinahe eine natürliche Konsequenz.

[39] Joshi, Priya: *In Another Country: Colonialism, Culture and the English Novel in India*, Oxford Univ. Press: Neu-Delhi 2002, S. 142–143.

Wir stimmen zu, dass es in Tamil keine Prosatradition gibt wie im Englischen und Französischen. Um diesem Mangel abzuhelfen, wollen wir, dass alle neben dem Tamil diese königlichen Sprachen lernen. Prosa von hoher Qualität kann nur von solchen geschrieben werden, die sowohl die Umgangssprache als auch diese königlichen Sprachen [Englisch und Französisch] gut beherrschen. Können Menschen ohne Prosawerke, nur durch das Lesen von Poesie, dazu gebracht werden, sich zum Besseren zu verändern? Hätten die Nationen und Europa ohne Prosawerke Zivilisation und den kulturellen Aufstieg erlangt?[40]

2. Reform und indische Romane

Georg Lukács, ein scharfsinniger marxistischer Literaturkritiker aus Ungarn, hatte gesagt, der Roman sei «das Epos der Welt, die von Gott verlassen ist».[41] Damit meinte er, dass im Gegensatz zum Epos, wo ein himmlisches Wesen den Helden leitet, der Roman seinem Protagonisten keinen Führer an die Seite stellt. Er (oder sie) muss sich auf das eigene innere Licht verlassen, um den eigenen Weg durch die Welt zu finden.

Das könnte manchen zu der Schlussfolgerung führen, der Roman sei besonders für die säkulare, atheistische Welt geeignet. Doch ein paar Seiten später sagt Lukács auch, der Roman sei in der Lage, zu projizieren, «wo Gott in einer von Gott verlassenen Welt zu finden ist».[42]

Unter dem Furnier der Gottlosigkeit findet sich also eine tiefe Anerkennung der Gegenwart Gottes in der Welt, die ein Roman kreiert. Es gibt die Verheißung von Sinn und Zweck in der scheinbar sinnlosen Existenz. Das galt besonders für die frühesten Romane des 18. und 19. Jahrhunderts. Die meisten Romane jener Zeit glaubten an ein «Happy End». Sie glaubten, das menschliche

---

[40] *The Life and Times of Pratapa Mudaliar,* S. 208.
[41] Lukács, Georg: *The Theory of the Novel: A Historico-Philosophical Essay on the Forms of Great Epic Literature,* Merlin Parrot Reads: Neu-Delhi 2003, S. 88.
[42] Ebenda, S. 92.

Leben sei nicht sinnlos, und am Ende triumphiere das Gute, nicht das Böse.

Dieser Optimismus in Romanen und in der westlichen Kultur allgemein ist eine Folge des biblischen Glaubens an die Vorsehung.

Der Roman universalisiert die biblische Vision vom menschlichen Wohlergehen. Er ist im Einklang mit dem starken Erlösungsthema der Bibel und setzt die Hoffnung ins Zentrum menschlicher Geschichten. In diesem Sinne steht er dem Fatalismus, der viele traditionelle Kulturen kennzeichnet, diametral entgegen.

Die ersten indischen Romanautoren fanden in diesem Optimismus des Romans ein Werkzeug, um gegen die Stagnation in ihren eigenen Kulturen zu kämpfen. Sie zogen die Vorsehung dem Fatalismus vor. Indische christliche Schriftsteller bedienten sich des Romans, um auf überaus überzeugende Weise zu illustrieren, wie der Glaube an die Bibel individuelle und gesellschaftliche Transformation bewirkt.

Wie oben erwähnt, schrieb Samuel Vedanayagam seinen Roman *Prathapa Mudaliar* mit einer ausdrücklich reformatorischen Absicht. Er konnte so das Potenzial der neuen Gattung nutzen, um die Sache der tamilischen Literatur voranzutreiben und zugleich Literatur für soziale Ziele einzusetzen – nämlich das Streben nach Respekt für Frauen und die Kritik am gedankenlosen Nachäffen des Westens.

Es dürfte deshalb nicht überraschen, dass fast alle frühen Romane in Indien, von denen viele entweder von Missionaren oder von indischen Christen geschrieben wurden, sich mit dringlichen Problemen im Zusammenhang mit Frauen und anderen Verachteten in der Gesellschaft befassten.

Catherine Hanna Mullens (1826–1861) schrieb 1852 den ersten Roman auf Bengali, *Phulmani o Karunar Bibaran*. Mullens wurde 1826 als Tochter eines Indien-Missionars in Kolkata geboren. Sie heiratete einen Missionar und setzte sich während ihres kurzen Lebens dafür ein, den Status der indischen Frauen zu heben. Mit den beiden weiblichen Hauptfiguren ihres Romans, Phulmani und Karuna, veranschaulichte Mullens den praktischen Nutzen eines Lebens nach biblischen Tugenden.

Baba Padmanji (1831–1906) schrieb 1857 den ersten Roman in Marathi, *Yamuna Paryatan,* in dem er die missliche Lage indischer Witwen porträtierte und das entwürdigende Leben, das sie nach dem Tod ihrer Männer führen mussten.

The Slayer Slain (ca. 1859), ein englischsprachiger Roman von Frances Collins, einer Missionarsfrau in Kerala, malte ebenfalls die biblischen Tugenden der Buße, Vergebung und Gewissensfreiheit als wesentlich für ein erfüllteres gemeinschaftliches Leben. Das Buch beschäftigte sich mit den Problemen der Sklaverei und des Kastenwesens und trat für die Befreiung der Frau ein.

Kamini Kanta (1877), ein assamesischer Roman von A. K. Gurney, betonte die Notwendigkeit und Wichtigkeit eines reflektierenden Austauschs zwischen Mann und Frau, um zu einer gemeinsamen Vorstellung vom Leben zu gelangen.

Saguna (1895), ein in Englisch geschriebener autobiografischer Roman von Krupabai Satthianadhan, schilderte die Entwicklung einer einzelnen Person – einer Frau mit Selbstachtung – und einer entstehenden Gemeinschaft.

Ratanbai (1895) von Shevantibai Nikambe erzählt ebenfalls die Geschichte einer Kinderbraut und ihres Ringens um Bildung. Indessen machte sich Joseph Muliyil in Kerala daran, Satthianadhans Roman ins Malayalam zu übersetzen, gab den Gedanken dann aber auf und schrieb stattdessen seinen eigenen, ähnlich verlaufenden Roman *Sukumari* (1897).

Laut Meenakshi Mukherjee, ehemals Professorin an der angesehenen Jawaharlal-Nehru-Universität und eine der führenden Literaturkritikerinnen Indiens, brachte diese Pionierwelle im 19. Jahrhundert den «Zweckroman» hervor – im Gegensatz zum Vergnügungsroman oder zum nihilistischen oder eskapistischen Roman. Der Zweck jedoch war kein anderer als bei den Romanpionieren im England des 18. Jahrhunderts, nämlich soziale Übel anzuprangern und für soziale Reformen einzutreten.

Missionarische Literatur und Bibelübersetzungen wurden mit viel Energie ergänzt, und der Eifer verlagerte sich auf das Schaffen und die Verbreitung kreativer Literatur. Auch in Indien war Bunyans *Pilgerreise* der Schlüsseltext bei diesem Bestreben. Mukherjee schreibt:

> Abgesehen von der Bibel scheint die Übersetzung der *Pilgerreise* eine der häufigsten und beliebtesten missionarischen Aktivitäten in allen Teilen Indiens gewesen zu sein. Die tamilische Übersetzung erschien bereits 1793, die Übertragung ins Kannada 1841, die ins Malayalam 1845; die assamesische Übersetzung erschien unter dem Titel *Yatrikarar Yatra* als Serie in der baptistischen Missionszeitschrift «Arunoday», die in den 1830ern startete. Die Marathi-Version von Hari Keshav unter dem Titel *Yatrik Kraman* soll Baba Padmanjis *Yamuna Paryatan* (1857), einen frühen Roman in Marathi, inspiriert haben.[43]

Die Rolle, die die *Pilgerreise* bei der Prägung des literarischen Empfindens indischer Schriftsteller und Literaturkonsumenten gespielt hat, ist ein unerforschtes Gebiet, aber schon die vielen Mühen, die man auf sich nahm, um sie zu übersetzen, zu drucken und für das wachsende Lesepublikum verfügbar zu machen, verrät ihre große Popularität.

Mitte des 19. Jahrhunderts wussten gebildete Inder gut Bescheid über die Wirkung, die Romane in der Bevölkerung Englands und Europas allgemein ausgeübt hatten. Vedanayagam zum Beispiel war ein eifriger Leser des englischen Schriftstellers Henry Fielding (1707–1754) und nahm wahr, wie dieser Schlagfertigkeit, Humor und Sarkasmus nutzte, um die Gesellschaft zu verändern.

Indische Schriftsteller wollten in ihren Gesellschaften ähnliche Wirkungen erzielen. Inzwischen wurde der Roman allenthalben als Vehikel für Reformen betrachtet, wie man an den lobenden Rezensionen sieht, die Samuel Vedanayagams Roman gleichermaßen in den «religiösen» Publikationen der christli-

---

[43] Mukherjee, Meenakshi: *Realism and Reality: The Novel and Society in India*, OUP: Delhi 1996, S. 21.

chen Missionare und in den «weltlichen» Zeitungen gemäßigter Hindus erhielt.

Missionare gaben den Anstrengungen der Romanschreiber volle Unterstützung, indem sie ihre Druckerpressen zur Verfügung stellten, die Werke in ihren Publikationen besprachen und auch dabei mithalfen, sie aus den indischen Sprachen ins Englische und umgekehrt zu übersetzen. Zum Beispiel übersetzte der Missionar George Mackenzie Cobban (1846–1905), der von 1876 bis 1891 in Madras tätig war, Vedanayagams Roman teilweise ins Englische. Umgekehrt wurde der englische Roman *The Slayer Slain* von Mrs. Collins von ihrem Mann, dem Missionar Richard Collins, ins Malayalam übersetzt und 1877 als *Ghathakavadham* veröffentlicht.

Wie im Fall von *Rajasekhara Charitram,* dem ersten Roman auf Telugu, der 1880 in Buchform erschien, sehen wir, dass christliche Missionare ihre Unterstützung auch den Werken von nicht-christlichen Autoren gewährten, deren Romane in eine reformistische Kerbe schlugen. Dieser Roman von Kandukuri Veeresalingam wurde von dem Geistlichen T. R. Hutchinson unter dem Titel *Fortune's Wheel* aus dem Telugu ins Englische übersetzt.

Die missionarische Praxis, die Heilige Schrift in die lebende Sprache des Volkes zu übersetzen, fand ihren Widerhall in den Bemühungen dieser Romanautoren, die die ersten großen Romane in Sprachen verfassten, in denen es bis dahin keine nennenswerte fiktionale Prosa gab. Der reformistische Geist sickerte in allen Sprachen in die moderne Literatur ein. Somit läutete der «Zweckroman» eine wahrhaft «nationale Literatur» ein, die einen starken Schwerpunkt darauf legte, eine neue, reformierte Gesellschaft zu schaffen, geheilt von sozialen Übeln und basierend auf Gefühlen der Brüderlichkeit.

3. Realismus und die indische Wirklichkeit

Literatur diente den Menschen oft als Fluchtweg in ein Land der Fantasie, des Idealismus und des Abenteuers – weg von der schnöden Lebenswirklichkeit. Ebenso wahr ist allerdings, dass viele moderne Leserinnen und Leser zur Literatur fanden, weil sie ein wahres und umfassendes Bild der Welt präsentiert und somit dabei helfen kann, sich dieser Welt zu stellen.

In der Literatur finden Leser Figuren, die ihnen selbst ähnlich sind; sie leben, lernen und arbeiten in Situationen und Entscheidungen, vor denen auch sie selbst stehen. Literatur hilft in einem hohen Maße den Lesern in derselben Weise, wie eine Landkarte einem Reisenden hilft.

Realistische Literatur tut das sehr effektiv. Realismus in der Literatur wird meist verstanden als eine Darstellung des Lebens, wie es ist, ohne es zu idealisieren oder ins Märchenland entfliehen zu wollen.

Für Leserinnen und Leser des 21. Jahrhunderts mag der Gedanke des «Realismus» nichts Bemerkenswertes an sich haben. Doch er war geradezu eine Revolution, als er im 18. und 19. Jahrhundert auftauchte, als Literatur noch gleichbedeutend war mit dem Außergewöhnlichen, Wunderbaren und Entzückenden. Ein «realistisches» Werk befasste sich mit der Welt, wie sie ist, in all ihrer Alltäglichkeit. In einer Zeit also, in der man nur fantastische und idealistische Literatur kannte, war das Entstehen einer realistischen Literatur in der neuartigen Form des Romans eine echte Sensation.

Diese revolutionäre literarische Herangehensweise faszinierte auch die indischen Schriftsteller. Der Geistliche Lal Behari Day (1824–1892) eröffnete seinen englischsprachigen Roman *Bengal Peasant Life* (1874) mit der folgenden Vorrede an seine Leser:

Sie dürfen nichts Erstaunliches oder Wunderbares in diesem kleinen Buch erwarten. *Meine großen indischen Vorgänger* – deren Schnürsenkel zu lösen ich nicht würdig zu sein vorgebe – Válmiki, Vyás und die Herausgeber der Puránas haben von Königen mit zehn Köpfen und zwanzig Armen erzählt; von einem Affen, der die Sonne in seiner Achselhöhle trug; von Dämonen, die mit einem Berg als Rührstab den Ozean der Welt aufrühren; von Wesen, oben Mensch und unten Fisch oder mit gewaltigen Bäuchen, die mit einem einzigen Schluck alles Wasser des Ozeans austranken … Und *manche meiner europäischen Vorgänger* wie Swift und Rabelais haben von Menschen gesprochen, deren Taschen groß genug waren, um ein ganzes Volk winziger Menschlein aufzunehmen; und von Riesen, unter deren Zunge eine ganze Armee mitsamt Artilleriepark, Pontonbrücken, Kommissläden, Lazarett, Feldpost und Feldtelegrafen sich vor dem prasselnden Regen und dem unbarmherzigen Sturm bergen und sicher unter ihrem fleischernen Gewölbe lagern konnte. Solche Wunder, liebe Leser, dürfen Sie in diesem bescheidenen Band nicht erwarten.[44]

Indem er seinen Roman von den wunderbaren Schriften sowohl der indischen als auch der europäischen Vorläufer abgrenzt, folgt Day einem sehr konkreten Schreibformat, über das seine Leser unterrichtet werden mussten. Die realistische Schreibweise ist ein natürliches Ergebnis des Bemühens, Prosaerzählungen für das Ziel der Reform einzusetzen. Days Roman richtet das Augenmerk auf konkrete Probleme des bengalischen Landvolks im 19. Jahrhundert und ist ein Vorläufer des «sozialen Realismus» in der indischen Literatur.

Aber was war der Anlass dafür, dieses Risiko einzugehen, in der Literatur eine realistische Darstellungsweise zu gebrauchen? Was brachte die Schriftsteller dazu, das Leben in seiner ganzen Gewöhnlichkeit zu schildern, wenn doch die Leserschaft zumeist darauf aus war, ebendieser Gewöhnlichkeit zu entfliehen?

Erich Auerbach, ein deutscher Literaturwissenschaftler, der an der Yale-Universität lehrte, sagt, es sei der Einfluss der biblischen Erzählweise gewesen, der Schriftsteller dazu führte, den Realismus als ihre bevorzugte literarische Technik zu wählen.[45] Im Gegensatz zu den großen antiken Dichtern wie Homer entwickelten die biblischen Autoren einen Stil, der auf verbale Ausschmückungen verzichtete, aber ihren Erzählungen eine große Tiefe gab. Sie erreichten das, indem sie gewisse Details ausließen, was die Leser dazu

---

[44] Day, Lal Behari: *Bengal Peasant Life*, Macmillan: London 1908, S. 2–3 (Hervorhebung von mir hinzugefügt).

[45] Erich Auerbachs *Mimesis: The Representation of Reality in Western Literature* (1953) gilt als maßgebliche Untersuchung zum Realismus in der Literatur. Dieser Abschnitt baut auf Einsichten aus diesem Buch auf.

zwang, über den Text nachzudenken und zu reflektieren und ein volleres Verständnis zu gewinnen, indem sie den Hintergrund und andere Details ergänzten und zwischen verschiedenen Elementen in der Erzählung gedankliche Verbindungen herstellten.

Diese psychologische Beteiligung der Leser bildet einen wichtigen Aspekt des Realismus. Literarischer Realismus wird meist verstanden als eine Imitation der wirklichen Welt und der wirklichen Menschen, die darin wohnen. Doch um wirklich real zu sein, muss der Realismus einen grundlegenden Aspekt der Realität einschließen, nämlich die Unbestimmtheit. Gewöhnliche Männer und Frauen haben weitaus weniger Kontrolle über ihre Umwelt als zum Beispiel Könige und Adlige. Sie müssen kämpfen und überwinden in einer Umgebung, die oft ungewiss, unberechenbar und sogar feindselig ist. Doch die biblischen Autoren schrieben mit einem tiefen Bewusstsein der leitenden Hand der Vorsehung.

Die moderne literarische Herangehensweise entstand in diesem paradoxen Wechselspiel von Unsicherheit und Gewissheit. Wenn Literatur wie eine Landkarte ist, dann liefert der Realismus diese Karte wie ein Puzzlespiel, dessen Teile von intellektuell aktiven Leserinnen und Lesern zusammengefügt werden müssen.

Im Roman *Prathapa Mudaliar* wird dieser Aspekt besonders im Kapitel über Astrologie deutlich. Nachdem der Astrologe, der *Shastri*, ein Unglück, das ihn befällt, nicht hat vorhersagen können und zugibt, sein Gewerbe sei «ein Viertel Magie und drei Viertel Schlagfertigkeit»,[46] erklärt der Lehrer von Prathapa und Gnanambal den beiden, es sei «zu eurem eigenen Besten, dass Gott die Zukunft vor uns verborgen hat. ... Wenn die Gabe der Prophetie jemandem verliehen würde, hätte Gott dann Leute wie diesen törichten *Shastri* oder Zigeuner und Possenreißer dafür erwählt und nicht jemanden, der fromm und brillant ist?»[47]

---

[46] *Pratapa Mudaliar*, S. 39.
[47] Ebenda, S. 39–40.

Der andere Aspekt der biblischen Schreibweise, der moderne Schriftsteller beeinflusste, war ihre Leidenschaft für die Wahrheit. Moderne Schriftstellerinnen und Schriftsteller schrieben nicht, um ihren Lesern Vergnügen zu bereiten oder viel Geld zu verdienen, sondern um sie herauszufordern, zu belehren und zu korrigieren. Der Grund war, dass moderne Autoren inständig an die dringliche Wahrheit ihrer Erzählungen glaubten. Auerbach schreibt:

> Der biblische Autor war daran gebunden, genau das zu schreiben, was sein Glaube an die Wahrheit der Überlieferung ... von ihm verlangte ... Seine Freiheit der kreativen oder fantasievollen Darstellung war [somit] eng begrenzt; sein Tun beschränkte sich zwangsläufig darauf, eine wirkungsvolle Version der Glaubenstradition zu formulieren. Was er hervorbrachte, war demnach nicht in erster Linie auf «Realismus» ausgerichtet (wenn es ihm gelang, realistisch zu sein, so war das lediglich ein Mittel, kein Ziel); es war auf Wahrheit ausgerichtet.[48]

Für einen indischen Schriftsteller des 19. Jahrhunderts hatte diese Schreibweise etwas Beunruhigendes, aber es eröffnete ihm auch eine Welt neuer Möglichkeiten. Die Unruhe ergab sich aus der Tatsache, dass die Starrheit und mangelnde Offenheit der indischen Gesellschaft im 19. Jahrhundert das Schreiben eines realistischen Romans schwierig machte.

Im Gegensatz zu traditionellen Schriftstellern schrieben moderne indische Autoren nun nicht mehr nur, um die Leser in Entzücken oder Erstaunen zu versetzen. Wie es in Auerbachs obigem Zitat heißt, waren die Autoren in ihrer «Freiheit der kreativen oder fantasievollen Darstellung ... eng begrenzt», indem sie sich an die realistische Schreibweise hielten.

Auf der anderen Seite gab dies einer Autorin oder einem Autor auch die Möglichkeit, sich eine offenere Gesellschaft vor-

---

[48] Auerbach, *Mimesis,* S.14.

zustellen, in der die Einzelnen frei sind, ihr Schicksal selbst zu gestalten, und ein Schriftsteller in der Lage ist, seine Leser auf eine Veränderung hin zu beeinflussen, herauszufordern und zu überzeugen.

Im Fall von Samuel Vedanayagam sehen wir «das Erscheinen des ‹modernen Autors›, der nicht nur schreibt, um seinen Lebensunterhalt zu verdienen, sondern weil er überzeugt davon ist, etwas Wichtiges zu sagen zu haben».[49] Diese Überzeugung von der Richtigkeit des eigenen Tuns ist das Ergebnis des biblischen Einflusses auf die indischen Schriftsteller.

Der Gedanke, dass ein Schriftsteller ein Zeuge ist und eigentlich kein Geschichtenerzähler, machte den Roman zu einem Zeugnis der Hingabe an die Wahrheit, an die Wirklichkeit. Dieser puritanische Zug, der zuerst bei Bunyan und anderen englischen Schriftstellern zu sehen war – noch deutlicher bei Richardson –, wurde zur ungeschriebenen Regel für das Schreiben von Romanen allgemein, in Großbritannien ebenso wie in Indien.

Diesen Modus wendeten die ersten Autoren fiktionaler Prosa in Indien an und machten sich dabei – in gewissem Maße unbewusst – auch die philosophische Grundhaltung hinter dieser Schreibweise zu eigen. Über zwei der frühesten Romanautoren in Indien bemerkt Meenakshi Mukherjee: «Die Bücher, die von Mrs. Mullens und Mrs. Collins geschrieben wurden, mögen keiner ernsthaften literarischen Aufmerksamkeit wert sein, aber sie illustrieren, wie der Realismus als literarische Technik im Zusammenhang mit einer bestimmten Weltanschauung steht.»[50]

Diese «bestimmte Weltanschauung» benennt Mukherjee zwar nicht; doch ist unschwer zu erkennen, was sie meint: die Anschauung, die auf eine Veränderung – und Reformation – der Welt abzielt, indem diese in ihrer Abhängigkeit von der Vorsehung genau und wirklichkeitsgetreu geschildert wird.

---

[49] Ebeling, S. 248–249.
[50] Mukherjee, *Realism and Reality*, S. 23.

Und obwohl Mukherjee der Meinung ist, «der Einfluss christlicher missionarischer Aktivitäten auf das kulturelle Leben in Indien im 19. Jahrhundert insgesamt» sei wohl eher «marginal» gewesen,[51] lässt sich dagegen einwenden, dass indische Autoren sich in ihrer moralischen und formalen Herangehensweise ganz und gar der christlichen literarischen Weltsicht des Realismus verschrieben haben.

Prabhu Guptara, ehemals Professor am St. Stephen's College der Universität Delhi, bringt es auf den Punkt, wenn er sagt, dass auch im höchsten Maße antieuropäische und «nationalistische» Literaten, «vielleicht ohne es zu merken, eine Tradition anwenden, die jetzt ganz und gar durchdrungen ist von westlichen literarischen Formen und Denkkategorien und selbst zu einem Vehikel für die weitere Verbreitung von Betrachtungsweisen der Wirklichkeit geworden ist – von Betrachtungsweisen, die ursprünglich dem Geist des Landes nicht nur fremd waren, sondern ihm geradezu entgegenstanden.»[52]

Und gegenteiligen Meinungen zum Trotz bleibt der Roman ein moralisches Barometer einer Kultur und Gesellschaft, was übrigens nach wie vor der größte Tribut an den Stil und die literarische Darstellungsweise der Bibel bleibt.

4. Literarische Figuren

Mit dem Aufkommen der westlichen, auf der Bibel basierenden literarischen Weltsicht im 19. Jahrhundert in Indien ergab sich eine bedeutende Veränderung in der Art und Weise, wie Figuren in einem literarischen Werk gezeichnet wurden.

Die frühesten modernen fiktionalen Werke kamen aus einer be-

---

[51] Mukherjee, Meenakshi: «Mrs. Mullens and Mrs. Collins: Christianity's Gift to Indian Fiction», in: «The Journal of Commonwealth Literature», Vol. 16, Nr. 1, März 1981, S. 65–75. Online verfügbar unter: https://doi.org/10.1177%2F002198948101600110.

[52] Guptara, Prabhu S.: «The Impact of Europe on the Development of Indian Literature», in: *Review of National Literatures* (USA: New York), Sonderband über Indien, hg. von Ronald Warwick, S. 10, 18–34.

wussten Entscheidung, den gesellschaftlichen und literarischen Status quo ins Wanken zu bringen. Unabhängig von ihrem religiösen Hintergrund bedienten sich Schriftsteller dieses Mittels, um durch Figuren aus Fleisch und Blut die Möglichkeit aufzuzeigen, einen gesellschaftlichen Wandel herbeizuführen. Diese Figuren kämpften gegen die hierarchisch organisierte Gesellschaft, in der sie sich vorfanden, und stellten die Einschränkungen infrage, die dem Individuum durch das Schicksal oder durch soziale Sitten auferlegt wurden.

Die strengen, beinahe erstickenden Regeln der Kasten und Geschlechter wurden infrage gestellt und kritisiert. Die beiden Romane von Krupabai Satthianadhan, *Saguna* und *Kamala*, schufen zum Beispiel zwei unterschiedliche, aber denkwürdige Figuren, die, obwohl sie an verschiedenen Fronten kämpften, den indischen Frauen des 19. Jahrhunderts ein radikales Vorbild präsentierten.

Saguna (1895) ist ein autobiografischer Roman[53] – der erste derartige Roman von einer indischen Autorin in englischer Sprache –, der die intellektuelle Entwicklung der Tochter brahmanisch-christlicher Konvertiten nachzeichnet. Der Roman beginnt mit dramatischen Ereignissen rund um die Bekehrung der Eltern von Saguna. Doch der eigentliche Fokus liegt auf ihrem eigenen Bedürfnis nach vielen kleinen Bekehrungen, während sie zu einer reifen Persönlichkeit heranwächst.

In *Kamala* (1894) gibt es im Gegensatz zu *Saguna* keine christliche Figur. Es ist die Geschichte des Hindumädchens Kamala, Tochter eines gelehrten und liebevollen brahmanischen Vaters. Verheiratet mit einem lieblosen Ehemann und jung zur Witwe geworden, lässt Kamala am Ende all ihren Reichtum hinter sich, um karitative Werke zu tun und den Witwen zu helfen. In mancher Hinsicht ist sie nach Pandita Ramabai (1858–1922) gestaltet, einer Kämpferin für die Rechte indischer Witwen der oberen Kasten.

An einer Stelle im Roman denkt Kamala an Suizid – und wird sich

---

[53] Krupabai begann ihren Roman *Saguna: A Story of Native Christian Life* 1886. Er erschien 1887–1888 als Serie im «Madras Christian College Magazine».

in ihrer tiefen Verzweiflung bewusst, dass Gottes Wohlwollen sie von allen Seiten umgibt. Danach beschließt sie, ihr Leben für den Dienst an der Menschheit einzusetzen: «Ein sanfter, süßer Glanz breitete sich über sie aus, und sie war glücklich in dem großen Selbstopfer, über das sie nachgedacht hatte. Es mag seltsam erscheinen, dass ein unwissendes Hindumädchen eine solche Erfahrung erlebt. Doch selbst ein Wilder ist von großen inspirierenden Naturszenarien zu beeindrucken, und überdies war Kamala anders als andere Hindumädchen, denn sie hatte einen höchst kultivierten Vater und eine gelehrte Mutter. Und sie hatte gelernt, zu fühlen und zu denken.»[54]

In dieser Schilderung können die Leserinnen und Leser einen Widerhall der Biografie von Pandita Ramabai heraushören. In ihren beiden Romanen erschafft Satthianadhan eindrucksvolle Bilder indischer Frauen, die sich nicht ihrem Schicksal, den Sitten oder den Umständen ergeben, sondern mit dem Mut von Heldinnen ihren eigenen Lebensweg wählen.

Tatsächlich befassten sich die frühesten Romane, die im 19. Jahrhundert in Indien geschrieben wurden, zum größten Teil mit Problemen, die mit Frauen zu tun hatten, und in vielen von ihnen waren Frauen die Hauptfiguren. Wie oben gesagt, war die fiktionale Literatur Indiens in jener Zeit bewusst darauf ausgerichtet, den Status quo anzugreifen, und die Schriftsteller gebrauchten eine einfache, aber wirkungsvolle Technik, um in zwei kontrastierenden Bildern eine literarische Figur zu durchleuchten.

Catherine Hanna Mullens ließ in ihrem ersten Roman *Phulmani o Karunar Biboron* zwei bengalische christliche Frauen, Phulmani und Karuna, als Hauptfiguren auftreten. Die erste ist gut organisiert, ordentlich und fleißig, während die zweite unordentlich, schlampig und faul ist. Eine ist glücklich verheiratet, während die andere oft von ihrem trunksüchtigen Ehemann geschlagen wird.

---

[54] Satthianadhan, Krupabai: *Kamala: The Story of a Hindu Child-Wife*. Hg. von Chandani Lokugé, Oxford Univ. Press: New Delhi 2010, S. 141 (Hervorhebung hinzugefügt).

Die Handlung des Romans entfaltet sich, als eine Missionarin Karuna und ihrer Familie hilft, ein wenig Ordnung in ihr Leben zu bringen, indem sie zu praktizieren beginnen, was sie bisher nur mit den Lippen bekannt haben.

Die der Erzählung zugrunde liegende Überzeugung ist, dass Individuen und Familien sich über ihren Stand erheben und ihr Schicksal überwinden können, wenn sie nur versuchen, das, was die Bibel lehrt, in die Praxis umzusetzen.

Diese Methode, eine Handlung zu konstruieren, indem man zwei Arten von Frauen vergleicht, war sehr populär, wie man an Bankim Chandra Chatterjees erstem Roman *Rajmohan's Wife* (1864) sehen kann, wo er auf den ersten Seiten zwei Frauen aus einem Hindudorf kurz einander gegenüberstellt im Blick auf ihre Persönlichkeit, ihre Kleidung sowie ihre Geisteshaltung.

Der erste auf Urdu geschriebene Roman *Mirat-ul-Arus* (1869; Der Spiegel der Braut) von Nazir Ahmed vergleicht auf mehr oder weniger ähnliche Weise zwei muslimische Frauen.[55]

Eine solche Tradition, zwei Frauen zu vergleichen, um zwei verschiedene Verständnisse von Rollen, Aufgaben und Rechten von Frauen zu beleuchten, hatte es in der britischen Literatur schon lange gegeben. Es fallen einem sofort Jane Austens Romane *Sinn und Sinnlichkeit* (1811) und *Stolz und Vorurteil* (1813) ein, in denen die Frauen, deren Unterschiede hervorgehoben werden, Schwestern sind. Literaturkritiker informieren uns, Austen schöpfe dabei «aus einer ehrwürdigen Tradition bei den von Frauen geschriebenen Romanen über fiktive Gegensätze zwischen Schwestern».[56]

---

[55] Diese Technik (Herangehensweise) in der fiktionalen Literatur hat sich bis weit ins 20. Jahrhundert erhalten. In ihrem Roman *Clear Light of Day* (1980) schildert Anita Desai zwei verschiedene Möglichkeiten, im unabhängig gewordenen Indien eine moderne Frau zu sein, anhand der Schwestern Bimla und Tara.

[56] Ballaster, Ross: «Introduction», in: Jane Austen: *Sense and Sensibility*, Penguin: London 2004, S. xiv.

Allerdings reicht diese Tradition der vergleichenden Betrachtung zweier weiblicher Figuren und ihrer Rollen und Stellungen viel weiter zurück als bis ins England des 18. Jahrhunderts. Sie taucht bereits in der Schilderung des berühmtesten Schwesternpaars der Bibel auf – Maria und Marta.

Im Evangelium sehen wir Maria zu Jesu Füßen sitzen und ihm zuhören, während Marta damit beschäftigt ist, die Gäste zu bedienen und eine treu sorgende Gastgeberin zu sein. Als Jesus Maria verteidigt, verteidigt er damit die Anwesenheit von Frauen unter Männern in einer rational-intellektuellen Umgebung. Damit zieht er die Frau aus der Küche heraus, damit sie selbst wählt, was ihr wichtiger ist und was sie sich nicht nehmen lassen wird (vergleiche Lukas 10,42).

Samuel Vedanayagam hatte ein nachhaltiges Interesse an sozialen Reformen, besonders, was die Lebensumstände von Frauen betraf. Zehn Jahre bevor er seinen Roman *Prathapa Mudaliar* veröffentlichte, erschien 1869 von ihm ein Band mit einer Sammlung tamilischer Gedichte und einem Essay über die Notwendigkeit der Bildung für Frauen.

Im folgenden Jahr schrieb er einen weiteren Essay über die Würde der Frauen. Im Laufe des folgenden Jahrzehnts jedoch hatte er begriffen, dass er, um die Vorstellungskraft seiner Zeitgenossen zu packen und sie zu Reformen für Frauen zu inspirieren, sein Anliegen präsentieren musste, indem er zeigte, was Bildung für Frauen bewirken konnte. Dazu musste er starke, aber glaubhafte weibliche Figuren schaffen, denen er seine reformistische Agenda in den Mund legen konnte.

Obwohl der Roman *Prathapa Mudaliar* nach seinem männlichen Protagonisten benannt ist, gibt es in diesem Roman keinen Helden – dafür aber zwei Heldinnen. Prathapas Frau Gnanambal und seine Mutter Sundari sind die wichtigen Figuren, die den Respekt der Leserinnen und Leser auf sich ziehen. Während Prathapa sich als Erzähler des Romans über fast alle Figuren darin lustig macht, einschließlich seiner selbst, bringt er seiner Mutter und seiner Frau – den Frauen, die in der wirklichen Welt von allen Mitgliedern der Familie am meisten vernachlässigt und ausgebeutet werden – nichts als Respekt und Bewunderung entgegen.

Diese beiden Frauen in dem Roman sind keine ohnmächtigen Opfer ihres Schicksals, ihres Geschlechts oder ihrer sozialen Umstände, sondern schaffen es, mit ihrer Weisheit und ihrem tugendhaften Lebensstil Güter und Königreiche zu regieren.

Am Ende des Romans ist sogar die britische Königin beeindruckt von ihnen und belohnt sie: «Der Name und der Ruhm meiner Mutter und Gnanambals verbreiteten sich überall und erreichten sogar Großbritannien, und die Königin ehrte sie großzügig mit dem Titel ‹Royal Ladies› und verlieh ihnen auch viele *Jagirs* [Güter].»[57]

Der Roman des 19. Jahrhunderts als Gattung bekräftigte, dass die Sanftmütigen das Erdreich besitzen werden. Gewöhnliche Männer und Frauen wurden zu inspirierenden Figuren, und weil Figuren sich weiterentwickeln konnten und in der fiktiven Welt zu Agenten der Veränderung wurden, konnten die Leserinnen und Leser Hoffnung schöpfen, diese Veränderung auch in der wirklichen Welt herbeiführen zu können.

Zusammenfassend ist zu sagen, dass es unter Akademikern und Lesern zwar umstritten ist, dass die Bibel einen fundamentalen Einfluss auf die westliche Literatur hatte, ihre Rolle für die Entwicklung nichtwestlicher Literaturen aber weniger erforscht ist. Durch ihre vielen Übersetzungen hat die Bibel fast jede moderne indische Sprache beeinflusst. Sie gab ihnen die Prosa als kraftvolles Ausdrucksmittel. Ihre Sicht der Wirklichkeit wie auch der menschlichen Persönlichkeit und Verantwortung hat den Charakter der Literatur verändert. Sie brachte die Literatur näher zu den Menschen und zu ihren persönlichsten Anliegen. Außerdem machte sie Literatur zu einem sehr wirkungsvollen Werkzeug der Veränderung. All dies sind bis heute wesentliche Bestandteile der modernen literarischen Kultur Indiens.

---

[57] *Prathapa Mudaliar*, S. 237.

Ashish Alexander leitet den Fachbereich Englisch an der Sam Higginbottom University of Agriculture, Technology and Sciences, Allahabad, Indien. Den Impuls zu diesem Essay gab ein Vortrag, den Dr. Alexander auf der 5. SAIACS Academic Consultation hielt, die vom 28.–30. August 2017 in Bangalore stattfand. Der Essay schöpft aus diesem Vortrag, wurde aber gründlich revidiert, neu gegliedert und um einige Abschnitte ergänzt.

13. Kapitel
VON DER PROPHETISCHEN PRESSE ZU DEN FAKE NEWS

Ein Beitrag von Jenny Taylor

«Leb wohl, mein lieber Freund. Ich gehe ins Gefängnis mit unaussprechlicher Freude ...»
Mit diesen Worten begrüßte der erste Enthüllungsjournalist der Welt, ein leidenschaftlicher Christ, der sein Leben als einen prophetischen Dienst verstand, seine Verurteilung für ein mutiges Exposé, das mit dazu beitrug, dem abscheulichen Menschenhandel in London im 19. Jahrhundert ein Ende zu machen.

William Thomas Stead (1849–1912), ein Kämpfer für die Armen und Sozialreformer, dessen Leistungen bis heute nachhallen, war der jüngste Chefredakteur einer Zeitung im Land. Als Chefredakteur der bahnbrechenden «Pall Mall Gazette» setzte er seine Freiheit und seinen Ruf aufs Spiel, um die vornehme Gesellschaft wachzurütteln aus ihrer kollektiven Verleugnung hinsichtlich der Gräuel, die die angesehenen Ehemänner der Stadt an Minderjährigen begingen. Es war ein offenes Geheimnis, dem sich niemand stellen wollte, dass unberührte Mädchen auf Bestellung verfügbar waren.

Aber der markante christliche Eifer, den damals wenige und heute noch weniger Leute wirklich verstehen, erwies sich bei ihrem Fürsprecher Stead als hartnäckig genug, dass es ihm gelang, diesem Handel mit jungen Körpern ein Ende zu bereiten. Darüber hinaus sorgte er auch dafür, dass das Schutzalter von dreizehn auf sechzehn Jahre angehoben wurde – eine Schwelle, die bis heute gültig ist.

In jener Zeit waren es keine zwielichtigen Ganoven, die die Verzweifelten ins Verderben lockten, sondern wohlhabende Männer, die andere dafür bezahlten, ihre sexuellen Wünsche zu erfüllen, die sie in ihrem respektablen Zuhause nicht befriedigen konnten.

Selbst König Leopold II. von Belgien wurde von Stead entlarvt, weil er sich Mädchen aus London bestellt hatte.

«Es kommt nicht oft vor, dass ein Mann mit Stolz und Jubel auf seine Verurteilung und Bestrafung als Krimineller zurückblicken kann. Bei mir jedoch ist das der Fall ...», notierte Stead 1886 triumphierend in seinem Tagebuch.

Stead wusste, dass er mit einem Bein im Gefängnis stand, als er zeigen wollte, wie leicht es war, sich eine unschuldige Dreizehnjährige zu verschaffen. Er akzeptierte dieses Risiko, wie es Propheten schon seit jeher tun mussten.

Eliza Armstrong wurde von ihrer Mutter für fünf Pfund an eine Komplizin verkauft, die die evangelikale Aktivistin Josephine Butler aus dem Leben in der Prostitution herausgeholt hatte. Diese Komplizin brachte Eliza in ein Bordell, wo ihr Chloroform verabreicht wurde, um zu demonstrieren, was getan wurde, um den Widerstand der Kinder zu brechen und ihre Schreie verstummen zu lassen, wenn sie vergewaltigt wurden.[1]

In diesem Fall kam es natürlich nicht zu einem Übergriff. Das Mädchen wurde der Fürsorge der Heilsarmee übergeben. Die Heilsarmee war in Steads Plan eingeweiht und brachte Eliza heimlich an einen sicheren Ort in Südfrankreich.

Trotz der Unterstützung des Kardinals von Westminster und der Pioniere von der «National Society for the Prevention of Cruelty to Children» (Verein gegen Grausamkeit an Kindern) wurde Stead von den meisten seiner Zeitgenossen als «Monster» und «Pornograf» geschmäht. Aber das war ihm egal. Er wusste, dass sein Ruf unwichtig war im Vergleich zu der Ungerechtigkeit, die er aufdeckte. Er wusste auch, dass er nicht zur Polizei gehen konnte, da sie in den üblen Menschenhandel verwickelt war, wie er bei seinem Prozess dem Richter erklärte.

Dazu kam, dass das Thema in der vornehmen Gesellschaft tabu

---

[1] Diese Geschichte bildet den dramatischen Höhepunkt der Nachforschungen Steads. https://attackingthedevil.co.uk/pmg/tribute/mt1.php.

war. Deshalb musste er zweifelsfrei *beweisen*, was vor sich ging, da niemand darüber reden wollte – und er bewies es mit einer Serie spektakulärer Artikel, die in der «Pall Mall Gazette» unter der biblisch anmutenden Überschrift «Jungfrauentribut an Babylon» erschien. Mit diesen Artikeln konnte er die entscheidende Abstimmung über das Schutzalter beeinflussen, als Ende Mai 1885 der «Criminal Law Amendment Act», der in Gefahr stand zu scheitern, im Unterhaus debattiert wurde.

Trotz eines enormen Arsenals an Vorkehrungen gegen die Gefahr einer Strafverfolgung, unter anderem, indem er seine Aktion dem Erzbischof von Canterbury ankündigte, konnte Stead den Richter nicht überzeugen: der befand aufgrund eines Formfehlers, die Reinheit des Motivs reiche nicht aus, um den Journalisten zu retten. Das Recht, so argumentierte der Richter, dürfe nicht verletzt werden, nur damit «Personen, die bestimmten Ideen anhängen, ein von ihnen für gut gehaltenes Ziel erreichen können».[2]

Die Geschichte des westlichen Journalismus ist sowohl in den USA als auch in Europa ausführlich dokumentiert worden. Die meisten Autoren erkennen Steads Rolle als Pionier des «Neuen Journalismus» an, wie Matthew Arnold es nannte. Viele erwähnten dabei auch seinen Glauben.

Doch unter den gegenwärtigen Autoren gibt es keinen, der den Zusammenhang zwischen Stead, den bibelgläubigen Begründern der freien Presse zwei Jahrhunderte vor ihm und den biblischen Propheten, in deren Fußstapfen er ganz bewusst trat, deutlich genug herausstellen würde. Dabei liegt diese Verbindung auf der Hand.

Angesichts der Armut und der Unmoral – Gefährtinnen der Industrialisierung, die damals auf ihrem Höhepunkt stand – und angesichts der Notwendigkeit, über das gewaltige Ausmaß des Leidens, die diese rasche Industrialisierung mit sich brachte, eine kriti-

---

[2] Robinson, W. Sydney: *Muckraker: the Scandalous Life and Times of W. T. Stead: Britain's First Investigative Journalist*, The Robson Press: London 2012, S. 108.

sche Stimme zu erheben, schrieb Stead: «Ich spürte die Heiligkeit der Macht, die mir in die Hände gelegt war, um sie für die Armen, die Ausgestoßenen und die Unterdrückten einzusetzen.»[3]

Als ihm der Posten des Chefredakteurs der Zeitung «Northern Echo» in Darlington angeboten wurde, obwohl er erst 22 war und noch nie eine Zeitungsredaktion betreten hatte, schrieb Stead an einen Freund: «Was für eine herrliche Gelegenheit, den Teufel anzugreifen.»

Er schwelgte ohne Scheu in seiner Gelegenheit, seine neue Rolle als «eine Kanzel» für die Verbesserung des Lebens der Armen einzusetzen, und schrieb: «Wir erreichen jetzt 13.000; wir können vielleicht 20.000 erreichen. Als einzelner Prediger zu 20.000 Menschen zu sprechen ist besser, als nur ein Zehntel der Verkündigungskraft bei einer Zeitschrift mit einer Auflage von 200.000 zu sein.»

Für diese Ansicht gab es prominente Vorläufer: Für Thomas Carlyle in seiner Vortragsreihe über Helden im Jahr 1840 war ein «Man of Letters» ebenso heldenhaft wie ein Priester, Dichter oder König, denn «überall in der zivilisierten Welt gibt es eine Kanzel, damit von dort aus ein Mann mit gewandter Zunge absolut wirkungsvoll zu seinen Mitmenschen sprechen kann».[4] Es war ein «rechtes, frommes Werk», und diejenigen, die dazu berufen waren, «empfanden, dass dies das Wichtigste war; dass es ohne dies nichts Gutes gab».

Für Carlyle wirkte das Schreiben Wunder, weil es «Menschen überzeugt». Genau das war Steads Ziel; die Zeitung war seine Kanzel. Er war die lebendige Verkörperung der idealistischen Vision Carlyles, die er in demselben Vortrag schilderte: «Wer ein wahres

---

[3] Tagebucheintrag von W. T. Stead (4. Juli 1875), zitiert nach Scott, J. W. Robertson: *The Life and Death of a Newspaper*, Methuen: London 1952, S. 100. Er spricht über Steads puritanische [streng religiöse] Erziehung und sein messianisches Selbstbild als «von Gott gesandter Bote».

[4] Carlyle, Thomas: «The Hero as Man of Letters. Johnson, Rousseau, Burns», 5. Vortrag in der Reihe *On Heroes, Hero-Worship, and the Heroic in History*, hg. von David R. Sorensen und Brent E. Kinser, Yale Univ. Press: Newhaven und London 2013, S. 135.

Buch schreiben und England überzeugen kann, ist er nicht der Bischof und Erzbischof, der Primat von England und von ganz England? Ich sage oft, die Schreiber der Zeitungen, Pamphlete, Gedichte und Bücher, sie sind die wahre, wirkende, wirksame Kirche eines modernen Landes.»[5]

Stead trug diesen Mantel mit Begeisterung, denn er erkannte tiefer als irgendjemand vor ihm die Stimmung einer Zeit der öffentlichen Kommunikation, die sich zweihundert Jahre zurückverfolgen ließ zu dem Kampf um Seelen, der in der aufkommenden Presse des Bürgerkrieges ausgefochten wurde. Die Spur geht noch weiter zurück bis zu den großen protestantischen Reformatoren, für die, wie es der katholische Schriftsteller Paul Johnson ausdrückte, «der Geruch der Druckertinte der Weihrauch» war.[6] Stead ererbte also eine gute Tradition. Ganz allein hätte er es nicht schaffen können, ohne eine Welle der Sympathie, die bereits die größten christlichen Geister Englands mitriss und die Welt, wie wir sie heute kennen, in Gang setzte.

Als ihm 1880 der Posten als Assistenzredakteur der «Pall Mall Gazette» angeboten wurde, war es für Stead der Beginn eines Einsatzes für Innovation und Veränderung, der zum Fundament der modernen Welt, und nicht nur der Presse, beitrug.

Seine Neuerungen wurden von seinem atheistischen Chefredakteur John (später Lord) Morley enthusiastisch begrüßt: «[Er ist] der einflussreichste Journalist auf der Insel.»[7] «Seine außerordentliche Tatkraft und Haltung lassen andere Leute wie Waschlappen erscheinen, wie Kreaturen von moralischer Défaillance», sagt Morley in seinen *Recollections* über Stead.[8]

---

[5] Ebenda, S. 5.
[6] Johnson, Paul: *A History of Christianity*, Weidenfeld & Nicolson: London 1976, S. 271. Zitiert nach Stark, Rodney: *For the Glory of God: How Monotheism Led to Reformations, Science, Witch-Hunts and the End of Slavery*, Princeton Univ. Press: Princeton 2015, S. 75.
[7] Herd, Harold: *The March of Journalism: The Story of the British Press from 1622 to the Present Day*, George Allen & Unwin: London 1952, S. 228.

Zu diesen Neuerungen gehörten:

- der Gebrauch von *Illustrationen,*
- die Einführung von *Zwischenüberschriften* aus einem oder zwei Wörtern, um den Text aufzulockern. (Vor der Einführung der Zwischenüberschriften wurde der ganze Text in einem Block gedruckt, ohne auflockernde Absätze etc.)
- die Entwicklung des *Interviews* in Großbritannien. Die Form selbst wird dem Amerikaner James Gordon Bennett zugeschrieben, dem eigenbrötlerischen Eigner und Chefredakteur des «New York Herald», dessen Sensationalismus als Ausruf in die englische Sprache eingegangen ist,[9]
- der *«Knüller»* (die Sensationsnachricht oder Exklusivmeldung).

Die wesentliche Veränderung bei der «Pall Mall Gazette» war der Tonfall der Zeitung. «Wenn Stead erkannte, dass etwas getan werden musste, dann zog er dafür mit einer Tatkraft und Dringlichkeit zu Felde, die niemand je übertroffen hat», schreibt ein Kommentator. Er hatte «die mitreißende Leidenschaftlichkeit, die aus einer absoluten Überzeugung von der Richtigkeit einer Sache entspringt», sagte ein anderer.

Zu seinen Kampagnen gehörten:

- die Verbesserung der Lebensbedingungen der Armen in London;
- die Entsendung von General Gordon (den er interviewte) in den Sudan und damit die Veränderung der Außenpolitik Großbritanniens von einem grausamen Laissez-faire-Stil (einem Mangel an Engagement, was zum Beispiel die Große Hungersnot in Irland, 1845–1852, verschlimmerte) hin zu einem strategischen Engagement, wie es bis heute gepflegt wird;

---

[8] Ebenda, S. 227, Zitat aus Morley, John: *Recollections,* Bd. 1, Macmillan: London 1918.

[9] Steads Coup ist umstritten: Piers Brendon behauptet, W. H. Russell habe die Nase vorn gehabt.

- die Stärkung der Navy (seine Kampagne «Truth about the Navy» bewirkte eine Erneuerung der Seestreitkräfte).

Stead brachte ein Establishment, das ihn manchmal als «Skandaljournalisten» aus dem Norden betrachtete, enorm in Verlegenheit, aber man billigte ihm zu Recht auch zu, dass er das Land veränderte. «Die kreativste Kraft im englischen Journalismus zwischen dem Tod Delanes und dem Kommen Northcliffes» nennt ihn Piers Brendon.[10] Und: «Steads persönlicher Einfluss auf den Neuen Journalismus war immens», schreibt Griffiths.[11] Seine Tochter Estelle fügt hinzu: «Er formte praktisch das England seiner Zeit in einem stärkeren Maße als irgendein anderer Mensch darin.»[12]

W. T. Stead – diesen Namen sollte jeder kennen. Dass das nicht der Fall ist, sagt mehr über unsere Zeit aus als über seine. Kann es sein, dass unter heutigen Medienhistorikern ein absichtlicher blinder Fleck wirksam ist, was die Grundlagen ihrer Branche betrifft? Eine solche Blindheit könnte ihre Ursache haben in der bestehenden Verwirrung über die sogenannte *Neutralität* der Presse, die im Gegensatz steht zu einer wahren *Objektivität auf Grundlage der positiven Werte,* auf denen die Presse aufbaute. Wir werden darauf zurückkommen müssen.

Es gibt noch einen zweiten Hinweis, der darauf hindeutet, dass dem rohen Instinkt, «zu veröffentlichen und zu informieren» (der uns eine freie Presse gegeben hat), mehr als nur eine Prise christlichen Prophetentums beigefügt wurde. Diesen zweiten Hinweis wollen wir jetzt untersuchen: die Rangliste der Pressefreiheit.[13]

Diese jährlich durchgeführte Erhebung zur Pressefreiheit in 180 Nationen ist ein Projekt der vielfach preisgekrönten französischen

---

[10] Brendon, Piers: *The Life and Death of the Press Barons,* Athenaeum: New York 1983, S. 72.
[11] Griffiths, Andrew: *The New Journalism, the New Imperialism and the Fiction of Empire, 1870–1900,* Palgrave Macmillan: Basingstoke 2015, S. 61.
[12] Ebenda, S. 62.
[13] https://rsf.org/en/ranking (Zugriff am 8. Juli 2018).

NGO «Reporter ohne Grenzen». Vor dreißig Jahren von vier Journalisten in Montpellier gegründet, ist sie angewachsen zu einer Organisation mit Millionenbudget und «beratendem Status» bei der UNO, der UNESCO und dem Europarat.[14] Sie kämpft gegen Missstände in Ländern, die den Journalismus durch Folter und Haft unterdrücken und dadurch der Bevölkerung den Zugang zur Wahrheit vorenthalten.

Von den zwanzig Spitzenreitern auf dieser Rangliste sind mit einer Ausnahme alles Nationen, deren Verfassungen erwuchsen aus dem reformatorischen Kampf für Freiheit, der mit Martin Luther begann. Dieser Kampf stellte die Wahrheit über Kirche und Staat. An der Spitze steht Norwegen – wo der Staat immer noch von der Kirche betriebene Journalistenschulen finanziert und wo die Kirche noch Zeitungen besitzt –, dicht gefolgt von Schweden, den Niederlanden, Finnland und der Schweiz. Alle anderen in der Spitzengruppe von zwanzig Ländern sind europäische Nationen, bis auf sechs: Costa Rica und Uruguay, zwei römisch-katholische Länder in Lateinamerika; Jamaika, das zwar eine Hochburg der Sklaverei war, aber stark geprägt wurde von christlichen Missionaren; sowie Kanada, die USA und Neuseeland, die alle ihre Verfassungen aus einer biblischen Reformation abgeleitet haben (und alles ehemalige britische Kolonien sind).

Von den zwanzig Ländern am unteren Ende der Rangliste ist keines europäisch oder christlich; fünfzehn davon sind muslimisch. Von den fünf Schlusslichtern sind drei muslimisch und zwei atheistisch, darunter Nordkorea, das Land mit der schlechtesten Bewertung überhaupt.

Das erste muslimische Land auf der Liste taucht an 50. Stelle auf: Senegal, das historisch aufgrund des malikitischen statt des hanbalitischen Rechts eine friedliche Form des Islam praktiziert. Das

---

[14] Die Rangliste der Pressefreiheit von «Reporter ohne Grenzen» für 2018 kann eingesehen werden unter https://rsf.org/en/ranking (Zugriff am 12. Juli 2018).

nächste muslimische Land ist der Kosovo auf Platz 78 – stark beeinflusst von Europa. Wohlstand spielt keine Rolle, denn Qatar, eines der reichsten Länder der Welt, kommt erst auf dem 125. Platz, unmittelbar vor dem hoffnungslosen Fall Simbabwe.

Indien, offiziell ein säkularer Staat, in dem aber die Hindus in der Mehrheit sind und eine hinduistische Partei an der Macht ist, steht – zu meiner Schande – auf Platz 138; die buddhistischen Länder Thailand und Kambodscha noch weiter unten an 140. und 142. Stelle. Das islamische Brunei kommt trotz seines gewaltigen Ölreichtums auf den 153. Platz.

Es erinnert deutlich an Milton, Carlyle und Stead, wenn «Reporter ohne Grenzen» schreibt: «Die Freiheit der Meinungsäußerung und Information ist die erste und wichtigste der Freiheiten. Wie können wir Gräueltaten gegen Zivilisten bekämpfen, die Tragik eines Kindersoldaten anpacken, Frauenrechte verteidigen oder unsere Umwelt schützen, wenn Journalisten nicht die Freiheit haben, über die Fakten zu berichten, auf Missbräuche aufmerksam zu machen und an das Gewissen der Öffentlichkeit zu appellieren?

Es gibt Länder, in denen die Folterer aufgehört haben zu foltern, als die Medien anfingen, über sie zu reden, und in denen korrupte Politiker ihre zwielichtigen Machenschaften aufgegeben haben, als Investigativ-Journalisten belastende Informationen veröffentlichten.»[15]

Nichts davon geschieht, ohne dass Journalisten einen hohen Preis an Leben und Lebensunterhalt dafür zahlen. Allein 2018 wurden 54 Journalisten getötet.[16] Doch wie die biblischen Propheten der alten Zeit, wie Jeremia und Daniel nur zu gut wussten, war Freiheit schon immer nur mit Blut und Opfern zu erlangen.

Weil es ihn so sehr danach verlangte, den gewöhnlichen Menschen in England die Wahrheit zugänglich zu machen, die ihnen helfen würde, sich über ihr Analphabetentum und ihre Unterjo-

---

[15] Ebenda.
[16] Committee to Protect Journalists, cpj.org, Zugriff am 3. August 2019.

chung zu erheben, wagte es William Tyndale (1494–1536), die Bibel zu übersetzen in die englische Umgangssprache; in eine Sprache also, die sie verstehen konnten. Er wurde in der Nähe von Brüssel erwürgt und auf dem Scheiterhaufen verbrannt, weil er für die Gewissensfreiheit und für die Meinungsfreiheit eintrat. Sein Beitrag zur Entwicklung der englischen Sprache ist einzigartig. Seine Leidenschaft hallt durch die Jahrhunderte bis heute nach:

«Verzweifle nicht daran und lass dich nicht davon entmutigen, lieber Leser, dass es dir verboten ist unter der Drohung, Leben und Gut zu verlieren, oder dass es hingestellt wird als Verstoß gegen den Frieden des Königs oder als Verrat gegenüber Seiner Hoheit, das Wort deines Seelenheils zu lesen – denn wenn Gott auf unserer Seite ist, was gilt es dann, wer gegen uns ist, und seien es Bischöfe, Kardinäle, Päpste?», schrieb er.

Die Rangliste der Pressefreiheit illustriert, wie ein so leidenschaftliches Engagement Kulturen transformiert.

Um unser drittes Indiz für die biblischen Wurzeln der Pressefreiheit zu finden, müssen wir nach China schauen und den prägenden und transformierenden Einfluss der Bibel auf die Massenmedien verstehen – und erkennen, was passiert, wenn dieser Einfluss weggenommen oder unterdrückt wird.

Schon fast achtzig Jahre bevor W. T. Stead sich in England an die Schreibmaschine setzte, gab es in China eine freie, aufklärende und engagierte Presse – dank dem Pioniermissionar Robert Morrison, der 1807 die erste Druckerpresse nach China brachte. Noch viel früher, vermutlich zwischen dem 4. und 7. Jahrhundert nach Christus, wurde in China selbst das Drucken erfunden, anfangs mit aus Holz geschnitzten Platten, die benutzt wurden, um Textilien zu bedrucken oder kurze buddhistische Texte auf den Markt zu bringen, die von Gläubigen als Talismane mitgeführt wurden.

Später entstanden lange Schriftrollen und Bücher, erst als Holzschnittdrucke und dann, vom 11. Jahrhundert an, mithilfe beweglicher Drucktypen preiswerte Bücher für die Elite. Dass dieser Erfindungsreichtum in seinen gesellschaftlichen Auswirkungen jahrhundertelang begrenzt blieb, ist die Folge kultureller Hindernisse, zu denen auch die Komplexität eines Alphabets gehört, das sich so entwickelte, dass es die Wahrheit vor den Massen eher verbarg, als sie zu offenbaren.[17]

Erst mit der Ankunft der christlichen Mission in China trat eine Veränderung ein. Morrison segelte 1807 im Auftrag der London Missonary Society (LMS) nach China. Er war seit der Auflösung des Jesuitenordens 1773 der erste Missionar, der das chinesische Festland betrat. Die LMS hatte ihn beauftragt, durch die Herstellung von Druckerzeugnissen das christliche Evangelium zu verbreiten. Dies tat er unter dem Schutz der Briten in Malakka.

Es war eine Zeit der Feindseligkeit gegenüber dem Christentum. Verkündigung war verboten, doch Morrison fand: «Die Wirkung von Büchern ist still, aber stark.» Unter dem Schutz der britischen Navy veröffentlichte er so viel, wie er konnte, obwohl ein kaiserliches Edikt das Christentum unter Todesstrafe stellte.

Mit Unterstützung von William Milne brachte er ab August 1815 das «China Monthly Magazine» heraus, das mit traditionellen chinesischen Holzschnitten für die große Mehrzahl der chinesischen Bevölkerung gedruckt wurde – nicht nur für die Elite, sondern auch für die Armen und die Arbeiter. Die Zeitschrift konzentrierte sich auf biblische Themen, brachte aber auch Artikel über Moral, Sitten, Astronomie, Geografie usw. Ge Gongzhen bezeichnete sie in seinem 1927 erschienenen Buch *The History of Chinese Journalism* als die erste moderne Zeitschrift, und sie gilt weithin als Anfang des modernen chinesischen Journalismus.

In einer Verlautbarung, die an frühere protestantische Denker erinnert, schrieb Milne: «Das Christentum zu verbreiten war ihr Hauptziel, doch auch andere Dinge sollten nicht vernachlässigt wer-

---

[17] In einer Erörterung über die chinesische Schrift schreibt David Moser von der Beijing Capital Normal University über die «zermürbende Gedächtnislast», die diese Schriftsymbole immer noch darstellen. https://language log.ldc.upenn.edu/nll/?p=25776, Zugriff am 6. September 2018.

den. Wissen und Wissenschaft sind die Mägde der Religion und können zu Hilfsmitteln der Tugend werden.»[18]

Dieses Bestreben widerspricht der Ansicht, Missionare hätten Kulturen zerstört und wären nur darauf aus, die eigene Religion an die Stelle dessen zu setzen, was sie vorfanden. Vieles von dem, was sie vorfanden, war bewundernswert, aber vieles war auch erstarrt, grausam und bedrückend nach der unveränderlichen tausendjährigen Herrschaft der Qing-Dynastie, geplagt von Opiumkriegen, verheerenden Niederlagen und erniedrigenden Verträgen.

Vor Morrison war die vom Kaiserpalast aus produzierte und vertriebene «Imperial Gazette» die einzige Nachrichtenquelle im Land. Sie war nur für Höflinge erhältlich und erschien unregelmäßig. Aus beiden Gründen kann man sie nicht als Zeitung bezeichnen. Doch für öffentliche Informationen gab es nichts anderes. Xiantao Zhang schreibt: «Obwohl sein Einfluss begrenzt war, machte das ‹China Monthly Magazine› Schluss mit der langjährigen privilegierten Leserschaft, der die kaiserliche Presse über tausend Jahre lang gedient hatte.»[19]

Milne gab sein Leben für diese Anstrengung und starb mit nur 37 Jahren. Zhang fügt hinzu: «Die missionarische Presse in China war nicht nur das Produkt einer evangelikalen Erweckung, sondern auch eine Folge der frühen Globalisierung der westlichen Moderne.»

Am Ende des ersten protestantischen Jahrhunderts in China konnte der Wegbereiter des Journalismus und führende Reformer Liang Qichao bewundernd die Meinung äußern: «Gedankenfreiheit, Redefreiheit und Pressefreiheit sind die Grundlage jeder Zivilisation, aus der sich die Entwicklung der modernen Welt ableitet. Die Zeitung ist das Zentrum des Denkens und Redens der Menschen.»[20]

Der Höhepunkt der missionarischen Presse war «Wan Guo Gong

---

[18] Zitiert nach Zhang, Xiantao: *The Origins of the Modern Chinese Press: The Influence of the Protestant Missionary Press in Late Qing China*, Routledge: London 2007, S. 37.
[19] Ebenda, S. 38.
[20] Zitiert nach Zhang, *Origins*, S. 3.

Bao» («Das chinesische Globe Magazine», später umbenannt in «Review of the Times»), die erste Zeitung Chinas, hergestellt unter Aufsicht eines Amerikaners aus der Southern Methodist Church, Young John Allen (1836–1907), in Zusammenarbeit mit chinesischen Gelehrten. Sie brachte es auf eine Auflage von 38.400 Exemplaren. Enthalten waren eine Mischung nationaler und internationaler Nachrichten sowie Vorschläge für Reformen. Selbst der Kaiser las diese Zeitung.

Es dauerte zwanzig Jahre, bis sie sich aus einem wöchentlich erscheinenden Nachrichtenmagazin namens «Church News» entwickelt hatte, das Allen anfangs als Plattform nutzte, um auf Reformen zu drängen. «Gong Bao» machte so viel Eindruck, dass Liang Qichao seine eigene Version davon produzierte, unter demselben Titel, und einige ihrer Artikel nachdruckte.

Christliche Intellektuelle handelten aus einem prophetischen Drang, die chinesische Gesellschaft zum Besseren zu verändern, als sie Journalismus und soziale Reformen einführten. Zhang schreibt: «Diese ‹winzige Fraktion›, die ihre progressive intellektuelle Herangehensweise einsetzte für ihre Spiritualität, entfaltete Ende des 19. Jahrhunderts eine enorme gesellschaftliche, politische und kulturelle Wirkung.» Und sie fügt hinzu: «Die breite Agenda sozialer und pädagogischer Anliegen, die den tiefen Quellen der evangelistischen Haltung der Missionars-Journalisten entsprang, war zweifellos das bedeutsamste Element bei der Einführung einer modernen journalistischen Kultur unter den Gelehrten der chinesischen Oberschicht.»[21]

Am Ende ihrer Untersuchung stellt Zhang fest, dass die Missionare mehr Erfolg hatten bei der Verbreitung ihrer Sprache, ihrer Technik, ihres Einblicks «in die Möglichkeit einer autonomen ‹öffentlichen Sphäre› und in die Gewohnheiten der Freiheit» als bei der Weitergabe ihres Glaubens. «Stattdessen adaptierten die chinesischen Intellektuellen das Modell, das die Missionare ihnen vor-

---

[21] Ebenda, S. 8.

gaben, an eine eigene säkulare Form der kulturellen Moderne, die konfuzianische Einflüsse beibehielt.»[22]

Das leitete ihren Niedergang ein. Weit davon entfernt, ein kultureller Imperialismus zu sein, befreite der biblische Einfluss gerade durch sein Scheitern diejenigen, denen zu dienen er gekommen war, ohne Vorurteil, selbst als sein Erfolg sein eigenes Ende herbeiführte. Die Missionare erreichten über die Zeitung nicht nur das Ende des Füßebindens, sondern gaben auch Gedanken über Kosmologie, Zeit und Raum weiter.

Als Sun Yat-sen 1911 an die Macht kam, ein von Missionaren ausgebildeter Christ und erster vorläufiger Präsident der in Gründung befindlichen Republik China, konnte er mit völliger Offenheit sagen: «Die republikanische Bewegung begann an dem Tag, als Robert Morrison chinesischen Boden betrat.»[23]

Säkulare Wissenschaftler, die die mutigen Innovationen der Missionars-Journalisten im bevölkerungsreichsten Land der Erde erkennen, fragen sich, warum sie nicht mehr Spuren in Form von Pressefreiheit hinterlassen haben. Das liegt daran, dass deren Daseinsgrund ihren biblischen Impuls verlor, nachdem sie zuerst von den konfuzianischen Gelehrten säkularisiert und dann durch die kommunistische Zensur ganz unterdrückt wurde. Zhang gibt zwar die Schuld den Missionaren, weil sie nicht weit genug gegangen seien, schreibt aber dennoch das von ihnen Erreichte «den tiefen Quellen [ihrer] evangelistischen Haltung» zu – Motivationsquellen, die der Tradition der biblischen Propheten entspringen.

Und was in China geschah, wiederholte sich in vielen anderen Teilen der Welt, von Indien bis nach Afrika und anderswo. Doch wo die Bibel China eine echte Pressefreiheit gebracht hatte, wurde diese von der althergebrachten Religion und dann vom Kommunis-

---

[22] Ebenda, S. 144.
[23] Zhang, *Origins*, S. 35, zitiert einen «anonymen Artikel», der kein Datum für diese Bemerkung angibt, aufbewahrt in File Box 3, China Personal, CWM/LMS, Bibliothek der School of African and Oriental Studies, Universität London.

mus wieder zerstört. Heute, nach siebzig Jahren Atheismus, besetzt China unter den 180 Nationen auf der Rangliste der Pressefreiheit den fünftletzten Platz.

Europas Kampf um Freiheit

Die Großkirchen in Deutschland stehen allgemein in dem Ruf, für Einschränkungen der Freiheit zu stehen und für die Verfolgung derer, die den Status quo bedrohen. Diese Ansicht ignoriert die Schlüsselrolle, die christliche Reformatoren bei der Entwicklung einer freien Presse spielten. Der Gärungsprozess der Ideen, die die Reformation des 16. Jahrhunderts bewirkten, brachte die Revolution des Druckwesens in Gang und wurde dann von ihm weiter angetrieben.

Wie die institutionelle Kirche, so fehlerhaft und sündig sie auch immer gewesen ist, durch die Gnade Gottes dennoch die intellektuellen Grundlagen legen konnte für die geistliche und soziale Erneuerung der Gesellschaft von oben nach unten, das ist für weltliche Autoren unbegreiflich. Deshalb fanden wir es notwendig, diese drei Hinweise zu geben als Anreiz für einen tieferen historischen Blick auf die religiösen und insbesondere biblischen Kräfte, die die Freiheiten geprägt haben, auf denen die Presse des modernen Westens aufgebaut ist.

Mit einem klareren Blick für ihre biblischen Wurzeln können wir nun weiter zurückgehen in die Geschichte und die religiösen Gärungsprozesse im 16. und 17. Jahrhundert, aus denen das Pressewesen des Westens hervorgegangen ist.

Der Kampf um die Freiheit der Rede, des Denkens und der Religion befeuerte schon lange vor dem 18. Jahrhundert die Entwicklung der Druckkultur. Während das offizielle «Christentum» die Freiheit unterdrückte, Bücher und freies Forschen verbot, wurden diejenigen, die der Bibel folgten und ihr Kreuz auf sich nahmen, zu «Propheten». Sie reformierten die Kirche und die christlichen Nationen.

Kulturen wie der Islam, die das Kreuz als «Schwäche» ablehnen, schaffen keine Freiheit. Auf die Bibel gegründete Gesellschaften bringen Könige, Bischöfe, Parlamente und Gerichte unter die Autorität der Wahrheit.

Unter den Tudors (1485–1603 Könige von England) entwickelte sich das Druckwesen als Teil des Kampfes um Religionsfreiheit, allerdings mehr in Form von Flugblättern zu einem konkreten Thema als in Form von Zeitungen, wie wir sie heute kennen. Im 17. Jahrhundert waren Druckschriften in allen ihren Formen von zentraler Bedeutung für das religiöse Ringen um politische und parlamentarische Rechte. Zeitungen entstanden, weil der Handel zuverlässige Informationen brauchte, um über Investitionen zu entscheiden; aber auch Religionsführer auf lokaler wie nationaler Ebene bedürfen einer beständigen Versorgung mit Nachrichten.

Umgekehrt haben Regierungen das Bedürfnis, mit ihren Bevölkerungen zu kommunizieren. In einer Zeit, in der «Politik Religion und Religion Politik» war, stand für die Wahrheit viel auf dem Spiel. Vielleicht war es daher unvermeidlich, dass die Kontrolle über die Presse für Politiker zu einem dringenden Anliegen wurde. Von Heinrich VIII. und den Tudors Ende des 16. Jahrhunderts über den Puritaner-Aufstand in den 1640ern bis hin zur schließlichen Kapitulation des Oberhauses, als es 1771 zuließ, dass Reporter über seine Debatten berichteten, sehen wir dieselbe Besorgnis unter den Mächtigen:

Wie lässt sich einer skeptischen oder gar scharf kritischen Presse ein Maulkorb anlegen?

Doch der Drang nach Veröffentlichung war unaufhaltsam, sowohl in kommerzieller als auch in politischer – und vor allem in religiöser Hinsicht. Der Tonfall freilich war nicht immer der feinste: «Wenn wir die Skurrilität bedenken, die bislang politische und religiöse Flugblattschreiber und Verfasser aufrührerischer Attacken gekennzeichnet hatte, ist es keine Überraschung, festzustellen, dass die Masse der nachgemachten *Diurnalls* und der noch zahlreicheren *Relations* [beides Publikationsformen] unehrliche Produktionen waren», schreibt ein Kommentator. Die «London Gazette» gilt als die erste *richtige* Zeitung Englands; einer ihrer Vorläufer, der «Mercurius Civicus», trug damals den hochtrabenden Untertitel «Londons Berichterstatter oder Die Wahrheit, unparteiisch von dort ins ganze Königreich berichtet, um Desinformation zu verhindern».

Der Journalismus war nicht das Kind der Druckerpresse (die Martin Luther 1517 als «die beste Erfindung Gottes!» bezeichnete), sondern entsprang dem Bedürfnis, die Wahrheit ans Licht zu bringen. Dieses erlaubte nicht nur die Verbreitung von Exemplaren der kirchenkritischen Schriften Luthers, die zu einer Revolution der Religionsfreiheit führten. Es erlaubte auch den Druck der Bibel in der Umgangssprache statt auf Latein, der es dem Einzelnen möglich machte, die Bibel selbst zu studieren und, wo nötig, die Lehre der Kirche infrage zu stellen.

Als sich die Praxis, Nachrichten zu drucken, immer mehr verbreitete, wurden die Nachrichtenblätter zu «London letters» an die Provinzpresse. Sie enthielten nur Berichte über Ereignisse in Übersee, denn innenpolitische Themen galten als zu heikel, um darüber zu schreiben! So scharf wurde die Presse überwacht, dass trotz der von Jakob I. erteilten Erlaubnis nach der Thronbesteigung Karls I. (1625) einige Jahre lang offensichtlich kein Nachrichtenblatt und keine Zeitung erschien.

Doch mit dem Zusammentreten des «Kurzen Parlaments» 1640 ließ sich die «öffentliche Meinung» nicht länger zum Schweigen bringen, und das englische Zeitungssystem fand zu seiner Form. Diese Zeitungen erschienen wöchentlich – an Tageszeitungen war noch nicht zu denken. Der Inhalt bestand hauptsächlich aus Zusammenfassungen der Parlamentsdebatten.

Wickham Steed, ein bekannter Journalist aus der Zeit zwischen den Weltkriegen, sagt: «Der reguläre englische Journalismus begann mit dem [englischen] Bürgerkrieg und den politischen Auseinandersetzungen, die zu ihm geführt hatten. Von Anfang an war er lebhaft und im Ganzen wahrheitsgetreu.»[24]

Der zweifellos wichtigste Beitrag zur freien Meinungsäußerung

---

[24] Steed, Wickham: *The Press*, Penguin: London 1938, S. 110.

wurde 1644 von John Milton artikuliert, mitten im ersten englischen Bürgerkrieg. Milton war ein puritanischer Gelehrter und Unterstützer des republikanischen Revolutionärs Cromwell, der den Kampf gegen die korrupte Monarchie anführte, dabei aber die Presse unterdrückte, um die Bevölkerung im Griff zu behalten. Mit nur 36 Jahren schrieb Milton seine berühmten *Areopagitica*; darin verteidigte er leidenschaftlich das unlizenzierte Drucken. Dennoch richtete sich sein Zorn nicht gegen das Lizenzieren allgemein, zumal er später Cromwells Zensor wurde, sondern gegen die Unterdrückung zweier seiner eigenen Traktate, in denen er sich für die Erlaubnis der Ehescheidung ausgesprochen hatte – was die Puritaner als lästerlich und sozial unverträglich betrachteten.

Milton war unbußfertig. «Vor allen anderen Freiheiten gebt mir die Freiheit, frei nach meinem Gewissen zu wissen, zu äußern und zu argumentieren», schrieb er. Er war überzeugt, in jedem öffentlichen Ringen mit dem Irrtum werde immer die Wahrheit gewinnen, und jeder sollte sich ohne Einmischung seine eigene Meinung bilden dürfen.

Miltons Vorstellung, wer die Freiheit haben sollte, seine Ideen auch auszudrücken, beschränkte sich freilich auf diejenigen von ernsthafter Gesinnung (die heutige Regenbogenpresse hätte er bekämpft). Dennoch erwiesen sich seine Ansichten innerhalb von hundert Jahren als grundlegend; sie finden sich sogar in den Debatten um den Ersten Verfassungszusatz der amerikanischen Verfassung, der Religions-, Meinungsäußerungs- und Versammlungsfreiheit garantiert.[25]

---

[25] Der Erste Verfassungszusatz der amerikanischen Verfassung garantiert Freiheiten der Religion, der Meinungsäußerung, der Versammlung und das Petitionsrecht. Es verbietet dem Kongress sowohl die «Förderung einer Religion gegenüber anderen» als auch die «Einschränkung der Religionsausübung des Einzelnen». Er garantiert die «Freiheit der Meinungsäußerung», indem er dem Kongress untersagt, die Presse oder das Recht des Einzelnen, sich frei zu äußern, einzuschränken. Außerdem garantiert er das Recht der Bürger, «sich friedlich zu versammeln und Petitionen an ihre Regierung zu richten».

Die «London Gazette», die wie bereits erwähnt als die erste richtige Zeitung gilt, erschien erstmals am 1. Februar 1666. (Sie startete zunächst als «Oxford Gazette», da der König nach Oxford geflohen war, um der Pest in London zu entgehen.) Unter der Redaktion von Henry Muddiman brachte sie auf zweispaltig und eng bedruckten Blättern knappe Schilderungen von Schiffsunglücken, Ereignissen an europäischen Kriegsfronten und Bitten um Gebet. Die Bandbreite der Themen weist auf das zwanglose Miteinander von Handel, Außenpolitik und Religion hin.

Samuel Pepys fand das gut. Der große Tagebuchschreiber notierte: «Sehr hübsch, voller Neuigkeiten und keine Torheit darin.» Die erste Ausgabe der «London Gazette» bat um Gebet im Anschluss an einen Bericht über das Konsistorium in Rom, wo Seine Heiligkeit seine Kardinäle über seine große Besorgnis unterrichtet hatte, «dass die Christenheit wieder in Kriege ausbrechen werde». An anderer Stelle wird über die erneute Bekehrung eines abgefallenen Anglikaners und Anführers der [puritanischen] «Phanatics» [sic] berichtet, Seite an Seite mit weiteren Nachrichten aus der Seefahrt.

Spätestens in den 1660ern war die Notwendigkeit, den Wunsch der Öffentlichkeit nach Nachrichten zu befriedigen, offiziell anerkannt. Damit begann eine Phase, in der Nachrichtenblätter erlaubt waren und ohne Einschränkung und Zensur der Oberschicht zur Verfügung standen; dies verschaffte ihr ein dringend benötigtes Korrektiv gegenüber dem trockenen und manchmal irreführenden Angebot der offiziellen Medien.

Der Respekt, den man dem «ersten Journalisten» Henry Muddiman (auch bekannt als «Journalist des Königs») entgegenbrachte, und die Tatsache, dass die «London Gazette» die am längsten ununterbrochen erscheinende Zeitung in Großbritannien ist und immer noch täglich über die Regierungsgeschäfte berichtet – dies alles «bedeutete, dass noch vor dem Ende des Jahrhunderts die Pressefreiheit beginnen und die moderne Zeitung folgen sollte».[26]

---

[26] Steed, *Press*, S. 365.

Dass die britische Presse im Gegensatz zu der in China immer noch frei ist, liegt daran, dass es in der britischen Kultur immer noch Reste eines biblischen Einflusses gibt.

Aufstieg und Niedergang der Presse

In den beiden folgenden Jahrhunderten nahmen die Restriktionen für die Presse immer weiter ab. Eine 1712 eingeführte Stempelsteuer, die bis 1815 sieben Mal erhöht wurde, um skurrilen, staatsfeindlichen Journalismus einzudämmen, wurde schließlich abgeschafft, nachdem seit den 1750ern immer heftiger dagegen protestiert worden war. 1861 wurde die Steuer schließlich ganz zurückgenommen, und die Zeitungen traten in ihre Blütephase ein.

Eine Zunahme der Lesekundigkeit, die von Evangelikalen, insbesondere von Methodisten, gefördert wurde (denn das Volk sollte selber die Bibel lesen können), erschloss den Zeitungen riesige neue Leserschaften. Am Ende des 18. Jahrhunderts konnte Edmund Burke (1729–1797) ein für alle Mal die Fahne der Freiheit am Mast der Presse hissen – eindringlich und einprägsam bezeichnete er sie als die «Vierte Gewalt».

Burkes ursprüngliche Äußerung ist nicht dokumentiert; erhalten ist lediglich Thomas Carlyles Bezugnahme darauf in seinem Vortrag «The Hero as Man of Letters» aus dem Jahr 1840, von dem bereits die Rede war. Carlyle spricht lobend über die Reichhaltigkeit der Debatten *außerhalb* des Parlaments, die möglich wurde durch die relativ neue Präsenz von Journalisten *innerhalb* des Parlaments, und zieht den Hut vor dem feurigen irischen Politiker und Begründer des «Konservatismus», wenn er schreibt: «Burke sagte, es gebe Drei Gewalten im Parlament; doch drüben auf der Reportergalerie sitze eine *Vierte Gewalt, die* wichtiger sei als sie alle.»[27] Seither ist diese Formulierung bis heute in aller Welt zu hören.

---

[27] Carlyle, *Heroes*, S. 139.

Hier ist nicht der Raum für Details über den weiteren Aufstieg und den traurigen Niedergang der Presse in Großbritannien und Amerika im 18. Jahrhundert und im Säkularisierungsprozess des 19. Jahrhunderts.

Nur so viel: Evangelikale Philanthropen in der Mitte der viktorianischen Ära (1837–1901, also um 1860), voll Scham ob des Leidens der Arbeiter in Großbritannien und besorgt wegen des damit verbundenen Konfliktpotenzials, übernahmen die Führung bei der Schaffung einer reformierenden Presse, indem sie Publikationen finanzierten, die auf Verbesserung der Situation der Arbeiterklasse ausgerichtet waren. Publikationen wie der «True Briton» bemühten sich, Arbeiter «nicht nur zu Moral und zu christlichen Prinzipien, zu Wahrheit und gutem Betragen» zu erziehen, «sondern auch zu rein patriotischen Gefühlen».[28]

Die Einführung der «Penny Press», um auf die Arbeiterschaft einen guten Einfluss auszuüben, ließ die Leserschaft anwachsen. Aber dies brachte auch alle möglichen Werbegags und Kampagnen mit sich. Sowohl in Großbritannien als auch in den USA nutzten mächtige «Pressebarone» die ungeheure Macht der Presse, um politische und ideologische Plattformen zu schaffen, die zu den Ursprüngen des Pressewesens im Widerspruch standen. Sie lieferten eine verzerrte Version der Wahrheit, die eine ganze Zivilisation in die Irre zu führen drohte.

Marvin Olasky, Chefredakteur des Magazins «World», hat die Korruption – und den korrumpierenden Einfluss – solcher Männer in den Vereinigten Staaten ausführlich dokumentiert. Der öffentlichkeitsscheue Millionär William Randolph Hearst wurde zu einem Synonym für den ichbesessenen Zynismus der Medienzaren: «Macht einen großen und ständigen Lärm, um Leser anzuziehen; prangert unehrlichen Reichtum an und verspricht bessere Bedingungen für die Armen, um die Leser zu halten. STEIGERT DIE AUF-

---

[28] Williams, Kevin: *Get Me a Murder a Day! A History of Media and Communication in Britain*, Bloomsbury Academic: London 2010, S. 44.

LAGE», lautete seine allgemeine Strategie: «... eine Mischung aus politischer Demagogie und Sensationsmache.»[29]

Die Folgen für die Wahrheitstreue bzw. -untreue der Presse waren profund. Nehmen wir als Beispiel den Fall von Walter Duranty. Duranty war einer der großen Erneuerer des Journalismus Anfang des 20. Jahrhunderts; er berichtete in den 1920ern und 1930ern für die «New York Times» über die Sowjetunion. Er war ein atheistischer Apologet für Stalin. «Wenn ich auf die vierzehn Jahre zurückblicke, die ich in Russland verbracht habe, kann ich mich der Schlussfolgerung nicht entziehen, dass diese Zeit ein heroisches Kapitel im Leben der Menschheit war», schrieb er.[30]

Sein Einfluss war so enorm, dass man ihm zuschreibt, beinahe ein Jahrhundert linker Reportage geprägt zu haben. 1932 gewann er den Pulitzerpreis, während er zugleich die russische Hungersnot leugnete und Stalins Gulags lobte. «Duranty war der Vater all jener, die über den Aufstieg Maos in den 1940ern, Castros in den 1950ern und der Sandinisten in den 1970ern berichteten. Auch diejenigen, die in den 1980ern während der vom Staat verschuldeten Hungersnot in Äthiopien das kommunistische Regime in Schutz nahmen, und die, die in den 1990ern und danach dem amerikanischen Imperialismus die Schuld am Aufstieg des radikalen Islam gaben, traten lediglich in Durantys Fußstapfen», schreibt ein Kritiker.[31]

Weil er das «christliche Senkblei», wie Olasky es nannte, verwarf, war seine Arbeit «falsche Analogie». Er wurde, so sagte es unter anderem James William Crowl in seinem Buch *Angels in Stalin's Paradise*, «ein Komplize des Massenmordes».[32]

---

[29] Olasky, Marvin, und Smith, Warren Cole: *Prodigal Press: Confronting the Anti-Christian Bias of the American News Media* (revidierte Ausgabe), P&R Publishing: Phillipsburg (New Jersey) 2013, S. 65.

[30] Ebenda, S. 72.

[31] Ebenda, S. 69. Malcolm Muggeridge, der große christliche Journalist und Russlandkorrespondent für den «Manchester Guardian», bezeichnet in seiner von Olasky zitierten Autobiografie *Chronicles of a Wasted Time* Durantys Berichterstattung als «unwahr bis zur Sinnlosigkeit».

Mit dem Verlust der christlichen Ethik – die den Journalismus erst hervorgebracht hatte – traten alternative, minderwertige ethische Maßstäbe an ihre Stelle: Profitstreben führte zu einer Trivialisierung des Inhalts, die Säkularisierung korrumpierte ihn.

In der Folge der Zulassung der Antibabypille 1960 begannen Frauenzeitschriften in Großbritannien, die bis in die 1950er Jahre beinahe durchweg christliche Tugenden emporgehalten hatten, stattdessen «bessere Orgasmen» zu propagieren. Angesichts einer Untersuchung der Frauenliteratur im neunzehnten und frühen zwanzigsten Jahrhundert argumentiert Callum Brown, die Sexualisierung des Medienangebots für Frauen, verursacht durch die Entkopplung von Sex und Verantwortung (Fortpflanzung), sei teilweise direkt verantwortlich für den «Tod des christlichen Britanniens».[33]

Zwei Denkschulen streiten sich seit jeher um die Frage, ob die Medien die Gesellschaft lediglich widerspiegeln oder aber sie erschaffen. Franklin Roosevelt jedenfalls war der Ansicht, die moralische Verantwortung liege bei den Redakteuren: «Diese Leute feixen schon bei dem bloßen Gedanken, Rücksicht zu nehmen auf die Vorgaben einer gesunden Moral», sagte er. Heute gibt es einen verbreiteten Verdacht, gegen den sich die Journalisten selbst empört sträuben und der besonders scharf von Präsident Donald Trump formuliert wird – nämlich dass die Medien lediglich mit Lügen hausieren.[34]

---

[32] Crowl, James William: *Angels in Stalin's Paradise: Western Reporters in Soviet Russia, 1917 to 1937, A Case Study of Louis Fischer and Walter Duranty*, Univ. Press of America: Washington 1982.

[33] Brown, Callum G.: *The Death of Christian Britain*, Routledge: London 2000.

[34] Der Vorwurf der «Fake News» ist nichts Neues. Schon Ben Johnsons Theaterstück *The Staple of News* von 1626 prangerte die führenden Klatschjournalisten seiner Zeit als «unehrliche Schwindler» an. Und 1632 bat Christopher Foster «den Erlöser, die Blattmacher mit dem Geist der Wahrheit zu inspirieren». Cranfield, Geoffrey A.: *The Press and Society: From Caxton to Northcliffe*, Longman: London und New York 1978, S. 8.

Neutralität oder Wahrheit?

Martin Bell, ein angesehener britischer Kriegsberichterstatter, schließt seine Autobiografie mit der dramatischen Behauptung: «Das Nachrichtenwesen, wie wir es bisher kannten, ist tot und begraben.»[35]

Die Schuld daran gibt er einem groben, die ganze Branche umfassenden Missverständnis des Unterschiedes zwischen journalistischer Neutralität und Objektivität. Neutralität ist die Sicht, es gebe keine Wahrheit, die man finden könne, lediglich zwei gegensätzliche und gleichermaßen gültige Meinungsbilder; und die Aufgabe des Journalisten sei es, beide nebeneinander zu präsentieren, damit die Leser sich ihr eigenes Urteil bilden können.

Dazu sagt Bell: «Man muss einen Unterschied machen zwischen Fairness und Neutralität. Fairness ist das Fundament jedes guten Journalismus. ... Aber Neutralität? Neutralität ist eine Falle und eine Täuschung. Sie fällt kein Urteil. Sie steht abseits und hält zum Guten und zum Bösen den gleichen Abstand.»[36]

Objektivität dagegen hat ihren Ursprung in der Überzeugung von der objektiven Wahrheit der Güte Gottes, die von unserer eigenen Wirklichkeit getrennt ist. Für den Agnostiker Bell ist die Überzeugung, dass es da draußen immerhin eine Wahrheit gibt – und dass Reporter sie berichten sollten, statt sich dem Geschmack der Öffentlichkeit anbiedern zu müssen –, nachweislich anfällig für unausgegorene Ideologien. Wie Marvin Olasky anmerkt, tauchten in der ersten amerikanischen Zeitung, «Publick Occurrences Both Foreign and Domestic», Aussagen über Gottes «gnädige Vorsehung» als Fakten auf, nicht als Meinungen. Das Faktische implizierte das Geistliche.

Doch gegen Mitte des 19. Jahrhunderts musste die «geistlich-materielle Schnittstelle» immer mehr dem Materialismus weichen. «Unter ‹Faktum› wurde nur noch das verstanden, was man wissenschaftlich messen konnte.» Weiterhin beherrscht die Wissenschafts-

---

[35] Bell, Martin: *War and the Death of News*, Oneworld: London 2017, S. 275.
[36] Ebenda, S. 94.

gläubigkeit den Diskurs im Westen, wo man unter «vernünftiger Ansicht» eine Ansicht versteht, die auf «Evidenz» basiert, auch wenn die Evidenz für «wissenschaftliche Erkenntnisse» ständig durch Neues abgelöst wird.[37]

Doch auch die Fakten wurden inzwischen degradiert, weil man es vorzieht, subjektive Sichtweisen ausgewogen zu behandeln. Der marxistisch geprägte Zeitungskolumnist Walter Lippmann äußerte sich schon in den 1920ern sarkastisch darüber, wenn Reporter den Anspruch auf Objektivität erhoben, und argumentierte: «Meistens sehen wir nicht zuerst, um dann zu definieren, sondern wir definieren zuerst und sehen dann. ... Wir picken uns heraus, was unsere Kultur bereits für uns definiert hat.»[38]

Diese «Hermeneutik des Argwohns» hatte katastrophale Auswirkungen darauf, wie wir aufnehmen, was wir lesen. Es gibt keine Wahrheit, so heißt es; es gibt nur das, *was für dich wahr ist*. Nachrichten werden unweigerlich zum Infotainment. Und während die Leserzahlen der Zeitungen aus vielfältigen Gründen sinken, darunter natürlich auch die Verwirrung über das Wesen der «Wahrheit», stößt das Micro-Targeting der von Werbekunden gesteuerten Newsfeeds bei Facebook, Twitter und Google kaum auf Widerstand.

Bell beschließt sein Buch mit der Aussage, die konventionellen Medien seien dem Tod geweiht durch die Erosion der Lokalzeitungen, deren physische Präsenz in der Bevölkerung durch Werbeblättchen verdrängt worden ist – und durch das Internet, wo «Klicks» auf den Seiten bestimmen, welche Nachrichten Priorität haben.

Und auch die überregionalen Zeitungen haben inzwischen gelernt, dass im Vergleich zu Lifestyle-Artikeln und Berichten über Promis mit Auslandsnachrichten kein Blumentopf mehr zu gewinnen ist. Zwischen 2003 und 2010 ist die Zahl der internationalen Re-

---

[37] Fett, Alkohol, Fleisch und vegane Ernährung werden regelmäßig von Wissenschaftlern nach den jeweils neuesten «wissenschaftlichen Erkenntnissen» bejubelt oder verdammt.

[38] Lippmann, Walter: *Public Opinion*, Harcourt, Brace and Company: New York 1922, S. 22.

porter (Auslandskorrespondenten), die für amerikanische Zeitungen arbeiten, um fast ein Viertel gesunken. Der Gedanke, dass dem Journalismus eine prophetische Rolle gegen das Böse zukommt, wo immer es sich zeigt, liegt im Sterben, falls er nicht schon tot ist.

Es gibt jedoch nach Bell noch einen weiteren Grund für den «Tod der Nachrichten» – nämlich den 11. September 2001 (9/11) und die Erhebung des Islamismus. Wo das Christentum sich für eine freie Berichterstattung eingesetzt hatte, hat der Islam sie zerstört. Und die USA reagierten auf das Stichwort, das Osama bin Laden gegeben hatte. «Nach dem 11. September hat sich alles verändert», schreibt Bell. «Damals verlor der freie und unabhängige Journalismus den Boden unter den Füßen. Bis dahin bestand die hauptsächliche Gefahr für uns in einem Kriegsgebiet darin, ins Kreuzfeuer zu geraten. Seither jedoch liefen wir Gefahr, gezielt angegriffen, entführt, für Lösegeldforderungen festgehalten und hingerichtet zu werden.»

Kriegsreporter sind heute eine «bedrohte Art», was zum Aufkommen des «Rooftop Journalism» führte, zur Berichterstattung aus sicheren Hotels im Grünen, wo es unmöglich ist, Wahrheit von Propaganda zu unterscheiden.

Was Bell als Neutralität, als «formelle Unparteilichkeit» bezeichnet, brachte den «Guardian» in Großbritannien im September 2012 dazu, über die Ausstrahlung des Films «Islam: the Untold Story» auf Channel 4 aus dem Blickwinkel seines schärfsten Kritikers zu berichten – einer islamistischen Organisation, die den Film in einer Pressemitteilung als «islamophob» bezeichnet hatte. Die sogenannte «Islamic Education and Research Academy» ist eine Organisation unter Leitung des bekennenden Bigamisten und Islam-Konvertiten Abdur Raheem Green, der Mutter Teresa als «zu gut für die Hölle» bezeichnet hat.

Arglose Leser wurden durch den Journalisten des «Guardian» dazu verleitet, die Fachkenntnis des bekannten Historikers Tom Holland, der den Film moderierte, herunterzuspielen – im Namen der Ausgewogenheit. Holland, der Vater von zwei Kindern ist, erhielt daraufhin Morddrohungen, so dass die Polizei ihm riet, sich versteckt zu halten. Channel 4 sagte die Party zur Ausstrahlung ab, und Holland sollte, wie die ebenso unzuverlässige «Daily Mail» berichtete, zu einer offiziellen Anhörung vor das Office of Telecommunications zitiert werden.[39]

Bell charakterisiert eine solch erbärmliche Berichterstattung, wenn sie im Fernsehen stattfindet, als «weder Einsicht noch Bewertung, sondern nur *Balance,* gemessen mit der Stoppuhr». Über die Berichterstattung über das EU-Referendum in Großbritannien merkt Bell an: «Wahrheit und Unwahrheit, diejenigen, die wussten, wovon sie redeten, und diejenigen, die es nicht wussten, bekamen gleich viel Raum. Deshalb waren die Sendungen sinnlos. Das Ergebnis war eine Orgie der Unvernunft und ein Ausgang, der den nationalen Interessen schweren Schaden zufügte.»[40]

Im betreffenden Fall «sackte infolgedessen das Pfund in die Tiefe, Hassverbrechen nahmen sprunghaft zu, und die Wirtschaft geriet ins Wanken».[41]

Dienerschaft

Zur «Ausgewogenheit der Subjektivitäten» und zur verhohlenen und unverhohlenen Subjektivität (zur institutionellen oder persönlichen Voreingenommenheit), die heute die Redaktionen in den USA und in Großbritannien beherrschen, gibt es nur eine Alternative. Olasky nennt sie «Dienerschaft»:

«Christliche Objektivität ist keine Technik, sondern ein Senkblei», schreibt er. «Die Bibel lehrt», so fügt er hinzu, «dass unsere Vernunft so gefallen ist, dass wir ohne Gott nichts objektiv sehen können.»[42]

---

[39] http://www.religiousliteracyinstitute.org/tom-hollands-islam-film-scholar-versus-booby.
[40] Bell, *War,* S. 270.
[41] Ebenda.
[42] Ebenda, S. 92; 94.

Gott also sei Dank, dass trotzdem – und vielleicht gerade deswegen – Christen immer noch danach streben, die Nachrichtenorgane, für die sie arbeiten, zu retten durch mutige Enthüllungen, mit denen sie ihre eigene Karriere und ihren Ruf aufs Spiel setzen, wie es schon William Stead tat. Und diese Reporter sind nicht allein, denn die Redaktion und Herstellung einer Zeitung ist Teamarbeit, und zum Glück gibt es auch Preise, die dafür sorgen, dass nicht nur Absatzzahlen, sondern auch Mut und Fähigkeit anerkannt werden.

Andrew Norfolk, der leitende Investigativ-Reporter bei der Londoner «Times», der von sich selbst sagt, dass er von Christen in seiner Familie beeinflusst wurde, hat mutig und hartnäckig den riesigen muslimischen Kindersex-Skandal in Großbritannien aufgedeckt, der das Leben von Hunderttausenden von Kindern zerstört hatte. Er entlarvte auch die Mitschuld der Polizei und der Sozialdienste, die das Problem jahrzehntelang ignoriert hatten. Seine Berichte, die ihm viele Monate lang Rassismusvorwürfe eintrugen, verschafften ihm dann auch etliche Auszeichnungen.[43]

Im Journalismus wird es immer Leute geben, die die Wahrheit verfälschen oder sich gern dafür bezahlen lassen, Lügen abzudrucken. «Regenbogenjournalismus» ist ein Problem in vielen Teilen der Welt, wo die Gesellschaft zu arm ist, um anständige Zeitungen zu bezahlen, und die Nachrichten sich immer nach der Nase desjenigen richten, der die Honorare bezahlt.

Doch genauso wird es immer Leute mit einem starken Drang geben, Unrecht zu bekämpfen und «den Teufel anzugreifen», und die dafür wie Stead Einbußen und Verfolgung in Kauf nehmen. Im Westen ist mit Nachrichten – und heute auch mit digitalen Nachrichten – viel Geld zu verdienen, und nachdem die hehren Ideale des 19. Jahrhunderts dem Profitstreben des 20. und 21. Jahrhunderts gewichen sind, werden Fake News, «Clickbaiting» und die

---

[43] Leider hat es sogar die «Times» versäumt, über die angebliche Vertuschung pädophiler Aktivitäten in Lateinamerika durch die katholische Kirche zu berichten.

«weit offenen Schleusen des Internets», wie Martin Bell es nennt, ein Problem bleiben:

> «Wenn im Journalismus nichts zählt außer dem Geld und den Auflagen und Ratings, an denen er in den Printmedien und im Rundfunk gemessen wird – dann ist die Nachricht immer nur das, was man als Nachricht verkauft. Die Nachricht ist, was immer Zeitungen verkauft oder Zuschauer anlockt. ... Wenn das dann heißt, Auslandsnachrichten gibt es nur dienstags und donnerstags, oder: irgendwann gibt es gar keine Auslandsnachrichten mehr, dann ist das eben so. Die Nachrichten sind tot. Lang lebe das Infotainment.»[44]

Das Nachrichtenwesen kann aus seinem gegenwärtigen Morast gerettet werden, aber eine solche Wiederbelebung erfordert, dass Leute für die Wahrheit und das Gemeinwohl ihr Kreuz auf sich nehmen. Die Welt braucht Medien, in denen Leute den Ton angeben, die bereit sind, Profite zu opfern; Medien, die neue, dem Gemeinwohl dienende Wege finden, «wahre Wahrheit» zu finanzieren. Wie Christopher Hitchens einmal schrieb: «Die Barbaren können die Stadt nicht einnehmen, wenn ihnen nicht jemand die Tore offenhält, und es sind eure eigenen Prediger, die das für euch tun.»[45]

DR. JENNY TAYLOR FRSA ist Journalistin, Autorin und eine Pionierin für die Verbreitung religiöser Grundkenntnisse in Großbritannien. Sie gründete die gemeinnützige Organisation «Lapido Media», um Journalisten nach dem 11. September 2001 zu helfen, Religion zu verstehen. Als Mitglied des KLICE Research Institute in Cambridge berät sie den Herausgeberkreis von Lausanne Global Analysis und sitzt im theologischen Beraterkreis der Evangelischen Allianz. Sie ist regelmäßige Mitarbeiterin bei www.themediaproject.org in New York.

---

[44] Bell, *War,* S. 274.
[45] Zugriff über YouTube unter J.mp/2K5dSnN am 17. August 2018.

14. Kapitel
DAS GEHEIMNIS DER INDUSTRIALISIERUNG DER SCHWEIZ

London ist eine Stadt der Denkmäler. Es stellt seine Helden auf hohe Sockel. Zürich tut das nicht. Die meisten Besucher bemerken gar nicht das relativ unauffällige Denkmal des Reformators Huldrych Zwingli (1484–1531). Ihm verdankt die Stadt ihre historische Bedeutung. Seine biblische Lehre wurde der Same für die wichtigste Universität der Schweiz. Wenn Sie allerdings mit dem Zug nach Zürich reisen, können Sie das Denkmal für Alfred Escher (1819–1882) nicht übersehen. Sie werden es noch vor dem weltberühmten See erblicken.

Wegen der Alpen und ohne Meereszugang hätte die Schweiz leicht eine arme Nation bleiben können. Dieses malerische Land ist klein, aber der Weg vom Süden in den Norden der Schweiz dauerte drei Wochen – man musste entweder über die Alpen hinüber oder um sie herum. Das erschwerte den Handel sehr.

Die Schweiz bot keinen Anreiz für Produktionsstätten und Unternehmen. Aufgrund ihrer landwirtschaftlichen und politisch dezentralen Struktur gab es kein Geld, nicht einmal ein Finanzinstitut, das hätte investieren können, um Eisenbahnen ins Land zu bringen. Alfred Escher machte sich daran, all das zu ändern. Noch bevor Ihr Zug Zürich erreicht, können Sie durchs Fenster endlose Flächen voller Produktions- und Logistikanlagen sehen.

Eschers wohlhabende Familie engagierte reformierte Theologen, die Sohnemann Alfred zu Hause unterrichteten. Sein erster Tutor Alexander Schweizer (1808–1888) war Professor für praktische Theologie an der Zürcher Universität. Zudem diente er als Pfarrer am Grossmünster und als Mitglied des Kirchen- und Erziehungsrats sowie des Kantonsrats.

Schweizer gehörte dem berühmten Schweizerischen Zofingerverein an, der den modernen schweizerischen Bundesstaat mitbegründete. Eine der Aufgaben des Vereins war es, junge Führungspersönlichkeiten heranzubilden und Netzwerke von Freunden zu schaffen, die in Politik, Wirtschaft und Gesellschaft Verantwortung übernehmen würden. Seine Mitglieder diskutierten aktuelle Themen aus dem öffentlichen Leben und der Ökonomie. Sie befassten sich mit Fragen der Universität und des kulturellen und sozialen Lebens.

Alfred Escher schloss sich dem studentischen Flügel des Vereins an, dem er schließlich in Zürich vorstand. Er erwähnte oft die wichtige Rolle, die die Zofingia-Studentenverbindung bei seiner Entwicklung als Führungspersönlichkeit, Politiker und Geschäftsmann spielte. – Eschers anderer Tutor war der berühmteste Geologe und Naturforscher der Schweiz, Oswald Heer (1809–1883). Heer studierte in Halle Theologie, an der ersten «modernen» Universität der Welt, die von deutschen Pietisten gegründet worden war. Dort promovierte er in Philosophie und Medizin und widmete sein Leben der paläobotanischen Forschung.

Damals war die Botanik als akademisches Fach bei vielen Geistlichen und Missionaren sehr beliebt. Sie entwickelten die Taxonomie (Klassifikation), indem sie Pflanzen studierten, kategorisierten und benannten; schließlich lehrte die Bibel, Gott habe Adam die Aufgabe gegeben, alle Tiere, und folglich auch alles andere, zu studieren und zu benennen. Ihrer Meinung nach war das von Adam und seinen Nachkommen gesammelte Wissen verloren gegangen, als wir die menschliche Ursprache verloren, wie in 1. Mose 11 berichtet wird. Doch durch das Heil in Christus könne der Mensch die Herrschaft über die Erde zurückerlangen, wenn wir den Faden wieder aufgriffen und alles, worüber wir unsere Herrschaft aufrichten sollten, erforschten und mit Namen versähen.

Heer lehrte Botanik an der Zürcher Universität und wurde zu einer Kapazität auf dem Gebiet der Pflanzenfossilien. Charles Darwin korrespondierte häufig mit ihm, auch wenn sie über die Evolution unterschiedlicher Meinung waren. 1865 veröffentlichte Heer eine Kritik am Darwinismus, die er mit fossilen Fakten belegte, die er in der Arktis gesammelt hatte. Diese, so schreibt er, müssen «gegen die allmählig und immer gleichmäßig fortgehende Umwandlung der Arten sprechen und uns zu der Ansicht führen, daß in relativ kurzer Zeit eine Umprägung der Formen stattfand».[1]

Unter der Mentorenschaft so herausragender Intellektueller und Personen des öffentlichen Lebens studierte Escher dann Jura an der Zürcher Universität. Sein eigenes öffentliches Leben begann im Alter von 25 Jahren, als er ins Parlament des Kantons Zürich gewählt wurde. 1847 wurde er zum Ersten Staatsschreiber ernannt.

1848 erfolgte die Wahl in den Nationalrat und die Ernennung zu dessen Vizepräsidenten.

Im folgenden Jahr wurde er Präsident und diente dem Nationalrat 34 Jahre lang, viermal als dessen Präsident.

Während seiner ersten Präsidentschaft teilte Alfred Escher die Besorgnis vieler aufmerksamer Bürger: Die Länder rund um die Schweiz verlegten Eisenbahntrassen; diese brachten Arbeit und Industrien hervor; die Wirtschaft dieser Länder erstarkte, und, so sagte Escher: «Der Schweiz droht somit die Gefahr, gänzlich umgangen zu werden und in Folge dessen in der Zukunft das traurige Bild einer europäischen Einsiedelei darbieten zu müssen.»[2]

Viele waren sich der Notwendigkeit einer schweizerischen Eisenbahn bewusst. Escher machte sich daran, das Problem zu lösen. Gemeinsam mit seinen Freunden gründete er die Schweizerische Nordostbahn (1852/53). Sie begann mit der Verlegung von Schienentrassen in der Schweiz. Um dieses gigantische Unternehmen zu finanzieren, unterstützte Alfred Escher den Aufbau einer Bank, der Schweizerischen Kreditanstalt (1856), und von Versicherungs-

---

[1] Heer, Oswald: *Die Urwelt der Schweiz.* Friedrich Schultheß: Zürich 1865, S. 601.

[2] Alfred Escher, Rede als Präsident des Nationalrats vom 12. November 1849, Schweizerisches Bundesblatt III-60 vom 22.11.1849, S. 161. Zu finden auf: https://www.amtsdruckschriften.bar.admin.ch, Einfache Suche: Alfred Escher 1849, Bundesversammlung, Repertorium der Verhandlungen (1848–1891), Ausgabe vom 22.11.1849 (Zugriff im Juli 2019).

gesellschaften wie der Schweizerischen Lebensversicherungs- und Rentenanstalt.

Die Entwicklung der Schweiz erforderte die Verknüpfung ihrer Eisenbahntrassen mit dem Rest Europas. Doch die Nation hatte keine Ingenieure und Techniker. Also trieb Escher die Kampagne zur Gründung des Eidgenössischen Polytechnikums voran, der heutigen ETH Zürich (1854/55).

Von 1854 bis 1882 diente Escher als Vizepräsident des Eidgenössischen Schulrats, des leitenden Gremiums des Polytechnikums. Er unterstützte die Bemühungen, das Institut zum Fundament der bemerkenswerten Fortschritte der Schweiz in Bildung und Forschung zu machen.

Die ETH brachte rasch die Arbeitskräfte hervor, die den Gotthard-Tunnel durch die Alpen trieben, mit 15,003 Kilometern der damals längste Tunnel der Welt (1882 fertiggestellt). Er machte die Schweiz zu einer der wichtigsten Transitrouten zwischen Süd- und Nordeuropa. Escher war der Pionier und Direktionspräsident der Gotthardbahn-Gesellschaft.

Machte also ein einziger Mann im Handstreich die Schweiz zu einer Industrienation?

Weit gefehlt.

Alfred Escher war selbst das Produkt einer Kultur, die von der Bibel geschaffen wurde.

Die Erschaffung einer schöpferischen Kultur

Jedes Jahr reichen die Schweizer pro Kopf mehr Patente ein als nahezu jede andere Nation. Albert Einstein arbeitete von 1902 bis 1909 im Schweizer Patentamt in Bern. Er nannte die Schweiz ein weltliches Kloster, in dem er seine wunderbaren und weltverändernden physikalischen Ideen ausbrütete.

Laut dem Europäischen Patentamt reichen pro Million Einwohner mehr Schweizer Patentanträge ein als irgendein anderes europäisches Land. Die Zahlen für 2016 sind:[3]

Schweiz	–	891,6
Niederlande	–	404,8
Schweden	–	359,8
Dänemark	–	333,8
Finnland	–	330,7
Deutschland	–	310,8
Österreich	–	234,2
Belgien	–	191,4
Frankreich	–	156,9
Irland	–	134,1

Das war nicht immer so. Noch zu Eschers Lebzeiten warfen die Deutschen der schweizerischen Chemie- und Pharmaindustrie vor, ihre Produkte zu kopieren und ihr geistiges Eigentum zu plagiieren. Das Schweizerische Patentgesetz trat 1888 in Kraft, weil die Schweizer anerkannten, dass sich Gottes Gebot «Du sollst nicht stehlen» auch gegen den Diebstahl geistigen Eigentums wendet. Es fordert uns auf, unseren Verstand zu gebrauchen und unser eigenes Eigentum zu schaffen.

Indien und China haben noch keinen Bill Gates hervorgebracht; als ich mir meinen ersten PC kaufte, erfuhr ich, dass die Chinesen in Indien raubkopierte Microsoft-Programme vertrieben. Unseren Kulturen fehlten die Zehn Gebote. Die Folge ist, dass unser Wohlstand zum Teil durch intellektuelle Fälschungen und Piraterie erzeugt wird.

Das Kloster als Mutter der mittelalterlichen Technik

Wie schon dargelegt, wurde die europäische Erfindungskultur in den katholischen Klöstern geboren. Allerdings vollzog sich die

---

[3] https://www.statista.com/statistics/412726/european-patent-applications-per-mio-inhabitants/.

schweizerische Industrialisierung zu 85 Prozent in den reformierten Kantonen,[4] die der Lehre des Zürcher Reformators Zwingli folgten, wonach Gottes Gebot «Du sollst nicht morden» der schweizerischen Tradition, dass junge Männer ihren Lebensunterhalt als Söldner verdienten – also *für Geld* in den Krieg zogen und Menschen töteten statt für Gerechtigkeit –, einen Riegel vorschob.

In London hielt ich einmal ein Seminar über Entwicklung. Auf der Leinwand zeigte ich Bilder von afrikanischen und indischen Frauen, die Wasserbehälter auf ihren Köpfen trugen, und ich fragte meine Studentinnen und Studenten: «Warum schleppen eigentlich englische Frauen keine Wasserkrüge auf ihren Köpfen?»

Die erste Antwort kam von einem afrikanischen Studenten: «Weil ... sie zu faul sind.»

Der ganze Kurs lachte.

Ich stellte diese Frage, weil ich in Uganda gesehen hatte, wie Hunderte von Frauen und Kindern sich gleich neben einem Wasserkraftwerk am Nil mit riesigen Wasserbehältern auf dem Kopf abschleppten. Das taten sie jeden Morgen und jeden Abend, 365 Tage im Jahr, obwohl sie reichlich Wasser und Strom hatten. Mit ihrer Methode vergeudeten sie Millionen von Arbeitsstunden. Sie mussten mit ungewaschenen Händen schlecht gewaschene Lebensmittel von schlecht gereinigtem Geschirr essen. Dadurch steckten sich viele mit eigentlich leicht vermeidbaren Krankheiten an, die ihnen die Kräfte raubten. (Zum Glück hat Uganda seit damals einen bemerkenswerten Wandel durchgemacht.)

Eine Handvoll Leute, die ihren Verstand einsetzen, kann mehr Wasser in eine Million Häuser schaffen, als eine Million Leute auf ihren Köpfen schleppen können. Mein Erlebnis in Uganda widerlegte das Sprichwort «Not macht erfinderisch». Jede Familie braucht Wasser. Wenn eine Frau nicht genug Wasser heranschaffen kann, führte das in vielen Kulturen dazu, dass die Männer ihre Kin-

---

[4] «Gott Arbeit Geld – Wie die Reformation die Wirtschaft spaltete», Sendung des Schweizer Fernsehens SRF 1, 1. November 2017, Regie: Andreas Kohli.

der zum Arbeiten zwangen. Oder sie nahmen sich zusätzliche Frauen. Oder sie kauften Sklaven. Aber sie erfanden nichts.

Diese Realität ließ Wissenschaftler wie den Stanford-Professor Lynn White jr. erforschen, was die Quelle einer Technik war, die wehrlose Frauen und Sklaven von geistloser Plackerei befreite. Lynn White fand heraus, dass befreiende, humanisierende Technik aus der biblischen Theologie kam ... wenngleich er sich in späteren Jahren Sorgen machte, zu viel Technik könnte der Umwelt schaden.

Buddhistische und christliche Mönche hatten ein gemeinsames Problem: Sie konnten sich keine Frauen nehmen, die ihnen das Wasser schleppten, das Korn mahlten oder das Brot backten. Der Buddhismus löste das Problem, indem er die Mönche um ihr Essen betteln ließ. In der Bibel dagegen stand, dass jemand, der nicht arbeitet, auch nicht essen sollte.[5] Wer arbeitet, ist darin Gott ähnlich. Gott ist ein Arbeiter, kein Träumer, Faulenzer oder Meditierer. Also mussten die Mönche in den katholischen Klöstern arbeiten.

Aber junge Männer gingen ins Kloster, um zu beten und zu studieren, nicht um Korn zu mahlen. Die Bibel löste die theologische Spannung auf, indem sie «Arbeit» von «Mühe» unterschied. Wer arbeitete, war darin Gott ähnlich, aber Mühsal war ein Fluch über die menschliche Sünde.[6] Mühsal in dieser Form ist geistlose, eintönige, entmenschlichende Plackerei.

Diese theologische Unterscheidung zwischen *Arbeit* als Gottesebenbildlichkeit und *Mühe* als Fluch brachte die christlichen Mönche zu der Erkenntnis, dass Menschen nicht gezwungen sein sollten, Dinge zu tun, die auch der Wind, das Wasser, ein Ochse oder ein Pferd tun können. Und zur Einsicht, dass man seinen schöpferischen Verstand gebrauchen sollte, um Menschen vom Fluch der Mühsal zu befreien.

---

[5] 2. Thessalonicher 3,10.
[6] 1. Mose 3,17–19.

Das St. Galler Kloster zum Beispiel wurde in der Nähe eines Wasserfalls erbaut. Andere lagen an Flüssen und Bächen. Diese Klöster bauten Dämme, um künstliche Wasserfälle zu erschaffen und damit Turbinen zu betreiben, die das Wasser aufwärts pumpten. Dann konnte die Schwerkraft das Wasser ins Kloster und ins benachbarte Dorf transportieren. Die rotierende Turbine mahlte zugleich das Getreide für das Kloster und die Nachbarn. Der unerschöpfliche Vorrat an Wasserkraft und Windkraft fachte das Feuer in der Schmiede an. Dadurch wurde es möglich, Stahl, bodenwendende Pflugscharen und andere Werkzeuge zu entwickeln, die Europas Landwirtschaft transformierten. Das waren «gute Nachrichten» für die mühebeladenen Massen.

«Evangelium» bedeutet «gute Nachricht»: Die Sünde brachte den Fluch der Mühe über uns, aber der Erlöser nahm unsere Sünde, ihren Fluch und ihre Strafe auf sich. Jesus Christus starb am Kreuz, um uns von der Sünde und ihren Folgen zu erretten, einschließlich des Fluchs der Mühsal.

Das Evangelium machte Europa anders. Der Hinduismus lehrte, diese Welt sei *Maya*, also unwirklich. Der Buddhismus sagte, die Verstrickung in die Welt verursache Leiden. Eine tiefere Verstrickung war keine Lösung.

Francis Bacon, als Vater der wissenschaftlichen Methode gefeiert, dachte radikal anders. Er studierte die Bibel. Darum formulierte Bacon in seinem Vorschlag für eine neue Wissenschaft, *Novum Organum* (1620), das, was die Mönche bereits taten:

> Durch den Fall [Adams und Evas] fiel der Mensch sowohl aus seinem Zustand der Unschuld als auch aus seiner Herrschaft über die Schöpfung heraus. Doch schon in diesem Leben können diese beiden Verluste wieder wettgemacht werden; der erste durch Religion und Glauben, der letztere durch (technische) Künste und Wissenschaften.[7]

---

[7] *Novum Organum II*, S. 52.

Im Kapitel «Technik: Warum wurde die Technik ausgerechnet im Kloster erfunden?» habe ich in meinem früheren Buch[8] die akademische Forschung zum Ursprung der mittelalterlichen Technik zusammengefasst. Die Klöster entwickelten Techniken, weil christliche Mönche ihren Geist kultivierten und gleichzeitig ihre Muskeln gebrauchten.

Oft konnte ein Mönch, der Texte abschrieb und studierte, seine Arbeit nicht mehr machen, weil seine Sehschärfe abnahm und er nicht mehr lesen konnte. Augengläser wurden entwickelt, um es ihm zu ermöglichen, seine Arbeit noch viele Jahrzehnte fortzusetzen. Unsere erste Information über Augengläser stammt aus einer Predigt über Buße, gehalten von dem Dominikaner Fra Giordano von Pisa am 23. Februar 1306 in der Kirche Santa Maria Novella in Florenz. Mönche waren die hauptsächlichen Nutznießer dieser Erfindung, doch schon bald verdoppelten die Gläser Europas Produktivität und breiteten sich in alle Welt aus.

Die Hauptarbeit eines Mönches war Anbetung. Während der Islam Musik als *haram*, als verboten betrachtete, forderte die Bibel die Gläubigen ausdrücklich auf, Gott mit Musikinstrumenten anzubeten:

Lobt ihn mit Posaunen,
lobt ihn mit Harfe und Laute!
Lobt ihn mit Tamburin und Tanz,
lobt ihn mit Saitenspiel und Flötenklang!
Lobt ihn mit Zimbelschall, lobt ihn mit Paukenschlag![9]

Um diese Instrumente herzustellen, zu pflegen und zu gebrauchen, musste man verschiedene Wissensgebiete meistern, etwa Holz- und Metallbearbeitung und Akustik. Mönche kultivierten die Fähigkeit, diese unterschiedlichen Fertigkeiten zu kombinieren. Ihre Augen-

---

[8] Mangalwadi, Vishal: *Das Buch der Mitte*, Fontis: Basel 2014.
[9] Psalm 150,3–5.

gläser halfen ihnen, ihr Wissen und ihre handwerklichen Kenntnisse zu verschmelzen und die mechanische Uhr zu entwickeln. Wie in Kapitel 1 gesagt, hatten Bauern, Schafhirten und Fischer keine Uhren nötig. Ein Weiser, der in einer Höhle meditierte, brauchte keine Uhr. Mönche brauchten Uhren, weil ein gemeinschaftliches Leben (wie auch im Geschäftsleben) eine gemeinsame Zeitbestimmung braucht. Die Uhr wurde zur Schablone der Mechanikerkunst. Sie befähigte den Westen, die Zeit als eine natürliche Ressource zu verwalten. So verwandelte sich Zeit in Geld.

Die Reformatoren holten diese Geisteshaltung aus der abgeschlossenen Umgebung des Klosters heraus und brachten sie allen bei. Die Theologen, die Alfred Escher als Mentoren zur Seite standen, gehörten zu dieser Tradition. Reformatorisch gesinnte Prediger und Lehrer machten Gottes Gnadengeschenk der Erlösung – Erlösung auch vom Fluch der Mühsal – für alle Welt verfügbar.

Söldner werden zu Predigern und Handwerkern reformiert

Die Reformation in der Schweiz begann am 1. Januar 1519. An diesem Tag begann Huldrych Zwingli von der in der Folge wichtigsten Kanzel Zürichs die Bibel zu lehren. Beginnend mit dem Matthäusevangelium legte Zwingli die Bibel Vers für Vers aus. Das war seit der Zeit des Kirchenvaters und Predigers Johannes Chrysostomos (349–407 n. Chr.), des Erzbischofs von Konstantinopel, kaum je geschehen.

Zwingli betonte, dass wahre Frömmigkeit eine Sache des inneren Lebens war. Sie war eine persönliche Beziehung zu einem heiligen Gott. Er scheute sich nicht, Gottes Wort auf die Übel seiner Zeit anzuwenden. Eines der Übel, die er anprangerte, war der Export von Söldnern, die für Geld töteten.

Die Bauernhöfe in der Schweiz waren klein. Arbeitsmöglichkeiten in Handwerk, Handel oder Dienstleistungsgewerbe gab es praktisch nicht. Eine Familie konnte nicht immer alle ihre Söhne auf dem Hof beschäftigen. Kriege schufen eine willkommene Arbeitsmöglichkeit, vorausgesetzt, sie fanden weit weg von zu Hause statt. So wurden Soldaten zum wichtigsten Exportartikel der Schweiz. Sie dienten dem, der ihnen am meisten bezahlte. Oft war das die päpstliche Armee.

Diese Söldnerwirtschaft hatte Zwinglis pastorale Welt erschüttert, als er als Priester im Kanton Glarus diente. Zu seinen Pflichten gehörte die seelsorgerliche Betreuung von Soldaten auf dem Schlachtfeld. So musste er die jungen Männer seiner Gemeinde in die Schlachten von Novara (1513) und Marignano (1515) begleiten. Er sah mit an, wie seine jungen Männer in Norditalien ohne guten Grund ihr Blut vergossen. Sie mussten für die politischen Interessen anderer sterben.

Diese Kriege hatten mit der Eidgenossenschaft nichts zu tun. Schlimmer noch: Da beide Seiten sich dieser begehrten Söldner bedienten, brachten sich schweizerische Soldaten für Geld gegenseitig um! Zwingli fiel die Aufgabe zu, diejenigen zu betreuen, die für die politischen Ambitionen der Mächtigen sterben mussten.

Diese Vergeudung schweizerischen Blutes auf italienischem Boden trieb Zwingli dazu, gegen die von seiner Kirche sanktionierte Söldnertradition anzuschreiben. In zwei seiner frühesten literarischen Werke, *Das Fabelgedicht vom Ochsen* (1510) und *Der Labyrinth* (1516), attackierte er das Geschäft mit den Söldnern.[10] Das erste ist ein allegorisches Werk. In *Der Labyrinth* gründet Zwingli seinen Angriff gegen die Söldnertradition auf die Bibel. Wenn Gottes Wort gegen eine Praxis sprach, die von seiner Kirche unterstützt wurde, dann mussten sich Kirche und Kultur reformieren.

Die Vorsehung hatte Zwingli für die angesehene Stellung des Leutpriesters in Zürich vorbereitet. An den Universitäten in Basel

---

[10] Jackson, Samuel Macauley: *Ulrich Zwingli: Early Writings*, The Labyrinth Press: Durham 1984, S. 27–34 und 50–54. In deutscher Originalschreibweise auf:
http://www.irg.uzh.ch/static/zwingli-werke/index.php?n=Werk.2;
http://www.irg.uzh.ch/static/zwingli-werke/index.php?n=Werk.4
(Zugriff im Juli 2019).

und Wien war er als Humanist der Renaissance geschult worden. Er brachte sich selbst Hebräisch und Griechisch bei, um die Bibel in ihren Originalsprachen lesen zu können. Erasmus, der größte humanistische Gelehrte jener Zeit, wurde sein Vorbild.

Zwingli nutzte seine Bibelstudien und seine Kanzel, um das Übel des Söldnerwesens anzuprangern. Er nannte die «Feinde des Evangeliums» beim Namen: Darunter waren Priester, Mönche und sogar Bischöfe. Ihre Liebe zu den materiellen Annehmlichkeiten der Kirche hatte sie blind gemacht für das geistliche Wesen Gottes.[11]

Es war leicht, den Leuten Gottes Gebot «Du sollst nicht töten» einzuschärfen. Doch die schwierige Frage für die Schweizer war: Was sollte ein arbeitsloser junger Mann denn dann tun?

Zwingli stimmte mit anderen Reformatoren wie Martin Luther überein: Wenn deine Muskeln nicht auf dem Hof deiner Familie gebraucht werden, dann kultiviere eben deinen Geist. Studiere. Trachte nach Gottes Reich und seiner Gerechtigkeit, dann werden materielle Segnungen folgen, wie Jesus Christus es versprochen hat.[12]

Jahrhundertelang hatte die Schweiz ihre jungen Männer darauf gedrillt, zu kämpfen, zu töten und zu sterben. Nun begannen die Bibellehrer, ihren Geist zu drillen. Sie brachten den jungen Schweizern bei, das «Schwert des Geistes» zu gebrauchen.

Damals gab es in der Schweiz kein Schulsystem. Nur wenige waren des Lesens kundig. Um eine bessere Zukunft zu schaffen, scharte Zwingli eine Gruppe junger Renaissance-Humanisten um sich und lehrte sie, das Wort Gottes zu lesen, auch auf Hebräisch. Diese begabten Männer wurden seine Freunde und Mitstreiter im Evangelium. Sie nahmen sich vor, ihre Nation zu reformieren, indem sie die Kirche reformierten, um so die Schweiz in eine gebildete Nation zu verwandeln.

---

[11] Gordon, Bruce: *The Swiss Reformation*, Manchester Univ. Press: Manchester 2002, S. 52.

[12] In einem Fortsetzungsband wird das Kapitel über Bildung dies näher untersuchen.

1525 gründete Zwingli die *Prophezei* (oder: «das Lektorium», eine Lateinschule), in der fähige Schweizer lernten, «das Schwert des Geistes» zu ergreifen, «welches ist das Wort Gottes».[13] Junge Leute, die bisher das Kriegshandwerk gelernt hatten, lernten nun, Gottes Wort zu führen, das «schärfer [ist] als jedes zweischneidige Schwert».[14] Diese Waffe begann die Ketten der Unwissenheit und des Aberglaubens zu brechen. Sie lehrte die Schweizer, ihre Schwerter und Speere zu Werkzeugen ökonomischer Entwicklung umzuschmieden. Intellektuell und moralisch reformierte Kantone wurden zu Zentren des Wissens und der Kreativität.

Zwinglis Anhänger und sein Nachfolger Heinrich Bullinger entwickelten die *Prophezei* weiter zur «Hohen Schule»; als *Schola Tigurina* («Zürcher Schule») sorgte sie für die Ausbildung von Theologen der schweizerischen reformierten Kirche. Diese Theologie stand hinter der juristischen, politischen, ökonomischen, wissenschaftlichen und technischen Weltsicht; sie gab allem den Boden.

Ideen haben Konsequenzen. Mit der Zeit wurde aus der «Hohen Schule» die Fakultät der «Königin aller Wissenschaften», der Theologie. Aus der Theologischen Fakultät ging die Universität hervor, die Führungspersönlichkeiten wie Alfred Escher heranbildete, der die Schweiz zu einer der innovationsfreudigsten Nationen der Welt machte.

Bis heute wird die Theologische Fakultät offiziell als erste Fakultät der Universität genannt. Wer die Geschichte der enormen Wirkung der Bibel auf alle Lebensbereiche kennt, hält das für absolut angebracht.

---

[13] Epheser 6,17 (Luther).
[14] Hebräer 4,12 (Luther).

Schlussgedanken

15. Kapitel
KANN DER WESTEN ERNEUERT WERDEN?

Eine vierunddreißigjährige Mutter in Oregon stach mit einem tödlich scharfen Steakmesser etliche Male auf ihren sechsjährigen Sohn ein. Blutend rannte der Junge zum Haus der Nachbarn hinüber: «Meine Mutter will mich umbringen!» Die Polizei traf die Mutter über und über mit Blut bedeckt an. Sie lag mit ihrem vierzehn Monate alten Baby im Bett. Die Mühe, das Blut von ihrem Messer abzuwaschen, hatte sie sich gespart. Der Junge «hat es verdient», sagte sie den Polizisten.

Wo war der Vater?

Ich habe in mehreren Zeitungsberichten nachgeschaut: Nirgends wurde der Vater auch nur mit einem Wort erwähnt. Liegt das daran, dass für die postmoderne Intelligenzija der Vater für eine Familie und deshalb auch für diese Geschichte irrelevant ist? Seit mindestens zwei Jahrzehnten umgibt die kulturelle Elite des Westens die unverheiratete Mutter mit einem Glorienschein: «Wie cool! Promi XY ist schwanger, ohne verheiratet zu sein!»

Was ist überhaupt ein Vater?

Für westliche Intellektuelle ist ein Vater ein Mann, der eine Frau geschwängert hat. Vaterschaft definiert sich für sie über die Biologie. Warum? Weil die wenigsten von ihnen wissen, dass alle modernen Literatursprachen, in Europa ebenso wie in Indien, von Bibelübersetzern geschaffen wurden. Aus deren Sicht ist es die Bibel, die definiert, was ein *Vater* ist, wie etwa im «Vaterunser».

Dieses Gebet zeigt, dass der Vater für «unser täglich Brot» sorgt. Das Brot des niedergestochenen Jungen stammte vermutlich vom Staat.

Der Vater vergibt uns unsere Schuld: Die Belastungen des Lebens hatten die alleinerziehende Mutter so aus der Fassung gebracht, dass sie nicht mehr die innere Kraft hatte, dem Jungen zu vergeben, dass er überhaupt nur «da war».

Die Mutter war nicht imstande, die «Schuld seiner Existenz» zu «vergeben», wie der himmlische Vater uns unsere Sünden «vergibt». Vielleicht hatte diese Mutter einmal Rembrandts Meisterwerk «Die Rückkehr des verlorenen Sohnes» gesehen. Der Künstler stellte es kurz vor seinem Tod 1669 fertig. Sie hätte aber diesen Klassiker der westlichen Kultur nicht verstehen können, wenn sie die Bibel nicht kannte. Kein Kunsthistoriker kann westliche Kunst verstehen, keine Musikerin kann klassische Musik verstehen, kein Professor kann Sprachen wie Englisch, Holländisch oder Deutsch verstehen, ohne die Bibel zu kennen. Denn die Bibel gibt Wörtern wie *Vater* erst ihren Sinn.

Gott sagte zu Abraham, er werde zu einem großen Volk werden. Wie?

Nicht, indem er viele Frauen schwängerte, sondern indem er seinen Kindern Gottes Weisheit, seine Gerechtigkeit und sein Recht weitergab.[1] Vater zu sein bedeutet, Kinder aufzuziehen, körperlich ebenso wie geistlich: indem man sie mit dem Guten, Schönen und Wahren vertraut macht.

Der biologische Vater und die Mutter dieses Jungen hatten «Liebe gemacht», aber sie kannten nicht die Bedeutung des Wortes *Liebe*. Ihre Kultur des Analphabetentums in Sachen Bibel hatte ihnen eingeredet, «Liebe» sei nur Chemie. Sie sei ein Etikett für gewisse Reaktionen in unserem Körper. An diesem Tag nun produzierte die Körperchemie der Mutter überwältigende Reaktionen von *Zorn* und *Hass*. Vielleicht hatte niemand ihr und dem Vater des Jungen je gesagt, dass echte Liebe eine Sache des Geistes ist. Sie ist eine Frucht, die der Heilige Geist in unserem Geist hervorbringt.

Dieser kleine Junge ist das unglückliche Opfer einer intellektuellen Kultur, die nicht mehr weiß, was Ehe und Familie ist, was männlich und was weiblich ist. Sie kennt auch kein unveräußerli-

---

[1] 1. Mose 18,18–19.

ches «Recht auf Leben» mehr. Der amerikanische Staat hätte wahrscheinlich ohne Weiteres einen Arzt dafür bezahlt, ihren Sohn zu töten ... solange er sich noch in ihrem Schoß befand. Jetzt muss sie vielleicht ins Gefängnis. Warum? Weil die Gerichte immer noch an den (vielleicht aus ihrer Sicht bald schon «überholten»?) biblischen Gedanken gebunden sind, dass es falsch sei, ein ungewolltes Kind zu töten (jedenfalls außerhalb des Mutterleibes): Der Sohn ist nicht nur irgendein Käfer oder Insekt.

Ohne die Bibel weiß der Westen nicht mehr, wer «mein Nächster» ist. Ein Nächster, ein Nachbar, kann eine Person sein, die Menschen hasst, welche eine andere Sprache sprechen.

Kulturkämpfe können nicht aufgelöst werden, denn postmoderne Menschen können sich nicht einigen über Wörter wie Toleranz und Rechte, Nation und Nationalismus, Grenzen und Barmherzigkeit, Recht und Gerechtigkeit, Ich und Person, Geschichte und Historie. Über Jahrhunderte waren diese Begriffe biblisch definiert und mit Leben erfüllt. Die Bibel war das Fundament, die Seele der modernen Zivilisation.

Literatur, das wurde schon gesagt, ist die Seele einer Nation, weil sie das Geheimnis der Identität und Geschichte eines Volkes beherbergt. Sie ist eine treibende Kraft hinter der kreativen Bestimmung einer Nation. Der Niedergang und Verfall einer Sprache führt zur Zerstörung eines Volkes.

Eugen Rosenstock-Huessy war ein Deutscher, der im Ersten Weltkrieg gegen Amerika kämpfte. Dann wurde er Professor an der Harvard-Universität und am Detmold-College. Er erkannte, dass die Zerstörung Deutschlands während der Herrschaft Hitlers eine Folge der Zerstörung der deutschen Sprache war. Heute befindet sich die englische Sprache auf einer ähnlichen Bahn. Rosenstock-Huessy warnte:

> Der Existenzkampf ist ein Kampf innerhalb des gesellschaftlichen Sprachkörpers und scheitert ebenso oft, wie er gelingt. Die Zerstörung der deutschen Sprache zwischen 1933 und 1939 ist, so glaube ich, eines der raschesten und radikalsten Ereignisse, die es im Bereich des Denkens und der Sprache je gegeben hat.

Und als diejenigen, die es mit unseren eigenen Augen und Ohren beobachten, können wir den linguistischen oder den spirituellen Kollaps nicht vom gesellschaftlichen trennen. Sprache, Logik und Literatur ... definieren das Schicksal einer Gesellschaft, und sie drücken jede politische Veränderung aus; ja, sie verkörpern die Veränderung.[2]

Die deutsche Sprache wurde durch die Übersetzung der Bibel erst geschaffen. Die Sprache der Bibel wurde zur Sprache der deutschen Kanzeln, Schulen, Universitäten, der Presse, der Literatur und der Verwaltung. Sie prägte Deutschlands Sicht der Welt. Rosenstock-Huessys Aussage ist, dass das Grauen des Zweiten Weltkrieges erfolgte, weil die deutsche Sprache von ihrer Quelle, der Bibel, getrennt wurde.

Die Übersetzung der ganzen Bibel ins Deutsche war eine umfassende kulturelle Leistung. Sie durchflutete Deutschland mit neuen Gedanken. Einfache Menschen verstanden nun die Sicht der Welt und des Lebens, die die Sprache der Bibel in sich trug. Und Fachleute konnten diese Sprache gebrauchen für Wissenschaft, Politik, Verwaltung und gute Literatur. Sie mussten dazu nicht mehr Latein lernen.

Die Sprache ermöglichte es Schriftstellern wie Johann Wolfgang von Goethe (1749–1832), jedem Deutschen die biblische Weltsicht zu präsentieren, ohne tatsächlich aus der Bibel zu zitieren:

> In seinem größten politischen Gedicht «Ilmenau» übersetzte Goethe, der universellste Dichter Deutschlands, die Hoffnungen Luthers in weltliche Sprache.[3]

Bibelübersetzung wurde für Deutschland der Schlüssel zur Reformierung ganzer Nationen. Andere übernahmen diese Methode,

---

[2] Rosenstock-Huessy, Eugen: *Speech and Reality,* Argo Books: Norwich (Vermont) 1970, S. 10.
[3] Rosenstock-Huessy, Eugen: *Out of Revolution: Autobiography of Western Man,* Wipf and Stock Publishers: Eugene (Oregon) 1969, S. 425.

eine Nation zu reformieren. Die Übersetzung der Bibel in die Umgangssprachen brachte Europa den Schub, mit dem es Asien und Afrika hinter sich ließ. Sie gab den Anreiz zur Entstehung dessen, was die deutsche Philologie «Nationalliteratur» nannte (Johann Gottfried Herder). Die Übersetzung aus dem elitären Latein in die Herzenssprache gewöhnlicher Menschen brachte den Übergang vom Mittelalter in die Moderne.

Rosenstock-Huessy beobachtete die Konsequenzen einer Trennung der Offenbarung Gottes von der Literatur der Menschen. Sie hackt einem blühenden Baum die Wurzeln ab.

Während wir auf das Zeitalter der Offenbarung hinabblicken, befinden wir uns wohlbehalten in einem Zeitalter der Verschleierung, in dem Wörter zu Versatzstücken degradiert werden.[4]

Westliche Intellektuelle haben den Ast abgesägt, auf dem sie saßen. 1940, zu Beginn des Zweiten Weltkriegs, interpretierte George Orwell das Problem Europas genauso wie Rosenstock-Huessy:

> Als ich Malcolm Muggeridges brillantes und deprimierendes Buch *The Thirties* las, musste ich an einen ziemlich grausamen Streich denken, den ich einmal einer Wespe spielte. Sie saugte an der Konfitüre auf meinem Teller, und ich schnitt sie in der Mitte entzwei. Sie achtete gar nicht darauf, sondern setzte ihre Mahlzeit fort, während ein winziger Strom Konfitüre aus ihrem durchtrennten Ösophagus sickerte. Erst als sie wegzufliegen versuchte, begriff sie das Furchtbare, das mit ihr geschehen war. Genauso ist es mit dem modernen Menschen. Ihm ist seine Seele abgeschnitten worden, und es verging einige Zeit – zwanzig Jahre vielleicht –, in der er es gar nicht bemerkte.
>
> ... es gab eine lange Spanne, in der fast jeder denkende Mensch in gewisser Hinsicht ein Rebell war, und zumeist ein

---

[4] Ebenda, S. 70.

völlig verantwortungsloser Rebell. Literatur war größtenteils die Literatur der Revolte oder der Auflösung. Gibbon, Voltaire, Rousseau, Shelley, Byron, Dickens, Stendhal, Samuel Butler, Ibsen, Zola, Flaubert, Shaw, Joyce – auf die eine oder andere Weise sind sie allesamt Zerstörer, Vernichter, Saboteure. Zweihundert Jahre lang hatten wir an dem Ast, auf dem wir saßen, gesägt und gesägt und gesägt. Und am Ende, viel plötzlicher, als irgendjemand vorhergesehen hatte, wurden unsere Mühen belohnt, und abwärts ging es mit uns. Nur gab es da leider einen kleinen Irrtum. Was uns am Boden erwartete, war doch kein Bett voller Rosen, sondern eine Jauchegrube voller Stacheldraht.

Es ist, als wären wir innerhalb von zehn Jahren zurück in die Steinzeit gerutscht.[5]

In einem Folgeband werde ich mich mit der Gegenwehr des Menschen gegen die göttliche Offenbarung auseinandersetzen, wie sie von westlichen Philosophen, Wissenschaftlern und Theologen artikuliert wird. Und ich werde der Frage nachgehen, wie die Bibel unser Denken über die menschliche Persönlichkeit, Rationalität und Bildung verändert hat; wie sie unser Verständnis von Sexualität und Familie beeinflusste; wie sie die modernen öffentlichen Dienste und Medien hervorbrachte, Kunst und Architektur transformierte, Krankheiten und Hunger bekämpfte. Ich werde untersuchen, wie die Bibel ganze Städte erneuerte und die heutige globalisierte Welt schuf.

Es wird eine Argumentationsreihe für die These sein, dass die Bibel die einzige zur Verfügung stehende gute Nachricht für eine bessere Zukunft enthält.

---

[5] http://orwell.ru/library/articles/notes/english/e_notew (Zugriff am 27. Juni 2018).

Mit Dankbarkeit

Ich danke sehr herzlich meinen Freunden, die ihre Zeit und ihre Fachkenntnisse beigetragen haben, um dieses Buch möglich zu machen. Meine Facebook-Freunde, die für dieses Projekt gebetet haben, sind zu zahlreich, um sie alle zu erwähnen.

Die Bitte an mich, dieses Buch zu schreiben, kam vom Bibelmuseum in Washington DC. Die Gemeinschaft der OJC in Reichelsheim (Odenwald) gab mir Obdach, während ich Europa bereiste, um Vorträge zu halten und zu lehren. Die Mitglieder der Gemeinschaft waren meiner Frau Ruth und mir auf vielerlei praktische Weise behilflich, so dass ich Zeit finden konnte, um zu lesen und zu schreiben. Während sie alle für uns beteten, begleitete mich Frank Paul auf vielen Gebetsspaziergängen. Der Leiter der Gemeinschaft, Konstantin Mascher, die Literaturwissenschaftlerin Irisz Sipos und der Journalist Jeppe Rasmussen nahmen sich Zeit, über verschiedene Gedanken zu sprechen, und liehen mir relevante Bücher.

Hans-Joachim Hahn, der Leiter des Professorenforums in Deutschland, war mein ständiger Begleiter, Dolmetscher und Ermutiger.

Dr. Gottfried Sommer, ein freikirchlicher Theologe, hat mich in meinen Recherchen und beim Nachdenken beständig unterstützt.

Die Recherchen zu dem Kapitel «Blutvergießen für die Toleranz» bestritt größtenteils Peter Randewijk, ein JMEM-Leiter in Lausanne.

Viele Ermutigungen von Chuck Stetson, Roland Werner, Jeff und Romjke Fountain, Dominik Klenk, Andreas Wieland, Karla Perry und Markus Reichenbach waren mir eine wichtige Stütze in dieser Herausforderung.

Der Romanautor Jyoti Guptara redigierte das Manuskript.

Philip Peter Sivyer und Katy Linkens brachten viel Zeit in der British Library zu, um Belegstellen aufzufinden.

In meiner Familie wurde Hindi gesprochen, und dasselbe gilt für die Schulen, die ich besucht habe. Meine Frau und meine Töchter haben mir geholfen, auf Englisch zu schreiben, aber trotz aller Hilfe, die ich von ihnen und anderen bekommen habe, kann ich immer noch keine Seite Englisch schreiben, ohne ein paar Fehler zu machen. Falls man das dem englischen Originaltext nicht anmerken sollte, liegt es daran, dass David Linden sich als Korrekturleser zur Verfügung gestellt hat.

Jenny Taylor recherchierte und schrieb das Kapitel über prophetische Presse und die Fake News.

Ashish Alexander steuerte den Essay über den biblischen Einfluss auf die indische Literatur bei und übernahm auch die Endredaktion.

Freunde, ich danke euch.

Von demselben Autor weiterhin erhältlich:

Vishal Mangalwadi
«Das Buch der Mitte»
7. Auflage 2019

608 Seiten, Klappenbroschur
15 × 22,5 cm
24,00 EUR [D] / 24,70 EUR [A] / 32.80 CHF*
* unverbindliche Preisempfehlung
Bestell-Nr. 204004
ISBN 978-3-03848-004-4

Vishal Mangalwadi
«Wahrheit und Wandlung»

336 Seiten, Klappenbroschur
15 × 22,5 cm
19,99 EUR [D] / 20,60 EUR [A] / 28.80 CHF*
* unverbindliche Preisempfehlung
Bestell-Nr. 204093
ISBN 978-3-03848-093-8

fontis

Von demselben Autor weiterhin erhältlich:

Vishal Mangalwadi
«Fundamente»

10 Lektionen für eine kulturelle Erneuerung
DVD, 57 Min. + Gratis-E-Book
Sprachen: D / E; Untertitel: D / E;
20,00 EUR [D] / 20,60 EUR [A] / 29.80 CHF*
* unverbindliche Preisempfehlung
Bestell-Nr. 204821 /
ISBN 978-3-03848-821-7

Vishal Mangalwadi
«Die offene Wunde des Islam»

228 Seiten, Hardcover, Schutzumschlag
13,5 × 21 cm
13,99 EUR [D] / 14,40 EUR [A] / 20.80 CHF*
* unverbindliche Preisempfehlung
Bestell-Nr. 204085
ISBN 978-3-03848-085-3